Stn. 71.

소리에 놀라지 않는 사자와 같이
그물에 걸리지 않는 바람과 같이,
흙탕물에 더럽혀지지 않는 연꽃과 같이,
무소의 뿔처럼 혼자서 가라.

sīho ca saddesu asantasanto /
vāto va jālamhi asajjamāno /
padumaṃ va toyena alippamāno /
eko care khaggavisāṇakappo //

쿳다까니까야

Khuddakanikāya

숫타니파타 - 붓다의 말씀

सुत्तनिपात

ॐ सत्यमेव जयते ॐ

숫타니파타 - 붓다의 말씀

값 24,000 원

발행일 2015년 10월 25일 초판발행
2018년 07월 20일 재판발행
발행인 도 법
역주자 전재성
편집위원 김광하 최훈동 수지행 윤영란

발행처 한국빠알리성전협회
1999년5월31일(신고번호:제318-1999-000052호)
서울 서대문구 모래내로430 #102-102
전화 02-2631-1381 팩스 02-735-8832
홈페이지 www.kptsoc.org
Korea Pali Text Society
Moraenaero 430 #Seongwon 102-102
Seoul 120-090 Korea
TEL 82-2-2631-1381 FAX 82-2-735-8832
전자우편 kptsoc@kptsoc.org
홈페이지 www.kptsoc.org

ISBN 978-89-89966-93-7 04220

우리말빠알리대장경

韓巴對照

숫타니파타 - 붓다의 말씀

सुत्तनिपात

퇴현 전 재 성 역주

한국빠알리성전협회
Korea Pāli Text Society

譯註 退玄 全在星

철학박사. 서울대학교를 졸업했고,
한국대학생불교연합회 13년차 회장을 역임했다.
동국대학교 인도철학과 석·박사과정을 수료했고,
독일 본대학에서 인도학 및 티베트학을 연구했으며,
독일 본대학과 쾰른 동아시아 박물관 강사,
동국대 강사, 중앙승가대학 교수,
경전연구소 상임연구원,
한국불교대학(스리랑카 빠알리불교대학 분교)교수,
충남대 강사, 가산불교문화원 객원교수를 역임했고,
현재 한국빠알리성전협회 회장을 역임하고 있다.
저서에는 ‹거지성자›(선재, 안그라픽스), ‹빠알리어사전›
‹티베트어사전› ‹범어문법학› ‹초기불교의 연기사상›
‹천수다라니와 붓다의 가르침›이 있고,
역주서로는 ‹금강경-번개처럼 자르는 지혜의 완성›
‹붓다의 가르침과 팔정도›
‹쌍윳따니까야 전집› ‹오늘 부처님께 묻는다면›
‹맛지마니까야› ‹명상수행의 바다›
‹디가니까야 전집› ‹신들과 인간의 스승›
‹앙굿따라니까야 전집› ‹생활 속의 명상수행›
‹법구경-담마파다› ‹숫타니파타› ‹우다나-감흥어린 싯구›
‹이띠붓따까-여시어경› ‹예경지송-쿳다까빠타›
‹마하 박가-율장대품› ‹쭐라박가-율장 소품›
‹빅쿠비방가- 율장비구계›
‹빅쿠니비방가-율장비구니계›(이상, 한국빠알리 성전협회)
그리고 역서로 ‹인도사회와 신불교›(일역, 한길사)가 있다.
주요논문으로 ‹初期佛教의 緣起性 硏究› ‹中論歸敬偈無畏疏硏究›
‹學問梵語의 硏究› ‹梵巴藏音聲論› 등 다수가 있다.

सुत्तनिपात

translated by **Jae-Seong Cheon**
Published and Distributed by
Korea Pali Text Society ©2015

숫타니파타 - 붓다의 말씀

이 책에 대한
상세한 주석은
본회 발행의

양장본 『숫타니파타』에 실려 있습니다.

ॐ सत्यमेव जयते ॐ

발 간 사

일찍이 부처님께서 고통 받는 사람들을 위해, 세상에 출현하신지 이천오백 여년이 흘렀습니다. 그 분의 희유하고 소중한 가르침이 이 땅에 전해진 것은 천 여년이 지난 뒤였습니다. 그러나 오늘날 생각해 본다면, 그 전래의 뒤늦었음뿐만 아니라, 전해지긴 했으나 고유의 문자가 없어, 난해한 한문으로 전해 받다보니 이해가 어려웠던 것은 아쉬운 일이 아닐 수 없습니다.

다행히 불교가 근대화되면서 부처님의 가르침을 우리말 한글로 새기고자 하는 노력이 불완전하나마 시작된 지 한 세기가 지났습니다. 그 결과 최근에 들어 부처님께서 친히 사용하신, 당시의 언어인 빠알리어 원전의 직역이 속속 이루어지고 있습니다. 이것은 원어를 매개로 한다는 형식적 측면뿐만 아니라 올바른 가르침과 맞딱드린다는 내용적 측면에서 가히 혁명적 가치를 내포하는 것입니다.

이러한 한국불교 전래역사의 획기적 대 일대사 한가운데 퇴현 전재성 박사님이 계십니다. 이미 펴낸 쿳다카니까야의 숫타니파타를 이번에 다시 손질하여 편리하게 손안에 쥘 수 있는 개정판으로 출간하게 되었습니다. 훼손되지 않은 생생한 가르침에 목말라 하는 불제자들에게는 사막의 감로수가 아닐 수 없습니다.

이 생에서 부처님 가르침 만나기 어렵고, 올바른 가르침을 만나기는 더 더욱 어려운 일입니다. 여기 가장 오래된 고층의 경의 모임인 숫타니파타에는 부처님 말씀의 핵심적 말씀들이 생생하고도 소박하게 원형 그대로 담겨져 있습니다. 지금 여기에 바로 우리들 앞에서 부처님의 자애와 연민의 음성이 울리고 있습니다. 세상의 보다 많은 사람들이 '소리에 놀라지 않는 사자같이, 그물에 걸리지 않는 바람같이' 영원히 그리운, 올바로 가신 님, 부처님을 따라서 바른 길로 가길 기원합니다.

불기2559(2015)년 10월 25일,
대치(큰 언덕)에서
현묵 이준용 합장

머 리 말

언어학적으로 『숫타니파타』는 불경 가운데 최고층의 경전으로, 사상적으로도 원형적인 붓다의 가르침을 보여주고 있습니다. 특히 역사의 현장으로 돌아가서 분소의를 입고 맨발로 탁발을 하시며 이 땅을 걸었던 부처님의 생생한 목소리를 직접 듣고자 원한다면, 여기서 우리는 어떠한 집착도 거부하고 '무소의 뿔처럼 혼자서 가라.'는 수행자로서의 단호한 목소리도 들을 수 있습니다.

인간의 삶을 있는 그대로 '세상에서 결국 죽어야만 하는 사람의 목숨은 정해져 있지 않아 알 수 없고, 애처롭고 짧아 고통으로 엉켜 있습니다.'라고 보시는 부처님은 불사(不死)의 길을 찾아 "소리에 놀라지 않는 사자같이, 그물에 걸리지 않는 바람과 같이, 흙탕물에 더렵혀지지 않는 연꽃과 같이, 무소의 뿔처럼 혼자서 가라.'라는 수행자의 길을 우리에게 제시하고 있습니다.

그리고 그 수행자의 정신은 '일체의 세계에 대하여 위로 아래로 옆으로 확장하여 장애 없이 원한 없이 적의 없이 자애로운 한량없는 자애의 마음'에 기초하지 않지 않으면 안 된다는 것을 밝히고 있습니다. 그래서 『숫타니파타』는 어느 부파에도 소속되지 않는, 불교의 참다운 진수를 전하는 강력한 가르침을 함축하고 있습니다. 팔만대장경의 정수라고 한다면, 남북방의 불교를 막론하고 자비사상을 듭니다. 그 가장 강력한 힘을 전하는 경전이 『숫타니파타』입니다. 이 『숫타니파타』 안에 들어있는 「자애의 경」은 테라바다불교권에서 예불지송의 핵심을 이루고 있습니다.

이 『숫타니파타-붓다의 말씀』는 2013년에 발간된 양장본 『숫타니파타』에서 『숫타니파타의석』을 제외하고 오타를 바로 잡고일부 문장을 여운 선생과 함께 개역하고, 로마나이즈된 빠알리어 『숫타니파타』와 극히 긴요한 주석만을 달아 출간하는 것입니다. 이번에 법회의 교재로 활용하고 실제적인 명상수행에 활용할 수 있도록 본송을 중심으로 문고본 『숫타니파타-붓다의 말씀』를 간행합니다

이번에 이 책의 간행에 전적으로 출판비를 후원하신 초당제약의 이준용 상무님과 그동안 성전협회를 후원하신, 혜능 스님, 유필화 교수님, 박승관 교수님, 김현수 이사님, 구석진 박사님께 깊은 감사를 드립니다.

불기2559년(2015)년 10월 15일

퇴현 전재성 합장

해 제

1. 대장경에서 『숫타니파타』의 위치

『숫타니파타』는 경율론 삼장의 대장경 가운데 경장에 속하는 경전으로, 경장 가운데서도 ≪쿳다까니까야≫(Khuddakanikāya)라는 소부경전(小部經典)에 속하는 경전이다. 경전모음이라는 의미에서 경집(經集)이라고 한역하기도 한다. 그러나 『숫타니파타』의 극히 일부를 제외하고는 한역 대장경에 존재하지 않으며, 티베트 대장경에도 존재하지 않는다. 그렇지만 이 경집은 언어적으로 매우 고층적인 형태를 띠고 있고 형태적으로도 고담시(古譚詩: Ākhyāna)의 형태를 띠고 있다.

노만에 의하면, 숫타라는 말은 경이라는 뜻이지만 범어의 수트라를 의미하는 것이 아니라, 빠알리어에서는 '잘 설해진 것(su-ukta→sutta; 善說)'을 의미한다. 그리고 니파타는 자야비끄라마에 의하면, '단편, 품, 부분, 장, 절'의 뜻이다. 따라서 『숫타니파타』는 잘 설해진 법문의 한 장을 의미하는, ≪쿳다까니까야≫의 한 단편임을 나타내는 것이다. 그러나 『숫타니파타』의 첫 네 개의 품은 경이라고 불리고 다섯 번 째의 품인 피안의 길의 품에서 경에 해당하는 것들은 '질문'이라고 불리는데, 주석서인 '빠라맛타조띳까'에서는 '경'이라고 불린다. 그래서 역자는 이 책에서 피안의 길의 품의 법문내용을 '질문에 대한 경'이라고 번역했다.

2. 『숫타니파타』와 법구경

일반인들에게 가장 잘 알려진 불교경전이라면, 『법구경』으로 알려진, 역시 소부경전에 속하는 『담마빠다』가 있지만, 그에 비견되는 경전으로 하나를 더 들라면, 학자들은 서슴지 않고 이 『숫타니파타』를 든다. 그러나 이 경전은 어떤 의미에서는 법구경보다 가치 있는 초기불교의 핵심적인 가르침을 전하고 있음에도 불구하고 법구경 만큼 널리 알려져 있지는 않다. 특히 『숫타니파타』는 최고층의 경전으로 어느 부파에도 소속되지 않은 원형적인 가르침을 보여주고 있고, 대소승을 막론하고 누구나 알기 쉽게 불교의 참다운 진수에 접할 수 있도록 편찬된 것으로 법구경과 마찬가지로 역사적 부처님의 가르침을 담은 경전들의 엔솔로지라고 볼 수 있다.

3. 『숫타니파타』의 고층성

『숫타니파타』에 사용된 언어는 법구경보다 고층에 속하는 언어로 구성된 경우가 적지 않아 『숫타니파타』가 법구경보다 고층에 속한다고 볼 수 있다. 그러나 우리는 이 『숫타니파타』가 언제 이러한 엔솔로지의 형태로 편집되었는지는 정확히 알 수가 없다. 그러나 그 내용이나 형태로 보아 『숫타니파타』에 포함된 대부분의 경들은 늦어도 불멸후 50년 이전에 성립한 것이라고 보아야 한다. 『숫타니파타』는 적어도 경율론 삼장 가운데 가장 고층의 게송들을 담고 있고, 다른 법구경, 자설경, 여시어경과 같은 별도의 짧은 엔솔로지의 필요성이 생겨나기 이전에 이미 존재했던 엔솔로지였다. 그 밖에 장로게, 장로니게, 불종성경 등은 훨씬 후대에 편집된 것이다. 바빠뜨(P. V. Bapat)에 의하면, 『숫타니파타』의 고층성에는 다음과 같은 증거가 있다.

1) 원시적인 상태에 있는 불교공동체에 대한 표현을 포함하고 있다.
2) 두타행(Dhutaṅga)이나 바라밀(Pāramita)과 같은 후대의 불교적인 교리가 없고 열반에

대해서도 유여열반(有餘涅槃: saupādisesanibbāna)과 무여열반(無餘涅槃: anupādisesanibbāna)의 구별이 없다.

3) 후대의 불교의 신들의 이름 가운데 등장하지 않는 고대의 불분명한 신들의 이름(Stn. 543: nāradapabbatā)이 등장한다.
4) 탑묘라든가 유골에 대한 언급이 없다.
5) 아타르바 베다(Atharva Veda)의 학습이 아직 선호되지 않은 것을 발견할 수 있다.
6) 바라문의 희생제(Stn. 303)는 흔한 일이었고, 소들도 그러한 희생제에서 도살 된 것을 알 수 있다.
7) 『숫타니파타』의 시들은 후대의 다른 경전들, 소송경(Kuddakapāṭha), 법구경(Dhammapada), 자설경(Udāna), 여시어경(Itivuttaka), 장로게(Theragāthā) 등 뿐만 아니라 범문 불교경전에도 분명히 등장한다
9) 고층적인 언어와 문체가 사용되고 있다.
10) 고층적인 시형들을 채택하고 있다.

같은 『숫타니파타』 안에서도 '여덟 게송의 품'과 '피안가는 길의 품', '무소의 뿔의 품'은 가장 오래된 부분이다. 특히 '여덟 게송의 품'은 그 이름이 여러 다른 빠알리 경전(Ud. 59; Vin. I. 196; SN. III. 9)에서 발견되고, '피안가는 길의 품'도 그 이름은 다른 빠알리 경전(SN. II. 47; AN. I. 133, 134 AN. II. 45; AN. III, 399, 401) 속에서 발견된다. 뿐만 아니라 '피안가는 길의 품'의 서시들을 제외하고는 경전적인 주석서인 『닛데싸』(Niddesa)'에서 주석으로 언급되고 있다. 『닛데싸』에서 『숫타니파타』가 전혀 언급되지 않는 것은 『숫타니파타』의 품들이 대략 독립적으로 존재했다는 것을 의미한다. '마하바스뚜'나 '디비야아바다나'에서도 『숫타니파타』의 경전들은 독립적인 것으로 나타나고 범본의 필사본조각들에서도 독립적으로 나타난다. 워더에 의하면, 『숫타니파타』의 세련된 기교를 보여주는 '싸비야의 경'과 같은 것은 신층에 속하고 여덟 게송의 품과 같은 것은 고층의 아리야-운율인 뜨리슈뚜브(Triṣṭubh)를 갖고 있다. 그리고 우빨리의 경(Upālisutta)이나

자애의 경(Mettasutta)은 매우 고층의 가낫찬다(Gaṇacchanda)이다. 최근에 아라마키 덴슌(荒牧典俊)은 대부분 역사적인 부처님께서 직접 운문으로 설했기 때문에 가장 고층에 속하고 그 제자들이 수세대에 걸쳐 바라문들이나 그 제자들 또는 신들이나 악마들과 부처님의 문답을 운문으로 전해오다가 아쇼카 왕 때에 비로소 산문이 첨가되었다고 주장했다. 『숫타니파타』의 운문은 그 가운데서도 가장 고층에 속한다.

4. 『숫타니파타』와 아쇼카 왕의 비문

인도에서는 아직까지 해독 가능한 가장 오래된 문자의 기록은 아쇼카 왕의 비문이다. 인도에서 오래된 고층의 문헌이라면 당연히 아쇼카 왕의 비문에 어떤 형태로든 반영되게 마련이고 『숫타니파타』도 예외는 아니다. 아쇼카 왕(대략 B.C. 268-232년)은 그의 캘컷타 바이라트(Calcutta-Bairāṭ) 비문에서 부처님이 말씀하신 것은 모두 선설하신 것으로 그 선법이 오래 지속되도록 하기 위하여 초기불교와 『숫타니파타』의 경들을 인용하고 있는데 그 비문을 완역하면 아래와 같다.

마가다의 왕 쁘리야닷씨(Priyadassi)는 승단의 수행승들에게 경의를 표하고 그들에게 건강과 매사의 안녕을 기원하며, 그들에게 다음과 같은 메시지를 전합니다. 존자들이여, 얼마나 짐이 부처님과 가르침과 참모임에 존경과 신뢰를 펼쳐나가는지 잘 아실 것입니다. 존자들이여, 부처님께서 설하신 어떠한 가르침이던지 그것은 훌륭하게 설해진 것입니다. 그러나 존자들이여, 진정한 가르침이 어떻게든 오랜 기간 존재할 수 있도록 하기 위한 길에 관하여 나에게 떠오른 것을 말하는 것이 옳다고 생각합니다. 존자들이여, 짐은 수많은 비구와 비구니들이 다음과 같은 가르침의 경들을 항상 배우고 사유하기를 바라마지 않습니다: ① '제어에 대한 선양(Vinayasamukkasse)', ② '고귀한 삶(Aliyavasāṇi)', ③ '미래에 대한 두려움(Anāgatabhayāni)', ④ '성자의 노래(Munigāthā)', ⑤ '성자의 삶에 대한 법문(Moneyasūtte)', ⑥ '우빠띳싸의 질문(Upatissapasine)', ⑦ '라훌라에 대한 교훈

(Lāghulovāde)'. 마찬가지로 부처님의 재가의 남녀 신도들도 이 성스러운 경들을 듣고 사유하여야 합니다. 존자들이여, 이 기록은 이와 같은 목적 즉, 백성들이 짐의 의도를 알도록 하게 하기 위해 쓰여진 것입니다.(priyadassi lājā māgadhe saṃghaṃ adhivādetūnaṃ āhā appābādetūnaṃ āhā appābādhattaṃ ca phāsuvihārattaṃ ca. vidite ve bhaṃte āvatake hamā buddhassi dhaṃmassi saṃghassī ti gālave ca prasāde ca. e keci bhaṃte bhagavatā buddhena bhāsite savve se subhāsite vā. e cu kho bhaṃte hamiyāye disseyā hevaṃ saddhaṃme cilaṭṭhīke hossatī ti alahāmi hakaṃ taṃ vattave. imāni bhaṃte dhammmapaliyāyāni vinayasamukkasse aliyavasāṇi anāgatabhayāni munigāthā moneyasūtte upatissapasine. e cā lāghulovāde musāvādaṃ adhigicya bhagavatā buddhena bhāsite. etāni bhaṃte dhaṃmapaliyāyāni icchāmi kiṃti bahuke bhikkhupāye cā bhikkhuniye cā abhikkhinaṃ suneyu ca upadhālayeyū ca hevaṃmevā upāsakā cā upāsikā ca. etena bhaṃte imaṃ likkāpayāmi abhipretaṃ me jānaṃtū ti)"

위와 같이 아쇼카 왕의 비문에는 일곱 경이 인용되어 있다. 리스 데이비드에 의하면, 그 가운데 ④ '성자의 노래'는 이 『숫타니파타』의 '성자의 경(Stn. 207-221)'을 말하고, 꼬삼비나 빈터닛쯔에 의하면, 그 가운데 ⑤ '성자의 삶에 대한 법문'은 『숫타니파타』의 '날라까의 경'의 후반부(Stn. 699-723)를 말한다. 찰머에 의하면, 날라까 경은 실제로 '성자의 삶에 대한 경(Moneyyasutta)'이라고도 불리었기 때문이다. 그리고 꼬쌈비에 의하면, ⑥ '우빠띳싸에 대한 질문'은 『숫타니파타』의 '싸리뿟따의 경'을 말한다. 우빠띳싸는 싸리뿟따의 이름이었기 때문이다. 그리고 ⑦ '라훌라에 대한 교훈'은 자야비끄라마에 의하면, 『숫타니파타』의 '라훌라의 경'일 가능성이 있다는 설도 있으나, 일반적인 학설로는 ≪맛지마니까야≫의 '라훌라에 대한 교훈의 작은 경(MN. 147: Cūḷarāhulaovādasutta)'을 의미할 가능성이 더 크다. 또한 ① '제어에 대한 선양'은 자야비끄라마에 의하면, 『숫타니파타』의 '올바른 유행의 경'일 가능성이 있다. 또는 '서두름의 경'을 지칭하는 것이라는 학설도 있다. 그러나 제어라는 말의 어원인 비나야로 보면, 율장과 관계되는 것으로 볼 수 있는데, 무라카미 신칸(村上眞完)에 의하면 초전법륜을 의미하는 것이다. 율장의 초전법륜에 나타나는 네 가지 거룩한 진리(四聖諦)에 대한 가르침이야말로 최상의 계율이기 때문이다. ② '고귀한 삶'에 대해서는 디가니까야(DN. III. 269-271)에 나오는 '열 가지 성스러운 삶(dasa ariya-vāsā: 十賢聖居)'이라는 설과 ≪앙굿따라니까야≫(AN. II. 27-28)에 나오는 '네 가지 성스러운 전통(四聖種: cattāro ariyavaṃsā)'이라는 설이 있다. 그리고 ③ '미래에 대한 두려움'은 ≪앙굿따라니까야≫(AN. III. 100-110)의 '다섯 가지 미래에 대한 두려움(五種怖畏: pañcanaṃ anāgatabhayaṃ)'을 말한다는 설이 있다. 따라서 아쇼카왕의 캘컷타 바이라뜨 비문에 언급된 일곱 경들 가운데 적게는 세 경, 많게는 다섯 경이 『숫타니파타』에서 유래하는 것을 알 수 있다.

5. 『숫타니파타』 연구의 중요성

『숫타니파타』는 역사적인 부처님의 철학적 윤리적인 가르침뿐만 아니라 불교 승려들의 이상에 대한 정통적인 지식을 담고 있다. 또한 우리에게 2500년 전의 인도 사회에 대한 지식을 제공한다. 인도 고대사회에서는 소가 농경생활의 중요한 생산 수단이어서 법적으로 도살이 금지되었으나, 소를 제물로 바치는 현상이 나타나 생산수단을 독점하는 계층이 생기고 사회적으로 계급이 분열되고 심지어 아내가 지아비를 무시하고 감각적인 쾌락의 삶을 추구하는 윤리적인 갈등이 일어난 것(Stn. 307-315)을 알 수가 있다. 그리고 사문이나 바라문과 같은 종교적인 종파에 대한 지식이나 고대 인도인들이 신월이 지나 달이 차기 시작하면, 달을 보고 예배하는 풍습(Stn. 598)이 나타나 있다. 그리고 사람들은 전쟁터에서 머리둘레나 문자 풀을 묶어 패해서는 되돌아오지 않겠다는 각오를 다진 풍습(Stn. 440)이 나와 있다. 이 풍습은 오늘날 인도의 어떤 지방에서는 두쎄라(Dusserah) 축제에서 머리에 푸른 풀로 만든 두건을 하고, 전쟁에 출전하는 행사를 행한다. 그리고 우리는 고따마 붓다가 종족은 싸끼야에 속하고 씨족은 아딧짜에 속한다는 것(Stn. 423)을 알 수 있고, 아씨따 선인에 대한 일화는 전설적이지만 신비적인 요소를 제거하더라도 아씨따 선인은 당시 인간을 고통에서 구제할 구원자를 기다리고 있었다는 일말의 진실을 제공한다.(Stn. 693) 부처님 당시의 사회상은 인간들이 몽둥이를 들고 서로 싸우고 잦아드는 물에서 발버둥치는 물고기처럼 두려워하고 반목하며 고통스러워하는 상태였다.(Stn. 935-938) 이러한 이야기는 후대에 자타카나 대승경전인 『랄리따비스따라』(Lalitavistara : 放光大莊嚴經)나 아슈바고샤의 『붓다짜리따』(Buddhacarita : 佛所行讚)에 극적으로 전개된다. 빔비싸라 왕과 고따마 붓다의 역사적인 대화도 기록되어 있다.(Stn. 409-424). 그리고 역사적인 부처님의 수제자인 싸리뿟따가 죽기 전에, 싸리뿟따가 여래의 계승자라고 선언한 것은 후계자 문제를 두고 생겨난 다른 경전의 진술보다 앞선 것이다.(Stn. 557) 그리고 인도 고대의 중요한 도시들의 이름, 예를 들어 고다바리 강 언덕에 빠띳타나와 같은 도시가 있었다는 기록이 보인다.(Stn. 1011)

6. 『숫타니파타』의 편찬

『숫타니파타』는 한 저작자의 저술이 아니고, 개인보다는 집단적으로 집성된 경으로 이루어진 연시들의 앤솔로지이다. 경전들은 다섯 품으로 분류되었다. 첫 네 품은 함께 집성되었지만 서로 다른 통일성이 없는 경전들로 이루어져있다. 반면에 다섯 번째의 품은 처음부터 끝가지 각본에 따라 경전이 집성되었다. 첫 세 품의 38경 가운데 7개 이상의 경이 다른 경전 가운데 발견되고, 많은 분리된 시들이 다른 경전적인 텍스트속에서 발견된다. (3.=Apd.; 4. =SN. I. 172; 8.=Khp. 9; 13=Khp. 5.; 15=Jāt. III. 196; 16=Khp. 6.; 33=MN. 92.) 네 번 째의 품은 ≪쌍윳따니까야≫(III.12), 비나야(I. 192), 우다나(5. 6.)에서 그 이름이 언급되고 있으며, 다섯 번째의 품은 ≪쌍윳따니까야≫(II. 49), ≪앙굿따라니까야≫(I. 144; II. 45; III. 399; IV. 6. 3.)에서 그 이름이 인용되고 있다.

7. 『숫타니파타』의 주석서

그리고 『닛데싸』(Niddesa: 義釋)'라는 경전으로 취급되는 주석서가 있는데, 거기에는 네 번째 품에 대하여 『마하-닛데싸』(Mahā-Niddesa)라는 주석이 있고, 다섯 번째 품과 첫 번째 품의 세 번째 경(무소의 뿔의 경)에 대하여 『쭐라-닛데싸』(Culla-Niddesa)'라는 주석이 존재한다. 이 주석은 전통적으로 싸리뿟따의 것으로 알려져 있다. 그리고 전체적으로는 ≪빠라맛타조띠까≫(Paramatthajotikā)라는 소송경에 대한 주석을 포함하는 붓다고싸의 주석서 안에 『숫타니파타』에 대한 주석이 존재한다.

『닛데싸』에는 어떠한 결집(Saṅgīti)에 관하여도 언급하지 않고 있지만, ≪빠라맛타조띠까≫에서는 아난다와 연관시켜 제일결집에 관하여 언급하고 있다.(Prj. I. 89) 이러한 주석서들에서는 송출자(Saṅgītikāra)들에 관하여 언급하고 있는데, 그들은 부처님 당시에 제일결집을 한 인물이라고 추측할 수 있다. 특히 고층에 속하는 여덟시의 품과 피안의 길의 품은 부처님 생존 당시에 그들이 송출한 것이라고 할 수 있다. 그러나 실제로 그들의 이름이 경전에 인용되었다는 것만으로는 ≪쌍윳따니까야≫(SN. III. 9)의 '마간디야의 경(Māgaṇḍiyasutta)'을 제외하고는 그 당시에 있었다는 확정적인 증거를 주지 못한다. 노만에 의하면, 송출자들에 대한 언급은 제2차나 제3차 결집과 관련될 수도 있다. 그러나 송출자에 대한 언급은 정말 제일결집에서 이루어진 것인가? 후대의 개정된 편찬에서 부가된 것일 수 있다. 실제로 주석가가 송출자가 첨가했다는 문구를 부정하고 자신의 견해를 삽입하는 경우가 발견된다. 많은 시들 속에 화자나 대화자가 언급되어 있는데 이것을 주석서는 송출자가 부가한 것으로 해석하지만, '여덟 게송의 품'이나 '피안의 길의 품'이 『닛데싸』에서 언급된 것을 보면 반드시 송출자가 부가한 것이 아님을 알 수 있다. 이러한 표기는 훨씬 초기에 부가된 것이다. 『닛데싸』에서는 '여덟 게송의 품(Stn. 836 제외)'과 '피안의 길의 품(서시 제외)', '무소의 뿔의 경(Stn. 35-75)'에서 송출자에 대해 언급하면서 주석을 하고 있다. 그리고 시(Stn. 844)에 대한 주석은 없으나 ≪쌍윳따니까야≫(SN. III. 9-12)를 인용하고 있다. 그리고 『닛데싸』에서는 '여덟 게송의 품'과 '피안가는 길의 품'에 관하여 극히 적은 예외는 있지만, 해석상 열거하는 동의어들이 현재의 빠알리 문장과 의미상 일치하지는 않더라도 독자가 그 의미를 고를 수 있도록 하고 있다. 이것은 원래의 시대를 반영하는 정확한 단어나 문구의 본래 의미가 상실한 것을 의미하기도 하고, 때로는 우리가 그것에 대한 잘못된 해석을 유도하게 만든다.

≪빠라맛타조띠까≫의 저자인 붓다고싸는 자신의 견해를 근거

없이 주석에서 부가할 때도 있고 주석이 필요 없다고 판단될 경우에는 생략했다. 해석상의 선택을 부여하기도 하고 동일한 것에 대한 설명이 불일치하기도 한다. 그리고 ≪빠라맛타조띠까 II≫는 『닛데싸』의 존재를 가정한다. 『닛데싸 I』을 인용하기도 하고 더욱 부연 설명하지만, 『닛데싸 II』는 인용하지 않고 있다. ≪빠라맛타조띠까 II≫는 ≪빠라맛타조띠까 I≫을 선재조건으로 하므로 ≪빠라맛타조띠까 I≫에 포함된 경전에 대해서는 주석을 하지 않고 있다. 그러나 붓다고싸는 거기서 범어문법학자들에 대한 더 많은 언급을 함으로서 두 주석이 서로 다른 저자에 의해 쓰여졌다는 인식을 준다. 그리고 ≪빠라맛타조띠까 II≫는 ≪자따까의 주석서≫(Jātakaṭṭhakathā), 『비쑤디막가』(Visuddhimagga), ≪맛지마니까야≫의 주석서(Papañcasūdanī)와 같은 논서나 주석서를 인용하고 있는데, 『숫타니파타』의 진정한 이해가 발전된 교학적 체계에서도 잘 이루어졌음을 대변한다.

8. 『숫타니파타』의 경들의 주제와 분류

『숫타니파타』의 경들은 여러 가지 주제로 분류할 수 있다. '바라문의 삶의 경', '쑨다리까 바라드와자의 경', '마가의 경'과 같은 바라문의 생활과 그들의 제사문화를 다루고 있는 경들이 있는가 하면, '아마간다의 경'과 같이 바라문의 이상적인 삶과 대조되는 불교도의 삶이 제시되기도 하는데, '자애의 경'에서 불교도의 이상적인 삶이 펼쳐진다. 그리고 '파멸의 경', '고귀한 축복의 경', '배의 경', '계행이 무엇인가의 경', '담미까의 경' 등에서는 불교윤리에 대한 교훈적인 시들이 전개된다. 그리고 '헤마바따의 경', '쑤찔로마의 경', '알라바까의 경'에서는 '마하바라타'에서 등장한 야차의 질문들과 유사하게 야차가 부처님께 접근하여 여러 가지 질문을 제기하고 답변하는 수수께끼 같은 시들이 펼쳐진다. 그리고 '다니야의 경'과 '까씨 바라드와자의 경'에서는 부처님과 소치는 다니야와 밭을 가는 까씨 바라드와자와 문답이 전개되는데, 재가의 삶과 출가의 삶이 극적으로 대비되며, 문학적으로나 철학적으로 가장 아름다운 대화의 전형을 보여준다. 그리고 '방기싸의 경'과 '쎌라의 경'은 부처님의 덕행에 대한 칭송의 시들로 이루어져 있다. 그리고 '천한 사람의 경'과 '바쎗타의 경'은 계급과 같은 사회적인 문제를 다루고 있다. '승리의 경', '화살의 경', '감각적 쾌락의 욕망의 경', '두 가지 관찰의 경'은 철학적이고 수행적인 문제를 다루고 있다. '보배의 경'은 악귀로부터 자신을 보호하게 해달라는 수호주문(護呪)의 성격을 띠고 있다. 그리고 '꼬깔리야의 경'은 불교도들이 어떻게 죄인들이 죄악 때문에 지옥에서 고통받고 있는가에 대한 믿음을 신비적으로 보여주고 있다. 그리고 성자나 해탈자의 삶을 보여주거나 다지는 많은 경들, 예를 들어, '뱀의 경', '무소의 뿔의 경', '성자의 경', '정의로운 삶의 경', '라훌라의 경', '올바른 유행의 경', '담미까의 경', '날라까의 경', '띳싸 메떼이야의 경', '마간디야의 경', '죽기 전에의 경', '서두름의 경', '폭력을 휘두르는 자에 대한 경', '싸리뿟따의 경'과 같은 경들이 있다. 그리고 '출가의 경'이나 '정진의 경'과 같은 이야기 형식의 시들로 구성된 경전이 있는가 하면, '날라까의 경'이나 '피안가는 길의 품'과 같은 경들은 ≪리그 베다≫나 ≪마하바라타≫에서 보여주는 고담시의 형태를 보여주고 있다.

9. 『숫타니파타』의 경들의 이름

『숫타니파타』의 경들의 이름들은 모두 고정된 이름이 정해져 있는 것은 아니다. 예를 들면, 주석가들은 몇몇 경전들의 이름에 다른 대체적인 이름을 부과하였다. '승리의 경'은 '감각적 쾌락의 욕망을 떠남의 경(Kāmavicchandanikasutta)'이라고도 불리며, '배의 경'은 '법의 경(Dhammasutta)'이라고도 불리며, '쑨다리까 바라드와자의 경', '정의로운 삶의 경', '올바른 유행의 경'은 각각 '뿌랄라싸의 경(Pūraḷāsasutta)', '까삘라의 경(Kapilasutta)', '위대한 모임의 경(Mahāsamayasutta)'이라고도 불린다. 『숫타니파타』의 경들의 이름들은 내용의 주제에 따라서 '출가의 경', '정진의 경', '승리의 경', '성자의 경' 등으로 붙여지거나, 등장인물의 비중에 따라 그 이름을 사용하여 '다니야의 경', '쎌라의 경', '날라까의 경' 등으로 붙여지거나, 등장하는 비유에 따라 '뱀의 경', '무소의 뿔의 경', '배의 경'으로 붙여지거나 경을 여는 단어에 따라 '부끄러움의 경', '계행이 무엇인가의 경' 등으로 붙여졌다.

10. 『숫타니파타』의 주제와 구성

1) 수행자(사문들)

『숫타니파타』는 ≪맛지마니까야≫처럼 불교공동체가 승원생활을 통해 성숙한 단계에서 편찬된 것이 아니라 불교공동체가 그 원시적인 상태에 있었을 때에 편찬된 것임을 보여준다. 우리는 부처님 당시에 이곳 저곳을 유행하면서 가르침을 설한 다수의 종교적 철학적인 스승들이 있었음을 알고 있다. 그 가운데 특히 여섯 명의 외도의 스승들, 뿌라나 깟싸빠, 막칼리 고쌀라, 아지따 께싸깜발린, 빠꾸다 깟짜야나, 산자야 벨랏티뿟따, 니간타 나타뿟따가 있었다. 사명외도들이나 자이나교도들, 이들의 추종자들뿐만 아니라 바라문들은 모두 『숫타니파타』에는 논쟁을 일삼는 이교도들(Stn. 381)이라고 묘사되고 있다. 이들 스승들은 다른 자들의 교리를 비난하고 자신의 교리를 천명하면서 자신의 추종자들을 모으면서 여러 나라를 유행했다. 그들은 자기 자신을 위해서나 대중들을 위해 좋은 일을 하기보다는 쓸데없는 사변에 가까운 논쟁으로 시간을 허비했다. 이러한 수행자[沙門]들 사이에는 예순 세 가지의 사변적인 교리[Stn. 538]가 있었다. 부처님은 이러한 스승들의 예를 모방하는 것에 대해 제자들에게 엄숙히 경고했다. 그는 '여덟 게송의 품'의 몇몇 경에서 자신의 교리나 종교적인 수행 때문에 오만하거나, 다른 교리에 대한 비난을 통해 불필요한 과시를 하려는 일반적인 경향에 대하여 경고하고 있다. 그는 사람이 묻지도 않는데, 남에게 자신의 규범과 금계를 말하고 스스로 자신에 대해 말한다면, 그를 두고 선한 사람들은 천한 사람이라고 말했다.(Stn. 782) 그는 그들처럼 자기 자신들이나 다른 종교의 추종자들을 비교하여 우월하다든가 동등하다든가 열등하다고 비교하지 않았다.(Stn. 799, 842, 860, 918, 954). 고따마는 다른 종교의 추종자들의 위험한 수행을 보고 두려움을 느끼더라도 제자들에게 착하고 건전한 것을 추구하며 그것에 대하여 인내할 것을 설했다.(Stn. 965) 이들 수행자들이 주장하는 청정의 기준은 자신의 철학적인 견해를 고집하는데 있었다.(Stn. 824) 그들은 그러한 견해를 논쟁에 붙이기 위하여 모임에 나갔고 자신들과는 다른 견해를 지닌 자들을 어리석다고 매도했다.(Stn. 824) 종교에 대한 개인적인 성실성과 목표를 향한 열정에 따라서 고따마 붓다는 그들을 네 범주 즉, 길을 아는 자, 길을 가리키는 자, 길 위에 사는 자. 그리고 길을 더럽히는 자로 나누었다.(Stn. 84-89)

2) 사제들(바라문)

바라문들은 최상위 계층으로 존경받던 정통적인 바라문교의 사제들을 말한다. 그들은 '쎌라의 경'에 따르면, 세 가지 베다와 그 어휘론, 의궤론, 음운론, 어원론 그리고 다섯 번째로 고전설에 통달했으며, 관용구에 능하고, 문법에 밝고, 세간의 철학과 위대한 사람의 특징에 숙달했고, 자신들의 아슈람에서 수백 명의 제자들에게 자신들의 지식을 가르치고 있었다. 그들의 네 번째의 베다는 주술적인 주문서인 '아타르바 베다(Stn. 927)'였으나 그 다지 선호되지는 않은 것 같다. 바라문은 베다의 성전에 친숙한 형제라고 묘사되고(Stn. 140) '싸비뜨리(운율이름)'는 그들의 주요한 찬가로 묘사되고 있다.(Stn. 457) 원래 고전설에 속할지 모르는 '바라문의 삶의 경'은 붓다 당시의 바라문들이 원래의 단순 소박한 삶에서 얼마나 타락했는지를 잘 보여준다. 그들은 탐욕을 부렸으며, 왕의 사치스러운 생활에 매혹되었고 스스로 아름다운 아내들과 부유한 재산을 소유하게 되었다. 그들은 왕에게 접근해서 희생제들, 말의 희생제, 인간의 희생제, 막대를 던지는 희생제, 쏘마를 마시는 희생제, 아무에게나 공양하는 희생제를 지내게 했다.(Stn. 303) 마침내 죄 없는 소도 희생되었으며(Stn. 309), 그 결과로 법은 사라지고 비법이 지배하게 되었고, 아흔 여덟 가지의 질병이 지상에 생겨났으며, 아내가 남편을 존경하지 않는(Stn. 314) 등 사람들 사이에 온갖 혼란과 무질서가 생겨났다. 부처님은 모든 형태의 희생제에 대해서는 단호하게 비난했다. 쑨다리까 바라드와자의 경과 마가의 경에서 고따마 붓다는 여래는 어떤 계급을 막론하고 그에게 공덕을 구하는 바라문으로부터 음식을 헌공받을 가치가 있다고 설한다. 여래에게 음식을 베푸는 이것이야말로 진정한 제사인 것이다. 그리고 부처님은 진정한 바라문은 그의 높은 가문에서의 태생에 있는 것이 아니라 그의 행위에 있는 것임을 바쎗타의 경에서 강조하고 있다.

3) 재가자와 출가자의 삶

'다니야 경'은 소치는 다니야와 부처님의 대화로 이루어져 있다. 시들은 한 쌍의 연시들로 이루어져 있는데, 앞에서는 다니야의 농경생활의 유익함을 노래하고, 뒤에서는 부처님이 유사한 유형으로 자신의 명상적 삶의 탁월성을 노래한다. 특히 부유한 재가자의 행복한 삶, 순종적이고 의무를 다하는 아내와 건강하고 귀여운 자식들과, 많은 소 떼와 가축들을 거느리고 부유하고 행복한 삶을 누리는 소치는 다니야의 삶이 집없이 속박없이 유행하는 출가자로서의 고따마 붓다의 정신적으로 누리는 행복한 삶과 아름답게 대조된다. 부처님은 자신의 마음이 잘 수련되어 자기 자신의 주인이 되었으므로 기뻐하거나 슬퍼할 것이 없다고 노래하고 있다. '까씨 바라드와자의 경'은 출가 수행자들이 어떤 사람들에게는 게으른 자로 비추어진다는 것을 보여주고 있다. 까씨 바라드와자는 바라문이자 대토지를 소유한 농부로서 마침 밭을 갈고 있는데, 탁발하러 온 고따마 붓다를 보고, 밥을 빌지 말고 밭을 갈고 씨를 뿌리는 것과 같은 노동을 한 뒤에 자신의 이마의 땀으로 음식을 먹어야 한다는 것을 강조한다. 고따마 붓다는 자신이 결코 게으르지 않으며 자신도 밭을 갈고 씨를 뿌리는 노동을 하며 밥을 먹는다고 주장한다. 부처님의 농사에서 씨앗은 믿음이고, 비는 감관의 제어이며, 멍에와 쟁기는 지혜이고, 자루는 부끄러움이고, 끈은 정신이며, 쟁깃날과 몰이막대는 새김이다. 이것은 부처님의 수행체계를 하나의 그림으로 완성한 심우도의 원형과 같은 것이다.

4) 고따마 붓다에 대한 네 가지 설화시

'출가의 경', '정진의 경', '날라까의 경'은 고대 종교적인 설화시의 귀중한 자취를 보여주는 경들이다. 이러한 경들을 중심으로 부처님의 생애에 대한 서사시가 성립하게 된 것이다. '날라까 경'은 부처님의 탄생을 둘러싼 설화가 등장한다. 성인 아씨따가 부처님의 탄생을 이유로 하늘의 신들이 기뻐하고 즐거워하는 것을 보고 그 어린 아이를 보러 숫도다나 왕의 궁전을 찾아온다. 그는 그 어린아이를 보고 이 세계의 위대한 스승이 될 것이라는 사실을 알았다. 그러나 이 어린아이가 성장해서 진리의 수레바퀴를 굴릴 때까지 자신이 살지 못할 것이다는 사실을 알고는 그의 조카인 날라까에게 나중에 그의 제자가 될 것을 부탁한다. 이 경에는 이미 아기-부처님에 대한 기적적인 놀라운 신비적인 요소들이 삽입되어 있다. 이 경은 '랄리따비스따라' 같은 후대의 대승경전에서 부처님의 일대기의 모태가 되었다고 볼 수 있다.

'출가의 경'에서는 고따마 붓다가 완전한 행복을 위해서 출가하는 것에 관하여 노래하고 있다. 여기에 마가국의 왕, 빔비싸라는 우연히 왕궁에서 부처님이 탁발하러 가는 모습을 보고 감탄하여 사신을 파견하여 그가 머무는 수행처에 관하여 알아본 뒤에 몸소 그를 방문하여 가르침을 듣는 역사적인 내용이 등장한다.

'정진의 경'에는 부처님이 정각을 얻기 위해 네란자라 강 언덕에 앉아 있을 때에 있었던 악마와 부처님의 대화를 기록하고 있다. 악마는 그의 정진을 단념하라고 설득했다. 악마는 부처님에게 청정한 삶에 만족하고 제사를 지내서 공덕을 쌓으라고 유혹한다. 부처님은 자신은 털끝만큼도 그러한 공덕을 쌓고 싶지 않다고 말하며, 악마의 제의를 거절한다. 악마는 결국 부처님을 이겨낼 수가 없었고 칠 년 동안이나 그를 헛되이 쫓아다녔다고 고백

한다. 악마는 부처님의 마음속에 나타난 선악의 싸움에서 악하고 불건전한 세속적인 측면을 대변한다고 볼 수 있다. 여기서 우리의 욕망, 혐오, 기갈, 갈애, 권태와 수면, 공포, 의혹, 위선과 고집, 잘못 얻어진 이득과 환대와 예배와 명성, 그리고 자기를 칭찬하고 타인을 경멸하는 것 - 이 모든 것이 악마의 군대라고 불린다는 것을 알 수 있다.

피안의 길의 품의 서시들은 그 품의 경전들을 연결하는 연결고리를 제공하는 다른 설화시를 형성하고 있다. 바바린이라고 불리우는 어떤 바라문이 희생제를 지내며, 고다바리 강 언덕에 살고 있었다. 다른 바라문이 먼 여행길에 그를 찾아 와서 500냥을 요구한다. 바바린은 그 자신이 가난했기 때문에 그 손님을 만족시킬 수 있는 입장이 아니였다. 그 때문에 그 잔인한 손님은 화가 나서 바바린의 머리가 일곱 조각으로 갈라질 것이라고 저주하였다. 바바린은 그 저주를 듣고서 매우 걱정하였다. 어떤 하늘 사람이 친절하게 그에게 다가와서 '사기꾼 손님은 머리에 대한 아무런 지식도 갖고 있지 않다.'고 확신시키고 그에게 싸밧티 시에 있는 부처님을 찾아가 그러한 것들에 대해 해명을 받을 것을 권했다. 바바린은 아지따를 비롯한 그의 열여섯 명의 제자들을 불러서 그들이 부처님을 찾아가 질문해볼 것을 부탁했다. 그들은 먼 여행을 떠나게 되었는데, 우리는 여기서 그들이 만난 역사적인 도시들, 빠띳타나(오랑가바드 지역의 빠이타나), 마힛싸띠(마히슈마띠), 웃제니 곤다, 비디싸(빌싸), 바나싸우하야, 꼬쌈비(아라하바드 근처), 싸께따, 싸밧티(꼬쌀라 국의 수도), 쎄따비야, 까삘라밧투, 꾸씨나라, 빠바, 라자가하(마가다국의 수도)를 만나게 된다. 그들은 이러한 도시를 거쳐서 부처님이 계신 라자가하 시에 도착한 것이다. 부처님은 그들이 오는 것을 알고 신통력으로 그들이 가진 마음에 지닌 의문을 알아채고, 머리가 바로 무명인 것을 답변하자 그 초월적인 지혜에 감동한 나머지 부처님에 대하여 신뢰하고 기뻐하며 순서대로 철학적인 질문을 하게 된다. 부처님은 그 모든 의문에 대하여 답변한다. 피안의 길의 품은 16명의 바라문 학인들의 질문에 답변하면서 『숫타니파타』를 끝내는데, 거기서 부처님은 그들에게 세상의 바다를 건너는 길, 갈애와 집착을 끊는 길, 모든 견해, 규범과 금계에 대한 집착을 그치는 길, 지금 여기에서 죽음에 대한 두려움이 없는 상태에 이르는 길, 거기서 완전히 행복할 수 있는 열반을 얻는 길에 대하여 가르친다.

5) 이상적인 고행자, 성자의 길

『숫타니파타』에는 고행자나 성자의 삶, 또는 이상적인 삶을 묘사하는 다른 종류의 많은 경전들이 있다. 재가의 삶을 사는 자가 완전하고 티끌 없이 청정한 삶을 사는 것은 쉽지 않다. 그래서 고행자나 성자는 이것을 알고 모든 처자식과 친지들과 재산을 버리고(Stn. 60) 숲 속에 지내면서 오로지 음식을 구하기 위해서만 마을이나 도시를 찾는다. 그는 음식을 구한 즉시 숲 속으로 돌아가며 마을이나 도시에 대해서는 생각하지 않는다. 그는 살아 있는 생명을 죽이지 않고, 주지 않는 것을 빼앗지 않고, 순결을 지키고, 거짓말을 하지 않고, 술에 취하지 않는 것 등의 모든 계행을 지키고, 화환이나 향수나 향기를 사용하지 않고, 높은 자리나 침대를 사용하지 않는 소박한 생활을 영위한다. 그는 금이나 은을 다루지 않고, 물건을 사고 팔지 않으며, 심부름을 보내거나 하인을 두지 않는다. 그는 두 눈을 아래로 하고, 경솔하게 걷지 않는다. 그는 하루 한 번 오전 중에만 식사를 한다. 그는 음식을 얻었다고 교만해서는 안 되고(Stn. 366), 음식을 자신의 처소에 보관해 두어서도 안 된다. 그는 길조의 점, 천지이변의 점, 해몽, 관상을 보거나 길흉의 판단을 해서는 안 된다.(Stn. 360) 주술적인 주문이나 해몽이나 또는 징조나 점성술에 종사해서는 안 되고, 새나 짐승의 소리로 점을 치거나 임신시키는 술수나 의술을 행해서도 안 된다.(Stn. 927) 계율의 항목을 지키며 신체적으로나 언어적으로나 정신적으로 완전한 자제를 행해야 한다. 이익이나 손실, 고통이나 쾌락, 칭찬이나 비난에 의해서 자신의 마음의 평화를 해쳐서는 안 된다. 그는 무엇을 먹을 것인가? 어디서 먹을 것인가? 잠을 잘못 잤으니 어디서 잘 것인가와 같은 모든 걱정을 버려야 한다.(Stn. 970) 심지어 추위와 더위, 굶주림과 갈증, 그리고 바람, 열기, 쇠파리와 뱀, 이러한 모든 것을 참아내야 한다.(Stn. 52) 결코 보복하거나 앙갚음해서는 안 된다. 명상을 하면서 선정에 들거나 자애·연민·기쁨·평정(慈悲喜捨)의 거룩한 삶을 살아야 한다.

그리고 성자는 극단적으로 쾌락에 탐닉하는 경향과 극단적으로 고행을 추구하는 경향을 버리고 중도를 따라야 한다. 그는 영원주의나 허무주의를 모두 버리고 모든 지어진 것은 무상하고, 괴롭고, 모든 법은 실체가 없는 것(無常·苦·無我)이라는 불교의 세 가지 철학적인 원리(三法印)를 깨달아야 한다. 행위(業; kamma)가 이 세상을 지배하는 원리임을 깨달아야 한다. 세상은 행위로 말미암아 존재하며, 사람들도 행위로 인해서 존재한다. 뭇삶은 달리는 수레가 축에 연결되어 있듯이, 행위에 매어 있다.(Stn. 654.) 성자는 괴로움의 문제에 대한 깊고 넓은 이해를 통해서 네 가지 거룩한 진리(四聖諦)와 연기법(緣起法)에 대한 지식에 도달해야 한다. 그는 그것을 통해서 무명이 갈애의 원인이고 갈애가 일체의 고통의 원인이라는 것을 알게 된다. 그러나 존재에 대한 탐욕에 사로잡혀있는 세속인들은 이러한 진리를 깨닫기 힘들다.(Stn. 764.) 오직 고귀한 자들인 성자들만이 이 진리를 깨닫고 번뇌를 부순 열반에 들 수 있다.(Stn. 765)

모든 세상의 번뇌에서 벗어난 상태인 열반은 어떠한 것인가? 불교의 역사상 열반의 개념은 시대에 따라 변화되어 왔지만, 『숫타니파타』에서는 그 초기불교의 열반의 개념을 그대로 발견할 수 있다. 갈애가 완전히 부수어지고(Stn. 1109) 탐·진·치의 번뇌가 다하면, 지금 여기에서 바로 실현될 수 있지만, 언어로는 표현될 수 없는 상태이다. 이러한 상태에 도달하면, 무소유 상태의 성자는 이 세상의 어떠한 것, 어떠한 견해, 어떠한 형식적인 계행이나 맹세에도 집착하지 않고 완전한 평정 속에서 몸이 부수어져 흩어질 때까지 계행에 입각한 삶을 실천한다.

그런데 열반에 도달한 성자가 죽은 후에는 어떻게 되는가? 부처님은 그것에 대하여 아무런 답변도 주지 않는다. 그는 바람의 힘에 꺼진 불꽃이 소멸되면, 우리가 그것을 헤아리지 못하듯, 성자는 정신적인 것들에서 해탈하여 소멸되면, 우리는 그를 헤아리지 못한다라고 말한다.(Stn. 1074.) 신들이나 간다르바들도 그를 알아볼 수 없다.(Stn. 644.) 바바린의 16제자 가운데 한 사람인 우빠씨바가 제기한 성자에 관한 질문에 부처님은 다음과 같이 대답한다. '소멸해 버린 자를 알아 볼 수 있는 기준은 없다. 우리가 언명할 수 있는 것은 성자에게는 없는 것이다. 모든 현상들이 깨끗이 끊어지면, 언어의 길도 완전히 끊어져 버리는 것이다.'(Stn. 1076.)

6) 윤리적인 종교로서의 불교

불교를 윤리적인 종교라고 정의한다. 『숫타니파타』는 무엇보다도 이러한 사실을 잘 보여준다. 우리는 불교도들이 하늘 나라(欲界六天)나 하느님나라(梵天界)의 존재를 믿는다는 사실을 이 『숫타니파타』에서도 알 수 있지만, 불교는 신들이나 하느님들에 대한 어떠한 도그마도 갖고 있지 않다는 사실도 알 수가 있다. '담미까의 경'은 신들이나 하느님들이 부처님을 자주 찾아와 예배드리거나 가르침을 구하는 이유가 특히 부처님의 가르침의 윤리적인 특성 때문이라는 것을 드러내고 있다. 그 경은 출가자나 재가자들을 위한 간단한 도덕적인 계행의 전형들을 너무나 잘 보여주고 있다. 물론 불교의 가르침의 핵심은 단순히 윤리적인 것만은 아니다. 그러나 수행승들이나 재가자들에 대한 부처님의 가르침은 세계의 본성에 대한 진리를 이해하여, 궁극적으로는 완전한 윤리적인 삶을 영위하도록 이끈다. '싸비야의 경'은 불교의 이러한 사물에 대한 본성의 이해가 어떻게 사람들을 윤리적인 삶으로 이끄는가를 잘 보여주고 있다.

11. 『숫타니파타』의 언어와 스타일

『숫타니파타』의 고층성은 그 주제나 내용의 측면에서 뿐만 아니라 언어와 스타일의 측면에서도 입증된다. 그리고 워더에 의하면, 버어마의 필사본들은 빠알리 문법적 표기의 고전적인 전통을 따르지 않고 수정한 것이 있다. 이것은 필사본의 원래 연대가 훨씬 더 고층일 수 있다는 것을 시사한다. 그럼에도 불구하고 『숫타니파타』에는 그 사용언어의 고층성을 입증할 수 있는 많은 표현들을 발견할 수 있다.

파우스뵐은 예를 들어, 복수형에서 samūhatāse(Stn. 14), paccayāse(Stn. 15), paṇḍitāse(Stn. 875-876), carāmase(Stn. 32), sikkhissāmase(Stn. 14), 는 고대 베다어의 명사들이나 동사들을 사용하거나, vinicchayāni, lakkhaṇāni에 대하여 vinicchayā(Stn. 838), lakkhaṇā(Stn. 360)의 베다어의 단축 복수형을 사용한다든가, mantāya, pariññāya, lābhakamyā 대신에 mantā(Stn. 159), pariññā(Stn. 779), lābhakamyā(Stn. 854)의 단축 구격 단수를 사용한다든가, vippahātave(Stn. 817), uṇṇametave(Stn. 206), sampayātave(Stn. 834)와 같은 베다어의 부정사를 사용한다든가, santyā(Stn. 872), duggaccā(Stn. 141), tithyā(Stn. 891), sammuccā(Stn. 648), thiyo(Stn. 769)과 같은 축약형을 사용한다든가, ātumānaṃ(Stn. 782), suvāmiṃ, suvānā(Stn. 201)와 같은 연장형을 사용한다든가, sagghasi(Stn. 834. =sakkhissasi), pāva나 pāvā(Stn. 789 =pavadati), pavecche(Stn. 463 =paveseyya), sussaṃ(Stn. 694 =suṇissāmi), daṭṭhu(Stn. 424 =disvā), paribbasāno(Stn. 796 =parivasamāno), avocāsi(Stn. 680), ruṇṇena(Stn. 584), uggahāyanti(Stn. 791)와 같은 고어형을 사용한다든가, vyappathayo(Stn. 961), bhūnahu(Stn. 664), paṭiseniyanti(Stn. 390), kyāssa(Stn. 961), upaya(Stn. 787), avīvadātā(Stn. 784)와 같은 보기 드문 단어를 사용한다던가, 때때로 운율을 맞추기 위해 tadā를 tada(Stn. 685)로, janetvā를 janetva(Stn. 695)로, yadā를 yada(Stn. 696)로, siñcitvā를 siñcitva(Stn. 771)로 단음화하던가, 때때로 난해하고 비정상적인 형태의 단어들을 만나는데 특히 여덟 게송의 품(Stn. 249, 458, 837-841)에서 만난다. 그리고 diguṇa ekaguṇa(Stn. 714), kuppapaṭiccasantiṃ(Stn. 784), saññasaññī(Stn.

874), visaññasaññī(Stn. 874), vibhūtasaññī(Stn. 874)등의 불명확하거나 축약된 표현들을 만난다. 우빠니샤드나 다른 빠알리 텍스트에서처럼, 시구들이 여러번 반복되기도 한다. 일련의 시들(Stn. 3, 6, 7, 13, 16, 30, 31, 35)에서 마지막 시행은 경의 핵심으로 후렴구처럼 반복된다. 그리고 다른 빠알리 경전에서처럼 『숫타니파타』(Stn. 46, 48, 221, 255, 321, 353, 443, 580, 831, 920, 1014)에서도 고대인도인들에게 친숙한 눈에 띄는 적확한 비유, 은유, 실례들을 살펴볼 수 있다. 어리석은 자는 반쯤 찬 항아리나 시끄러운 개울에 비유되고, 현명한 사람은 조용한 호수나 넓게 흐르는 강에 비유된다.(Stn. 720-721) 죽어야만 하는 인간은 하나씩 도살장으로 끌려가는 소처럼 묘사된다.(Stn. 580) 서로 반목하고 싸우는 사람들은 잦아드는 물에 있는 물고기에 비유된다.(Stn. 936)

12. 『숫타니파타』의 시형론

'『숫타니파타』'의 가장 일반적인 운율은 음절의 수는 고정되었으나 장단 음절의 배열은 자유로운, 팔음절의 아누슈뚜브(Anuṣṭubh; Śloka), 십일음절의 뜨리슈뚜브(Triṣṭubh)와 십이음절의 자가띠(Jagatī)로 구성되어 있다. 그러므로 '우파니샤드'나 '바가바드기타' 뿐만 아니라 '베다' 문헌에서 발견되는 시형론의 가나(Gaṇa)체계가 모든 시행에 적용되지는 않는다. 우리는 뜨리슈뚜브와 자가띠의 혼합형(Stn. 212, 214, 218-219)을, 뜨리슈뚜브와 슬로까(Stn. 327)의 혼합형을 발견할 수 있다. 자가띠와 뜨리슈뚜브의 혼합형(Stn. 829), 뜨리슈뚜브와 자가띠와 슬로까의 혼합형(Stn. 249)을 발견할 수 있다. 그리고 바빠뜨에 의하면, 뜨리슈뜨브의 운율인 인드라바즈라(Indravajrā)와 우뻰드라바즈라(Upendravajrā)의 혼합형(Stn. 208-212)나 방싸스타(Vaṃsastha)와 인드라방싸(Idravaṃsā)의 혼합형(221, 688-690)이나 13음절의 시들(220, 679-680, 691-698)이 발견된다. 그것들은 확장형인 아띠자가띠(Atijaga-tī)의 스타일을 한 것이지만, 자세히 살펴보면 어떠한 시행도 후대의 가나체계에 따라 그 스타일의 속하는 하위분류체계와 일치하지 않는다는 것을 발견할 수 있다.

그리고 가나와 운율단위가 혼합된 체계도 발견되는데, 예를 들어 어떤 시들은 바이딸리야(Vaitāliya: 33-34, 658-659, 804-813)와 아우빠찬다시까(Aupacchandasika: 1-17, 83-87, 361-373)의 운율을 하고 있다. '꼬깔리야의 경'의 시들(Stn. 663-676)은 베가바띠(Vegavatī)의 운율을 하고 있다. 그리고 베가바띠와 아우빳찬다싸까의 혼합형이 있다 (Stn. 538). 그리고 고층의 아리야에 속하는 시들(Stn. 143-152, 916-934)도 있다.

따라서 『숫타니파타』의 시들은 그냥 일반적으로 게송(Gāthā)이라고 불릴 수밖에 없다. 그 밖의 시들에서도 까비야나 나따까와 같은 후대의 범어문헌에서 보이는 시형을 띄고 있는, 현존하는 체계의 확고한 고정성은 보이지 않는다. 아누슈뜌브 운율체계 속에 육행시(Stn. 303, 306-307, 547, 699, 751, 762, 763, 992)가 있는가하면, 아누슈뜌브 운율의 시 속에는 오행시나 육행시(469, 478, 508, 863, 875)가 있고, 또는 동일한 운율을 취하면서도 칠행시나 팔행시를 취하는 시들(Stn. 213, 231, 1079, 1081, 1082)이 있다. 그리고 바이딸리야 운율을 취하는 오행시(Stn. 659)도 있다. 그리고 전혀 다른 성질의 시형인 아누슈뜌브와 바이딸리야를 공유하는 혼합형의 시들(Stn. 153, 457, 540)이나 아누슈뜨브와 뜨리슈뚜브를 모두 공유하는 혼합형의 시들(Stn. 327, 459, 482, 486, 1055-1068, 1149)도 있다.

13. 『숫타니파타』의 병행성

『숫타니파타』는 최고층의 문헌 가운데 그 표준이 되는 작품이다. 『숫타니파타』에 등장하는 표현들에 대한 인용을 다른 빠알리 텍스트에서 발견한다면 놀라울 것이 전혀 없다. 『숫타니파타』에 등장하는 많은 시들이 『담마파다』나 『테라가타』, 『테리가타, 『우다나』, 『이띠부따까』 등에서 발견된다. 그리고 앞서도 언급했듯이, 다른 경전들 속에서 적어도 7개의 경들이 그대로 발견된다.

제1품 3. 무소의 뿔의 경(Khaggavisāṇasutta) = Ap. II. 9-49
4. 까씨 바라드와자의 경(Kasibhāradvājasutta) = SN. I. 172-173
8. 자애의 경(Mettasutta) = Khp. IX.
10. 알라바까의 경(Āḷavakasutta) = SN. I. 213-215.

제2품 1. 보배의 경(Ratanasutta) = Khp. VI
3. 부끄러움의 경(Hirisutta) = J. III 196, 10-23
4. 고귀한 축복의 경(Mahāmaṅgalasutta) = Khp. V.
5. 쑤찔로마의 경(Sūcilomasutta) = SN. I. 207-208
12. 방기싸의 경(Vaṅgīsasutta:시 부분만) = Thag. 1263-1278

제3품 3. 잘 설해진 말씀의 경(Subhāsitasutta; 시 부분만)
= SN. I. 188-189 = Thag. 1227-1230
4. 쑨다리까 바라드와자의 경(Sundarikabhāradvājasutta)
= SN. I. 167-168
7. 쎌라의 경(Selasutta)
= MN. 92. Thag. 818-837(Sela: 548-567),
Thag. 838-841(Sela: 570-573)
Cf. Dhp 396-423(Sela: 620-647)
9. 바쎗타의 경(Vāseṭṭhasutta) = MN. 196
10. 꼬깔리야의 경(Kokāliyasutta: 시 부분만)

= SN. I. 149-153

이러한 병행성은 빠알리 문헌에 국한되지 않고 불교 범어문헌인 '마하바스뚜', '랄리따비스따라', '디비야아바다나'와 같은 곳에서도 찾아볼 수 있다. '무소의 뿔의 경', '출가의 경', '정진의 경', '날라까의 경', '싸비야의 경'은 '마하바스투'나 '랄리따비스따라'에서 그 한 단어 한 단어가 일치하는 사본을 발견할 수 있을 정도이다. 그리고 북전 불교문헌에서도 발견된다. '마가의 경'이나 '꼬깔리야의 경'은 한역 잡아함경에서도 발견되고, '여덟 게송의 품'도 한역 '아르타빠다(Arthapada: 義足經)'와 유사하다. 그리고 '피안가는 길의 품'은 한역 '잡아함경'이나 '요가짜리야부미(Yogacāryabhūmi)', '마하비바사(Mahā-Vibhāṣā)', '반야바라밀경'에서 발견된다.

이러한 병행성은 자이나교의 문헌이나 브라흐마나 문헌에서도 발견된다. 행위(業: kamma)에 의해서 바라문이나 왕족이나 평민이나 노예가 된다고 하는 구절(Stn. 136, 650)은 자이나교의 '웃따랒자야나(Uttarajjhayana)'에서 거의 같은 단어가 그대로 발견된다. 불교수행자를 위한 행위의 규범(Stn. 360, 810, 924, 927, 929, 932, 968, 969)도 자이나교의 수행자와 유사하고, 관념들도 매우 유사한 언어로 표현된다.(Stn. 119, 150, 547, 568, 625, 629, 950, 960) 그 유사성은 바라문교의 문헌, 예를 들어 '바가바드기타'나 '마하바라타'까지 확대할 수 있다. 『숫타니파타』의 어떤 시들(Stn. 568-569)은 '바가바드기타(Bhg. X. 21)'에서도 발견되며, '마하바라타(Mbh. XIV. 43. 7-8; XIV. 44. 5, 7)'에서도 발견된다. 야차와의 대화의 형식적 유사성은 '헤마바따의 경', '쑤질로마의 경', '알라바까의 경'의 유사성은 '마하바라타'에서도 발견된다.

'마하바라타'에서도 드물지만 진정한 바라문의 지위는 태생보다는 행위에서 온다고 진술한다. '뱀의 경'에 나오는 뱀이 허물을 벗는 비유는 '마하바라타'에서도 동일한 표현으로 등장한다. 세계가 늙음과 죽음에 의해 공격당한다는 관념, 인간의 삶은 시작과 끝이 신비적이라는 관념, 보편적인 사랑의 이념, 인간사회의 분쟁의 이념 등은 '마하바라타'와 같은 대서사시에도 등장한다. 이러한 관념만이 유사한 것이 아니라 그 표현방식도 때때로 아주 유사하다.(Stn. 1, 249, 288, 581) 그리고 『숫타니파타』에 나타난 성자의 삶은 '바가바드기타'에 나타난 지혜의 확립(sthitaprajña: Bhag. II. 55-72)이나 청정한 삶(brahmaniṣṭha: Bhag. IV. 19-23; V. 18-28), 신애[神愛]의 삶(bhakta: Bhag. XII. 13-19)과 상당히 유사하다.

14. 『숫타니파타』의 번역본들

『숫타니파타』는 그 전체가 한역된 적이 없다. 단지 네 번째 품인 '여덟 게송의 품'만이 오나라 초기(AD. 223-253)에 지겸(支謙)에 의해서 '불설의족경(佛說義足經)'이라는 이름으로 한역되었다. 그리고는 근대에 들어와서 서양언어로 먼저 번역되기 시작했다.

최초의 영역은 1874년 무투 꾸마라 스와미(Sir Muttu Coomara Swamy)에 의해서 30경만이 선택적으로 번역되었다. 그 후 1880년 파우스뵐에 의해서 최초로 산문체로 영역이 되었다. 1910년 칼 오이겐 노이만에 의해서 시의 문체로 독역되었고, 그 후 1932년 로버트 찰머스와 1945년 시문체 영역이 시도되었다. 파우스뵐의 번역은 빠알리성전협회의 교열본 이전의 한정된 필사본에서 번역된 한계가 있을 뿐만 아니라 경전자체에 대한 한정된 주석만을 달았고, 칼 오이겐 노이만의 독일어 번역은 역사상 가장 아름다운 시적인 번역이라고 해도 과언이 아닐 것이다. 그러나 독일어의 시적인 운율에 맞추어 강제적으로 늘이거나 줄인 번역이다. 그리고 찰머의 번역도 대단히 시적인 번역이지만 주석이 없고, 하레의 번역에는 간과한 주석이 너무 많다. 이 모든 번역은 노만의 주장에 따르면, 늘이고 줄이고 부가하고 생략한, 일방적인 시적인 번역이고, 자야비끄라마에 의하면, 잘못된 견해에 근거하고 있는 번역이었다. 냐나뽀니까의 번역이 비교적 훌륭하지만 많은 번역상의 문제점을 미해결의 과제로 남겨두었다. 쌋다띳싸 스님의 번역은 정확한 번역이라기보다는 번역상의 문제점을 경전의 정신을 중심으로 해결한 번역이고, 주석이 너무 적게 달려 있어 내용을 이해하는데 충분하지 못하다.

가장 믿을 만한 충실한 번역은 노만과 자야비끄라마의 번역이다. 노만은 1972년에 『숫타니파타』의 번역을 시작해서 1992년에 완성을 했는데, 특히 빠알리어의 어원적인 의미를 시형론에 대한 고찰과 더불어 심층적으로 고찰하면서, 전통적인 주석을 비판하고, 비판적인 번역을 완성하는데 노고를 아끼지 않았다. 그럼에도 불구하고 아직 번역상의 오류나 이해하기 힘든 번역이 눈에 띈다. 그리고 가장 최근 즉 2001년에 『숫타니파타』의 번역을 완성한 자야비끄라마는 초기불교의 정신을 되새기며, 노오만이 때때로 무시한 고전적인 주석의 빠알리어 정신을 살리며, 경전의 이해를 돕기 위해 주석서에서 적절한 많은 주석을 빠알리어로 인용했다. 그러나 주석의 빠알리문의 언어학적이나 철학적인 해석을 선택적으로 옮겨놓은 것일 뿐, 번역하지는 않은 것이 흠이고 더구나 각 경이 성립하게 된 주석의 인연담에 대해서는 아무런 언급도 하지 않았다. 역자가 『숫타니파타』를 이해하고 역주를 달며 번역하는데 많은 도움이 된 번역서가 있다면, 바로 이 노만과 자야비끄라마, 두 분의 번역이다. 그러나 이 두 분의 번역을 포함해서 현존하는 『숫타니파타』 번역본들에서는 각각의 시가 성립하게 된 동기나 배경이 되는 인연담 - 주석서에는 상세히 언급되어 있지만 - 이 빠져 있다.

이 『숫타니파타』에 대한 최초의 일역은 1917년 다치하나 쥰도우(立花俊道)에 의해서 출간되었으며, 1939년 미즈노 고겐(水野弘原)에 의해서 본격적인 일역이 시도되었고, 1958년 나카무라 하지메(中村元)가 비교적 충실한 주석을 달아 번역을 하였고 1983년에 번역을 대폭 손질해서 개정판을 내었다. 그러나 다치하나 쥰도우의 번역은 남전대장경의 번역으로 주석이 희박하고 일본고어로 번역되어 있고, 난해한 한역투의 용어를 사용하고 있어 현대인들이 접근하기 힘들다. 미즈노 고겐의 번역도 다치하나 쥰도우의 고어적인 번역과 큰 차이가 없으며 주석을 보완한 정도인데 상세한 주석을 결여하고 있다. 나카무라 하지메의 번역이 손쉽게 접근할 수 있는 문고본으로 되어 있고 운문을 산문의 경전체로 바꾸어 누구나 읽기 쉽게 했다. 그러나 그는 시형론에 대한 분석을 결여하고 있고, 초월적인 진아론자로서 경전의 번역이나 해석에서 부처님의 가르침을 우파니샤드나 자이나교와의 유사성을 참조하여 번역하거나 그러한 견해를 강조하기 위해 몇몇 인용들은 견강부회한 감이 없지 않아 있고 몇몇 오역이 의심스러운 부분(Stn. 143, 440, 929)이 발견된다. 최근 1988년에 무라카미 신칸(村上眞完)과 오이카와 신카이(及川眞介)가 『숫타니파타』의 주석을 충실하게 완역했을 뿐만 아니라 다른 한역경전을 충실히 대조함으로서 『숫타니파타』 연구에 일단락을 지은 것은 높이 평가할 만하다. 그러나 이를테면, 번역에서 서로 상충되는 것(Stn. 440)에 대하여 주석에서 언급하지 않고, 일방적으로 붓다고싸의 주석의 해석을 수용하여 원문을 번역한 것은 비판적인 번역이라고는 볼 수 없다. 그리고 그들의 번역술어가 한역술어라 현대인이 읽는데 어려운 점이 있고 시형론적인 분석이 결여되어 있는 것이 흠이다.

15. 『숫타니파타』의 중역의 한계

초기 불교의 경전으로서 그 고층적인 지명도와 함께 현대적인 번역에는 국내와 국외의 상당수 번역본들이 존재한다. 『숫타니파타』에 대한 국내의 번역에는 법정[B] 스님의 번역이 잘 알려져 있으나 일본어의 나카무라 하지메의 중역인데, 그의 주석을 전혀 고려하지 않았고, 강제적인 첨삭의 윤문이 많아 빠알리 원문과 비교할 때에 문장의 내용이나 어순에서 너무나 많은 차이가 나고 심지어 거꾸로 번역되거나 해석된 경우도 드물지 않다. 그리고 운학[W] 스님이나 이기영[L] 박사의 번역, 김영길[K] 교수의 번역, 역시 나카무라 하지메의 번역을 중역한 것이다. 이들 번역은 법정 스님의 번역이 주는 미적인 아름다움은 없지만, 네 분 모두가 일역을 판에 박은 듯이 옮겼기 때문에, 나카무라 하지메의 오역(Stn. 143, 440, 929)도 그대로 답습하고 있다. 그리고 지현[G] 스님의 번역은 영역을 토대로 한 중역인데, 영문번역을 다시 중역했기 때문에 애매한 부분이 많고 자의적인 해석을 번역에 추가시켰을 뿐만 아니라 잘못 해석되거나 때로는 누락된 부분이 적지 않다.

『숫타니파타』에서 가장 유명한 '자애의 경'에 대하여 위의 한글 번역들과 역자의 번역을 비교하면, 단적으로 중역의 한계를 알 수가 있다. 그리고 불경번역이 얼마나 일반적으로 난삽하게 번역되고 있는가를 우리는 다음과 같은 기존의 번역과 필자의 번역을 비교함으로서 알 수 있다.

역자가 '널리 이로운 일에 능숙하여서 평정의 경지를 성취하고자 하는 님은 유능하고 정직하고 고결하고 상냥하고 온유하고 교만하지 말지이다(Stn. 143)'라고 번역한 구절에 대해서 위의 다섯 분의 번역은 다음과 같다.

[B] 사물에 통달한 사람이 평안한 경지에 이르러 해야 할 일은 다음과 같다. 능력 있고, 정직하고 바르며, 말씨는 상냥하고 부드러우며, 잘난 체하지 말아야 한다.
[W] 사물에 통달한 사람이 평안한 경지에 이르러 해야 할 일은 다음과 같다. 모름지기 슬기롭고 정직하고 바르고, 말씨는 부드러우며, 잘난 체하지 않는 자가 되는 것이다.
[G] 니르바나에 이른 사람이 이 편안한 경지에서 해야 할 일은 다음과 같다. 공명하고 성실하며 말은 부드럽고 점잖아야 하고 잘난 체 뽐내지 말아야 한다.
[L] 궁극적인 이상에 통달한 사람이 평안한 경지에 이르러 해야 할 일은 다음과 같다. 능력이 있고, 정직하고 바르고, 말은 상냥하며 유화해서 잘난 체하지 않은 이가 되어야 하오.
[L] 만사에 통달한 사람이 평안한 경지에 이르러 실천해야 할 일은 다음과 같다. 능력이 있고, 정직하고 상냥하고, 부드러우며 자만하는 일이 없어야 한다.

역자가 '만족할 줄 알아서 남이 공양하기 쉬워야 하며 분주하지 않고 생활이 간소하며 몸과 마음 고요하고 슬기로우니 가정에서 무모하거나 집착하지 말지이다(Stn. 144)'라고 번역한 구절에 대해서 위의 다섯 분은 다음과 같이 번역했다.

[B] 만족할 줄을 알고, 기르기 쉽고, 잡일을 줄이고, 생활도 또한 간소하게 하며, 모든 감관이 안정되고 총명하여 마음이 성내지 않으며, 남의 집에 가서도 탐욕을 부리지 않는다.
[W] 만족할 줄을 알고, 욕심을 기르지 말고, 잡일을 줄이고, 생활은 간소하게 하며, 모든 감관이 안정되고 총명하여 마음이 흐트러지지 않으며, 남의 집에 가서도 탐욕을 부리지 마라.

[G] 만족할 줄을 알며, 변변치 않은 음식으로 생활하라. 잡일을 줄이고 생활은 간소하게 하라. 모든 감관이 편안하게 하고 남의 집에 가서 욕심내지 말아라.[L] 만족할 줄을 알고, 검소한 생활을 하고, 잡일을 줄이고, 생활도 또한 간소하며, 모든 감관이 안정되고, 총명하고 부드럽고 모든 집에서 탐욕을 부리는 일이 없소.
[K] 만족할 줄을 알고, 검소하게 지내고, 잡일을 줄이고 생활도 간소하게 하며, 모든 감관이 안정되고, 총명하고 오기를 부리는 일이 없고, 남의 집에 가서 탐욕을 내지 말아야 한다.

역자가 '다른 양식 있는 님들의 비난을 살만한 어떠한 사소한 행동도 삼가오니 안락하고 평화로와서 모든 님들은 행복하여지이다(Stn. 145)'라고 번역한 구절에 대해서 위의 다섯 분의 번역은 다음과 같다.

[B] 다른 식자들로부터 비난을 살 만한 비열한 행동을 결코 해서는 안 된다. 모든 생물은 다 행복하라. 태평하라. 안락하라.
[W] 식자들의 비난을 사는 비열한 행동은 결코 삼가야 한다.
모든 생물은 다 행복하고 태평하고 안락하라.
[G] 현명한 자들로부터 비난을 살만한 그런 비열한 행동은 결코 안 된다. 살아 있는 것들아, 부디 행복하고 편안하여라.
[L] 다른 식자들로부터 비난을 살 만한 비열한 행동을 결코 하지 말아야 하오. 살아 있는 모든 생물이여! 행복하라. 그리고 안녕 태평하라. 안락하라.
[K] 식자들에게 비난을 받을 만한 저열한 짓을 결코 해서는 안 된다. 모든 생물이여, 다 행복하라. 태평하고 안락하여라.

역자가 '살아 있는 생명이건 어떤 것이건, 동물이건 식물이건 남김없이, 길다랗거나 커다란 것이든 중간이건 짧건 미세하거나 거칠건(Stn. 146)'라고 번역한 구절에 대해서 위의 다섯 분의 번역은 다음과 같다.

[B] 어떠한 생물일지라도 겁에 떨거나 강하고 굳세거나, 그리고 긴 것이건 큰 것이건 중간치건, 짧고 가는 것이건, 또는 조잡하고 거대한 것이건.

[W] 어떠한 생물일지라도 즉 겁이 많은 것이든 담이 큰 것이든, 또 덩치가 길든 크든 짧든 중간쯤 되든 그리고 섬세하게 생겼든 육중하게 생겼든,
[G] 어떠한 생명체라도 약한 것이든, 강한 것이든, 큰 것이건, 중간 것이건, 제아무리 미미하고 보잘 것 없는 것일지라도,
[L] 어떠한 생물일지라도 겁에 떠는 자나 굳세고 강한 자나, 그리고 긴 것이건 큰 것이나 중간치나, 짧고 미소한 것, 그리고 조잡하거나 거대한 것까지도,
[K] 어떠한 생물일지라도, 즉 겁에 떠는 것이건 강하고 굳센 것이건., 긴 것이건 큰 것이건 중간 것이건 짧고 가는 것이건 또는 조잡하고 거대한 것이거나.

역자가 '보이는 것이나 보이지 않는 것이나 멀리 살건 가까이 살건 이미 생겨난 것이건 생길 것이건 모든 님들은 행복하여지이다(Stn. 147)'라고 번역한 구절에 대해서 위의 다섯 분의 번역은 다음과 같다.

[B] 눈에 보이는 것이나 보이지 않는 것이나, 멀리 또는 가까이 살고 있는 것이나, 이미 태어난 것이나 앞으로 태어날 것이거나 모든 살아 있는 것은 다 행복하라.
[W] 눈에 보이는 것이든 보이지 않는 것이든, 멀리 사는 것이든 가까이 사는 것이든, 이미 태어난 것이거나 앞으로 태어날 것이든 일체의 중생은 행복할 것이다.
[G] 눈에 보이는 것이나 보이지 않는 것이나, 멀리 사는 것이나 가까이 있는 것이나 이미 태어난 것이나 앞으로 태어나려하는 것이나 살아 있는 모든 것들이 부디 행복해져라.
[L] 눈에 보이는 것이나 보이지 않는 것까지도, 먼 곳에 혹은 가까운 곳에 사는 자도, 이미 태어난 자나 앞으로 태어나기를 원하는 사람에 이르기까지 모두 살아 있는 산 것은 행복하라.
[K] 눈에 보이는 것이건 보이지 않는 것이건 멀리 혹은 가까이 살고 있는 것이건 이미 태어난 것이건 앞으로 태어날 것이건 생명을 가진 모든 것은 행복하라.

역자가 '서로가 서로를 속이지 않고 헐뜯지도 말지니 어디서든지 누구든지 분노 때문이든 증오 때문이든 서로에게 고통을 바라지 않나이다(Stn. 148)'라고 번역한 구절에 대해 위의 다섯 분의 번역은 다음과 같다.

[B] 어느 누구도 남을 속여서는 안 된다. 또 어디서나 남을 경멸해서도 안 된다. 남을 골려 줄 생각으로 화를 내어 남에게 고통을 주어서도 안 된다.
[W] 상대방이 누구든 속여서는 안 된다. 어디를 가나 남을 멸시하지 마라. 또한 남을 골려 줄 생각으로 화를 내어 남을 괴롭혀서도 안 된다.
[G] 남을 속여서는 안 된다. 또 남을 멸시해서도 안 된다. 남을 괴롭히거나 고통을 주어서도 안 된다.
[B] 아무도 남을 속이지 말라. 또 어디서나 남을 멸시하지 말라. 괴롭히기 위해서 분노를 일으켜 남에게 고통을 주려고 바라지 마오.
[B] 누구라도 남을 속여서는 안 된다. 또 어디에 있든 남을 멸시하면 안 된다. 남을 곯려 주려고 화를 내어 남에게 고통을 주어서는 안 된다.

역자가 '마치 어머니가 하나뿐인 아들을 목숨 바쳐 구하듯이, 이와 같이 모든 님들 위하여 자애로운 한량없는 마음을 닦게 하여지이다(Stn. 149)'라고 번역한 구절에 대해서 다섯 분의 번역은 다음과 같다.

[B] 마치 어머니가 목숨을 걸고 외아들을 아끼듯이, 모든 살아 있는 것에 대해서 한량없는 자비심을 내라.
[W] 마치 어머니가 목숨을 다하여 외아들을 지키듯이, 일체 중생에 대해서 무한한 자비심을 내라.
[G] 어머니가 외아들을 보호하듯, 살아 있는 이 모든 생명체에서 한없는 연민의 마음을 일으켜야 한다.
[L] 마치 어머니가 자기 외아들을 목숨걸고 지키듯, 살아 있는 산 것에 대해서도 한없는 인자한 마음을 일으켜야 한다.
[K] 마치 어머니가 자기의 외아들을 생명을 걸고 보호하듯, 생명을 가진 모든 것에 대해 한없는 자비심을 일으켜야 한다.

역자가 '또한 일체의 세계에 대하여 높은 곳으로 깊은 곳으로 넓은 곳으로 장애 없이, 원한 없이, 적의 없이, 자애로운 한량없는 마음을 닦게 하여지이다(Stn. 150)'라고 번역한 구절에 대해서 다섯 분의 번역은 다음과 같다.

[B] 또한 온 세계에 대해서 한량없는 자비를 행하라. 위, 아래로, 또는 옆으로 장애와 원한과 적의가 없는 자비를 행하라.
[W] 또한 온 세계에 대해서 끝없는 자비심을 행하라. 위와 아래, 그리고 옆에 장애와 원한과 적의가 없도록 자비를 행하라.
[G] 그 자비심이 골고루 스미게 하라. 위로 아래로 또는 옆으로 장애도 없고 적의도 없고 척짓는 일도 없이 이 누리에 두루 스미게 하라.
[B] 또한 온 세계에 대해서 한없는 자비심을 일으켜야 한다. 위, 아래로, 또는 옆에까지 장애와 원한과 적의가 없는 자비를 행하라.
[B] 또한 전 세계에 대해서 한없는 자비심을 가져야 한다. 위, 아래로, 또는 옆으로 장애와 원한과 적의가 없는 자비를 행하라.

역자가 '서있거나 가거나 앉아 있거나 누워 있거나 깨어 있는 한, 자애의 마음을 굳게 새길지어다. 이것이야말로 참으로 청정한 삶이옵니다(Stn. 151)'라고 번역한 구절에 대해 위의 다섯 분의 번역은 다음과 같다.

[B] 서 있을 때나 걸을 때나 앉아 있을 때나 누워서 잠들지 않는 한, 이 자비심을 굳게 가지라. 이 세상에서는 이러한 상태를 숭고한 경지라 부른다.
[W] 서나 걸으나 앉으나 잠자고 있지 않는 한, 이 자비의 마음씨를 굳게 가져라. 세상에서는 마음의 이러한 상태를 숭고한 경지라 한다.
[G] 서 있을 때나 걸을 때나 앉을 때나 누울 때나 잠자지 않는 동안에, 이 자비심을 굳게 지녀라.
[B] 서 있을 때나 걸을 때나 앉아 있을 때나 누워 있을 때 잠자지 않는 한, 이 자비스런 마음을 굳게 가지시오. 이 세상에서는 이러한 상태를 숭고한 경지라고 부르오.
[B] 서 있거나 걸어가거나 앉아 있거나 누워 있거나 잠자지 않는 한, 이 자비심을 확고하게 지켜라. 이 세상에서는 이러한 상태를 숭고한 경지라고 부른다.

역자가 '삿된 견해에 의존하지 않고 계행을 갖추고, 통찰하여 보는 법을 갖추어 감각적 쾌락의 탐욕을 다스리면, 결코 다시 윤회에 들지 않을 것이옵니다(Stn. 152)'라고 번역한 구절에 대해서 위의 다섯 분의 번역은 다음과 같다.

[B] 온갖 삿된 소견에 팔리지 말고, 계를 지키고 지견을 갖추어 모든 욕망에 대한 탐착을 버린 사람은 결코 다시는 모태에 드는 일이 없을 것이다.
[W] 모든 그릇된 견해에 사로잡히지 말고, 계율을 지키며, 사리에 밝아 온갖 탐욕에서 벗어난 자는 결코 다시 모태로 돌아가는 일이 없을 것이다.
[G] 사악한 견해에 사로잡히지 않고, 자신을 절제할 줄 아는 사람, 사리를 잘 판단하여, 욕망의 늪을 이미 나온 사람, 이런 사람은 결코 두 번 이 윤회 속에 태어나지 않는다.
[B] 온갖 그릇된 견해에 휩쓸리지 말고, 계명을 가지고 지혜를 가지고 모든 욕망에 관한 욕심을 버린 사람은 결코 다시는 모태에 머무는 일이 없을 거요.
[B] 모든 부정한 견해에 사로잡히지 말고, 계율을 지키며, 지견을 갖추어 모든 욕망에 대한 탐욕을 버린 사람은 결코 다시 모태에 드는 일이 없을 것이다.

이처럼 번역에 있어서 중역의 한계는 원어의 해석학적인 다양성을 수용할 수 없고 중역된 원문의 한도 내에서 지시하는 바를 번역해야 하기 때문에 언어 선택이나 원의가 지시하는 내용의 선택에서 강한 경직성을 갖게 된다. 그 결과 중역된 한글역은 모두 나카무라 하지메의 일역을 토씨만 갈아서 번역하고 있다는 사실을 누구라도 쉽게 알 수 있다. 국내에 번역된 『숫타니파타』의 중역은 주석이 없는 단정적이고 때로는 모호한 번역으로서 많은 오해의 소지를 갖고 있다.

16. 중요한 번역술어에 대한 해명

1) 담마(dhamma)와 가르침, 사실, 현상, 원리

다양한 의미를 지닌 빠알리어를 거기에 일대일 대응되는 하나의 한글로 옮긴다는 것은 불가능하다. 한역에서는 가능했지만 초기의 한역경전들을 보면, 동일한 빠알리어 경전들도 다양하게 역자에 따라 달리 번역되었음을 알 수가 있다. 그러나 한역에서는 모든 담마(dhamma)를 법(法)이라고 번역하는 등의 번역에서의 경직성이 강했다. 이러한 경직성은 한역 장경을 이해하기 어렵게 만드는 중요한 요인이 된다.

담마(dhamma; *sk.* dharma)는 적어도 부처님의 가르침이라는 의미로 가장 많이 쓰이기는 하지만, 담마는 부처님에게서 기원하는 것이 아니라 일반적인 무시이래로 과거, 현재, 미래의 모든 부처님께서 가르치는 진리, 선행, 해탈의 기본적인 '원리'를 말하는 것이다. 이것은 담마가 단지 인간역사의 특수한 시기에 나타나는 종교적인 가르침을 넘어서는 시공간적으로 보편적인 원리인 것을 의미한다. 그것은 실재, 진리, 정의가 하나로 통일되어 최종목표인 열반으로 이끄는 정신적이고 윤리적인 실재를 말한다. 그 정신적이고 윤리적인 실재 속에서 부처님께서는 과학적 인과관계를 배제하지는 않았고, 우주 자체를 전적으로 인간의 입김을 배제하는 무도덕적인 것으로 보지는 않았기 때문에, 그에게 도덕적이고 종교적인 현상을 의미하는 담마는 신비적인 것이 아니라 원인과 결과의 법칙이 작용하는 '윤리적 우주 자체'를 말한다.

담마가 담마라자(法王 dhammarāja)가 될 경우에는 그 의미가 '정의로운 왕'이라는 뜻이 된다. 그리고 담마가 복수로 나올 경우에는 가르침이나 사실을 의미하는데 사실에는 단지 물리적인 사실만이 아니라 정신적인 사실까지 포괄한다. 거기에는 십이연기의 고리, 다섯 가지 존재의 다발, 여섯 가지 감역, 깨달음으로 이끄는 다양한 수행방법도 포함된다. 그리고 두 경전(12 : 33; 42 : 11)에서 발견되는 '이미나 담메나(imina dhammena)'는 '이러한 원리에 의해서'라고 번역될 수 있다. 그리고 어떤 경전(7 : 9, 11)에서 발견되는 '담마싸띠(dhammasati)'는 '원리가 있다면'이라고 번역이 가능하다. 또한 복수의 담마는 '현상'이나 '사실' 또는 '원리'로 번역할 수 있다. 그러나 빠띳짜쌈웃빤나 담마(paṭiccasa-muppannā dhammā : 緣生法; 12 : 20)는 연기법과 대칭되는 의미에서 '조건적으로 발생된 법'이라는 의미에서 '연생의 법'이라고 번역한다. 그러나 다섯 가지 존재의 다발을 두고 로께 로까담마(loke lokadhammā; 22 : 94)라고 할 때 그것을 '세상속의 세상의 사실'이라고 번역할 수 있다. 그리고 심리적인 측면에서 해석될 때에는 담마는 '상태'라고 번역될 수 있다. 담마비짜야삼보장가(dhammavicayasambojjhaṅga : 擇法覺分)의 경우에는 담마(dhamma)를 생략하여 '탐구의 깨달음 고리'라고 번역했다. 담마야따나(dhammāyatana : 法處)의 경우에는 마나야따나(manāya-tana)에 대응되는 말인데 정신의 감역에 대한 정신적 대상으로서의 사실을 의미하지만 역자는 '사실의 감역'으로 번역한다. 따라서 담마싸띠빳타나(dhammasatipaṭṭhāna : 法念處)도 사실에 대한 새김의 토대라고 번역했다. 여기서 필자가 사용한 사실이란 광의의 의미로 곧 유위법(有爲法)은 물론이고 정신의 대상으로서의 무위법인 열반까지 포함하는 전체를 지시한다. 비구 보디(Cdb. 1777)는 '현상(phenomena)'이라는 말을 사용했는데 이렇게 되면 불교를 단순히 현상론으로 해석할 소지가 많고 열반도 단지 현상으로 전락함으로 이 말은 단지 정신적인 현상을 명확히 지칭할 때를 제외하고는 되도록 피했다. 담마다뚜(dhammadhātu : 法界)

도 역시 '사실의 세계'라고 번역하고 거기에 대응하는 마노빈냐나다뚜(manoviññānadhātu : 意識界)는 '정신의식의 세계'라고 번역했다. 그리고 복합어의 뒷부분을 구성하는 담마는 문법적으로 독특한 성질을 지닌다. 예를 들어 카야담마(khayadhamma), 바야담마(vayadhamma), 니로다담마(nirodhadhamma)에서 담마는 단순히 '것'이라고 하거나 '해야만 하는 것'이란 문법적 의미를 지니므로 그것들은 '파괴되고야마는 것, 괴멸되고야마는 것이고 소멸되고야마는 것' 또는 '파괴되는 것, 괴멸되는 것이고 소멸되는 것'이라고 번역되어야 한다. 그리고 아닛짜담마(aniccadhamma), 둑카담마(dukkhadhamma), 아낫따담마(anattadhamma)는 '무상한 것, 괴로운 것, 실체가 없는 것'이라고 번역할 수 있다.

2) 쌍카라(saṅkhārā)와 형성

빠알리어 쌍카라는 한역에서 행(行)이라고 하는 것인데, 그것은 불교술어 가운데 번역하기 가장 힘들고 난해한 용어이다. 이 용어에 대한 현대적 번역에는 '결정, 구성, 결합, 형성, 의도'가 있는데 그 가운데 가장 보편적인 것이 형성이다. 원래 쌍카라(saṅkhārā)는 '함께 만들다(saṁkaroti)'의 명사형으로 '함께 만드는 것, 조건 짓는 것' 뿐만 아니라 '함께 만들어진 것, 조건지어진 것'을 의미한다. 단어의 철학적인 특성상 주로 복수로 쓰인다. ≪쌍윳따니까야≫에는 이와 관련하여 7가지의 교리적인 문맥이 발견된다.

① 십이연기에서의 형성은 무지나 갈애와 관련하여 윤회를 지속시키는 능동적이고 의도적인 형성이다. 여기서 형성은 업(kamma : 業)과 동의어이고 세 가지가 있다. 즉 신체적 형성, 언어적 형성, 정신적 형성(12 : 2) 또는 공덕을 갖춘 형성, 공덕을

갖추지 못한 형성, 중성적인 형성(12 : 51)이다. 신체적 형성에는 호흡이 포함된다.

② 다섯 가지 존재의 다발[五蘊]에서 형성은 여섯 가지 감각대상에 대한 의도(22 : 56)로 분류된다. 이때의 형성은 의도로서 느낌과 지각 이외의 의식의 정신적 동반자는 모두 형성이라고 한다. 따라서 착하고 건전하거나 악하고 불건전한 다양한 모든 정신적인 요소들이 모두 형성에 속한다.

③ 형성은 가장 넓은 의미로 모든 조건지어진 것(22 : 90)을 뜻한다. 모든 것들은 조건의 결합에 의해서 생겨난다. 형성이라는 말은 우주전체가 조건지어진 것이라는 철학적인 조망을 할 수 있는 주춧돌이 된다. 제행무상(諸行無常)과 일체개고(一切皆苦)의 제행과 일체는 바로 이 형성을 말하는 것이다.

④ 형성의 삼개조 — 신체적 형성, 언어적 형성, 정신적 형성 —가 지각과 느낌의 소멸(想受滅)과 관련해서 언급된다.(41 : 6) 신체적 형성은 호흡을 뜻하고 언어적 형성은 사유와 숙고를 뜻하고, 정신적 형성은 지각과 느낌을 뜻하는데, 그 지각과 느낌이 소멸한 자에 도달하려면, 그 소멸의 순서는 언어적 형성, 신체적 형성, 정신적 형성이다.

⑤ 네 가지 신통의 기초[四神足]와 관련하여 정신적인 힘의 기초로서 '노력의 형성(padhānasaṅkhāra)'이 있다.

⑥ 그 밖에 수명의 형성(āyusaṅkhāra; 20 : 6; 51 : 10), 생명의 형성(jīvitasaṅkhāra; 47 : 9), 존재의 형성(bhavasaṅkhāra; 51 : 10)이란 개념이 있는데, 그것들에 대해서는 각각 생명력의 상이한 양상으로 이해할 수 있다.

⑦ 그 밖에 이 쌍카라(saṅkhārā)와 연관된 수동태의 쌍카따

(saṅkhata)란 단어가 있다. 쌍카라가 조건짓는 것이라면 쌍카따는 조건지어진 것을 의미한다. 쌍카라는 의도에 의해서 활성화되는 능동적인 조건짓는 힘으로 조건지어진 현상인 쌍카따를 만들어낸다. 이에 비해서 쌍카따는 수동적인 의미로 쌍카라에 의해서 만들어진 것으로 존재의 다발이나 여섯 가지 감역이나 조건지어진 현상세계를 의미한다. 쌍카따에 대해서 한역에 유위(有爲)라는 번역이 있는데 역자는 때로는 유위 때로는 '조건지어진 것'이라고 번역했다. 그 반대의 용어 아쌍카따는 '조건지어지지 않은 것', 즉 무위(無爲)를 뜻하는데 바로 열반을 지칭한 것이다.

3) 나마루빠(nāmarūpa)와 명색(名色) 및 정신·신체적 과정

명색이라는 말은 불교 이전의 우파니샤드 철학에서 유래한 것이다. 유일자인 하느님[梵天]이 세상에 현현할 때의 그 다양한 세계의 현현에 대해 사용된 말이다. 세계는 다양한 이름과 다양한 형상으로 구성되어 있다. 그런데 흥미로운 것은 이 ≪쌍윳따니까야≫에 명색의 우파니샤드적 의미를 나타내는 '외부에 명색(bahiddhā nāmarūpam)'이라는 단어가 나온다.(12 : 19) 명색(名色)은 유일자인 신이 이름과 형상으로 현현한 것을 말하는데, 그것들이 세계를 구성하는 개체의 인식적인 측면과 재료적인 측면을 구성한다고 볼 수 있다. 불교에 와서는 이러한 인식적인 측면이 명(名), 즉 정신이 되었고 재료적 측면이 색(色), 즉 물질이 되었다. 그래서 정신적 요소에 속하는 느낌, 지각, 의도, 접촉, 정신활동(vedanā, saññā, cetanā, phassa, mansikāra; 12 : 2)은 명(名)이고 물질적 요소인 지수화풍(地·水·火·風)과 거기에서 파생된 물질(upādāya rūpaṁ : 所造色)은 색(色)으로서 모두 합해서 명색이

라고 한다. 따라서 명색은 '정신·신체적 과정'이라고 말할 수 있다. 니까야에서 정신적인 요소를 의미하는 명(名)에 의식이 포함되지 않은 것은 의식은 물질적인 신체(色)에 접촉하나 정신과 관계된 느낌, 지각, 의도, 접촉, 정신활동에 연결되어 작동하기 때문이다. 그리고 명색의 조건으로서의 의식의 전개(viññāṇassa avakkanti; 12 : 59)라는 말이 등장하는데, 그것은 과거세로부터 새로운 유기체의 시작의 조건이 됨으로써 현존재에로 의식이 흐르는 것을 말하는 것이다. 명색의 전개(nāmarūpassa avakkanti; 12 : 39, 58, 64)라는 말은 새로운 유기체의 시작을 뜻한다. 역자는 문맥에 따라 특히 시에서 쓰일 때에는 그 이해를 쉽게 하기 위해 '정신·신체적 과정'이라고 번역한다.

4) 칸다(khandha)와 다발 및 존재의 다발

불교의 가장 중요한 술어 가운데 하나가 오온(五蘊 : pañcakkhandha)이라는 것이다. 이것은 앞의 명색을 구성하는 요소들이기도 하다. 역자는 오온이라고 하는 것을 다섯 가지 존재의 다발이라고 번역한다. 이 다섯 가지에는 물질[色 : rūpa], 느낌[受 : vedanā], 지각[想 : saññā], 형성[行 : saṅkhārā], 의식[識 : viññāṇa]이 있다. 여기서 온(蘊), 즉 칸다(khandha)라는 용어는 PTS사전에 의하면 다음과 같은 의미를 지니고 있다.

① 천연적 의미 : 크기가 큰 것, 육중한 것, 거친 물체, 예를 들어 코끼리의 엉덩이, 사람의 어깨, 나무등걸 등으로 하나의 단위를 지니며 크기가 큰 것을 의미한다. 물, 불, 덕성, 부 등도 포함된다.
② 응용적 의미 : 집합적인 의미의 모든 것, 다발, 덩어리, 부분품들, 구성요소 등이다.

붓다고싸는 칸다를 '더미(rāsi)'로 보았다. 그러나 칸다는 어깨의 근육처럼 다발로 뭉쳐있는 상태를 의미한다. 단순히 더미라는 말은 긴밀한 연기적인 의존관계를 반영하기에는 통일성이 없는 개별적인 부품처럼 인식될 수가 있다. 역자는 그래서 다발이라는 말을 쓴다. 물질은 물질의 다발이고 정신은 인식의 다발이다. 그들은 상호 연관적으로 작용한다. 정신·신체적 복합체를 표현하는 칸다에 대한 가장 적절한 표현은 '존재의 다발'일 것이다. 이 책에서는 칸다를 '존재의 다발'이라고 표현한다. 그 원리는 아마도 비트겐슈타인의 섬유론으로 가장 적절하게 설명될 수 있을 것이다.

노끈의 강도는 처음에 끈으로 달리는 단 하나의 가닥에만 전적으로 의존하는 것이 아니라, 아무런 가닥도 노끈의 전부를 달리지 않으며 때때로 겹쳐지고 엇갈리는 섬유 사이의 관계에 의존한다.(Wittgenstein, L. 「Philosophische Untersuchungen」 『Ludwig Wittgenstein Werkausgabe』 Band 1.(Frankfurt am Main, 1984) S. 278 Die Stärke des Fadens liegt nicht darin, dass irgend eine Faser durch seine ganze Länge lauft, sondern darin, dass viele Fasern einander übergreifen.)

초기불교에서 윤회는 바로 존재의 다발(五蘊)의 지속적 연결이고 그것은 바로 이 노끈의 연결과 유사하다. 거기에는 처음부터 끝까지 영원히 지속되는 한 가닥의 정신적 섬유로서의 자아(atta, *sk.* ātman)는 없지만 그럼에도 불구하고, 즉 주이적(住異的)으로 무상하지만 겹쳐지고 꼬이면서 상호의존하며 수반되는 섬유들로서의 오온에 의해 확증되는 지속성은 있다. 이것은 언제나 변화하면서 지속되는 불꽃의 비유와 같은 것이다. 윤회하는 것은 이러한 존재의 다발인 것이다.

이러한 존재의 다발 가운데 물질[色 : rūpa], 느낌[受 : vedanā], 지각[想 : saññā], 형성[行 : saṅkhārā], 의식[識 : viññāṇa]이 있다. 이 가운데 물질은 지수화풍을 의미하므로 물질이고, 특수하게 명상의 대상세계인 색계(色界)일 때에는 미세한 물질계라고 번역을 하고 단순히 시각의 대상일 때는 형상이라고 번역한다. 느낌은 감수(感受)라고 번역하는 것이 포괄적이긴 하지만 일상용어가 아니므로 피하고 주로 경전에서는 고락과 관계된 것이므로 느낌이라고 번역한다. 이 가운데 지각은 사물을 '이를테면 파란 색을 파란 색으로 인식하는 것'을 말한다. 형성은 위의 쌍카라 항목 ①, ②에서 설명했음으로 생략한다. 의식은 대상을 인식하는 것이 아니라는 것을 명백히 이해해야한다. 그것은 일종의 알아차림이다. 대상의 존재를 단지 알아채는 것이다. 예를 들어 눈이 파란 색의 물체를 보았을 때에, 안식은 빛깔의 존재를 알아챌 뿐이고, 그것이 파란 색이라는 것을 깨닫지 못한다. 이 단계에서는 아무런 인식이 없다. 그것이 파란 색이라는 것을 아는 단계는, 지각(想)의 단계이다. 그래서 시각의식이라는 말은 곧 '본다'와 같은 뜻을 지닌 것이다. 이러한 이유로 존재의 다발을 역자는 위와 같이 번역했다.

그 밖에 칸다라는 말이 단순히 '여러 가지'란 뜻으로 쓰이지만 상호의존하는 연결관계를 나타내므로 그때는 그냥 '다발'로 번역한다. 계행의 다발(戒蘊 : sīlakkhandha), 삼매의 다발(定蘊 : samādhikkhandha), 지혜의 다발(慧蘊 : paññakkhandha) 등이 있다.

5) 쌉뿌리싸(sappurisa)와 참사람

빠알리어 쌉뿌리싸(sappurisa)라고 지칭하는 말은 한역에서 다양한 번역용어를 사용하기 때문에 우리말 번역도 그 적절성을 찾기가 힘들다. 빠알리성전협회의 빠알리-영어사전(PED)에서 어원을 추적하면 쌉뿌리싸는 두 단어 싸뜨(sat=sant)와 뿌리싸(purisa)

로 구성되어 있다. 어원적으로 싸뜨(sat)는 어근 √as '있다'의 현재분사의 약변화의 어간이다. 이 싸뜨(sat)는 빠알리성전협회의 사전에 의하면, 세 가지의 의미를 지닌다. ① 존재하는(existing:有) ② 진실한(true:眞) ③ 착한(good:善) 따라서 싸뜨에는 어원적으로 착하다는 의미 이전에 실재한다는 의미에서의 진실 즉 참을 뜻한다는 사실을 알 수 있다. 그리고 뿌리싸(purisa)는 원래 단순히 '사람' — 시민적인 의미에서 — 을 지칭하지만 쌉뿌리싸를 지칭하기도 한다. 그래서 한역 중아함경 37에서 이 쌉뿌리싸(sappurisa)는 선남자(善男子)라고 번역한다. '싸뜨' 또는 '쌉'은 선(善)으로 '뿌리싸'는 남자(男子)로 번역되고 있는 것이다. 북전에서 선(善)이라고 번역한 것은 송나라의 구나발다라(求那跋陀羅)가 이렇게 번역한 데는 원인이 있겠지만, 아마도 북방불교권의 번역에서 많이 사용되는 특징을 반영한 것이다. 그러나 붓다고싸는 쌉뿌리싸를 '진리(dhamma)를 따르는 진실한 사람(saccapurisa), 즉 선한 사람(kalyāṇapurisa)'으로 정의하고 있다.(Pps. VI. 79) 이러한 고찰을 참고한다면 쌉뿌리싸는 단순히 선남자라고 번역하기 보다는 외연 보다 넓고 깊은 참사람으로 번역하는 것이 타당하다. 실제로 한역에서도 북전의 『법구경』에서는 덕인(德人), 북전 아함경에서 정사(正士), 선사(善士), 정인(正人)이라고 번역하고 있는 것을 볼 수 있다. 따라서 한역의 정인, 정사라는 표현은 참사람과 근접한다고 볼 수 있다. 그리고 참고로 Pps. IV. 79에서는 쌉뿌리싸(sappurisa)를 '가르침(法 : dhamma)을 다루는 진실한 사람(saccapurisa), 또는 선한 사람(kalyāṇapurisa)'으로 정의한다. 이것을 영역에서 호너(I. B. Horner)는 '착한 사람(a good man)' 우드워드(F. L. Woodward)는 '가치 있는 사람(a worthy man)', 리스 데이비즈는 '고귀한 마음을 지닌 사람(the noble minded person)'이라고 번역하고, 가이거는 '완전한 사람(der vollkommenen Menschen)'으로, 비구 보디는 '훌륭한 사람(a superior person)'으로 번역했다. 경전에서는 참사람은 오계(五戒)를 지키는 차원의 윤리적 인간에 대해서만 언급한 것이 아니다. 부처님의 혈통에 든 님(種姓者 : gotrabhū)이라는 말은 '네 쌍으로 여덟이 되는 참사람[四雙八輩]이 되기 직전의 참사람의 반열에 입문한 자(種姓者)'의 단계를 말하는데, 그는 선정이나 출세간적인 길에 들기 전의 감각적 쾌락에 대한 욕망의 세계의 마지막 의식단계를 지니고 있는데, 그 사람도 참사람에 속한다고 볼 수 있으며, 삼매에 들어 상수멸정(想受滅定)을 성취하고 해탈한 아라한과 붓다 자신을 지칭하기도 한다.

그러므로 참사람에는 고귀한 제자들이 모두 포함되며, 협의로는 네 쌍으로 여덟이 되는 참사람의 무리[四雙八輩 : cattāri purisayugāni aṭṭha purisapuggalā]를 지칭한다. 이 중에서 흐름에 드는 길을 가는 님[預流向 : sotāpattimagga], 흐름에 든 경지에 도달한 님[預流果 : sotāpattiphala] = 흐름에 든 님[預流者 : sotāpattipanna]이 있다. 흐름에 든 님은 열 가지 결박[十結 : dasa saṁyojjanāni] 가운데 ① 개체가 있다는 견해[有身見 : sakkāyadiṭṭhi] ② 회의적 의심[疑 : vicikicchā] ③ 규범과 금기에 대한 집착[戒禁取 : sīlabbataparāmāsa]에서 벗어나야 한다. 둘째, 이 세상에 다시 한번 돌아와 해탈하는 한 번 돌아오는 길을 가는 님[一來向 : sakadāgāmīmagga], 한 번 돌아오는 경지에 도달한 님[一來果 : sakadāgāmīphala] = 한 번 돌아오는 님[一來者 : sakadāgāmin]이 있다. 한 번 돌아오는 님은 열 가지 결박 가운데 위

세 가지와 더불어 ④ 감각적 쾌락에 대한 탐욕[欲貪 : kāmarāga] ⑤ 분노[有對 : paṭigha]를 거의 끊어야 한다. 셋째, 천상에 가서 거기서 해탈하므로 이 세상으로 돌아오지 않는 길을 가는 님[不還向 : anāgamīmagga], 돌아오지 않는 경지에 도달한 님[不還果 : anāgamīphala] = 돌아오지 않는 님[不還者 : anāgamin]이 있다. 돌아오지 않는 님은 위의 다섯 가지 낮은 단계의 결박을 완전히 끊은 자이다. 넷째, 거룩한 길을 가는 님[阿羅漢向 : arahattamagga], 거룩한 경지에 도달한 님[阿羅漢果 : arahattaphala] = 거룩한 님[阿羅漢 : arahat]이 있다. 거룩한 님은 위의 다섯 가지 낮은 단계의 결박은 물론 ⑥ 미세한 물질계에 대한 탐욕[色貪 : rūparāga] ⑦ 비물질계에 대한 탐욕[無色貪 : arūparāga] ⑧ 자만[慢 : māna] ⑨ 흥분[掉擧 : uddhacca], ⑩ 무명[無明 : avijjā]의 다섯 가지 높은 단계의 결박에서 완전히 벗어난 자를 말한다. 이 가운데 거룩한 님을 제외하면 일곱 가지 학인의 단계에 있는 학인[有學 : sekha]이라고 부르고 거룩한 님은 학인의 단계를 초월한 무학[無學 : asekha]이라고 부른다. 그런데 『법구의석』에서는 다른 주석과는 달리 거룩한 님에게 거룩한 경지의 성취는 네 가지 분석적인 앎[四無碍解 : catuppaṭisambhidā]과 더불어 생겨난다. 네 가지 분석적인 앎이란 ① 대상의 분석(義無碍解 : atthadhammapaṭisambhidā) ② 조건의 분석(法無碍解 : dhammapaṭisambhidā) ③ 언어의 분석(詞無碍解 : niruttipaṭisambhidā) ④ 맥락의 분석(辨無碍解 : paṭibhānapaṭisambhidā)을 말한다.

6) 승가(僧伽 : saṅgha)와 참모임

초기불교에서 교단을 의미하는 승가(僧伽; saṅgha)에 관하여 비구승가(比丘僧伽; bhikkhusaṅgha), 비구니승가(比丘尼僧伽; bhikkhunīsaṅgha), 사방승가(四方僧伽; cattudisasaṅgha), 현전승가(現前僧伽; sammukhīsaṅgha), 승보(僧寶; saṅgharatana), 성문승가(聲聞僧伽 ; sāvakasaṅgha)등의 용어를 찾아볼 수 있다. 여기서 구체적으로 재가신도인 재가의 남자 신도[優婆塞; upāsika], 재가여신도[優婆夷; upāsikā]의 승가란 말은 나타나지 않는다. 재가신도를 포함시킬 때는 승가라는 말 대신에 사부대중(四部大衆 : catasso parisā)이라는 표현을 쓴다. 그러나 승가 안에 재가신도가 포함되지 않는다고 명시적으로 규정할 수는 없다. 사방승가는 시간적으로 삼세에 걸쳐 확대되고 공간적으로는 우주적으로 확대되는 보편적 승가를 지칭한다. 그렇다면 이 사방승가 안에는 재가신도가 당연히 포함되어야 할 것이다. 그러나 이 사방승가도 재가신도에 관한 언급이 없이 비구, 비구니 승가의 확장으로 규정되고 있다. 그리고 현전승가는 시간, 공간적으로 제한된 사방승가의 지역승가로서의 생활공동체이다. 이 현전승가 역시 비구 또는 비구니 승가이다. 그러나 경전에서는 재가신도인 재가의 남자 신도나 재가여신도가 없이는 사방승가와 현전승가의 이념이 성립할 수 없음을 경전은 분명히 하고 있다. 왜냐하면 출가자는 생활의 물자를 얻기 위해 노동할 수 없음으로, 재가의 남자 신도와 재가여신도로부터 의식주를 위한 생필품과 필수약품(四資具)을 공급받아야 생활공동체로서의 현전승가가 유지되며, 재가의 남자 신도와 재가여신도로부터 승가람(僧伽藍), 승가람물(僧伽藍物), 방(房), 방물(房物)등을 기증받아서 부처님의 가르침을 유지시켜야 '부처님을 비롯한 승가' 즉 사방승가가 성립할 수 있다. 한편 승보라고 하는 것은 불교도의 귀의처로 종교적 신앙의 대상 가운데 삼귀의(三歸依)의 하나가 된다. 초기불교의 경전에서는 그 구체적인 범주가 언급되어 있지가 않다. 그러나 구사론(俱舍論)이나 대지도론(大智道論)에서는 그 범주를 구체적으로 정하고 있다. 승보(僧寶)에는 비구·비구니 승가가 모두 포함되는 것이 아니라 진리의 흐름에 들기 시작한 님인 예류향(預流向)에서부터 열반에 도달한 아라한에 이르기까지의 네 쌍으로 여덟이 되는 참사람[四雙八輩]을 의미한다고 규정하고 있다. 이 승보의 개념은 ≪쌍윳따니까야≫(SN. 12 : 41)에서 규정하는 '세존의 제자들의 모임은 네 쌍으로 여덟이 되는 참사람으로 이루어졌으니 공양받을 만하고 대접받을 만하며 보시받을 만하고 존경받을 만하며 세상의 위없는 복밭이다.(yadidaṃ cattāri purisayugāni aṭṭha purisapuggalā esa bhagavato sāvakasaṅgho, āhuneyyo, pāhuṇeyyo, dakkhiṇeyyo, añjalikaraṇīyo, anuttaraṃ puññakkhettaṃ lokassa)'라는 개념과 일치한다. 제자들의 모임은 성문승가의 개념이므로 참사람의 모임인 승가를 역자는 참모임이라고 번역한다. 그리고 그 구성원을 수행승, 수행녀, 재가신도, 재가여신도라고 번역한다. 비구승가는 비구승가 또는 수행승의 참모임, 수행승의 무리로, 비구니승가는 비구니 승가 또는 수행녀의 참모임, 수행녀의 무리로 문맥에 따라 번역한다. 성문승가는 제자들의 참모임 또는 제자들의 모임으로 번역한다. 재가신도는 재가의 남자 신자 또는 재가의 남자 신도로, 재가의 여자 신자 또는 재가여신도로 번역한다.

7) 싸띠(sati : 念)와 새김

우선 역자의 번역과 다른 초기경전의 역자들 사이에서 가장 두드러진 번역의 차이를 보이는 것은 싸띠(sati)에 대한 것이다. 최근에 위빳싸나 수행자들 사이에 이 싸띠를 두고 마음챙김이라고 번역하는 것이 대세가 되었다. 일부에서는 마음지킴이라고 번역하기도 한다. 싸띠는 내용적으로, 마음이 지금 여기에 현존하는 것이며, 분별적인 사유나 숙고에 휩싸이지 않고 대상을 알아채고 관찰하는 것을 말한다. 이러한 것을 단순히 고려한다면, 싸띠를 '마음챙김'이나 '마음지킴'으로 번역하는 것이 어느 정도는 타당성을 지니는 것처럼 보인다. 그러나 이러한 번역은 몇 가지 모순을 갖는다. 첫째, 모든 가르침의 요소들이 마음과 관계되는 것인데 유독 싸띠에만 별도로 원래는 없는 마음이란 단어가 부가될 이유가 없다. 둘째, 올바른 '마음챙김'이나 '마음지킴'이라는 말은 착하고 건전한 것들을 지향하는 올바른 정진과 특히 내용상 구분이 어려워질 수 있다. 셋째, 네 가지 새김의 토대[四念處]에서 토대가 되는 명상주제의 하나에 마음이 포함되어 있어 그것을 두고 마음에 대한 마음의 '마음챙김'이나 마음에 대한 마음의 '마음지킴'이라고 삼중적으로 번역하는 잘못이 발생할 수 있다. 넷째 '싸띠'라는 빠알리어 자체에는 '마음'은 커녕 '챙김'이나 '지킴'이라는 뜻도 어원적으로 없다. 이 싸띠에 대해서는 부처님께서 직접 ≪쌍윳따니까야≫에서 정의 내린 부분 — '수행승들이여, 이와 같이 수행승이 멀리 떠나 그 가르침을 기억하고 사유하면(anussarati anuvitakketi.), 그때 새김의 깨달음 고리가 시작한다.(SN. 45 : 3)' — 을 참고하여 번역하는 것이 제일 타당하다. 여기서는 분명히 기억과 사유가 새김의 전제조건으로 확실한 싸띠에 대한 해석학적 설명, 즉 기억과 사유의 일치점을 지시하고 있음을 알 수 있다. 실제로 싸띠라는 말은 범어의 스므리띠(*sk.* smṛti)의 빠알리어 형태로 원천적으로 '기억'이란 뜻을 갖고 있으나, 기억과 사유가 일치하는 '지금 여기에서의 분명한 앎'이란 의미도 갖고 있으므로 그 둘 다의 의미를 지닌 우리말을 찾던 역자는 '새김'이란 가장 적당한 번역어라고 생각했다. 새김은 과거에 대한 '기억' 뿐만 아니라 지금 여기에서의 '조각(彫刻)' — 물론 사유를 은유적으로 이해할 때에 — 이라는 의미를 모두 함축하기 때문이다. 기억이 없이는 사물에 대한 지각을 올바로 알아차린다는 것은 불가능한 것이다.

8) 요니쏘 마나씨까라(yoniso manasikāra)와 이치에 맞는 정신활동

그 다음에 번역하기 난해한 것은 요니쏘 마나씨까라(yoniso manasikāra : 如理作意)와 아요니쏘 마나씨까라(ayoniso manasikāra : 非如理作意)라는 단어이다. 우선 요니쏘(yoniso)라는 말은 어원적으로 '모태(母胎)적으로'라는 말인데, '철저하게, 근본적으로, 이치에 맞게'라는 뜻으로 쓰이는데, 한역의 여리(如理)라는 말은 그 가운데 '이치에 맞게'라는 뜻을 취했음을 알 수 있다. 물론 이때에 '이치에 맞게'라는 뜻은 '연기(緣起)의 원리에 맞게'라는 뜻이다. 따라서 '아요니쏘(ayoniso)'는 그 반대의 뜻을 지닌 것임을 알 수 있다. 더욱 번역하기 어려운 것이 마나씨까라(manasikāra : 作意)라는 말인데, 이 말을 '주의를 기울임'이라고 번역하면, 새김의 특성과 중복됨으로 적당하지 않고, 한역에서처럼 작의(作意)라고 하기에는 일상용어가 아니라 그 의미가 애매해진다. 마나씨까라는 마나쓰(manas)와 까라(kāra)의 복합어이므로 그것은 각각 역자의 번역에서는 정신과 활동을 의미함으로 '정신활동'이라고 번역한다. 그래서 요니쏘 마나씨까라는 주석서(Srp. II. 21)에 따르면, '방편에 의한 정신활동으로, 교리에 의한 정신활동에 의해서(upāyamanasikārena pāthamanasikārena)'의 두 가지 뜻으로 해석하고 있다. 리스 데이비드 부인(Mrs. Rhys

Davids)은 이것을 '체계적으로 주의를 기울임'이라고 해석했고 비구 보디(Bhikkhu Bodhi)는 ≪쌍윳따니까야≫의 번역에서 '주의깊게 주의를 기울임'이라고 해석했다.(Cdb. 1584) 니야나띨로까(Nyanatiloka)의 『불교사전(Buddhistisches Wörterbuch)』에서는 '철저한 또는 현명한 숙고'이고, 한역에서는 여리작의(如理作意)라고 한다. 역자는 피상적이 아닌 연기법에 따른 심오하고 근본적 정신활동을 뜻한다고 보고 한역에도 부합하도록, '이치에 맞게 정신활동을 일으킴' 또는 '이치에 맞게 정신활동을 기울임'이라고 번역한다. 아요니쏘 마나씨까라는 '이치에 맞지 않게 정신활동을 일으킴' 또는 '이치에 맞지 않게 정신활동을 기울임'이라 고 번역한다. 단, '요니쏘(yoniso)'가 단독으로 등장할 경우에는 '근본적으로' '철저하게' 또는 '이치에 맞게'라고 번역하고, '아요니쏘(ayoniso)'가 단독으로 등장할 경우에는 '피상적으로' '철저하지 않게' 또는 '이치에 맞지 않게'라고 번역한다.

9) 비딱까(vitakka)·비짜라(vicāra)와 사유·숙고

그 다음으로는 비딱까(vitakka)와 비짜라(vicāra)가 있다. 아비달마적인 전통에 의하면 '적용된 생각'과 '유지된 생각'이라는 뜻이지만, 역자는 '사유'와 '숙고'라고 번역했다. 까마비딱까(kāma-vitakka)는 감각적 사유를 뜻하고, 그 반대인 넥캄마비딱까(nekkhammavitakka)는 여읨의 사유를 말한다. 이것이 첫 번째 선정에 응용되었을 때에는 비딱까는 일반적 의식의 사변적 특징이 아니라 마음을 대상에 적용하는 기능을 말하고 비짜라는 마음을 대상에 안착시키기 위해 대상을 조사하는 기능을 말한다. 그러나 이러한 해석은 아비달마적인 것이고 어떻게 보면 새김(sati)의 작용 — 새김이 없는 마음은 호박에 비유되고 새김을 수반하는 마

음은 돌에 비유된다. 호박은 수면 위를 떠다니지만 돌은 물 밑바닥에 이를 때까지 가라앉는다 — 과 혼동을 일으킨 것이다. 경전상의 첫 번째 선정에 대한 정의 — 수행승들이여, 나는 내가 원하는 대로 감각적 쾌락에 대한 욕망을 떠나고 악하고 불건전한 것들을 떠나 사유와 숙고를 갖추고 멀리 여읨에서 생겨나는 희열과 행복을 갖춘 첫 번째 선정에 도달한다.(SN. 16 : 9) — 를 살펴보면 감각적 쾌락에 대한 욕망이 사라지면 나타나는 사유와 숙고는 앞에서 이야기하는 감각적 사유를 뜻하는 것이 아니고 여읨의 사유를 뜻한다는 것을 알 수 있고, 착하고 건전한 즉 윤리적이고, 이성적인 사유를 뜻한다는 것을 알 수 있다. 이러한 사유가 정밀하게 지속되는 상태는 곧 숙고라고 볼 수 있다.

10) 싹까야딧티(sakkāyadiṭṭhi)와 개체가 있다는 견해

그리고 학자들 사이에서 쟁점이 되고 있는 것은 싹까야(sakkāya)와 싹까야딧티(sakkāyadiṭṭhi; SN. 1 : 21)라는 말이다. 한역에서는 각각 유신(有身)과 유신견(有身見)이라 한다. 싹까야(sakkāya)는 싸뜨(sat : 有)와 까야(kāya : 身)를 합해서 만들어진 복합어이다. 그러나 해석 방식은 두 가지가 있다. 하나는 '존재의 몸' 즉 '존재체(存在體)'라고 번역하는 것이고, 다른 하나는 '존재의 무리'라고 번역하는 것이다. 까야라는 말은 '신체'를 의미하기도 하지만 '무리'를 뜻하기도 한다. 가이거는 싹까야를 '신체적 현존재(Das körperliche Dasein : Ggs. I. 313)'라고 번역했고, 냐냐몰리는 '체현(embodyment)', 대부분의 학자들은 '개성(personality)', 비구 보디는 '정체성(identity)'이라는 단어를 번역으로 취했다. 그러나 싸뜨(sat)라는 단어는 원래 이교의 철학의 '영원한 존재"에서 유래하는 실체적 존재를 의미하는 것이다. 그러나 불교

철학적으로 보면 무상한 존재에 대한 전도된 인식하에서 성립한 것이다. 이러한 철학적인 배경 하에서만 싹까야딧티(sakkāya-diṭṭhi)가 '개체가 있다는 견해'라는 번역이 가능해진다. 물론 그것을 '개성적 견해', '정체성의 견해'라고 번역할 수 있겠지만, 그렇게 번역하면, 우리말 자체에서 현대 심리학과 관련해서 난해한 해석학적 문제에 봉착하게 된다. 유신과 관련해서 가이거는 하늘소녀가 '신체적 현존재[sakkāya : 有身] 가운데 살기 때문에 불행하다.(SN. 9 : 6)'고 번역한 문구에 각각의 번역 '개성'이나 '정체성'이나 '체현'이나 '개체' 등을 대입해보면, '개체'가 가장 무난함을 발견할 수 있다. 역자는 ≪쌍윳따니까야≫의 초판본에서 유신과 관련해서 '존재의 무리'라고 번역했고, 유신견과 관련해서 '존재의 무리에 실체가 있다는 견해'라고 번역했는데 이를 '개체'와 '개체가 있다는 견해'로 수정한다. 그러나 이 개체라는 말은 단순히 개인이나 개체를 의미하는 것이 아니라 개체와 연관된 정신·신체적인 과정을 의미한다는 것은 의심할 여지가 없다.

11) 봇싹가빠리나마(vossaggapariṇāma)와 완전히 버림으로써 열반으로 회향

그리고 한글로 번역이 어려웠던 단어 가운데 하나가 봇싹가빠리나마(vossaggapariṇāma; 쌍 3 : 18)라는 단어가 있다. 한역에는 사견회향(捨遣廻向) 또는 향어사(向於捨)라고 되어 있는데, 이것은 '버림 가운데 향하는'이라는 의미인데 그 향하는 목표가 어딘지 불분명하다. '자아-극복으로 끝나는(Krs. V. 27)' 또는 '해탈에서 성숙하는(Cdb. 1524)'등의 번역도 있으나 만족스럽지 못하다. 빠리나마는 '성숙하는, 끝나는, 회향하는, 돌아가는'의 뜻을 지니고 있기 때문에 그러한 해석이 불가능한 것은 아니다. 붓다고싸(Srp. I. 159)에 따르면, 봇싹가는 버림(paricāga)의 뜻을 갖고 있

고 빠리나마는 뛰어듦(pakkhanda)의 뜻을 갖고 있어 '포기하여 뛰어듦'을 뜻한다. '번뇌(kilesa)의 버림으로써 열반(nibbāna)으로 회향하는'을 의미한다. 그런데 대승불교권에서는 회향이라는 단어가 '방향을 튼다'는 의미보다는 '공덕을 돌린다'는 의미가 강해서 오해의 소지가 없지는 않지만, 그렇다고 '열반으로 방향을 트는' 또는 '열반으로 돌아가는'이라고 하면, 전자는 어감상 안 좋고 후자는 모든 것이 열반에서 왔다가 다시 돌아간다는 의미가 강해짐으로 또한 오해의 소지가 있다. 여기서 회향은 번뇌에서 돌이켜 열반으로 향한다는 의미로 보아야 한다. 역자는 이 봇싹가빠리나마(vossaggapariṇāma)를 '완전히 버림으로써 열반으로 회향하는'이라고 번역한다.

12) 닙바나(nibbāna)·빠리닙바나(parinibbāna)와 열반·완전한 열반

열반(*pāli.* nibbāna; *sk.* nirvana)은 잘 알려져 있듯, 글자 그대로 '불이 꺼짐'을 의미한다. 그런데 대중적 불교문헌에서 열반은 이 생에서의 열반[nibbāna : 涅槃]을 의미하고, 완전한 열반[parinibbāna : 般涅槃]은 임종시에 도달하는 열반이라고 알려져 있다. 그러나 이러한 열반에 대한 적용은 잘못된 것이다. 토마스(E. J. Thomas)에 의하면, 빠알리어에서 '완전한'을 의미하는 빠리(pari)라는 말은 단어가 상태표현에서 상태획득으로 변화할 때에 덧붙여진다. 그렇다면, 열반은 해탈의 상태이고 완전한 열반은 해탈 상태의 획득을 의미한다. 따라서 실제도 이 양자는 구별되지 않는다. 동사인 '열반에 든다(nibbāyati)'와 '완전한 열반에 든다(parinibbāyati)'도 실제로 의미상 구별이 없이 해탈의 획득행위에 쓰인다. 명사인 열반과 완전한 열반도 모두 완전한 깨달음을 통한 궁극적 해탈이라는 의미로 사용되는데, 동시에 모두가 육체적

인 몸의 파괴를 통한 조건지어진 존재로 부터의 궁극적 해탈에도 사용된다. 예를 들어 '완전한 열반에 든다.'는 말이 수행승이 살아 있는 동안의 해탈에 분명히 적용될(SN. 12 : 51; 22 : 54; 35 : 31) 뿐만 아니라, 부처님과 아라한의 죽음에도 적용된다.(SN. 6 : 15; 47 : 13)

완료수동분사형인 닙부따(nibbuta)와 빠리닙부따(parinibbuta)는 명사들 닙바나(nibbāna)와 빠리닙바나(parinibbāna)와는 다른 어원을 가진다. 전자는 니르-브리(nir-√vṛ '덮다')에서 후자는 니르-바(nir-√vā '불다')에서 유래했다. 전자의 분사에 고유한 명사형은 닙부띠(nibbuti)이다. 이 닙부띠는 때때로 닙바나와 동의어로 쓰이지만, 완전한 고요, 적멸이라는 뜻으로 쓰인다. 그러나 빠리닙부띠(parinibbuti)는 니까야에서 발견되지 않는다. 초기에 이미 두 동사가 융합되어 빠리닙부따가 완전한 열반에 든 자를 지시하는데 사용하는 형용사로 쓰였다. 동사처럼 분사형은 살아 있는 부처님과 아라한(SN. 8 : 2) 뿐만 아니라 사멸한 부처님이나 아라한(SN. 4 : 24)의 수식어로 사용되었다, 그럼에도 불구하고 완료수동분사형인 빠리닙부따는 시에서는 유독 살아 있는 아라한과 관련해서 쓰이고, 산문에서는 사멸한 아라한에 한정된다. 경전상에서 사용법으로 보면, 명사형인 빠리닙바나는 아라한과 부처님의 사멸을 뜻한다고 할지라도 그것은 "죽음 후의 열반"을 의미하는 것은 결코 아니고 이미 살아서 열반을 얻은 자가 사멸하는 사건을 말한다.

경전상에는 두 가지 열반, 즉 '잔여가 있는 열반(有餘依涅槃 : saupādisesanibbāna)'과 '잔여가 없는 열반(無餘依涅槃 : anupādisesanibbāna)'이 있다. 여기서 잔여란 갈애와 업에 의해서 생겨난

다섯 가지 존재의 다발의 복합체를 말한다.(It. 38-39) 전자는 살아 있는 동안 아라한이 획득한 탐욕과 성냄과 어리석음의 소멸을 뜻하고, 후자는 아라한의 죽음과 더불어 모든 조건지어진 것들의 남김없는 소멸을 뜻한다. 그러나 양자는 이미 자아에 취착된 유위법적인 세속적 죽음을 완전히 초월해서 불사(不死 : amata)라고 불리며, 아라한은 이미 자아에 취착된 다섯 가지 존재의 집착다발(五取蘊)의 짐을 모두 내려 놓은 상태(ohitabhāro)에 있기 때문이다. 아라한에게 죽음은 애초에 적용되지 않는다. 동일한 완전한 소멸임에도 차이가 나는 것은 잔여가 있는 열반의 경우에는 '마치 도자기 만드는 사람이 돌리고 있던 물레에서 손을 떼어버려도 얼마간은 계속 회전하는 것처럼 열반을 얻은 성인도 과거에 지은 업에 의해 결정된 얼마 동안은 삶을 계속하면서 업에 대한 고락을 받는다.'는 것이다. 과거의 업에 의해서 결정된 삶이 바로 경전에 나와 있는 아직 남아 있는 다섯 가지 감관에 의한 고락의 체험이다. 그리고 육체적인 삶의 죽음과 더불어 업의 잔여물인 다섯 가지 감관마저 사라져버릴 때 잔여가 없는 열반에 이른다. 이러한 두 가지 열반의 세계를 주석서는 각각 아라한의 경지를 얻을 때의 '번뇌의 완전한 소멸(kilesaparinibbāna)'과 아라한이 목숨을 내려 놓을 때의 존재의 다발의 활동의 소멸을 의미하는 '존재의 다발의 완전한 소멸(khandhaparinibbāna)'로 구별하면서, 열반인 닙바나(nibbāna)와 '완전한 소멸' 또는 '완전한 열반'을 의미하는 빠리닙바나(parinibbāna)를 상호교환 가능하고 동의어로서 본다. 그러나 경전상에서 사용방식은 위 두 종류의 빠리닙바나는 닙바나의 세계에 접근하는 사건으로 보는 것을 선호하기 때문에 빠리닙바나는 소멸하는 행위이고 닙바나는 소멸된 상태를 의미한다.

납바나는 한역을 통해 열반으로 잘 알려진 우리말이므로 그리고 해석학적 관점에서 많은 다양성을 지닌 고유한 언어임으로 역자는 열반 이외에 다른 번역을 취하지 않는다. 빠리닙바나에 대해서는 이제까지의 논의를 바탕으로 하면 비구 보디가 번역한 것처럼 '궁극적 열반'이라고 번역하는 것도 가능하지만, 우리말의 어감 상 어려운 느낌을 주기 때문에 역자는 빠리닙바나를 그냥 '완전한 열반'이라고 번역한다. 그리고 동사인 빠리닙바야띠(parinibbāyati)는 '완전한 열반에 든다.'라고 번역한다. 그 행위자 명사인 빠리닙바인(parinibbāyin)은 '완전한 열반에 든 자'라고 번역하고, 완료수동분사인 닙부따(nibbuta)는 열반과 관계되기도 하고 관계되지 않기도 — 빠리닙바야띠와 빠리닙부따가 ≪맛지마니까야≫(MN. I. 446)에서는 단지 말의 훈련과 관련하여 사용되고 있다 — 하기 때문에 '열반에 든'이나 '적멸에 든'으로, 빠리닙부따(parinibbuta)는 '완전한 열반에 든'이나 '완전히 적멸에 든'이라고 번역한다.

숫타니파타와 부처님의 생애

부처님이란 원래는 일반명사로 '깨달은 님'이란 뜻을 지니고 있다. 따라서 깨달은 님은 한 분이 아니고 여러 분일 수밖에 없다. 부처님 이전에도 부처님께서 계셨고, 부처님 이후에도 부처님께서 계실 것이고, 또한 대승불교의 경전에서는 우리의 몸의 터럭 끝에도 무수한 부처님께서 계시다고 말한다.

그러나 역사적으로 부처님이라고 한다면, 석가모니(Śākyamuni) 부처님을 말한다. 부처님께서는 수많은 우주기(宇宙期=劫)를 통해 윤회를 거듭하면서 앞서 계셨던 다른 부처님들을 거울삼아 수행하여 가장 지혜롭고 고귀하고 거룩한 인간의 경지에 올랐다. 그는 너무나 완벽한 지혜를 갖추고 있었기 때문에 전지자(全知者)라고도 불렸다. 카필라밧투 시에서 왕자 싯다르타로 태어난 분이 바로 그 분이다.

그분이 바로 이 『숫타니파타』의 대화의 주인공이다. 그러나 부처님을 일반적 의미로 『숫타니파다』의 저자라고는 볼 수 없다. 신약성경이 예수의 말씀을 기록한 것이지만 예수의 저작이라고 볼 수 없는 것과 마찬가지이다. 석가모니 부처님께서는 40여 년간 사람들에게 가르침을 설했는데, 그 자신이 저술한 책은 없기 때문이다. 단지 당대의 제자들이 부처님의 언행을 외워서 입에서 입으로 전해 내려오던 것을 모아 합송하여 확인한 것이 불경인데, 그 불경의 숫자는 상당히 방대한데, 『숫타니파타』은 그 가운데 하나에 불과하다. 그렇지만 운문으로 구성되었다는 데서 고층적 성격을 띠고 있어 ≪쌍윳따니까야≫의 전반부의 게송부분이나 ≪쿳다까니까야≫의 『담마파다』, 『여시어경』, 『우다나』와 더불어 고층적 초기경전으로 분류된다. 그러나 『법구경』은 정각을 이룬 이후의 전 생애에 걸쳐 설한 가르침 가운데 중요한 내용을 선별한 모음집이라면, 『숫타니파타』는 정각을 이룬 이후의 초기에 전법한 가르침을 포함하고 있다. 『숫타니파타』는 한 저작자의 저술이 아니고, 개인보다는 집단적으로 집성된 경으로 이루어진 연시들의 앤솔로지이다. 경전들은 다섯 품으로 분류되었다. 첫 네 품은 함께 집성되었지만 서로 다른, 통일성이 없는 경전들로 이루어져있다. 반면에 다섯 번째의 품은 처음부터 끝가지 각본에 따라 경전이 집성되었다. 그러나 좀더 자세히 들여다 보면, 『숫타니파타』의 구성체계를 보면, 후대의 니까야 전체의 구성체계의 축소판인 것을 알 수 있는데, 그것은 『숫타니파타』가 니까야의 구성체계의 선구인 것을 어느 정도 입증하는 것이다.

『숫타니파타』의 대화의 주인공인 역사적인 부처님에 대하여 살펴보자. 역사적인 부처님은 일반적으로 석가모니라고 알려져 있다. 석가라는 호칭은 '싸끼야'라는 종족이름에서 연유되며, 존칭하여 석가모니라 불리는데, 석존(釋尊)이라고도 한다. 싸끼야족은 지금으로부터 2500 여년 전 지금의 네팔 남부에 위치하고, 인도대평원으로 이어지는 까삘라밧투 성에서 살고 있었다. 그곳에서 석가모니는 B·C 563년 그 종족의 왕인 숫도다나(淨飯王)의 장남으로 룸비니라는 곳에서 태어났다. 그의 성은 고따마, 이름은 싯다르타였다. 그러한 석가모니는 생후 7일 만에 어머니 마야부인과 사별하고, 이후는 이모의 손에 자랐다.

부왕은 태자를 너무 사랑한 나머지 겨울, 여름, 우기의 각 계절에 알맞게 살 수 있도록 태자에게 세 개의 궁전을 지어 주었다.

겨울 궁전은 9층, 여름 궁전은 5층, 우기의 궁전은 3층의 아름다운 궁전이었는데 궁전의 둘레는 향기로운 꽃의 정원들이 있었고, 물을 내뿜는 분수들이 있었으며, 나무에서는 이름 모를 갖가지 새들이 지저귀고 있었고 땅위에는 공작새들이 돌아다니고 있었다. 거기서 태자는 어렸을 때부터 왕자로서의 교양을 쌓았다.

그런데 아주 어렸을 때 태자는 부왕을 따라 농경제에 참가했었다. 거기서 태자는 농부가 밭갈이 할 때에 날카로운 쟁기에 찍혀 상처를 입은 벌레가 다시 공중의 새에 낚여 채여 가는 것을 보았다. 모든 생명에 대하여 깊은 연민과 동정을 갖고 있던 예민한 태자는 약육강식의 비참함을 느끼고, 한 나무 그늘로 물러나 고독한 명상에 들었다. 그런데 한 순간 모든 사유를 뛰어넘어 최상의 평화를 얻을 수 있었다. 훗날 이때의 체험은 그가 최고의 깨달음을 얻는데, 최고의 경험으로 작용하였다.

하여튼 타고난 기질이 영민하였던 태자는 주변사람의 기대에 부응하여 온갖 학문과 무예를 익히며, 훌륭한 청년으로 자라났다. 그는 16세에 야쇼다라와 결혼을 했다. 옛날 귀족들 사이에서는 모든 경쟁자를 물리쳐야 원하는 신부를 얻을 수 있는 부마경선이 있었다. 이 부마경선에서 싯다르타 태자는 지략과 용기가 출중하여 모든 다른 나라의 왕자들을 물리치고 마침내 야쇼다라를 태자비로 맞이할 수 있었다.

그런데 태자는 어느 날 마차를 타고 궁전 밖을 둘러보다가 네 가지의 인간의 모습을 보고 나서 큰 충격을 받았다. 네 가지의 인간의 모습 즉, 아주 늙은 노인, 병든 환자, 부패한 시체의 비참한 모습과 수행하는 청정한 사문의 모습이었다. 태자는 시종인 마부 찬나와 함께 그 광경들을 목격했다. 그런데 태자는 어떻게 보면 우리 모두에게도 익숙한 광경을 보았지만 그것이 태자에게만은 큰 충격이었다. 우리는 어려서부터 그와 같은 광경을 자주 보아 왔지만 태자는 그 때까지 그러한 광경을 보지 못했기 때문에 그 광경들은 충격적인 것이어서 마음 깊숙이 아로새겨졌다. 태자가 그때까지 그것을 보지 못한 데는 이유가 있었다. 바라문인 한 점성술사가 태자가 태어날 때에 언젠가 왕궁을 떠나 부처님이 된다고 예언했다. 그래서 부왕은 태자가 왕궁을 떠나게 되면, 왕위의 승계가 끊어질 것을 염려하여, 태자에게 인간의 비참한 상태나 죽음을 암시할 수 있는 모든 광경을 보여 주지 않도록 신중을 기해서 키웠다. 그래서 아무도 태자에게 그러한 광경을 보여 주거나 이야기할 수가 없었다. 태자는 아름다운 궁전과 화원에서 갇힌 채 지냈다. 태자는 밖으로 나아가 이 세상의 슬픔과 고뇌를 접할 수 없도록 아름다운 궁전이라는 담장에 갇혀 지냈던 것이다. 이렇게 해서 큰 충격을 받은 태자는 진리를 찾아 출가수행자의 삶을 걷기로 작정했다.

어느 날 밤 모두들 잠든 사이에 일어나 잠자는 아내와 어린 아들을 마지막으로 보고 시종인 찬나를 불러 총애하는 백마 깐타까를 타고 왕궁을 빠져 나왔다. 갠지스 강변의 선인(仙人) 알라라 깔라마와 웃다까 라마뿟따를 찾아가 선정(禪定)을 배웠으나, 마음에 흡족함을 느끼지 못하고, 다시 가야라는 고장의 산림에서 고행을 시작하였다. 감관의 제어, 호흡의 정지, 소량의 식사, 단식 등을 불사하며 고행은 6년간 이어졌다. 그는 고행 도중에 물까지 절식할 때도 있었고 하루에 쌀 한 톨, 깨 한 알밖에는 안 들었다. 기력이 소진해서 기절하여 땅바닥에 쓰러지기도 했다. 싯다르타가 쓰러졌을 때 같이 수행하던 친구들이 모두 싯다르타 태자가 죽었다고 생각했다. 그러나 나중에 깨어난 싯다르타는 단지 굶는다던가 하는 육체적인 고행만으로는 완전한 지혜를 얻을 수 없다는 사실을 깨우쳤다.

그래서 싯다르타는 35세가 되던 해에 지친 몸과 마음을 가누기 위해 고행의 숲에서 나왔다. 이 고행의 숲에서 나옴으로서 싯다르타는 두 번째 출가를 감행한 셈이었다.

그는 마을 소녀 수자타가 주는 유미죽(乳糜粥)을 먹고 체력을 회복한 다음 부다가야의 보리수 밑에서 동쪽을 향해 앉아 완전한 지혜를 얻기까지는 그곳을 떠나지 않기로 마음을 먹었다. 그날 밤 보리수 아래서 부처님은 전생과 윤회에 대한 앎과 살려고 하는 욕망에 대한 궁극적 앎을 얻었다. 다음날 날이 새기 전에 싯다르타의 마음은 완전히 개화된 연꽃처럼 열려 궁극적 앎의 빛이 쏟아져 들어왔다. 그는 네 가지의 거룩한 진리[四聖諦]를 깨달아 원만히 올바로 깨달은 님, 곧 부처님이 되었다. 그는 인간의 모든 비참함과 괴로움의 원인을 결국 발견했다. 아침 햇살이 밤의 어둠을 몰아내고 나무들과 전원, 바위, 바다, 강, 동식물과 인간과 모든 존재들을 비추기 시작할 때에 완전한 지혜의 빛이 그의 마음속에서 일어나 인간의 괴로움과 그 괴로움에서 벗어나는 길을 통찰했다.

싯다르타는 그러한 완전한 지혜를 얻기 전에 정신적인 갈등이 없었던 것은 아니었다. 싯다르타는 강력하고 무서운 내적인 전쟁을 치렀다. 그분은 우리가 진리를 보는데 방해가 되는 우리 몸속의 모든 생리적인 현상이나 식욕과 탐욕 등을 정복해야 했다. 또한 자신을 둘러싼 죄 많은 세상의 나쁜 영향들을 극복해야 했다. 마치 전장에서 군인들이 적들과 싸우듯이 인간의 번뇌와 싸웠다.

그리하여 마침내 승리한 영웅처럼 목적을 달성했다. 인간의 괴로움과 비참함의 비밀은 드디어 벗겨졌다.

그렇게 얻은 지혜를 가지고 부처님께서는 먼저 많은 사람에게 그것을 가르치려고 했으나 주저했다. 왜 부처님께서는 가르치길 주저했을까? 자신이 깨달은 지혜의 숭고함과 심오함 때문이었다. 겨우 소수의 사람들만이 그것을 이해할 수 있다고 걱정했다. 그런데 결국 자신의 견해를 바꾸어 가르침을 전하게 되었다. 그는 자신이 깨달은 바를 가능한 한 분명하고 간명하게 가르치는 것이 의무라고 생각했고 진리가 스스로 개인들의 성향이나 업(業)에 따라 알맞게 어떤 강력한 영향을 주리라고 생각했다. 그것이 그들에게 주어지는 유일한 구원의 길, 해탈의 길이라고 생각했고 또한 모든 존재는 해탈을 자신의 것으로 할 권리를 갖고 있다고 보았다. 그래서 그분은 고행을 그만둔 자신을 버린 다섯 명의 옛 고행주의자 도반들에게 찾아가 진리를 전하기 시작했다.

석가모니는 가르침을 전하면서부터 부처님 혹은 불타(佛陀 ; Buddha) 또는 불(佛)이라고 불리었는데, 그것은 곧, 진리를 깨달은 각자(覺者)라는 뜻이다. 그리고 부처님께서는 스스로를 따타가타(Tathāgata)라고 불렀는데, 이것을 중국에서는 '이렇게 오신 님'이란 뜻으로 여래(如來)라고 번역했고, 티베트에서는 '이렇게 가신 님'이라는 뜻으로 '데신섹빠(De bžin gśeg pa)'라고 번역했다.

부처님의 첫 가르침을 초전법륜(初轉法輪)이라고 하는데, 바라나씨(Bārāṇasi) 근처의 이시빠따나에 있던 미가다야(鹿野苑)에서 시작했다. 처음에는 부처님을 고행을 포기한 타락한 수행자로 생각해서 받아들이지 않으려고 했으나 부처님께서 다가오자 그분의 모습에서 풍기는 정신적인 아름다움이 너무나도 컸고 그분의 가르침은 부드럽고 확신에 차 있었기 때문에 그들은 곧 마음을 돌이켜 귀를 기울였다.

부처님께서 초전법륜을 설하자, 부처님의 가르침을 이해한 나이든 꼰당냐가 먼저 자신의 선입견을 버리고 부처님의 가르침을 받아들여 제자가 되었다. 그리고 다른 네 명의 수행자들도 곧 그의 뒤를 따라 제자가 되었다. 그래서 승단이 성립되었고, 곧이어 부유한 젊은 상인 야사(Yasa)가 제자가 되고 가르침을 펴신 지 3개월 만에 60여명의 제자가 생겨났다. 부처님께서는 60여명의 제자를 확보하고 충분히 진리를 가르치고 그들을 사방팔방으로 보내 가르침을 전파하기 시작했다. 부처님께서 말씀하신 가르침의 핵심은 여덟 가지 고귀한 길(八正道)이었다.

그리고 나서 부처님께서는 이교도를 개종시키러 우루벨라로 갔다. 거기서 부처님께서는 불을 숭배하는 교단의 우두머리인 깟싸빠(Kassapa : 迦葉)를 교화했다. 그가 부처님을 따르자 그를 따르던 모든 무리들도 불교로 개종했다. 그리고는 회의주의자로서 고행자였던 싼자야의 수제자 싸리뿟따(Sāriputta : 舍利弗)와 목갈라나(Moggallāna : 牧犍蓮)를 교화시켰다. 나중에 그들은 부처님의 수제자가 되어 사리불은 지혜제일의 제자, 목갈라나는 신통제일의 제자가 되었다.

부처님께서는 자신의 가족을 버린 뒤에 다시 가족을 다시 만났을까? 그렇다. 7년 뒤의 일이다. 그분께서 라자그리하에 머물 때에 아버지 정반왕이 파견한 사신으로부터 부왕이 돌아가시기 전에 왕궁에서 한번 만나보자는 전갈을 받았다. 부처님께서는 전갈을 받고 왕궁으로 갔다. 부왕인 정반왕은 모든 대신과 친지를 데리고 마중 나와 기쁘게 부처님을 맞이했다. 부왕은 지금은 부처님이지만 아들인 싯다르타에게 왕위를 계승할 것을 부탁했지만 부처님께서는 모든 정성을 기울여 태자 싯다르타는 이미 사라졌고 자신은 모든 존재를 동등하게 사랑하고 자비롭게 대하는 깨달은 님으로 변했다는 것을 부왕에게 설득했다. 부처님은 자신을 깊이 사랑해서 떠남을 애통해 하던 아내를 만났다. 그녀는 또한 아들 라훌라를 부처님께 데려와서 가르침을 따르도록 했다. 부처님께서는 아내와 아들에게 뿐만 아니라 모여든 모든 친지에게 일체의 고뇌를 치유하는 진리의 가르침을 설했다. 그래서 그분의 아버지, 아들, 아내와 사촌 형제인 아난다(Ānanda), 조카인 데바닷타(Devadatta) 등이 모두 가르침을 듣고 제자가 되었다. 그밖에 천안제일의 아누룻다(Anuruddha)와 계율의 권위자로 유명했던 이발사 우팔리(Upāli)도 이 때에 부처님의 제자가 되었다.

그리고 좀 더 후대의 일이지만 싯다르타 태자의 이모이자 유모였던 고따미(Pajāpatī Gotamī)가 출가하여 비구니교단을 형성했다. 그녀가 정식으로 수행녀가 되자 그녀를 따라 야쇼다라 비와 다른 많은 여인들이 출가하여 비구니 교단을 형성했다.

부왕인 숫도다나 왕(Śuddhodana：淨飯王)은 모든 가족 태자인 싯다르타와 조카인 아난다, 데바닷타, 며느리인 야쇼다라, 손자인 라훌라를 비롯해서 많은 친지들이 출가하여 수행의 길을 가는 것에 대하여 매우 슬프고 괴로워했기 때문에 부처님께 자신의 심정을 하소연했습니다. 그래서 부처님은 부모가 살아 계실 때에는 부모의 허락을 받고 교단에 들어오도록 계율을 만들었다.

그런데 많은 제자가 생기자 교단을 배신하는 자도 생겨났다. 데바닷타(Devadatta)가 자신의 무리를 이끌고 부처님을 배신했다. 그는 아주 지적이었던 관계로 다르마(*sk.* Dharma)의 지식에 관하여 대단히 앞서가고 있었지만, 너무 야망에 불탄 나머지 부처님을 질투하고 미워하고 있다가 마침내 살해하기로 마음먹고 음모를 꾸몄다. 그는 또한 빔비사라왕의 아들 아자따삿뚜(Ajātasattu)왕을 부추겨 자신의 부왕을 살해하도록 시키고 그를 자신의 제자로 삼았다. 데바닷타는 부처님께 어떤 해를 끼쳤는가? 데바닷타는 바위를 굴려 부처님을 살해하려고 했으나 부처님의 발에 상처만 주었을 뿐 실패했다. 그리고 데바닷타는 자신이 지은 악업 때문에 무서운 죽음을 맞이하게 되었다.

부처님께서는 얼마동안 가르침을 전파했을까? 45년 동안이다. 그 동안에 수많은 가르침을 전파했다. 보통 제자들과 함께 일 년에 8개월간의 건기(乾期)에는 여행을 하면서 설법했고, 3개월간의 우기(雨期)에는 여러 왕들이나 부유한 장자들이 지어 준 정사에 머물며 수행하고 가르침을 전했다. 부처님께서 우기에 한 곳에 머물렀던 승원으로서 유명한 곳은 기원정사나 죽림정사 등이 있었다.

부처님께서 교화한 사람들이나 제자들은 모든 종족과 모든 국가와 모든 계급의 사람들이었다. 그분께서는 부유하거나 가난하거나 귀족이거나 천민이거나 막론하고 모든 사람을 교화했다. 그분의 가르침은 모든 인류에게 적용되었다.

이제 부처님 생애의 마지막 여행에 관해 귀를 기울여보자. 부처님께서는 올바르게 원만히 깨달은 님이 되신 지 45년만인 5월 보름에 생애의 마지막을 알고 바라나씨(Bārāṇasi)에서 192키로미터 떨어진 꾸씨나라(Kusinārā)에 저녁 무렵 도착했다. 꾸씨나라의 우빠밧따나(Upavattana)에 있는 말라 족의 쌀라 쌍수에서 관습에 따라 머리를 북쪽으로 하고 오른쪽 옆구리를 땅에 대고 누웠다.

그분의 마음은 맑고 청정해서 제자들에게 마지막 가르침을 분명하게 전했다. 부처님께서는 그 마지막 순간에도 다른 사람을 교화했다. 훌륭한 사제였던 쑤밧다(Subhadda)를 마지막으로 교화했다. 그리고 날이 밝자 부처님께서는 삼매에 들어 마침내 완전한 열반에 들었다. 부처님께서 제자들에게 마지막으로 한 유언은 '세상은 무상하니 방일하지 말고 정진하라.'는 말이었다. 그리고 몸은 화장되었고, 유골[佛舍利]은 여러 왕들에게 나누어져 여덟 군데 스투파(塔墓)에 안치되었다.

부처님께서 돌아가시고 4개월 후에 라자가하에서 500명의 거룩한 님[阿羅漢]인 장로 수행승들이 모여 부처님의 가르침에 대한 결집을 하였다. 마하 깟싸빠를 상수로 해서 7개월간의 기억을 통한 결집에서 경장과 율장을 확정지었다. 이 모든 장경들이 각 경전에 정통한 수행승들에 의해서 외워서 전수되었다.

이 제일결집에서 경전이 벌써 문자화되었다는 주장도 있으나 오늘날까지 그 근거는 밝혀지지 않고 있다. 그후 약 백 년 뒤에 기원전 383년 베쌀리에서 수행승 레밧따(Revatta)를 상수로 제이결집이 행해졌다. 700명의 수행승이 참여했고 8개월 가량 소요되었다. 일체의 경전이 다시 암송되었고 문제가 되는 부분은 다시 논의되었다. 그리고 아쇼카 왕 때에 1,000 명의 수행승이 아홉 달 동안 모든 장경을 암송하고 개정하는 제3결집이 있었으며, 첫 번째 논장인 『까타밧투(Kathāvatthu)』가 새롭게 장경 속에 편입되었다.

따라서 『숫타니파타』는 빠르면 제일결집에서 늦어도 제삼결집에서 장경에 편입이 확정되어 경장의 ≪쿳다까니까야(Khudda-kanikāya : 小部)≫에 소속된 것이지만, 그 내용적인 기록은 정각을 이룬 직후의 젊은 부처님에 대한 기록이라는 측면에서 역사상 가장 오래된 경전이라고 볼 수 있다.

제삼결집에서 삼장으로 확정된 장경은 기원전 1세기경 스리랑카에서 밧타가마니 왕의 치하에 빠알리어로 기록되어 전승된다. 이것이 오늘날 완전하게 구할 수 있는 제일결집에서 제삼결집에 걸쳐 유래된 유일한 대장경이다.

일 러 두 기

1. 빠알리경전의 원본 대조는 로마나이즈한 빠알리성전협회본을 그대로 사용했다. 시의 고유번호는 빠알리성전협회본과 일치하므로 누구나 쉽게 원본과 대조할 수 있도록 했다.
2. 한글세대를 위해 가능한 한, 쉬운 우리말을 사용했으며, 어의를 분명히 하기 위하여 원전에는 없는 화자를 괄호 안에 삽입하고 연결사나 부사를 가감해서 번역했고, 내용에 대한 파악을 용이하게 하기 위해 문단을 분류하였다.
3. 『숫타니파타』의 시문에 대한 파악을 위해 전체시의 일련번호를 각 시의 제목으로 매겼으며, 거의 대부분이 사행시로 이루어져있는데, 번역도 사행시의 형태로 했으나 지면 관계상 그 이상의 행으로 나누어 번역한 경우도 다수가 있다.
4. 이 『숫타니파타』의 내용에 대해서 상세히 알고 싶은 사람은 본회 발행의 상세한 주석을 곁들인 신국판 양장본 『숫타니파타』를 참고하라. 그곳에는 주석서인 『숫타니파타의석』과 더불어 시구에 대한 상세한 인연담뿐만아니라 시형론적인 설명과 그 불규칙적인 형태에 대한 상세한 해설이 실려 있다.
5. 혹시나 있을 수 있는 오역을 바로 잡기 위해 주석에 로마나이즈화한 빠알리본 『숫타니파타』의 원문을 실어서 대조할 수 있도록 했다. 그러나 시형론적 이유로 빠알리문이 문법과 일치하지 않는 경우가 많으므로, 정확히 그 문법적 사항이나 의미를 알고 싶으면, PTS.의 로마나이즈본을 참고하여 그 주석의 이본들을 참고해야 한다.
6. 이 『숫타니파타』의 이해를 돕기 위해 신국판 양장본 『숫타니파타』의 방대한 해제를 앞쪽에 가감 없이 그대로 싣고, 간략한 부처님의 생애도 곁들여 이 한권으로도 부처님과 그 가르침을 이해할 수 있도록 했다.
7. 부록에는 불교의 세계관에 대한 포표와 경명을 포함한 고유명사, 그리고 비유의 색인을 만들어 독자들의 편의를 도모했다.

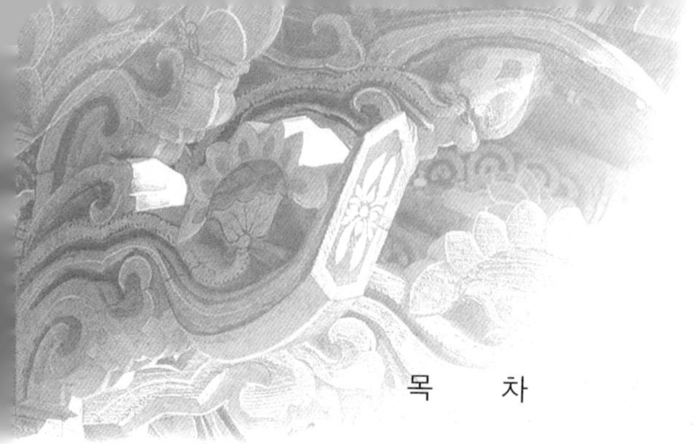

목 차

Ⅱ. 작은 법문의 품[Cūla-Vagga]

Ⅲ. 큰 법문의 품[Māhavagga]

Ⅳ. 여덟 게송의 품[Aṭṭhakavagga]

Ⅴ. 피안가는 길의 품[Pārāyanavagga]

부 록:

Ⅰ. 뱀의 품

[Uragavagga]

1. 뱀의 경[Uragasutta]

Stn. 1. [세존]

"뱀의 독이 퍼지면 약초로 다스리듯,
이미 생겨난 분노를 극복하는 수행승은,
마치 뱀이 묵은 허물을 벗어버리듯,
이 세상도 저 세상도 다 버린다.[1]

Stn. 2. [세존]

연꽃의 그 꽃과 줄기를 모두 꺾듯이,
탐욕을 남김없이 끊어버린 수행승은,
마치 뱀이 묵은 허물을 벗어버리듯,
이 세상도 저 세상도 다 버린다.[2]

---

1) Stn. 1. yo uppatitaṃ vineti kodhaṃ / visaṭaṃ sappavisaṃca osadhehi / so bhikkhu jahāti orapāraṃ / urago jiṇṇam iva tacaṃ purāṇaṃ // 이 경의 각 시는 유래가 다르며, 통합의 이유는 '마치 뱀이 묵은 허물을 벗어버리듯, 이 세상도 저 세상도 다 버린다.'라는 공통후렴구에 있다.

2) Stn. 2. yo rāgam udacchidā asesaṃ / bhisapupphaṃ'va saroruhaṃ vigayha / so bhikkhu jahāti orapāraṃ / urago jiṇṇam iva tacaṃ purāṇaṃ //

Stn. 3. [세존]

흘러가는 급류를 말려버리듯,
갈애를 남김없이 끊어버린 수행승은
마치 뱀이 묵은 허물을 벗어버리는 것처럼,
이 세상도 저 세상도 다 버린다.[3]

Stn. 4. [세존]

거센 흐름이 연약한 갈대 다리를 부수듯,
자만을 남김없이 끊어버린 수행승은,
마치 뱀이 묵은 허물을 벗어버리는 것처럼,
이 세상도 저 세상도 다 버린다.[4]

---

3) *Stn. 3. yo taṇhamudacchidā asesaṃ / saritaṃ sīghasaraṃ va sosayitvā / so bhikkhu jahāti orapāraṃ, urago jiṇṇam iva tacaṃ purāṇaṃ //*

4) *Stn. 4. yo mānamudabbadhī asesaṃ / naḷasetuṃ'va sudubbalaṃ mahogho / so bhikkhu jahāti orapāraṃ / urago jiṇṇam iva tacaṃ purāṇaṃ //*

Stn. 5. [세존]

무화과 나무에서 꽃을 찾지 못하듯,
존재 가운데 실체를 얻지 못하는 수행승은,
마치 뱀이 묵은 허물을 벗어버리는 것처럼,
이 세상도 저 세상도 다 버린다.5)

Stn. 6. [세존]

안으로 성냄이 없고, 그 때문에
세상의 존재와 비존재를 뛰어넘는 수행승은,
마치 뱀이 묵은 허물을 벗어버리는 것처럼,
이 세상도 저 세상도 다 버린다.6)

---

5) Stn. 5. yo nājjhagamā bhavesu sāraṃ / vicinaṃ pupphamīva udumbaresu / so bhikkhu jahāti orapāraṃ / urago jiṇṇam iva tacaṃ purāṇaṃ //

6) Stn. 6. yass'antarato na santi kopā / itibhavābhavatañ ca vītivatto / so bhikkhu jahāti orapāraṃ urago / jiṇṇam iva tacaṃ purāṇaṃ // 존재(有)는 영원주의적인 것이고, 비존재(無)는 허무주의적인 것이다.

Stn. 7. [세존]

모든 사유를 불살라
남김없이 안으로 잘 제거한 수행승은,
마치 뱀이 묵은 허물을 벗어버리는 것처럼,
이 세상도 저 세상도 다 버린다. 7)

---

7) *Stn. 7. yassa vitakkā vidhūpitā / ajjhattaṃ suvikappitā asesā / so bhikkhu jahāti orapāraṃ / urago jiṇṇamiva tacaṃ purāṇaṃ // 사유에는 아홉 가지가 있다. ① 감각적 쾌락에 매인 사유 ② 분노에 매인 사유 ③ 폭력에 매인 사유 ④ 친지에 매인 사유 ⑤ 나라에 매인 사유 ⑥ 신에 매인 사유 ⑦ 다른 사람에 대한 호의에 매인 사유 ⑧ 이득과 명예와 칭송에 매인 사유 ⑨ 명예에 매인 사유이다.*

Stn. 8. [세존]

치닫지도 않고 뒤쳐지지도 않아
모든 희론을 뛰어넘는 수행승은,
마치 뱀이 묵은 허물을 벗어버리는 것처럼,
이 세상도 저 세상도 다 버린다.[8]

---

8) *Stn. 8. yo nāccasarī na p'accasārī / sabbaṃ accagamā imaṃ papañcaṃ / so bhikkhu jahāti orapāraṃ / urago jiṇṇam iva tacaṃ purāṇaṃ / 치닫는 것은 영원주의(常見) 때문이고 뒤쳐지는 것은 허무주의(短見) 때문이다. 희론은 망상을 의미하며, 그 발생과정은 다음과 같다. 눈과 형상을 조건으로 시각의식이 생겨난다. 이 세 가지의 만남이 접촉이다. 접촉을 조건으로 느낌이 생겨나며, 느끼는 것을 지각하며, 지각한 것을 사유하며, 사유한 것을 희론한다. 그 때문에 희론된 지각으로 특징지어지는 개념은 과거, 미래, 현재에 속하며 눈에 의해 식별될 수 있는 형상에 관해서 그 사람을 공략한다. 희론에는 세 가지 종류 즉, 갈애에서 만들어진 희론, 견해에서 만들어진 희론, 자만에서 만들어진 희론이 있다.*

Stn. 9. [세존]

치달지도 않고 뒤쳐지지도 않아,
세상에서 일체가 허망한 것임을 안 수행승은,
마치 뱀이 묵은 허물을 벗어버리는 것처럼,
이 세상도 저 세상도 다 버린다.9)

Stn. 10. [세존]

치닫지도 않고 뒤쳐지지도 않아,
일체가 허망임을 알고 욕망을 버린 수행승은,
마치 뱀이 묵은 허물을 벗어버리는 것처럼,
이 세상도 저 세상도 다 버린다.10)

---

9) Stn. 9. yo nāccasarī na p'accasārī / sabbaṃ vitatham idan ti ñatvā loke / so bhikkhu jahāti orapāraṃ / urago jiṇṇam iva tacaṃ purāṇaṃ //

10) Stn. 10. yo n'āccasarī na p'accasārī / sabbaṃ vitathami-danti vītalobho / so bhikkhu jahāti orapāraṃ / urago jiṇṇamiva tacaṃ purāṇaṃ //

Stn. 11. [세존]

치닫지도 않고 뒤쳐지지도 않아,
일체가 허망임을 알고 탐욕을 버린 수행승은,
마치 뱀이 묵은 허물을 벗어버리는 것처럼,
이 세상도 저 세상도 다 버린다.[11)]

Stn. 12. [세존]

치닫지도 않고 뒤쳐지지도 않아,
일체가 허망임을 알고 미움을 버린 수행승은,
마치 뱀이 묵은 허물을 벗어버리는 것처럼,
이 세상도 저 세상도 다 버린다.[12)]

---

11) Stn. 11. yo n'āccasarī na p'accasārī / sabbaṃ vitathamīdanti vītarāgo / so bhikkhu jahāti orapāraṃ / urago jiṇṇam iva tacaṃ purāṇaṃ //

12) Stn. 12. yo n'āccasarī na p'accasārī / sabbaṃ vitatham idan'ti vītadoso / so bhikkhu jahāti orapāraṃ / urago jiṇṇam iva tacaṃ purāṇaṃ //

Stn. 13. [세존]

치닫지도 않고 뒤쳐지지도 않아,
일체가 허망임을 알고 어리석음을 버린 수행자는,
마치 뱀이 묵은 허물을 벗어버리는 것처럼,
이 세상도 저 세상도 다 버린다.13)

Stn. 14. [세존]

어떠한 잠재적인 경향도 지니지 않고,
악하고 불건전한 뿌리를 뽑아 버린 수행승은,
마치 뱀이 묵은 허물을 벗어버리는 것처럼,
이 세상도 저 세상도 다 버린다.14)

---

13) Stn. 13. yo n'āccasarī na p'accasārī / sabbaṃ vitatham idan'ti vītamoho / so bhikkhu jahāti orapāraṃ / urago jiṇṇam iva tacaṃ purāṇaṃ //

14) Stn. 14. yassānusayā na santi keci / mūlā akusalā samūhatāse / so bhikkhu jahāti orapāraṃ / urago jiṇṇam iva tacaṃ purāṇaṃ // 즐거운 느낌에는 탐욕의 잠재적 경향이 따르고, 괴로운 느낌에는 분노의 잠재적 경향이 따르고, 괴롭지도 즐겁지도 않은 느낌에는 무명의 잠재적 경향이 따른다.

Stn. 15. [세존]

이 세상으로 되돌아 올 원인들이 되는,
어떠한 고뇌도 생겨나지 않게 하는 수행승은,
마치 뱀이 묵은 허물을 벗어버리는 것처럼,
이 세상도 저 세상도 다 버린다.[15)]

Stn. 16. [세존]

존재에 속박되는 원인으로 작용하는
어떠한 욕망의 숲도 생기지 않게 하는 수행승은,
마치 뱀이 묵은 허물을 벗어버리는 것처럼,
이 세상도 저 세상도 다 버린다.[16)]

---

15) Stn. 15. yassa darathajā na santi keci / oraṃ āgamanāya paccayāse / so bhikkhu jahāti orapāraṃ / urago jiṇṇam iva tacaṃ purāṇaṃ //

16) Stn. 16. yassa vanathajā na santī keci / vinibandhāya bhavāya hetukappā / so bhikkhu jahāti orapāraṃ / urago jiṇṇamiva tacaṃ purāṇaṃ //

Stn. 17. [세존]

다섯 가지 장애를 버리고,
동요 없이,
의혹을 넘어
화살을 뽑아버린 수행승은,
마치 뱀이 묵은
허물을 벗어버리는 것처럼,
이 세상도
저 세상도 다 버린다."17)

---

17) *Stn. 17. yo nīvaraṇe pahāya pañca / anīgho tiṇṇakathaṃkatho visallo / so bhikkhu jahāti orapāraṃ / urago jiṇṇam iva tacaṃ purāṇaṃ* // *다섯 가지 장애는 감각적 쾌락의 욕망·분노·해태와 혼침·흥분과 회한·매사의 의심을 말한다. 감각적 쾌락의 욕망은 다섯 가지 색깔로 물든 물, 분노는 부글부글 끓는 물, 해태와 혼침은 이끼가 낀 물, 흥분과 회한은 바람이 불어 파도치는 물, 매사의 의심은 흐린 흙탕물에 비유된다. 세 가지 동요는 탐욕·성냄·어리석음을 말한다. 다섯 가지 화살이란 탐욕·성냄·어리석음·자만·사견을 말한다.*

2. 다니야의 경(Dhaniyasutta)

Stn. 18. [다니야]

"나는 이미 밥도 지었고, 우유도 짜 놓았고,
마히 강변에서 가족과 함께 살고 있고,
내 움막은 지붕이 덮이고 불이 켜져 있으니,
하늘이여, 비를 뿌리려거든 뿌리소서."[18)]

Stn. 19. [세존]

"분노하지 않아 마음의 황무지가 사라졌고
마히 강변에서 하룻밤을 지내면서
내 움막은 열리고 나의 불은 꺼져 버렸으니
하늘이여, 비를 뿌리려거든 뿌리소서."[19)]

---

18) Stn. 18. pakkodano duddhakhiro 'ham asmi / (iti dhaniyo gopo) anutīre mahiyā samānavāso / channā kuṭi āhito 'gini / atha ce patthayasi pavassa deva // 세존께서 싸밧티 시에 계실 때에 소치는 다니야는 마히 강변 언덕에 살고 있었다. 마히 강은 갠지스 강 북쪽에 있고 갠지스 강으로 유입된다.

19) Stn. 19. akkodhano vigatakhilo hamasmi / (iti bhagavā) anutīre mahiyekarattivāso / vivaṭā kuṭi nibbuto gini /

Stn. 20. [다니야]

"쇠파리들이나 모기들이 없고,
소들은 강 늪에 우거진 풀 위를 거닐며,
비가 와도 견디어낼 것이니,
하늘이여, 비를 뿌리려거든 뿌리소서."20)

Stn. 21. [세존]

"내 뗏목은 이미 잘 엮어져 있고
거센 흐름을 이기고 건너 피안에 이르렀으니,
이제는 더 뗏목이 소용없으니,
하늘이여, 비를 뿌리려거든 뿌리소서."21)

---

atha ce patthayasi pavassa deva // *세 가지 마음의 황무지는 탐욕, 성냄, 어리석음을 뜻하고 또는 다섯 가지는 삼보(三寶), 학문, 동료 수행자에 대한 의심을 뜻한다.*

20) *Stn. 20. andhakamakasā na vijjare / (iti dhaniyo gopo) kacche rūḷhatiṇe caranti gāvo / vuṭṭhim pi saheyyum āgataṃ / atha ce patthayasī / pavassa deva //*

21) *Stn. 21. baddhā hi bhisī susaṅkhatā / (iti bhagavā) tiṇṇo pāragato vineyya oghaṃ / attho bhisiyā na vijjati / atha ce patthayasī pavassa deva* // *윤회의 바다에서 생사가 거듭되는 것을 거센 흐름(暴流)에 비유한다. 감각적*

Stn. 22. [다니야]

"내 아내는 온순하고 탐욕스럽지 않아
오랜 세월 함께 살아도 내 마음에 들고
그녀에게 그 어떤 악이 있다는 말을 듣지 못하니
하늘이여, 비를 뿌리려거든 뿌리소서."[22]

Stn. 23. [세존]

"내 마음은 내게 온순하여 해탈되었고
오랜 세월 잘 닦여지고 아주 잘 다스려져,
내게는 그 어떤 악도 찾아 볼 수 없으니,
하늘이여, 비를 뿌리려거든 뿌리소서."[23]

쾌락의 욕망의 거센 흐름, 존재의 거센 흐름, 견해의 거센 흐름, 무지의 거센 흐름이 있다.

22) *Stn. 22. gopī mama assavā alolā / (iti dhaniyo gopo) dīgharattaṃ saṃvāsiyā manāpā / tassa na suṇāmi kiñci pāpaṃ / atha ce patthayasī pavassa deva //*

23) *Stn. 23. cittaṃ mama assavaṃ vimuttaṃ / (iti bhagavā) dīgharattaṃ varibhāvitaṃ sudantaṃ / pāpaṃ pana me na vijjati / atha ce patthayasī pavassa deva //*

Stn. 24. [다니야]

"나 자신의 노동의 댓가로 살아가고
건강한 나의 아이들과 함께 지내니,
그들에게 그 어떤 악이 있다는 말을 듣지 못하니,
하늘이여, 비를 뿌리려거든 뿌리소서."24)

Stn. 25. [세존]

"나는 누구에게도 댓가를 바라지 않아,
내가 얻은 것으로 온 누리를 유행하므로,
댓가를 바랄 이유가 없으니,
하늘이여, 비를 뿌리려거든 뿌리소서."25)

---

24) Stn. 24. attavetanabhato 'ham asmi / (iti dhaniyo gopo) puttā ca me samāniyā arogā / tesaṃ na suṇāmi kiñci pāpaṃ / atha ce patthayasī pavassa deva //

25) Stn. 25. n'āhaṃ bhatako 'smi kassaci / (iti bhagavā) nibbiṭṭhena carāmi sabbaloke / attho bhatiyā na vijjati / atha ce patthayasī pavassa deva //

Stn. 26. [다니야]

"다 자란 송아지도, 젖먹이 송아지도 있고,
새끼 밴 어미소와 성년이 된 암소도 있고,
암소의 짝인 황소 또한 있으니,
하늘이여, 비를 뿌리려거든 뿌리소서."26)

Stn. 27. [세존]

"다 자란 송아지도 없고, 젖먹이 송아지도 없고,
새끼 밴 어미소도 성년이 된 암소도 없고,
암소의 짝인 황소 또한 없으니,
하늘이여, 비를 뿌리려거든 뿌리소서."27)

---

26) Stn. 26. atthi vasā atthi dhenupā / (iti dhaniyo gopo) godharaṇiyo paveṇiyo pi atthi / usabho pi gavampatī ca atthi / atha ce patthayasī pavassa deva //

27) Stn. 27. n'atthi vasā n'atthi dhenupā / (iti bhagavā) godharaṇiyo paveṇiyo pi n'atthī / usabho pi gavampatī ca n'atthi / atha ce patthayasī pavassa deva // 다 자란 송아지는 편견, 젖먹이는 잠재적 경향, 새끼밴 어미소는 축적의 의도, 성년이 된 암소는 갈애, 황소는 유위적 조작-이것은 나의 것이고, 이것이야말로 나이고 이것은 나의 자아이다.-을 상징한다.

Stn. 28. [다니야]

"말뚝은 땅에 박혀 흔들리지 않고,
문자 풀로 만든 새 밧줄은 잘 꼬여 있어,
젖을 먹는 어린 소가 끊을 수 없을 것이니,
하늘이여, 비를 뿌리려거든 뿌리소서."28)

Stn. 29. [세존]

"황소처럼 모든 속박들을 끊고,
코끼리처럼 냄새나는 넝쿨을 짓밟아,
나는 다시 모태에 들지 않을 것이니,
하늘이여, 비를 뿌리려거든 비를 뿌리소서."29)

---

28) Stn. 28. khīḷā nikhātā asampavedhī / (iti dhaniyo gopo) dāmā muñjamāyā navā susaṇṭhānā / na hi sakkhinti dhenupā pi chettuṃ / atha ce patthayasī pavassa deva //

29) Stn. 29. usabho-r-iva chetva bandhanāni / (iti bhagavā) nāgo pūtilataṃ va dāḷayitvā / n'āhaṃ puna upessaṃ gabbhaseyyaṃ / atha ce patthayasī pavassa deva // 속박은 오염·번뇌의 속박을 말하고 냄새나는 넝쿨은 썩는 냄새가 나는 부정관의 대상으로서의 신체를 뜻한다.

Stn. 30. [송출자]

그런데 골짜기와 언덕을 채우면서
갑자기 크나큰 구름이 비를 뿌리니,
하늘이 뿌리는 빗소리를 듣고,
다니야는 이와 같이 말했다.30)

Stn. 31. [다니야]

"저희는 거룩한 스승을 만나
얻은 바가 참으로 큽니다.
눈을 갖춘 님이시여, 당신께 귀의하오니,
스승이 되어 주소서. 위대한 성자시여.31)

---

30) Stn. 30. ninnañ ca thalañ ca pūrayanto / mahāmegho pāvassi tāvad eva / sutvā devassa vassato / imam atthaṃ dhaniyo abhāsatha //

31) Stn. 31. lābho vata no anappakā / ye mayaṃ bhagavantaṃ addasāma / saraṇaṃ taṃ upema cakkhuma / satthā no hohi tuvaṃ mahāmuni //

Stn. 32. [다니야]

아내도 저도 순종하면서
행복한 님 곁에서 청정한 삶을 살겠으니
태어남과 죽음의 피안에 이르러
저희로 하여금 괴로움을 끝내게 하소서."[32]

Stn. 33. [악마 빠삐만]

"자식이 있는 이는 자식으로 인해 기뻐하고,
소를 가진 이는 소로 인해 기뻐합니다.
취착으로 말미암아 사람에게 기쁨이 있으니,
집착이 없는 사람에게는 기쁨도 없습니다."[33]

---

32) Stn. 32. gopī ca ahañ ca assavā / brahmacariyaṃ sugate carāmase / jātimaraṇassa pāragā / dukkhass'antakarā bhavāmase //

33) Stn. 33. nandati puttehi puttimā / (iti māro pāpimā) gomiko gohi tath'eva nandati / upadhī hi narassa nandanā / na hi so nandati yo nirūpadhi //

Stn. 34. [세존]

"자식이 있는 이는 자식으로 인해 슬퍼하고,
소를 가진 이는 소 때문에 슬퍼합니다.
취착으로 인해 사람에게 슬픔이 있으니,
집착이 없는 사람에게는 슬픔이 없습니다."[34)]

---

34) Stn. 34. socati puttehi puttimā / (iti bhagavā) gomiko gohi tath'eva socati / upadhī hi narassa socanā / na hi so socati yo nirūpadhī ti //

3. 무소의 뿔의 경[Khaggavisānasutta]

Stn. 35. [세존]

“모든 존재에 대해서 폭력을 쓰지 말고,
그들 가운데 그 누구에게도 상처주지 말며,
자녀조차 원하지 말라. 하물며 동료들이랴.
무소의 뿔처럼 혼자서 가라.35)

Stn. 36. [세존]

교제가 있으면 애착이 생기고,
애착을 따라 이러한 괴로움이 생겨나니,
애착에서 생겨나는 위험을 살펴,
무소의 뿔처럼 혼자서 가라.36)

---

35) Stn. 35. sabbesu bhūtesu nidhāya daṇaḍaṃ / aviheṭhayaṃ aññatarampi tesaṃ / na puttam iccheyya kuto sahāyaṃ / eko care khaggavisāṇakappo // 이 경은 아난다가 홀로 깨달은 님들에 관해 질문하자, 세존께서 그들의 자신의 경계에 대한 노래를 들려주는 것이다. 여기 41개의 시가 있지만, 원래 500명의 벽지불의 500개의 시가 있었다고 추측된다.

36) Stn. 36. saṃsaggajātassa bhavanti snehā / snehanvayaṃ dukkham idaṃ pahoti / ādīnavaṃ snehajaṃ pekkhamāno / eko care khaggavisāṇakappo //

Stn. 37. [세존]

친구들이나 동료들과 정을 나누며
마음이 얽매이면, 유익함을 잃으니,
사귐에서 오는 이러한 두려움을 살펴,
무소의 뿔처럼 혼자서 가라.[37)]

Stn. 38. [세존]

자식과 아내에 대한 기대는
뻗은 대나무가 엉킨 것과 같으니,
대나무 순이 서로 달라붙지 않듯이,
무소의 뿔처럼 혼자서 가라.[38)]

---

37) *Stn. 37. mitte suhajje anukampamāno / hāpeti atthaṃ paṭibaddhacitto / etaṃ bhayaṃ santhave pekkhamāno / eko care khaggavisāṇakappo //*

38) *Stn. 38. vaṃso visālo va yathā visatto, puttesu dāresu ca yā apekhā / vaṃsākaḷīro va asajjamāno, eko care khaggavisāṇakappo //*

Stn. 39. [세존]

숲 속에 묶여 있지 않는 사슴이
초원을 찾아 거닐 듯,
현명한 자라면 자유로운 삶을 추구하며,
무소의 뿔처럼 혼자서 가라.[39)]

Stn. 40. [세존]

동료들과 지내거나 서있거나 가거나
또는 거닐면, 항상 요구가 많으니,
남이 탐내지 않는 자유로운 삶을 추구하며,
무소의 뿔처럼 혼자서 가라.[40)]

---

39) Stn. 39. migo araññamhi yathā abaddho / yen'icchakaṃ gacchati gocarāya / viññū naro seritaṃ pekkhamāno / eko care khaggavisāṇakappo //

40) Stn. 40. āmantanā hoti sahāyamajjhe / vāse ṭhāne gamane cārikāya / anabhijjhataṃ seritaṃ pekkhamāno / eko care khaggavisāṇakappo //

Stn. 41. [세존]

동료들 가운데 유희와 환락이 생겨나고,
자손이 있으면, 크나큰 애착이 생겨나니,
사랑하는 사람과 헤어지기 싫은 사람은,
무소의 뿔처럼 혼자서 가라.[41)]

Stn. 42. [세존]

네 가지 한량없는 마음을 닦아
적의가 없이 무엇이나 얻은 것으로 만족하고,
온갖 위험을 극복하여 두려움 없이,
무소의 뿔처럼 혼자서 가라.[42)]

---

41) Stn. 41. khiḍḍā ratī hoti sahāyamajjhe / puttesu ca vipulaṃ hoti pemaṃ / piyavippayogañca vijigucchamāno / eko care khaggavisāṇakappo //

42) Stn. 42. cātuddiso appaṭīgho ca hoti / santussamāno itarītarena / parissayānaṃ sahitā achambhī / eko care khaggavisāṇakappo // 네 한량없는 마음은 자애, 연민, 기쁨, 평정의 마음을 뜻한다. 모든 존재에 대하여 자애는 '행복하기를!' 하는 마음이고 연민은 '고통에서 벗어나길!' 하는 마음이고, 기쁨은 '성취를 잃지 않기를!' 하는 마음이고, 평정은 '한결같기를!' 하는 마음이다.

Stn. 43. [세존]

어떤 자들은 출가해도 만족하기 어렵고,
가정에 사는 재가자와 같으니,
다른 사람들의 자식에게 관심을 두지 말고,
무소의 뿔처럼 혼자서 가라.43)

Stn. 44. [세존]

흑단 나무가 잎을 떨어뜨리는 것처럼,
영웅으로서 재가생활의 특징들을 없애 버리고
재가생활의 속박들을 끊고,
무소의 뿔처럼 혼자서 가라.44)

---

43) *Stn. 43. dussaṅgahā pabbajitāpi eke / atho gahaṭṭhā gharam āvasantā / appossukko paraputtesu hutvā / eko care khaggavisāṇakappo //*

44) *Stn. 44. oropayitvā gihivyañjanāni / saṃsīnapatto yathā koviḷāro / chetvāna vīro gihibandhanāni / eko care khaggavisāṇakappo //*

Stn. 45. [세존]

만일 어질고 단호한 동반자,
성숙한 벗을 얻는다면,
어떠한 난관들도 극복하리니,
기쁘게 새김을 확립하여 그와 함께 가라.[45]

Stn. 46. [세존]

어질고 단호한 동료 수행자,
현명하고 성숙한 벗을 얻지 못한다면,
왕이 정복한 나라를 버리고 가듯,
무소의 뿔처럼 혼자서 가라.[46]

---

45) Stn. 45. sace labhetha nipakaṃ sahāyaṃ / saddhiṃcaraṃ sādhuvihāri dhīraṃ / abhibhuyya sabbāni parissayāni / careyya ten'attamano satīmā //

46) Stn. 46. no ce labhetha nipakaṃ sahāyaṃ / saddhiṃcaraṃ sādhuvihāri dhīraṃ / rājā'va raṭṭhaṃ vijitaṃ pahāya / eko care khaggavisāṇakappo //

Stn. 47. [세존]

우리는 참으로 친구를 얻은 행복을 기린다.
훌륭하거나 비슷한 친구를 사귀되,
이런 벗을 만나지 못하면 허물없음을 즐기며,
무소의 뿔처럼 혼자서 가라.47)

Stn. 48. [세존]

금세공사가 잘 만들어낸
빛나는 한 쌍의 황금 팔찌도
한 팔에서 서로 부딪히는 것을 보면서,
무소의 뿔처럼 혼자서 가라.48)

---

47) *Stn. 47. addhā pasaṃsāma sahāyasampadaṃ / seṭṭhā samāsevitabbā sahāyā / ete aladdhā anavajjabhojī / eko care khaggavisāṇakappo //*

48) *Stn. 48. disvā suvaṇṇassa pabhassarāni / kammāraputtena suniṭṭhitāni / saṅghaṭṭamānāni duve bhujasmiṃ / eko care khaggavisāṇakappo //*

Stn. 49. [세존]

이와 같이, 두 사람이 같이 있으면,
잔소리와 말다툼이 일어나리니,
이러한 두려움이 다가옴을 잘 살펴,
무소의 뿔처럼 혼자서 가라. 49)

Stn. 50. [세존]

감각적 쾌락은 다양하고 달콤하고 즐거우니,
여러 가지 모양으로 마음을 혼란시킨다.
욕망의 가닥들에서 이러한 위험을 보고,
무소의 뿔처럼 혼자서 가라. 50)

---

49) *Stn. 49. evaṃ dutiyena sahā mam'assa / vācābhilāpo abhisajjanā vā / etaṃ bhayaṃ āyatiṃ pekkhamāno / eko care khaggavisāṇakappo //*

50) *Stn. 50. kāmā hi citrā madhurā manoramā / virūparūpena mathenti cittaṃ / ādīnavaṃ kāmaguṇesu disvā / eko care khaggavisāṇakappo //*

Stn. 51. [세존]

이것이 내게 고뇌이고 종기이고 재난이며,
질병이고 화살이고 공포이다.
욕망의 가닥들에서 이러한 두려움을 보고,
무소의 뿔처럼 혼자서 가라.51)

Stn. 52. [세존]

추위와 더위, 굶주림과 갈증,
그리고 바람과 열기와 쇠파리와 뱀,
이러한 모든 것을 극복하면서,
무소의 뿔처럼 혼자서 가라.52)

---

51) Stn. 51. ītī ca gaṇḍo ca upaddavo ca / rogo ca sallañ ca bhayañ ca m'etaṃ / etaṃ bhayaṃ kāmaguṇesu disvā / eko care khaggavisāṇakappo //

52) Stn. 52. sītañ ca uṇhañ ca khudaṃ pipāsaṃ / vātātape ḍaṃsasiriṃsape ca / sabbāni p'etāni abhisambhavitvā / eko care khaggavisāṇakappo //

Stn. 53. [세존]

어깨가 벌어지고 반점 있는
장엄한 코끼리가 그 무리를 떠나
마음대로 즐기며, 숲 속을 유유히 거닐 듯,
무소의 뿔처럼 혼자서 가라.53)

Stn. 54. [세존]

사교적 모임에 탐닉하는 자는
일시적인 해탈에도 이를 수 없으니,
태양의 후예가 한 이 말씀을 명심하여,
무소의 뿔처럼 혼자서 가라.54)

---

53) *Stn. 53. nāgo va yūthāni vivajjayitvā / sañjātakhandho padumī uḷāro / yathābhirantaṃ vihare araññe / eko care khaggavisāṇakappo //*

54) *Stn. 54. aṭṭhāna taṃ saṅgaṇikāratassa / yaṃ phassaye sāmayikaṃ vimuttiṃ / ādiccabandhussa vaco nisamma / eko care khaggavisāṇakappo //*

Stn. 55. [세존]

그릇된 견해의 왜곡을 뛰어넘어
감관의 제어에 이르는 길을 얻으니,
'앎이 생겨, 남에게 이끌릴 필요가 없다.'라고
무소의 뿔처럼 혼자서 가라.55)

Stn. 56. [세존]

탐욕 없이, 속임 없이, 갈망 없이,
위선 없이, 혼탁과 미혹을 태워버리고,
세상의 온갖 바램에서 벗어나,
무소의 뿔처럼 혼자서 가라.56)

---

55) Stn. 55. diṭṭhīvisūkāni upātivatto / patto niyāmaṃ paṭiladdhamaggo / uppannañāṇo'mhi anaññaneyyo / eko care khaggavisāṇakappo //

56) Stn. 56. nillolupo nikkuho nippipāso / nimmakkho niddhantakasāvamoho / nirāsayo sabbaloke bhavitvā / eko care khaggavisāṇakappo //

Stn. 57. [세존]

유익함을 보지 못하고 그릇된 행동을 일삼는
사악한 친구를 멀리 하고,
탐닉하는 방일한 사람을 가까이 하지 말고,
무소의 뿔처럼 혼자서 가라. 57)

Stn. 58. [세존]

널리 배워 가르침을 새길 줄 아는,
고매하고 현명한 친구와 사귀고
유익한 길을 분명히 알아 의혹을 제거하며,
무소의 뿔처럼 혼자서 가라. 58)

---

57) *Stn. 57. pāpaṃ sahāyaṃ parivajjayetha / anatthadassiṃ visame niviṭṭhaṃ / sayaṃ na seve pasutaṃ pamattaṃ / eko care khaggavisāṇakappo //*

58) *Stn. 58. bahussutaṃ dhammadharaṃ bhajetha / mittaṃ uḷāraṃ paṭibhānavantaṃ / aññāya atthāni vineyya kaṅkhaṃ / eko care khaggavisāṇakappo //*

Stn. 59. [세존]

세상의 유희나 오락이나 감각적 쾌락에
만족을 구하지도 말고 관심을 두지도 말고
꾸밈을 여의고 진실을 말하면서,
무소의 뿔처럼 혼자서 가라.[59)]

Stn. 60. [세존]

자식과 아내, 아버지와 어머니,
재산도 곡식도, 친지들도
모든 욕망의 경계까지도 다 버리고,
무소의 뿔처럼 혼자서 가라.[60)]

---

59) *Stn. 59. khiḍḍaṃ ratiṃ kāmasukhañ ca loke / analaṃkaritvā anapekkhamāno / vibhūsanaṭṭhānā virato saccavādī / eko care khaggavisāṇakappo //*

60) *Stn. 60. puttañ ca dāraṃ pitarañ ca mātaraṃ / dhanāni dhaññāni ca bandhavāni ca / hitvāna kāmāni yathodhikāni / eko care khaggavisāṇakappo //*

Stn. 61. [세존]

'이것은 집착이다. 여기에는 행복이 없다.
이곳에는 만족은 적고 괴로움이 많다.
이것은 낚싯바늘이다.'라고 현자라면 알아,
무소의 뿔처럼 혼자서 가라.61)

Stn. 62. [세존]

물에 사는 물고기가 그물을 찢는 것처럼,
모든 장애들을 끊어 버리고,
불꽃이 불탄 곳으로 되돌아가지 않는 것처럼,
무소의 뿔처럼 혼자서 가라.62)

---

61) Stn. 61. saṅgo eso parittam ettha sokhyaṃ / app'assādo dukkham ettha bhiyyo / gaḷo eso'iti ñatvā mutīmā / eko care khaggavisāṇakappo //

62) Stn. 62. sandālayitvāna saṃyojanāni / jālaṃ va bhetvā salil'ambucārī / aggīva daḍḍhaṃ anivattamāno / eko care khaggavisāṇakappo //

Stn. 63. [세존]

두 눈을 아래로 두고, 경솔하게 걷지 말고,
감관을 지키고, 정신을 수호하며,
번뇌로 넘치게 하거나 번뇌에 불타지도 말고,
무소의 뿔처럼 혼자서 가라. 63)

Stn. 64. [세존]

산호나무가 잎들을 떨어뜨리는 것처럼,
재가자로서 지닌 모든 특징을 버리고
출가하여 가사를 걸치고,
무소의 뿔처럼 혼자서 가라. 64)

---

63) *Stn. 63. okkhittacakkhu na ca pādalolo / guttindriyo rakkhitamānasāno / anavassuto apariḍayhamāno / eko care khaggavisāṇakappo //*

64) *Stn. 64. ohārayitvā gihīvyañjanāni / sañchinnapatto yathā pārichatto / kāsāyavattho abhinikkhamitvā / eko care khaggavisāṇakappo //*

Stn. 65. [세존]

모든 맛에 탐착하거나 동요하지 않고,
부양해야 하는 동료 없이, 차례로 탁발하되,
이 집안이나 저 집안에 마음이 묶이지 않고,
무소의 뿔처럼 혼자서 가라.[65)]

Stn. 66. [세존]

마음의 다섯 가지 장애를 끊고,
모든 사소한 번뇌를 잘라 버려 의존하지 않고,
갈애의 허물을 끊어 버리고,
무소의 뿔처럼 혼자서 가라.[66)]

---

65) Stn. 65. rasesu gedhaṃ akaraṃ alolo / anaññaposī sapadānacārī / kule kule appaṭibaddhacitto / eko care khaggavisāṇakappo //

66) Stn. 66. pahāya pañcāvaraṇāni cetaso / upakkilese vyapanujja sabbe / anissito chetvā snehadosaṃ / eko care khaggavisāṇakappo // 다섯 가지의 장애가 소멸되면서 다섯 가지의 선정의 고리가 나타나기 시작한다: ① 해태와 혼침 → 사유 ② 의심 → 숙고 ③ 분노 → 희열 ④ 흥분과 회한 → 행복 ⑤ 감각적 쾌락의 욕망 → 심일경성.

Stn. 67. [세존]

이전의 즐거움과 괴로움,
만족과 불만을 벗어버리고,
평정함과 고요함과 청정함을 얻어서,
무소의 뿔처럼 혼자서 가라.67)

Stn. 68. [세존]

최상의 진리를 성취하려 힘써 정진하고,
마음에 나태 없이 부지런히 살며,
확고한 정진을 지니고 견고한 힘을 갖추어,
무소의 뿔처럼 혼자서 가라.68)

---

67) Stn. 67. vipiṭṭhikatvāna sukhaṃ dukhañ ca / pubbe va ca somanassadomanassaṃ / laddhān'upekhaṃ samathaṃ visuddhaṃ / eko care khaggavisāṇakappo //

68) Stn. 68. āraddhaviriyo paramatthapattiyā / alīnacitto akusītavutti / daḷhanikkamo thāmabal'ūpapanno / eko care khaggavisāṇakappo //

Stn. 69. [세존]

홀로 명상하며 선정을 닦기에 힘쓰고,
모든 일에 항상 법답게 행하며,
존재들 가운데 위험을 똑바로 알아,
무소의 뿔처럼 혼자서 가라. 69)

Stn. 70. [세존]

갈애를 없애기 위해서는 나태하지 말고,
바보가 되지 말고, 배우고, 새김을 확립하고,
가르침을 헤아려 단호히 정진하면서,
무소의 뿔처럼 혼자서 가라. 70)

---

69) Stn. 69. paṭisallānaṃ jhānam ariñcamāno / dhammesu niccaṃ anudhammacārī / ādīnavaṃ sammasitā bhavesu / eko care khaggavisāṇakappo //

70) Stn. 70. taṇhakkhayaṃ patthayam appamatto / aneḷamūgo sutavā satīmā / saṅkhātadhammo niyato padhānavā / eko care khaggavisāṇakappo //

Stn. 71. [세존]

소리에 놀라지 않는 사자와 같이,
그물에 걸리지 않는 바람과 같이,
흙탕물에 더럽혀지지 않는 연꽃과 같이,
무소의 뿔처럼 혼자서 가라.[71)]

Stn. 72. [세존]

이빨이 억세 뭇 짐승의 왕이 된
사자가 뭇 짐승을 제압하고 승리하듯이,
외딴 곳에 잠자리나 앉을 자리를 마련하고,
무소의 뿔처럼 혼자서 가라.[72)]

---

71) Stn. 71. sīho ca saddesu asantasanto / vāto va jālamhi asajjamāno / padumaṃ va toyena alippamāno / eko care khaggavisāṇakappo //

72) Stn. 72. sīho yathā dāṭhabalī pasayha / rājā migānaṃ abhibhuyyacārī / sevetha pantāni senāsanāni / eko care khaggavisāṇakappo //

Stn. 73. [세존]

해탈로 이끄는 자애와 연민과
기쁨과 평정을 올바른 때에 실천하며
모든 세상으로부터 방해받지 않고,
무소의 뿔처럼 혼자서 가라.73)

Stn. 74. [세존]

탐욕과 성냄과 어리석음을 버리고,
모든 장애들을 부수고
목숨을 잃더라도 두려워하지 말고,
무소의 뿔처럼 혼자서 가라.74)

---

73) Stn. 73. mettaṃ upekkhaṃ karuṇaṃ vimuttiṃ / āsevamāno muditañ ca kāle / sabbena lokena avirujjhamāno / eko care khaggavisāṇakappo //

74) Stn. 74. rāgañ ca dosañ ca pahāya mohaṃ / sandālayitvā saṃyojanāni / asantasaṃ jīvitasaṅkhayamhi / eko care khaggavisāṇakappo //

Stn. 75. [세존]

이익를 꾀하여 사귀고 또한 의존하니
오늘날 조건 없이 사귀는 벗들은 보기 드물다.
자신의 이익에만 밝은 자는 청정하지 못하니,
무소의 뿔처럼 혼자서 가라."75)

---

75) *Stn. 75. bhajanti sevanti ca kāraṇatthā / nikkāraṇā dullabhā ajja mittā / attaṭṭhapaññā asucī manussā / eko care khaggavisāṇakappo //*

4. 까씨 바라드와자의 경[Kasībhāradvājasutta]

이와 같이 나는 들었다.

한 때 세존께서 다끼나기리에 있는 에까날라라는 바라문 마을에서 마가다인들 사이에 계셨다.

그 때 바라문 까씨 바라드와자가 파종할 때가 되어 오백 개 가량의 쟁기를 멍에에 묶고 있었다.

마침 세존께서는 아침 일찍 옷을 입고 발우와 가사를 들고 탁발을 하기 위해 바라문 까씨 바라드와자가 일하는 곳으로 찾아가셨다. 바라문 까씨 바라드와자는 음식을 나누어 주고 있었다. 그래서 세존께서는 바라문 까씨 바라드와자가 음식을 나누어 주고 있는 곳으로 가서 한 쪽에 서 계셨다.

마침내 바라문 까씨 바라드와자는 세존께서 탁발을 하려고 서 계신 것을 보았다. 보고 나서 세존께 이와 같이 말씀드렸다.

[까씨] "수행자여, 나는 밭을 갈고 씨를 뿌리며 밭을 갈고 씨를 뿌린 뒤에 먹습니다. 그대 수행자도 밭을 갈고 씨를 뿌린 뒤에 드십시오."

[세존] "바라문이여, 나도 밭을 갈고 씨를 뿌립니다. 밭을 갈고 씨를 뿌린 뒤에 먹습니다."

[까씨] "그러나 저는 그대 고따마의 멍에도, 쟁기도, 쟁기

날도, 몰이 막대도, 황소도 보지 못했습니다. 그런데 고따마시여, 그대는 이렇게 '바라문이여, 나도 밭을 갈고 씨를 뿌립니다. 밭을 갈고 씨를 뿌린 뒤에 먹습니다.'라고 말했습니다."

그러자 바라문 까씨 바라드와자는 세존께 시로써 말했다.

Stn. 76. [까씨]

"그대는 밭을 가는 자라고 주장하지만,
나는 그대가 밭을 가는 것을 보지 못했네.
밭을 가는 자라면 묻건대 대답하시오.
어떻게 그대가 경작하는 것을 알겠습니까?"76)

---

76) Stn. 76. kassako paṭijānāsi / na ca passāma te kasiṃ / kasiṃ no pucchito brūhi / yathā jānemu te kasiṃ //

Stn. 77. [세존]

"믿음이 씨앗이고 감관의 수호가 비며
지혜가 나의 멍에와 쟁기입니다.
부끄러움이 자루이고 정신이 끈이고,
새김이 나의 쟁깃날과 몰이막대입니다.77)

Stn. 78. [세존]

몸을 수호하고 말을 수호하고
배에 맞는 음식의 양을 알고
나는 진실을 잡초를 제거하는 낫으로 삼고,
나에게 온화가 멍에를 내려놓는 것입니다.78)

---

77) Stn. 77. saddhā bījaṃ tapo vuṭṭhi / paññā me yuga-naṅgalaṃ / hirī īsā mano yottaṃ / sati me phālapācanaṃ //
78) Stn. 78. kāyagutto vacīgutto / āhāre udare yato / saccaṃ karomi niddānaṃ / soraccaṃ me pamocanaṃ. //

Stn. 79. [세존]

속박에서 평온으로 이끄는
정진이 내게는 짐을 싣는 황소입니다.
슬픔이 없는 곳으로 도달해서
가서 되돌아오지 않습니다.[79]

Stn. 80. [세존]

이와 같이 밭을 갈면
불사의 열매를 거두며,
이렇게 밭을 갈고 나면
모든 고통에서 해탈합니다."[80]

이 때 바라문 까씨 바라드와자는 크나큰 청동 그릇에 유미죽을 하나 가득 담아 스승에게 올렸다.

[까씨] "고따마께서는 유미죽을 드십시오. 당신은 진실

---

79) *Stn. 79. viriyaṃ me dhuradhorayhaṃ / yogakkhemādhivāhanaṃ / gacchati anivattantaṃ / yattha gantvā na socati //*

80) *Stn. 80. evam esā kasī kaṭṭhā / sā hoti amatapphalā / etaṃ kasiṃ kasitvāna / sabbadukkhā pamuccatī ti //*

로 밭을 가는 분이십니다. 왜냐하면 당신 고따마께서는 불사의 과보를 가져다 주는 밭을 갈기 때문입니다."

Stn. 81. [세존]

"시를 읊은 댓가를 나는 받지 않습니다.
바라문이여, 바로 보는 이에게 옳지 않습니다.
시를 읊은 댓가를 깨달은 님은 물리치니,
이치에 따르면, 그것이 청정한 행위입니다."81)

Stn. 82. [세존]

번뇌가 부서지고 의심이 소멸된
완전한 님, 위대한 성자에게
다른 음식과 음료수로 달리 봉사하십시오.
공덕을 바라는 자에게 복밭이 될 것입니다."82)

---

81) Stn. 81. gāthābhigītaṃ me abhojayyeṃ / sampassataṃ brāhmaṇa n'esa dhammo / gāthābhigītaṃ panudanti buddhā / dhamme satī brāhmaṇa vuttir esā //

82) Stn. 82. aññena ca kevalinaṃ mahesiṃ / khīṇāsavaṃ kukkuccavūpasantaṃ / annena pānena upaṭṭhahassu / khettaṃ hi taṃ puññapekhassa hotī ti //

[까씨] "그러면 존자 고따마시여, 이 유미죽을 저는 누구에게 드려야 합니까?"

[세존] "바라문이여, 신들의 세계, 악마들의 세계, 하느님들의 세계, 성직자들과 수행자들의 후예들, 그리고 왕들과 백성들의 세계에서 여래와 그의 제자를 빼놓고는, 아무도 이 유미죽을 먹고 소화시킬 사람은 없습니다. 그러므로 바라문이여, 이 유미죽은 생물이 없는 물에 버리시오."

그래서 바라문 까씨 바라드와자는 그 유미죽을 생물이 없는 물속에 쏟아 버렸다. 그런데 그 유미죽은 물 속에 버려지자마자 부글부글 소리를 내면서 많은 거품을 내뿜었다. 마치 온종일 뙤약볕에 뜨거워진 호미날을 물 속에 던지자 부글부글 소리를 내면서 많은 거품이 이는 것과 같았다. 이때 까씨 바라드와자는 모골이 송연하여 두려워 떨면서 세존의 곁에 다가섰다. 그리고 세존의 두 발에 머리를 조아리며 여쭈었다.

[까씨] "존자 고따마시여, 훌륭하십니다. 존자 고따마시여, 훌륭하십니다. 존자 고따마시여, 마치 넘어진 것을 일으켜 세우듯이 가려진 것을 열어 보이듯 어리석은 자에게 길을 가리켜주듯이 눈을 갖춘 자는 형상을 보라고 어둠 속에 등불을 가져오듯이 존자 고따마께서는 이와

같이 여러 가지 방법으로 진리를 밝혀주셨습니다. 그러므로 이제 세존이신 고따마께 귀의합니다. 또한 그 가르침에 귀의합니다. 또한 그 수행승의 참모임에 귀의합니다. 저는 세존이신 고따마 앞에서 출가하여 구족계를 받겠습니다."

이렇게 해서 바라문 까씨 바라드와자는 부처님 앞에서 출가하여 구족계를 받았다. 그 후 홀로 떨어져서 게으르지 않고 열심히 정진하였다. 그는 오래지 않아 훌륭한 가문의 자제들이 그러기 위해 올바로 집에서 집 없는 곳으로 출가했듯이, 위없이 청정한 삶을 지금 여기에서 스스로 곧바로 알고 깨달아 성취했다. 그는 '태어남은 부수어졌고 청정한 삶은 이루어졌고, 해야 할 일을 다 마쳤고, 더 이상 윤회하지 않는다.'고 분명히 알았다. 마침내 존자 까시 바라드와자는 거룩한 님 가운데 한 분이 되었다.

5. 쭌다의 경[Cundasutta]

Stn. 83. [쭌다]

"지혜로 충만한 성자, 깨달은 님,
진리의 주인이신 님, 갈애를 여읜 님,
인간 가운데 최상의 님. 뛰어난 길들이는 님께
저는 물어 보겠습니다. 참으로 세상에는
어떠한 수행자들이 있는지, 일러 주십시오."[83]

---

83) Stn. 83. pucchāmi munim̩ pahūtapaññam̩ / (iti cundo kammāraputto) buddham̩ dhammassāmim̩ vītatan̩ham̩ / dīpaduttamam̩ sārathinam̩ pavaram̩ / kati loke saman̩ā tad iṅgha brūhi // 세존께서 말라 국을 유행하다가 많은 수행승들과 함께 빠바 시로 들어갔다. 거기서 대장장이 아들 쭌다의 암바바나 숲에 계셨다. 세존께서는 오전중에 발우를 들고 가사를 수하고는 수행승들과 함께 쭌다의 집을 방문했다. 쭌다는 수행승들에게 공양을 올릴 때에 황금의 그릇에 담아 올렸다. 부처님은 돌로 만든 발우를 갖고 있었기 때문에 황금 발우를 받지 않았다. 한 악한 수행승이 이 그릇을 훔쳐서 자신의 주머니에 넣기도 했다. 쭌다는 그것을 알았지만 승단에 대한 존경 때문에 못 본척하고 아무 말도 하지 않았다. 그러나 '계율을 준수하지 않는 자도 수행자인가'라는 의문을 갖고 나중에 저녁무렵 그는 부처님을 방문하여 질문하자 그 때에 이 경전이 설해졌다.

Stn. 84. [세존]

"쭌다여, 네 수행자가 있고,
다섯 째는 없습니다.
그 물음에 그대에게
눈앞에서 답합니다.
길을 아는 자,
길을 가리키는 자,
길 위에 사는 자,
길을 더럽히는 자가 있습니다.[84)]"

---

84) *Stn. 84. caturo samaṇā na pañcamo'tthi / (cundāti bhagavā) te te āvikaromi sakkhipuṭṭho / maggajino maggadesako ca / magge jīvati yo ca maggadūsī //*

Stn. 85. [쭌다]

"깨달은 님은 누구를 길을 아는 자라 하십니까?
어떻게 견줄 수 없는 스승이 됩니까? 묻건대,
길 위에 사는 자에 대해 설해 주십시오.
길을 더럽히는 자에 대해서도 말씀해 주십시오."85)

Stn. 86. [세존]

"의혹을 건너고 화살을 떠나, 열반을 즐기며,
탐욕을 버리고, 신들을 비롯한 세계를
안내하는 사람, 이런 사람을
길을 아는 자라고 깨달은 님은 말합니다.86)

---

85) Stn. 85. kam maggajinaṃ vadanti buddhā / (iti cundo kammāraputto) maggakkhāyī kathaṃ atulyo hoti / magge jīvati me brūhi puṭṭho / atha me āvikarohi maggadūsiṃ. //

86) Stn. 86. yo tiṇṇakathaṃkatho visallo / nibbānābhirato anānugiddho / lokassa sadevakassa netā / tādiṃ maggajinaṃ vadanti buddhā //

Stn. 87. [세존]

여기 위없는 것을 위없는 것으로 알고,
이 자리에서 가르침을 설하고 분별하고,
의혹을 버리고 동요하지 않는 해탈자라면,
수행자들 가운데 두 번째,
길을 가리키는 자라 부릅니다.[87)]

Stn. 88. [세존]

새김을 확립하고 자제하고,
허물없는 길을 따르며
잘 설해진 가르침의 길 위에 산다면,
수행자들 가운데 세 번째,
길 위에 사는 자라 부릅니다.[88)]

---

87) Stn. 87. paramaṃ paraman ti yo'dha ñatvā / akkhāti vibhajati idh'eva dhammaṃ / taṃ kaṅkhacchidaṃ muniṃ anejaṃ / dutiyaṃ bhikkhūnam āhu maggadesiṃ //

88) Stn. 88. yo dhammapade sudesite / magge jīvati saññato satīmā / anavajjapadāni sevamano / tatiyaṃ bhikkhunam āhu maggajīviṃ //

Stn. 89. [세존]

맹세한 계율을 잘 지키는 체하지만,
경솔하고, 가문을 더럽히며, 오만하고,
거짓이 있으며, 자제가 없고, 말이 많고,
위선적인 자를 길을 더럽히는 자라고 합니다.[89)]

Stn. 90. [세존]

이러한 것들을 꿰뚫어 배운 바가 많고
지혜로운 고귀한 제자라면
그들이 모두 같은 사람들이 아니라고
알고 또한 보아서,
자신의 믿음을 버리지 않습니다.
어떻게 더럽혀진 자와 더럽혀지지 않은 자,
깨끗한 자와 깨끗하지 않은 자를
그가 똑같이 볼 수 있을 것입니까?"[90)]

---

89) Stn. 89. chadanaṃ katvāna subbatānaṃ / pakkhandi kuladūsako pagabbho / māyāvī asaññato palāpo / patirūpena caraṃ sa maggadūsī //

90) Stn. 90. ete ca paṭivijjhi yo gahaṭṭho / sutavā ariyasāvako sapañño / sabbe n'etādisā'ti ñatvā / iti disvā na hāpeti

6. 파멸의 경[Parābhavasutta]

이와 같이 나는 들었다.

한때 세존께서 싸밧티 시 시의 제따 숲에 있는 아나타 삔디까 승원에 계셨다.

그때 어떤 하늘사람이 깊은 밤중에 아름다운 빛으로 제따 숲를 두루 밝히며 세존께서 계신 곳으로 찾아왔다. 가까이 다가와서 세존께 예배를 올리고 한 쪽으로 물러섰다. 한 쪽으로 물러서서 그 하늘사람은 세존께 시로써 여쭈어보았다.

Stn. 91. [하늘사람]

"저희는 파멸하는 사람에 대해서
고따마께 여쭈어 보겠습니다.
파멸에 이르는 문은 어떤 것입니까?
세존께 묻고자 이렇게 찾아 왔습니다."[91]

---

tassa saddhā / kathaṃ hi duṭṭhena asampaduṭṭhaṃ / suddhaṃ asuddhena samaṃ kareyyā ti //

91) *Stn. 91. parābhavantaṃ purisaṃ / mayaṃ pucchāma gotamaṃ / bhagavantaṃ puṭṭhum āgamma / kiṃ parābhavato mukhaṃ //*

Stn. 92. [세존]

"번영하는 사람도 알아보기 쉽고,
파멸도 알아보기 쉽습니다.
가르침을 사랑하는 사람은 번영하고,
가르침을 싫어하는 사람은 파멸합니다."[92]

Stn. 93. [하늘사람]

"잘 알겠습니다. 옳은 말씀입니다.
이것이 첫 번째 파멸입니다.
두 번째 것을 말씀해 주십시오.
세존이시여, 파멸의 문은 무엇입니까?"[93]

---

92) Stn. 92. suvijāno bhavaṃ hoti / suvijāno parābhavo / dhammakāmo bhavaṃ hoti / dhammadessī parābhavo //

93) Stn. 93. iti h'etaṃ vijānāma / paṭhamo so parābhavo / dutiyaṃ bhagavā brūhi / kiṃ parābhavato mukhaṃ. //

Stn. 94. [세존]

"참사람이 아닌 사람들을 사랑하고,
참사람을 사랑하지 않으며,
참사람이 아닌 사람이 하는 일을 즐기면,
그것이야말로 파멸의 문입니다."[94]

Stn. 95. [하늘사람]

"잘 알겠습니다. 옳은 말씀입니다.
이것이 두 번째 파멸입니다.
세 번째 것을 말씀해 주십시오,
세존이시여, 파멸의 문은 무엇입니까?"[95]

---

94) Stn. 94. asant'assa piyā honti / sante na kurute piyaṃ / asataṃ dhammaṃ roceti / tam parābhavato mukhaṃ //

95) Stn. 95. iti h'etaṃ vijānāma / dutiyo so parābhavo / tatiyaṃ bhagavā brūhi / kiṃ parābhavato mukhaṃ //

Stn. 96. [세존]

"수면에 빠지는 버릇이 있고,
교제를 즐기는 버릇이 있고,
정진하지 않고, 나태하며, 화를 잘 낸다면,
그것이야말로 파멸의 문입니다."96)

Stn. 97. [하늘사람]

"잘 알겠습니다. 옳은 말씀입니다.
이것이 세 번째 파멸입니다.
네 번째 것을 말씀해 주십시오.
세존이시여, 파멸의 문은 무엇입니까?"97)

---

96) Stn. 96. niddāsīlī sabhāsīlī / anuṭṭhātā ca yo naro / alaso kodhapaññāṇo / taṃ parābhavato mukhaṃ. //

97) Stn. 97. iti h'etaṃ vijānāma / tatiyo so parābhavo / catutthaṃ bhagavā brūhi / kiṃ parābhavato mukhaṃ. //

Stn. 98. [세존]

"자기는 풍족하게 살면서도,
늙게 되어 젊음을 잃은
부모를 돌보지 않는다면,
그것이야말로 파멸의 문입니다."98)

Stn. 99. [하늘사람]

"잘 알겠습니다. 옳은 말씀입니다.
이것이 네 번째 파멸입니다.
다섯 번째 것을 말씀해 주십시오.
세존이시여, 파멸의 문은 무엇입니까?"99)

---

98) *Stn. 98. yo mātaraṃ vā pitaraṃ vā / jiṇṇakaṃ gatayobbanaṃ / pahū santo na bharati / taṃ parābhavato mukhaṃ //*

99) *Stn. 99. iti h'etaṃ vijānāma / catuttho so parābhavo / pañcamaṃ bhagavā brūhi / kiṃ parābhavato mukhaṃ. //*

Stn. 100. [세존]

"성직자나 수행자,
혹은 다른 걸식하는 이를
거짓말로 속인다면,
그것이야말로 파멸의 문입니다."100)

Stn. 101. [하늘사람]

"잘 알겠습니다. 옳은 말씀입니다.
이것이 다섯 번째 파멸입니다.
여섯 번째 것을 말씀해 주십시오.
세존이시여, 파멸의 문은 무엇입니까?"101)

---

100) Stn. 100. yo brāhmaṇaṃ vā samaṇaṃ vā / aññaṃ vā pi vaṇibbakaṃ / musāvādena vañceti / taṃ parābhavato mukhaṃ //
101) Stn. 101. iti h'etaṃ vijānāma / pañcamo so parābhavo / chaṭṭhamaṃ bhagavā brūhi / kiṃ parābhavato mukhaṃ //

Stn. 102. [세존]

"엄청나게 많은 재물과
황금과 먹을 것이 있는데도
혼자서 맛있는 것을 즐긴다면,
그것이야말로 파멸의 문입니다."102)

Stn. 103. [하늘사람]

"잘 알겠습니다. 옳은 말씀입니다.
이것이 여섯 번째 파멸입니다.
일곱 번째 것을 말씀해 주십시오.
세존이시여, 파멸의 문은 무엇입니까?"103)

---

102) Stn. 102. pahūtavitto puriso / sahirañño sabhojano / eko bhuñjati sādūni / tam parābhavato mukhaṃ //

103) Stn. 103. iti h'etaṃ vijānāma / chaṭṭhamo so parābhavo / sattamaṃ bhagavā brūhi / kiṃ parābhavato mukhaṃ //

Stn. 104. [세존]

"혈통에 자부심이 강하고,
재산을 자랑하며, 가문을 뽐내고,
자기의 친지를 멸시한다면,
그것이야말로 파멸의 문입니다."104)

Stn. 105. [하늘사람]

"잘 알겠습니다. 옳은 말씀입니다.
이것이 일곱 번째 파멸입니다.
여덟 번째 것을 말씀해 주십시오.
세존이시여, 파멸의 문은 무엇입니까?"105)

---

104) Stn. 104. jātitthaddho dhanatthaddho / gottatthaddho ca yo naro / saṃ ñātiṃ atimaññeti / taṃ parābhavato mukhaṃ. //

105) Stn. 105. iti h'etaṃ vijānāma / sattamo so parābhavo / aṭṭhamaṃ bhagavā brūhi / kiṃ parābhavato mukhaṃ //

Stn. 106. [세존]

"여색에 미치고 술에 중독되고
도박에 빠져 있어,
버는 것마다 없애버린다면,
그것이야말로 파멸의 문입니다."[106)]

Stn. 107. [하늘사람]

"잘 알겠습니다. 옳은 말씀입니다.
이것이 여덟 번째 파멸입니다.
아홉 번째 것을 말씀해 주십시오.
세존이시여, 파멸의 문은 무엇입니까?"[107)]

---

106) Stn. 106. itthidhutto surādhutto / akkhadhatto ca yo naro / laddhaṃ laddhaṃ vināseti / taṃ parābhavato mukhaṃ //

107) Stn. 107. iti h'etaṃ vijānāma / aṭṭhamo so parābhavo / navamaṃ bhagavā brūhi / kiṃ parābhavato mukhaṃ //

Stn. 108. [세존]

"자기 아내로 만족하지 않고,
매춘부와 놀아나고,
남의 아내와 어울린다면,
그것이야말로 파멸의 문입니다."108)

Stn. 109. [하늘사람]

"잘 알겠습니다. 옳은 말씀입니다.
이것이 아홉 번째 파멸입니다.
열 번째 것을 말씀해 주십시오.
세존이시여, 파멸의 문은 무엇입니까?"109)

---

108) Stn. 108. sehi dārehi asantuṭṭho / vesiyāsu padussati / dussati paradāresu / taṃ parābhavato mukhaṃ //

109) Stn. 109. iti h'etaṃ vijānāma / navamo so parābhavo / dasamaṃ bhagavā brūhi / kiṃ parābhavato mukhaṃ //

Stn. 110. [세존]

"젊은 시절을 지난 남자가
띰바루 열매 같은 가슴의 젊은 여인을 유인하여
그녀를 질투하는 일로 잠 못 이룬다면,
그것이야말로 파멸의 문입니다."110)

Stn. 111. [하늘사람]

"잘 알겠습니다. 옳은 말씀입니다.
이것이 열 번째 파멸입니다.
열한 번째 것을 말씀해 주십시오.
세존이시여, 파멸의 문은 무엇입니까?"111)

---

110) Stn. 110. atītayobbano poso / āneti timbarutthaniṃ / tassā issā na supati / taṃ parābhavato mukhaṃ // 띰바루는 탐스러운 열매가 열리는 나무이다.

111) Stn. 111. iti h'etaṃ vijānāma / dasamo so parābhavo / ekādasamaṃ bhagavā brūhi / kiṃ parābhavato mukhaṃ //

Stn. 112. [세존]

"술에 취하고
재물을 낭비하는 여자나
그와 같은 남자에게 실권을 맡긴다면,
그것이야말로 파멸의 문입니다."112)

Stn. 113. [하늘사람]

"잘 알겠습니다. 옳은 말씀입니다.
이것이 열 한 번째 파멸입니다.
열두 번째 것을 말씀해 주십시오.
세존이시여, 파멸의 문은 무엇입니까?"113)

---

112) Stn. 112. itthiṃ soṇḍiṃ vikiraṇiṃ / purisaṃ vāpi tādisaṃ / issariyasmīṃ ṭhāpeti / taṃ parābhavato mukhaṃ //

113) Stn. 113. iti h'etaṃ vijānāma / ekādasamo so parābhavo / dvādasamaṃ bhagavā brūhi / kiṃ parābhavato mukhaṃ //

Stn. 114. [세존]

"왕족의 가문에 태어나더라도,
권세는 작은데 욕망만 커서,
이 세상에서 왕위를 얻고자 한다면,
그것이야말로 파멸의 문입니다.114)

Stn. 115. [세존]

세상에는 이러한 파멸이 있다는 사실을,
통찰을 갖춘 고귀한 님,
현명한 님은 올바로 성찰하여,
지복의 세계에 이릅니다."115)

---

114) *Stn. 114. appabhogo mahātaṇho / khattiye jāyate kule / so'dha rajjaṃ patthayati / taṃ parābhavato mukhaṃ. //*

115) *Stn. 115. ete parābhave loke / paṇḍito samavekkhiya / ariyo dassanasampanno / sa lokaṃ bhajate sivan ti //*

7. 천한 사람의 경[Vasalasutta]

이와 같이 나는 들었다.

한 때 세존께서 싸밧티 시의 제따 숲에 있는 아나타삔디까 승원에 계셨다.

그 때 세존께서는 아침 일찍 옷을 입고 가사와 발우를 들고 싸밧티 시에 탁발하러 들어가셨다.

마침 바라문 악기까 바라드와자의 집에는 성화가 켜지고 제물이 올려졌다.

그 때 세존께서는 싸밧티 시에서 차례로 탁발하면서 바라문 악기까 바라드와자의 집이 있는 곳을 찾았다.

바라문 악기까 바라드와자는 세존께서 멀리서 오는 것을 보고 세존께 말했다.

[바라드와자] "까까중아, 거기 섰거라. 가짜 수행자여, 거기 섰거라. 천한 놈아, 거기 섰거라."

이처럼 말하자 세존께서는 바라문 악기까 바라드와자에게 이와 같이 말씀하셨다.

[세존] "바라문이여, 도대체 당신은 천한 사람을 알고나 있습니까? 또 천한 사람이 되는 조건이 무엇인가를 알고 있습니까?"

[바라드와자] "고따마시여, 나는 사람을 천하게 하는 조

건조차도 알지 못합니다. 아무쪼록 저에게 천한 사람이 되는 조건을 알 수 있도록 그 이치를 말씀해 주십시오."

[세존] "바라문이여, 그러면 주의해서 잘 들으시오. 내가 말할 것입니다."

[바라드와자] "그렇게 하겠습니다."

바라문 악기까 바라드와자는 세존께 대답했다. 세존께서는 말씀하셨다.

Stn. 116. [세존]

"화를 내고 원한을 품으며,
악독하고 시기심이 많고
소견이 그릇되어 속이길 잘 한다면,
그를 천한 사람으로 아십시오. 116)

---

116) Stn 116. kodhano upanāhī ca / pāpamakkhī ca yo naro / vipannadiṭṭhi māyāvī / taṃ jaññā vasalo iti //

Stn. 117. [세존]

한번 생겨나거나 두번 생겨나는 것이건
이 세상에 있는 생명을 해치고
살아 있는 생명에 자비심이 없다면,
그를 천한 사람으로 아십시오.[117)]

Stn. 118. [세존]

마을뿐만 아니라 도시를
파괴하거나 약탈하면서,
독재자로서 세상에 널리 알려진다면,
그를 천한 사람으로 아십시오.[118)]

---

117) Stn. 117. ekajaṃ vā dijaṃ vā pi / yo'dha pāṇāni hiṃsati / yassa pāṇe dayā n'atthi / taṃ jaññā vasalo iti //

118) Stn. 118. yo hanti parirundhati / gāmāni nigamāni ca / niggāhako samaññāto / taṃ jaññā vasalo iti //

Stn. 119. [세존]

마을에 있거나 숲에 있거나
남의 것을 나의 것이라고 하고,
주지 않는 것을 빼앗는다면,
그를 천한 사람으로 아십시오.119)

Stn. 120. [세존]

사실은 빚을 지었으나,
돌려 달라고 독촉 받더라도
'갚을 빚은 없다.'라고 발뺌한다면,
그를 천한 사람으로 아십시오.120)

---

119) Stn. 119. gāme vā yadi vā'raññe / yaṃ paresaṃ mamāyitaṃ / theyyā ādinnaṃ ādiyati / taṃ jaññā vasalo iti //

120) Stn. 120. yo have iṇam ādāya / cujjamāno palāyati / na hi te iṇam atthī ti / taṃ jaññā vasalo iti //

Stn. 121. [세존]

얼마 안 되는 물건을 탐내어
길을 가고 있는 행인을 살해하고
그 물건을 약탈한다면,
그를 천한 사람으로 아십시오.[121)]

Stn. 122. [세존]

증인으로 불려 나갔을 때,
자신이나 남 때문에,
또는 재물 때문에 거짓으로 증언한다면,
그를 천한 사람으로 아십시오.[122)]

---

121) Stn. 121. yo ve kiñcikkhakamyatā / panthasmiṃ vajataṃ janaṃ / hantvā kiñcikkham ādeti / taṃ jaññā vasalo iti //
122) Stn. 122. yo attahetu parahetu / dhanahetu ca yo naro / sakkhipuṭṭho musā brūti / taṃ jaññā vasalo iti //

Stn. 123. [세존]

때로는 폭력을 가지고, 혹은
서로 사랑에 빠져 친지나 친구의
아내와 부적절한 관계를 맺는다면,
그를 천한 사람으로 아십시오.[123)]

Stn. 124. [세존]

자기는 재물이 풍족하면서도
나이 들어 늙고 쇠약한
어머니와 아버지를 섬기지 않는다면,
그를 천한 사람으로 아십시오.[124)]

---

123) *Stn. 123. yo ñātīnaṃ sakhānaṃ vā / dāresu paṭidussati / sahasā sampiyena vā / taṃ jaññā vasalo iti //*

124) *Stn. 124. yo mātaraṃ vā pitaraṃ vā / jiṇṇakaṃ gatayobbanaṃ / pahū santo na bharati / taṃ jaññā vasalo iti //*

Stn. 125. [세존]

어머니와 아버지
그리고 형제나 자매,
혹은 배우자의 부모를 때리거나 욕한다면,
그를 천한 사람으로 아십시오.125)

Stn. 126. [세존]

유익한 충고를 구하는데도,
잘못된 길을 가르쳐주거나
불분명하게 일러준다면,
그를 천한 사람으로 아십시오.126)

---

125) Stn. 125. yo mātaraṃ vā pitaraṃ vā / bhātaraṃ bhaginiṃ sasuṃ / hanti roseti vācāya / taṃ jaññā vasalo iti //

126) Stn. 126. yo atthaṃ pucchito santo / anattham anusāsati / paṭicchannena manteti / taṃ jaññā vasalo iti //

Stn. 127. [세존]

악한 일을 하고서도
자기가 한 일을 모르기를 바라며,
그 일을 숨긴다면,
그를 천한 사람으로 아십시오.127)

Stn. 128. [세존]

남의 집에 가서는
융숭한 환대를 받으면서도,
손님에게는 대접하지 않는다면,
그를 천한 사람으로 아십시오.128)

---

127) *Stn. 127. yo katvā pāpakaṃ kammaṃ / mā maṃ jaññā'ti icchati / yo paṭicchannakammanto / taṃ jaññā vasalo iti //*

128) *Stn. 128. yo ve parakulaṃ gantvā / bhutvāna sucibhojanaṃ / āgataṃ na paṭipūjeti / taṃ jaññā vasalo iti //*

Stn. 129. [세존]

성직자나 수행자
또는 탁발하는 수행자를
거짓말로 속인다면,
그를 천한 사람으로 아십시오.129)

Stn. 130. [세존]

식사 때가 되었는데도
성직자나 수행자에게 욕하며
먹을 것을 주지 않는다면,
그를 천한 사람으로 아십시오.130)

---

129) Stn. 129. yo brāhmaṇaṃ vā samaṇaṃ vā / aññaṃ vā pi vaṇibbakaṃ / musāvādena vañceti / taṃ jaññā vasalo iti //
130) Stn. 130. yo brāhmaṇaṃ vā samaṇaṃ vā / bhattakāle upaṭṭhite / roseti vācā na ca deti / taṃ jaññā vasalo iti //

Stn. 131. [세존]

어리석음에 묶여
사소한 물건을 탐하여
세상에서 진실이 아닌 것을 말한다면,
그를 천한 사람으로 아십시오.131)

Stn. 132. [세존]

자기를 칭찬하고,
타인을 경멸하며,
스스로의 교만에 빠진다면,
그를 천한 사람으로 아십시오.132)

---

131) Stn. 131. asataṃ yo'dha pabrūti / mohena paḷiguṇṭhito / kiñcikkhaṃ nijigiṃsāno / taṃ jaññā vasalo iti //

132) Stn. 132. yo c'attānaṃ samukkaṃse / parañ ca-m-avajānati / nihīno sena mānena / taṃ jaññā vasalo iti //

Stn. 133. [세존]

남을 화내게 하고, 이기적이고,
악의적이고, 인색하고, 거짓을 일삼고,
부끄러움을 모르고 창피함을 모른다면,
그를 천한 사람으로 아십시오.[133)]

Stn. 134. [세존]

깨달은 님을 비방하고
혹은 출가나 재가의
제자들을 헐뜯는다면,
그를 천한 사람으로 아십시오.[134)]

---

133) Stn. 133. rosako kadariyo ca / pāpiccho maccharī saṭho / ahiriko anottāpī / taṃ jaññā vasalo iti //

134) Stn. 134. yo buddhaṃ paribhāsati / atha vā tassa sāvakaṃ / paribbājaṃ gahaṭṭhaṃ vā / taṃ jaññā vasalo iti //

Stn. 135. [세존]

하느님 세계를 포함한 세계에서
거룩한 님이 아닌 자가
거룩한 님이라고 주장한다면,
그 도적은 그야말로 가장 천한 사람이오.
그대에게 밝혀진 이러한 사람들이야말로
천한 사람이라고 나는 말하는 것이오.135)

Stn. 136. [세존]

날 때부터 천한 사람인 것이 아니고,
태어나면서부터 고귀한 님인 것도 아니오,
행위에 의해서 천한 사람도 되고,
행위에 의해서 고귀한 님도 되는 것이오.136)

---

135) Stn. 135. yo ve anarahā santo / arahaṃ paṭijānati / coro sabrahmake loke / esa kho vasalādhamo / ete kho vasalā vutthā / mayā yo te pakāsitā //

136) Stn. 136. na jaccā vasalo hoti / na jaccā hoti brāhmaṇo / kammanā vasalo hoti / kammanā hoti brāhmaṇo //

Stn. 137. [세존]

나의 실례를 들겠으니,
이것으로 내 말을 알아들으시오.
전생에 불가촉 천민의 아들이자,
쏘빠까 마땅가로 알려진 사람이 있었소.137)

Stn. 138. [세존]

그 마땅가는 얻기 어려운
최상의 명예를 얻었고,
많은 왕족과 바라문들이
그를 섬기려고 모여들었소.138)

---

137) *Stn. 137. tad aminā pi jānātha / yathā me'daṃ nidassanaṃ / caṇḍālaputto sopāko / mātaṅgo iti vissuto //*

138) *Stn. 138. so yasaṃ paramaṃ patto / mataṅgo yaṃ sudullabhaṃ / āgañchuṃ tass'upaṭṭhānaṃ / khattiyā brāhmaṇā bahū //*

Stn. 139. [세존]

그는 하늘의 길, 먼지를 떨어버린 큰 길에
올라 감각적 쾌락에 대한 탐욕을 버리고,
하느님 세계로 가게 되었소. 하느님 세계에
태어나는 것을 그의 태생이 막지 못했소.139)

Stn. 140. [세존]

베다 독송자의 집에 태어나
베다의 성전에 친숙한 형제들인 바라문들도,
자주 악한 행위에
빠져 있는 것을 볼 수 있소.140)

---

139) Stn. 139. so devayānam āruyha / virajaṃ so mahāpathaṃ / kāmarāgaṃ virājetvā / brahmalokūpago ahū / na naṃ jāti nivāresi / brahmalokūpapattiyā //

140) Stn. 140. ajjhāyakakule jātā / brāhmaṇā mantabandhavā / te ca pāpesu kammesu / abhiṇham upadissare //

Stn. 141. [세존]

그들은 현세에서 비난을 받고
내세에는 나쁜 곳에 태어나니,
나쁜 곳에 태어나 비난받는 것을
그 태생이 막을 수는 없소.[141)]

Stn. 142. [세존]

날 때부터 천한 사람인 것은 아니고,
태생으로 바라문인 것도 아닙니다.
행위로 말미암아 천한 사람도 되고
행위로 말미암아 바라문도 되는 것이오."[142)]

이와 같이 말씀하시자, 바라문 악기까 바라드와자는 세존께 말씀드렸다.

[바라드와자] "존자 고따마시여, 훌륭하십니다. 존자 고

---

141) Stn. 141. diṭṭhe va dhamme gārayhā / samparāye ca duggati / na ne jāti nivāreti / duggaccā garahāya vā //

142) Stn. 142. na jaccā vasalo hoti / na jaccā hoti brāhmaṇo / kammanā vasalo hoti / kammanā hoti brāhmaṇo //

따마시여, 훌륭하십니다. 존자 고따마시여, 마치 넘어진 것을 일으켜 세우듯이, 가려진 것을 열어 보이듯 어리석은 자에게 길을 가리켜주듯이, 눈을 갖춘 자는 형상을 보라고 어둠 속에 등불을 가져오듯이, 존자 고따마께서는 이와 같이 여러 가지 방법으로 진리를 밝혀주셨습니다. 그러므로 이제 세존이신 고따마께 귀의합니다. 또한 그 가르침에 귀의합니다. 또한 그 수행승의 참모임에 귀의합니다. 오늘부터 목숨 바쳐 귀의하오니 세존이신 고따마께서는 재가의 신자로서 받아 주십시오."

8. 자애의 경[Mettasutta]

Stn. 143. [세존]

“널리 이로운 일에 능숙하여서
평정의 경지를 성취하고자 하는 님은
유능하고 정직하고 고결하고
상냥하고 온유하고, 교만하지 말지이다.143)

Stn. 144. [세존]

만족할 줄 알아서 남이 공양하기 쉬워야 하며,
분주하지 않고 생활이 간소하며,
몸과 마음 고요하고 슬기로우니,
가정에서 무모하거나 집착하지 말지이다.144)

---

143) *Stn. 143. karaṇīyamatthakusalena / yaṃ taṃ santaṃ padaṃ abhisamecca / sakko ujū ca sūjū ca / suvaco c'assa mudu anatimānī // 이 경은 세존께서는 우안거가 다가왔을 때에 싸밧티 시에 계셨을 때, 히말라야 산에서 명상수행하던 수행승들을 위해 설한 것이다. 초기경전 가운데 가장 유명한 수호경으로 예불문에 항상 등장한다.*

144) *Stn. 144. santussako ca subharo ca / appakicco ca sallahukavuttī / santindriyo ca nipako ca / appagabbho kulesu ananugiddho //*

Stn. 145. [세존]

다른 양식 있는 님들의 비난을 살만한
어떠한 사소한 행동이라도 삼가 하오니,
안락하고 평화로워서,
모든 님들은 행복하여지이다.145)

Stn. 146. [세존]

살아 있는 생명이건 어떤 것이나,
동물이거나 식물이거나 남김없이,
길다랗거나 커다란 것이나, 중간 것이거나
짧은 것이거나, 미세하거나 거친 것이거나,146)

---

145) *Stn. 145. na ca khuddaṃ samācare kiñci / yena viññū pare upavadeyyuṃ / sukhino vā khemino hontu / sabbe sattā bhavantu sukhitattā //*

146) *Stn. 146. ye keci pāṇabhūt 'atthi / tasā vā thāvarā vā anavasesā / dīghā vā ye mahantā vā / majjhimā rassakā aṇukathūlā //*

Stn. 147. [세존]

보이는 것이나 보이지 않는 것이나,
멀리 사는 것이나 가까이 사는 것이나,
이미 생겨난 것이나 생겨날 것이나,
모든 님들은 행복하여지이다.147)

Stn. 148. [세존]

서로가 서로를 속이지 말고
헐뜯지도 말지니, 어디서든지 누구든지,
분노 때문이든 증오 때문이든,
서로에게 고통을 바라지 않나이다.148)

---

147) Stn. 147. diṭṭhā vā yeva addiṭṭhā / ye ca dūre vasanti avidūre / bhūtā vā sambhavesī vā / sabbe sattā bhavantu sukhitattā //

148) Stn. 148. na paro paraṃ nikubbetha / nātimaññetha katthacinaṃ kañci / vyārosanā paṭighasaññā / n'āññamaññassa dukkham iccheyya // 두 번째 시행에서 katthacinaṃ은 운율상의 이유로 katthacina[ṃ]으로 읽어야 한다.

Stn. 149. [세존]

어머니가 하나뿐인 아들을
목숨 바쳐 구하듯,
이와 같이 모든 님들을 위하여 자애로운,
한량없는 마음을 닦게 하여지이다.149)

Stn. 150. [세존]

그리하여 일체의 세계에 대하여
위로 아래로 옆으로 확장하여
장애 없이, 원한 없이, 적의 없이, 자애로운,
한량없는 마음을 닦게 하여지이다.150)

---

149) *Stn. 149. mātā yathā niyaṃ puttaṃ / āyusā ekaputtam anurakkhe / evam pi sabbabhūtesū / mānasaṃ bhāvaye aparimānaṃ // 한량없는 마음은 불교적인 명상에서 특히 중요한 네 가지 청정한 삶 또는 하느님의 삶인 자애·연민·기쁨·평정의 가득 채움을 말한다.*

150) *Stn. 150. mettañ ca sabbalokasmiṃ / mānasaṃ bhāvaye aparimānaṃ / uddhaṃ adho ca tiriyañ ca / asambādhaṃ averaṃ asapattaṃ //*

Stn. 151. [세존]

서있거나 가거나 앉아 있거나
누워 있거나 깨어 있는 한,
자애의 마음을 새기게 하여지이다.
이것이야말로 참으로 청정한 삶이옵니다.[151)]

Stn. 152. [세존]

삿된 견해에 의존하지 않고
계행을 갖추고, 통찰을 갖추어
감각적인 욕망을 다스리면,
결코 다시 윤회에 들지 않을 것이옵니다."[152)]

---

151) *Stn. 151. tiṭṭhaṃ caraṃ nisinno vā / sayāno vā yāvat'assa vigatamiddho / etaṃ satiṃ adhiṭṭheyya / brahmam etaṃ vihāraṃ idha-m-āhu //*

152) *Stn. 152. diṭṭhiñ ca anupagamma / sīlavā dassanena sampanno / kāmesu vineyya gedhaṃ / na hi jātu gabbhaseyyaṃ punar etī ti //*

9. 헤마바따의 경[Hemavatasutta]

Stn. 153. [야차 싸따기라]

"오늘은 보름이 되는 포살의 날,
신성한 밤이 가까워졌다.
자, 최상의 명성을 지닌 스승이신 님,
고따마를 뵈러 가자.[153)]

Stn. 154. [야차 헤마바따]

"그는 모든 살아 있는 것에 대해
마음을 잘 정립하고 있는 것일까?
좋아하는 것과 싫어하는 것에 대해
사유를 잘 다스리고 있는 것일까?"[154)]

---

153) Stn. 153. ajja paṇṇaraso uposatho / (iti sātāgiro yakkho) divya ratti upaṭṭhitā / anomanāmaṃ sāttharaṃ / handa passāma gotamaṃ // 야차 싸따기라는 의미상으로 칠악야차(七岳夜叉)이다. 헤마바따는 의미상으로 설산야차(雪山夜叉)를 뜻한다. 두 야차는 친구로서 과거불인 깟싸빠 부처님시대의 수행승이었으나 교단분열의 원인이 되어 고따마 부처님 시대에 야차로 태어난 것이다. 야차는 비인간에 속하는 무리로 아귀보다는 약간 높은 단계의 귀신으로 인간과 건달바 사이에 있는 존재이다.

Stn. 155. [야차 싸따기라]

"그는 모든 살아 있는 것에 대해
마음을 잘 정립하고 있다.
좋아하는 것과 싫어하는 것에 대해
사유를 잘 다스리고 있다."[155]

Stn. 156. [야차 헤마바따]

"그는 주지 않는 것을 빼앗지 않고 있는가?
살아 있는 것에 대해 삼가고 있는 것인가?
그는 방일에서 떠나 있는 것인가?
그리고 선정을 버리지 않고 있는가?"[156]

---

154) Stn. 154. kacci mano supaṇihito / (iti hemavato yakkho) sabbabhūtesu tādino / kacci iṭṭhe aniṭṭhe ca / saṃkapp'assa vasīkatā //

155) Stn. 155. mano c'assa supaṇihito / (iti sātāgiro yakkho) sabbabhūtesu tādino / atho iṭṭhe aniṭṭhe ca / saṅkapp'assa vasīkatā //

156) Stn. 156. kacci adinnaṃ nādiyati / (iti hemavato yakkho) kacci pāṇesu saññato / kacci ārā pamādamhā / kacci jhānaṃ na riñcati //

Stn. 157. [야차 싸따기라]

"그는 주지 않는 것을 빼앗지 않고,
살아 있는 것에 대해 삼가고 있다.
그는 방일에서 떠나 있고,
깨달은 님으로 선정을 버리지 않는다."[157)]

Stn. 158. [야차 헤마바따]

"그는 거짓말을 하지는 않을까?
거친 욕설을 하지는 않을까?
남을 중상하지는 않을까?
꾸며대는 말을 하지는 않을까?"[158)]

---

157) *Stn. 157. na so adinna ādiyati / (iti sātāgiro yakkho) atho pāṇesu saññato / atho ārā pamādamhā / buddho jhānaṃ na riñcati //*

158) *Stn. 158. kacci musā na bhaṇati / (iti hemavato yakkho) kacci na khīṇavyappatho / kacci vebhūtiyaṃ n'āha / kacci samphaṃ na bhāsati //*

Stn. 159. [야차 싸따기라]

"그는 거짓말을 하지 않고,
거친 욕설을 하지 않을 뿐만 아니라,
남을 중상하지 않고,
진실하고 유익한 말을 한다."159)

Stn. 160. [야차 헤마바따]

"그는 감각적 쾌락에 물들어 있지는 않는가?
그의 마음은 더럽혀져 있지는 않는가?
어리석음을 벗어나 있을까?
이러한 현상들을 보는 눈을 가지고 있을까?"160)

---

159) Stn. 159. musā ca so na bhaṇati / (iti sātāgiro yakkho) atho na khīṇavyappatho / atho vebhūtiyaṃ n'āha / mantā atthaṃ so bhāsati //

160) Stn. 160. kacci na rajjati kāmesu / (iti hemavato yakkho) kacci cittaṃ anāvilaṃ / kacci mohaṃ atikkanto, kacci dhammesu cakkhumā //

Stn. 161. [야차 싸따기라]

"그는 감각적 욕망에 물들지 않았고,
그의 마음은 더럽혀져 있지 않고,
어리석음을 벗어났으니, 깨달은 님으로
이러한 현상들을 보는 눈을 갖고 있다."161)

Stn. 162. [야차 헤마바따]

"그는 명지를 갖추고 있을까?
그의 행동은 청정한 것일까?
그는 온갖 번뇌의 때를 소멸해 버렸을까?
이제 그가 다시 태어나는 일은 없을까?"162)

---

161) *Stn. 161. na so rajjati kāmesu / (iti sātāgiro yakkho) atho cittaṃ anāvilaṃ / sabbamohaṃ atikkanto / buddho dhammesu cakkhumā //*

162) *Stn. 162. kacci vijjāya sampanno / (iti hemavato yakkho) kacci saṃsuddhacāraṇo / kacci'ssa āsavā khīṇā / kacci n'atthi punabbhavo //*

Stn. 163.

[야차 싸따기라] "그는 명지를 갖추고 있고,
그의 행동은 청정하고,
그의 온갖 번뇌는 소멸되었으니,
이제 다시 그가 태어나는 일은 없다."

[야차 헤마바따]

"그는 행동으로나 언어로 보나
성자의 마음을 갖추었고,
명지와 덕행을 성취하였으니,
그대는 당연히 그를 찬탄하리라.[163)]

---

163) *Stn. 163. vijjāya-m-eva sampanno / (iti sātāgiro yakkho) atho saṃsuddhacāraṇo / sabb'assa āsavā khīṇā / n'atthi tassa punabbhavo // Stn. 163A. sampannaṃ munino cittaṃ / kammanā vyappathena ca / vijjācaraṇasampannaṃ / dhammato naṃ pasaṃsasi //Stn. 163B. sampannaṃ munino cittaṃ / kammanā vyappathena ca / vijjācaraṇasampannaṃ / dhammato naṃ anumodasi //*

Stn. 164. [야차 헤마바따]

그는 행동으로나 언어로 보나
성자의 마음을 온전히 갖추었으니,
자, 명지와 덕행을 성취하신 님,
고따마를 뵈러 가자.164)

Stn. 165. [야차 헤마바따]

사슴 같은 정강이에 여위었으나
강건하고 적게 드시고 탐욕 없이
숲 속에서 조용히 선정에 드시는 님,
고따마를 뵈러 가자.165)

---

164) Stn. 164. sampannaṃ munino cittaṃ kammanā vyappathena ca / vijjācaraṇasampannaṃ handa passāma gotamaṃ //

165) Stn. 165. eṇījaṅghaṃ kisaṃ dhīraṃ / appāhāraṃ alolupaṃ / muniṃ vanasmi jhāyantaṃ / ehi passāma gotamaṃ //

Stn. 166. [야차 헤마바따]

온갖 욕망을 돌아보지 않고,
마치 사자처럼 코끼리처럼,
홀로 가는 그 님을 찾아 가서
죽음의 속박에서 벗어나는 길을 물어 보자."[166)]

Stn. 167. [두 야차]

"진리를 가르치시고, 설하시는 분,
모든 현상의 피안에 도달하여
원한과 두려움을 뛰어넘은 깨달은 님,
고따마에게 물어 보자."[167)]

---

166) Stn. 166. sīhaṃ v'ekacaraṃ nāgaṃ / kāmesu anapekkhinaṃ / upasaṃkamma pucchāma / maccupāsā pamocanaṃ //

167) Stn. 167. akkhātāraṃ pavattāraṃ / sabbadhammāna pāraguṃ / buddhaṃ verabhayātītaṃ / mayaṃ pucchāma gotamaṃ //

Stn. 168. [야차 헤마바따]

“무엇에 의해서 세상이 생겨납니까?
무엇에 의해 친밀하게 됩니까?
세상은 무엇에 집착하여,
또한 무엇 때문에 고뇌하고 있습니까?”168)

Stn. 169. [세존]

“여섯 감역에 의해서 세상이 생겨나고,
여섯 감역에 의해서 친밀하게 되고,
헤마바따여, 여섯 감역에 집착하여,
그 여섯 감역 때문에 고뇌하고 있습니다.”169)

---

168) Stn. 168. kismiṃ loko samuppanno / (iti hemavato yakkho) kismiṃ kubbati santhavaṃ / kissa loko upādāya / kismiṃ loko vihaññati //

169) Stn. 169. chassu loko samuppanno / (hemavatāti bhagavā) chassu kubbati santhavaṃ / channam eva upādāya / chassu loko vihaññati //

Stn. 170. [야차 헤마바따]

"그것 때문에 세상이 고뇌한다는
집착이란 무엇입니까?
거기에서 벗어나는 길을 말씀해 주십시오.
어떻게 괴로움에서 벗어날 수 있습니까?"170)

Stn. 171. [세존]

"세상의 다섯 감각적 쾌락에 대한
욕망의 대상과 그 여섯 번째인 정신의 대상,
이것들에 대한 탐욕을 제거하면,
곧, 괴로움에서 벗어납니다. 171)

---

170) *Stn. 170. katamaṃ taṃ upādānaṃ / yattha loko vihaññati / niyyānaṃ pucchito brūhi / kathaṃ dukkhā pamuccati //*

171) *Stn. 171. pañca kāmaguṇā loke / manochaṭṭhā paveditā / ettha chandaṃ virājetvā / evaṃ dukkhā pamuccati //*

Stn. 172. [세존]

이와 같이 세상에서 벗어나는 길을
그대들에게 있는 그대로 선언했습니다.
이와 같은 것을 나는 그대들에게 가르칩니다.
이렇게 하면 괴로움에서 벗어납니다."[172)]

Stn. 173. [야차 헤마바따]

"누가 거센 흐름을 건넙니까?
누가 큰 바다를 건넙니까?
의지할 것도, 붙잡을 것도 없는
심연에 누가 가라앉지 않습니까?"[173)]

---

172) Stn. 172. etaṃ lokakassa niyyānaṃ / akkhātaṃ vo yathātathaṃ / etaṃ vo aham akkhāmi / evaṃ dukkhā pamuccati //

173) Stn. 173. ko sū'dha taratī oghaṃ / ko'dha tarati aṇṇavaṃ / appatiṭṭhe anālambe / ko gambhīre na sīdati // 거센 흐름에 대해서는 Stn. 21의 주석을 보라.

Stn. 174. [세존]

"언제나 계행을 갖추고, 지혜가 있고,
삼매에 들고, 성찰할 줄 알고,
새김을 확립한 님만이
건너기 어려운 거센 흐름을 건넙니다."[174)]

Stn. 175. [세존]

감각적 쾌락의 욕망에 묶인 지각을 여의고
모든 결박을 뛰어넘어,
존재에 대한 욕구를 멸해 버린 님,
그는 깊은 바다에 가라앉지 않습니다."[175)]

---

174) Stn. 174. sabbadā sīlasampanno / paññavā susamāhito / ajjhattacintī satimā / oghaṃ tarati duttaraṃ //
175) Stn. 175. virato kāmasaññāya / sabbasaṃyojanātigo / nandībhavaparikkhīṇo / so gamabhīre na sīdati //

Stn. 176. [야차 헤마바따]

"깊은 지혜가 있고 미묘한 뜻을 보며,
아무 것도 없이 욕망계의 존재에 집착 없이,
모든 것에서 해탈하여
거룩한 길을 가는 저 위대한 선인을 보라![176]

Stn. 177. [세존]

위없는 명성을 지니고, 미묘한 궁극을 보며,
지혜를 알려주고, 욕망에 집착하지 않으며,
모든 것을 알고 현명하며,
고귀한 길을 가는 저 위대한 선인을 보라!"[177]

---

176) Stn. 176. gambhīrapaññaṃ nipuṇatthadassiṃ / akiñcanaṃ kāmabhave asattaṃ / taṃ passatha sabbadhi vippamuttaṃ / dibbe pathe kamamānaṃ mahesiṃ //

177) Stn. 177. anomanāmaṃ nipuṇatthadassiṃ / paññādadaṃ kāmālaye asattaṃ / taṃ passatha sabbaviduṃ sumedhaṃ / ariye pathe kamamānaṃ mahesiṃ //

Stn. 178. [두 야차]

"오늘 우리는 아름다운 것을 보았습니다.
여명이 밝아지고 빛이 떠올랐습니다.
거센 흐름을 건너 번뇌의 때가 묻지 않은,
올바로 깨달은 님을 보았기 때문입니다.[178)]

Stn. 179. [두 야차]

천이나 되는 저희 야차 무리들은
신통력이 있고 명예도 가지고 있지만,
모두 그대에게 귀의합니다.
그대는 저희의 위없는 스승이기 때문입니다.[179)]

---

178) *Stn. 178. sudiṭṭhaṃ vata no ajja / suppabhātaṃ suvuṭṭhitaṃ / yaṃ addasāma sambuddhaṃ / oghatiṇṇam anāsavaṃ //*

179) *Stn. 179. ime dasasatā yakkhā / iddhimanto yasassino / sabbe taṃ saraṇaṃ yanti / tvaṃ no satthā anuttaro //*

Stn. 180. [두 야차]

올바로 원만히 깨달은 님과
잘 설해진 뛰어난 가르침에 예경하면서,
저희들은 마을에서 마을로,
산에서 산으로 돌아다니겠습니다."180)

---

180) Stn. 180. te mayaṃ vicarissāma / gāmā gāmaṃ nagā nagaṃ / namassamānā sambuddhaṃ / dhammassa ca sudhammatan ti //

10. 알라바까의 경[Āḷavakasutta]

이와 같이 나는 들었다.

한 때 세존께서는 알라비 시의 알라바까라는 야차의 처소에 계셨다.

이 때 야차 알라바까는 세존께서 계신 곳을 찾았다. 가까이 다가와서 세존께 이와 같이 말씀드렸다.

[알라바까] "수행자여, 나가시오."

[세존] "벗이여, 좋습니다."

세존께서는 나가셨다.

또 야차는 말했다.

[알라바까] "수행자여, 들어오시오."

[세존] "벗이여, 좋습니다."

세존께서는 들어오셨다.

두 번째에도 야차 알라바까는 말했다.

[알라바까] "수행자여, 나가시오."

[세존] "벗이여, 좋습니다."

다시 세존께서는 다시 나가셨다.

다시 야차는 말했다.

[알라바까] "수행자여, 들어오시오."

[세존] "벗이여, 좋습니다."

다시 세존께서는 들어오셨다.

세 번째에도 야차 알라비까는 말했다.

[알라비까] "수행자여, 나가시오."

[세존] "벗이여, 좋습니다."

또 다시 세존께서는 다시 나가셨다.

또 다시 야차는 말했다.

[알라비까] "수행자여, 들어오시오."

[세존] "벗이여, 좋습니다."

또 다시 세존께서는 들어오셨다.

네 번째에도 야차 알라비까는 말했다.

[알라비까] "수행자여, 나가시오."

그러자 세존께서는 말씀하셨다.

[세존] "나는 더 이상 나가지 않겠소. 그대 할 일이나 하시오."

[알라비까] "수행자여, 그대에게 묻겠습니다. 만일 그대가 내게 대답을 못한다면, 당신의 마음을 산란케 하고 당신의 심장을 찢은 뒤 두 다리를 잡아 갠지스 강 건너로 내던지겠소."

세존께서는 말씀하셨다.

[세존] "벗이여, 신들의 세계에서, 악마들의 세계에서, 하느님들의 세계에서, 성직자들과 수행자들의 후예 가운데, 그리고 왕들과 백성들의 세계에서, 내 마음을 산란케 하고 내 심장을 찢고 두 다리를 잡아 갠지스 강 건너로 내던질만한 자를 나는 아직 보지 못했습니다. 친구여, 그대가 물어 보고 싶은 것이 있거든 무엇이든 물어 보시오."

야차 알라바까는 세존께 다음의 시로써 말을 걸었다.

Stn. 181. [야차 알라바까]

"이 세상에서 으뜸가는 재산은 무엇입니까?
무엇을 잘 추구하면 안락을 가져옵니까?
참으로 맛 중에 맛은 어떤 것입니까?
어떻게 사는 것이 최상의 삶입니까?"181)

---

181) *Stn. 181. kiṃ sū'dha vittaṃ purisassa seṭṭhaṃ / kiṃ su suciṇṇaṃ sukham āvahāti / kiṃ su have sādutaraṃ rasānaṃ / kathaṃjīviṃ jīvitam āhu seṭṭhaṃ // 세존께서 정각을 이룬 뒤, 십 육년 후, 알라비 시의 왕은 식인귀 야차 알라바까에게 사로잡히게 되어 왕은 매일 한 사람씩 제물로 바치기로 약속하고 풀려났다. 처음에는 죄인들을 제물로 받쳤고 그들이 떨어지자 각 가정에서 한 아이를 받치다가 결국 왕자마저 바쳐야 했다. 상황을 파악한 세존이 야차의 왕궁에 출현한 것으로 이 경이 시작되었다.*

Stn. 182. [세존]

"이 세상에서 믿음이 으뜸가는 재산이고,
가르침을 잘 추구하면 안락을 가져옵니다.
진실이 맛 중의 맛이며,
지혜로운 삶이 최상의 삶입니다."[182)]

Stn. 183. [야차 알라비까]

"사람은 어떻게 거센 흐름을 건넙니까?
어떻게 크나큰 바다를 건넙니까?
어떻게 괴로움을 뛰어넘습니까?
그리고 어떻게 완전히 청정해질 수 있습니까?"[183)]

---

182) Stn. 182. saddh'īdha vittaṃ purisassa seṭṭhaṃ / dhammo suciṇṇo sukham āvahāti / saccaṃ bhave sādutaraṃ rasānaṃ / paññājīviṃ jīvitam āhu seṭṭhaṃ //

183) Stn. 183. kathaṃ su taratī oghaṃ / kathaṃ su tarati aṇṇavaṃ / kathaṃ su dukkhaṃ acceti / kathaṃ su parisujjhati //

Stn. 184. [세존]

"사람은 믿음으로써 거센 흐름을 건너고,
방일하지 않음으로 크나큰 바다를 건넙니다.
정진으로 괴로움을 뛰어넘고,
지혜로 완전히 청정해집니다."184)

Stn. 185. [야차 알라바까]

"사람은 어떻게 해서 지혜를 얻습니까?
어떻게 해서 재물을 얻습니까?
어떻게 해서 명성을 떨칩니까?
어떻게 해서 친교를 맺습니까?
또한 어떻게 이 세상에서 저 세상으로 가서
슬픔을 여의겠습니까?"185)

---

184) Stn. 184. saddhāya taratī oghaṃ / appamādena aṇṇavaṃ / viriyena dukkham acceti / paññāya parisujjhati // 거센 흐름에 대해서는 Stn. 21의 주석을 보라.

185) Stn. 185. kathaṃ su labhate paññaṃ / kathaṃ su vindate dhanaṃ / kathaṃ su kittiṃ pappoti / kathaṃ mittāni ganthati / asmā lokā paraṃ lokaṃ / kathaṃ pecca na socati //

Stn. 186. [세존]

"열반에 도달하기 위하여
거룩한 님의 가르침을 믿고
방일하지 않고 현명한 님이라면,
배우려는 열망을 통해 지혜를 얻습니다.186)

Stn. 187. [세존]

알맞는 일을 하고 멍에를 지고
열심히 노력하는 자는 재물을 얻습니다.
그는 진실함으로써 명성을 떨치고,
보시함으로써 친교를 맺습니다.187)

---

186) Stn. 186. saddāhāno arahataṃ / dhammaṃ nibbānapattiyā / sussūsā labhate paññaṃ / appamatto vicakkhaṇo //

187) Stn. 187. patirūpakārī dhuravā / uṭṭhātā vindate dhanaṃ / saccena kīttiṃ pappoti / dadaṃ mittāni ganthati //

Stn. 188. [세존]

가정생활을 하는 신도일지라도,
진실, 진리, 결단, 보시의
이 네 가지 원리를 갖추면,
내세에 가서도 걱정이 없습니다.188)

Stn. 189. [세존]

그리고 진실, 자제, 보시, 인내보다
이 세상에 더 나은 것이 있다면,
그것을 널리 수행자들이나
바라문들에게 물어 보시오."189)

---

188) Stn. 188. yass'ete caturo dhammā / saddhassa gharamesino / saccaṃ dhammo dhiti cāgo / sa ve pecca na socati //

189) Stn. 189. iṅgha aññe pi pucchassu / puthū samaṇabrāhmaṇe / yadi saccā damā cāgā / khantyā bhiyyo'dha vijjati //

Stn. 190. [야차 알라비까]

"어찌 다른 수행자들이나 바라문들에게
물을 필요가 있겠습니까?
내세에 유익한 가르침을 받았음을
저는 오늘 분명히 알았습니다.[190)]

Stn. 191. [야차 알라비까]

깨달은 님께서 알라비 시에서 지내려고
오신 것은 참으로 저에게 유익했습니다.
크나큰 과보가 있는 가르침을 받았음을
저는 오늘 분명히 알았습니다.[191)]

---

190) *Stn. 190. kathan nu dāni puccheyyaṃ / puthu samaṇabrāhmaṇe / so'haṃ ajja pajānāmi / yo attho samparāyiko //*

191) *Stn. 191. atthāya vata me buddho / vāsāy'āḷavim āgamā / so'haṃ ajja pajānāmi / yattha dinnaṃ mahapphalaṃ //*

Stn. 192. [야차 알라바까]

올바로 깨달은 님과 잘 설해진
뛰어난 가르침에 예경하면서,
저는 이 마을에서 저 마을로,
이 도시에서 저 도시로 돌아다니겠습니다."[192)]

---

192) Stn. 192. so ahaṃ vicarissāmi / gāmā gāmaṃ purā puraṃ / namassamāno sambuddhaṃ / dhammassa ca sudhammatan ti //

11. 승리의 경[Vijayasutta]

Stn. 193. [세존]

"걷거나 또는 서거나 혹은
앉거나 눕거나
몸을 구부리거나 혹은 편다.
이것이 몸의 동작이다.193)

Stn. 194. [세존]

몸은 뼈와 힘줄로 엮어 있고,
내피와 살로 덧붙여지고
피부로 덮여져 있어,
있는 그대로 보이지 않는다.194)

---

193) Stn. 193. caraṃ vā yadi vā tiṭṭhaṃ / nisinno uda vā sayaṃ / sammiñjeti pasāreti / esā kāyassa iñjanā // 이하의 시들은 '몸에 대한 욕망을 떠나는 경'이라고도 불린다. 세존께서 싸밧티 시에 계실 때, 경국지색의 미인들로서 출가한 수행녀들을 위하여, 그리고 씨리마라는 유녀에게 빠진 수행승의 예를 들어 수행승들을 위하여 부정관의 가르침을 주려고, 이 경을 설한 것이다.

194) Stn. 194. aṭṭhīnhārusaññutto / tacamaṃsāvalepano / chaviyā kāyo paṭicchanno / yathābhūtaṃ na dissati //

Stn. 195. [세존]

그것은 내장, 위물,
간장의 덩어리, 방광,
심장, 폐장, 신장,
비장으로 가득 차있다.195)

Stn. 196. [세존]

그리고 콧물, 점액,
땀, 지방, 피,
관절액, 담즙,
임파액으로 가득 차있다.196)

---

195) Stn. 195. antapūro udarapūro / yakapeḷassa vatthino / hadayassa papphāsassa vakkassa pihakassa ca //

196) Stn. 196. saṅghāṇikāya kheḷassa / sedassa ca medassa ca / lohitassa lasikāya / pittassa ca vasāya ca //

Stn. 197. [세존]

또한 그 아홉 구멍에서는,
항상 더러운 것이 나온다.
눈에서는 눈곱,
귀에서는 귀지가 나온다.197)

Stn. 198. [세존]

코에서는 콧물이 나오고,
입에서는 한꺼번에
담즙이나 가래를 토해내고,
몸에서는 땀과 때를 배설한다.198)

---

197) *Stn. 197. atha'ssa navahi sotehi / asucī savati sabbadā / akkhimhā akkhigūthako / kaṇṇamhā kaṇṇagūthako //*

198) *Stn. 198. siṅghāṇikā ca nāsāto / mukhena vamat'ekadā / pittaṃ semhañ ca vamati / kāyamhā sedajallikā //*

Stn. 199. [세존]

또 그 머리에는 빈 곳이 있고
뇌수로 차 있다.
그런데 어리석은 자는 무명에 이끌려서
그러한 몸을 아름다운 것으로 여긴다.[199)]

Stn. 200. [세존]

또 죽어서 몸이 쓰러졌을 때에는
부어서 검푸르게 되고,
무덤에 버려져 친척도
그것을 돌보지 않는다.[200)]

---

199) Stn. 199. ath'assa susiraṃ sīsaṃ / matthaluṅgassa pūritaṃ / subhato naṃ maññatī / bālo avijjāya purakkhato //

200) Stn. 200. yadā ca so mato seti / uddhumāto vinīlako / apaviddho susānasmiṃ / anapekkhā honti ñātayo //

Stn. 201. [세존]

개들이나 여우들,
늑대들, 벌레들이 파먹고,
까마귀나 독수리나
다른 생물이 있어 삼킨다. 201)

Stn. 202. [세존]

이 세상에서 지혜로운 수행승은,
깨달은 님의 말씀을 듣고
그것을 분명히 이해한다.
왜냐 하면, 있는 그대로 보기 때문이다. 202)

---

201) Stn. 201. khādanti naṃ supāṇā ca / sigālā ca vakā kimī / kākā gijjhā ca khādanti / ye c'aññe santi pāṇayo //

202) Stn. 202. sutvāna buddhavacanaṃ / bhikkhu paññāṇavā idha / so kho naṃ parijānāti / yathābhūtaṃ hi passati //

Stn. 203. [세존]

이것이 있는 것처럼 저것도 있고,
저것이 있는 것처럼 이것도 있다.
안으로나 밖으로나
몸에 대한 욕망에서 떠나야 한다.[203)]

Stn. 204. [세존]

이 세상에서 욕망과 탐욕을 떠난
그 지혜로운 수행승만이 불사와 적멸,
곧 죽음을 뛰어넘는
열반의 경지에 도달한다.[204)]

---

203) Stn. 203. yathā idaṃ tathā etaṃ / yathā etaṃ tathā idaṃ / ajjhattañ ca bahiddhā ca / kāye chandaṃ virājaye //
204) Stn. 204. chandārāgavirato so / bhikkhu paññāṇavā idha / ajjhagā amataṃ santiṃ / nibbānapadam accutaṃ //

Stn. 205. [세존]

인간의 이 몸뚱이는 부정(不淨)하고
악취를 풍기며, 가꾸어지더라도,
온갖 오물이 가득 차,
여기저기 흘러나오고 있다.[205)]

Stn. 206. [세존]

이런 몸뚱이를 가지고 있으면서,
생각하건대 거만하거나
남을 업신여긴다면,
통찰이 없는 것이 아니고 무엇이겠는가."[206)]

---

205) Stn. 205. dipādako'yaṃ asuci / duggandho parihīrati / nānākuṇapaparipūro / vissavanto tato tato //

206) Stn. 206. etādisena kāyena / yo maññe uṇṇametave / paraṃ vā avajāneyya / kim aññatra adassanā ti //

12. 성자의 경[Munisutta]

Stn. 207. [세존]

"친밀한 데서 두려움이 생기고,
거처에서 더러운 먼지가 생겨난다.
거처도 두지 않고 친밀함도 두지 않으니,
이것이 바로 성자의 통찰이다.[207)]

Stn. 208. [세존]

이미 생겨난 것을 버리고, 새로 심지 않고,
지금 생겨나는 것에 들지 않는다면,
홀로 가는 그 님을 성자라 부른다.
저 위대한 선인은 적멸의 경지를 본 것이다.[208)]

---

207) Stn. 207. santhavāto bhayaṃ jātaṃ / niketā jāyate rajo / aniketam asanthavaṃ / etaṃ ve munidassanaṃ // 성자 즉 무니(牟尼)란 베다시대에는 종교적 황홀경에 도달한 침묵의 해탈자를 의미했다. 부처님 당대에 와서는 집 없는 자로서 장애가 없고 분쟁이 없고 탐욕이 없고 확고하고 자제하고 사려 깊고 명상을 즐기는 자를 말한다.

208) Stn. 208. yo jātamucchijja na ropayeyya / jāyantamassa n'ānuppavecche / tamāhu ekaṃ muninaṃ carantaṃ / addakkhi so santipadaṃ mahesī //

Stn. 209. [세존]

근본을 살피어 그 씨앗을 부수고,
그것에 물기를 공급하지 않는다면,
그는 참으로 생멸의 끝을 본 성자,
사려를 버리고 헤아려지지 않는 님이다. 209)

Stn. 210. [세존]

모든 존재의 처소에 대하여 잘 알아,
그것들 가운데 어떤 것도 바라지 않는
그는 탐욕을 떠난 무욕의 성자이다.
피안에 도달해 다툼이 없기 때문이다. 210)

---

209) Stn. 209. saṅkhāya vatthūni pamāya bījaṃ / sineham assa nānuppavecche / sa ve munī jātikhayantadassī / takkaṃ pahāya na upeti saṃkhaṃ //

210) Stn. 210. aññāya sabbāni nivesanāni / anikāmayaṃ aññataram pi tesaṃ / sa ve munī vītagedho agiddho / nāyūhatī pāragato hi hoti //

Stn. 211. [세존]

온갖 것을 극복하고, 모든 것을 알고,
슬기롭고, 일체 현상에 더럽혀지지 않으며,
모든 것을 버리고 갈애를 끊어 해탈한 님,
현명한 님들은 그를 또한 성자로 안다.[211)]

Stn. 212. [세존]

힘이 지혜에 있고, 계행과 덕행을 지키고,
삼매에 들고, 선정을 즐기며, 새김이 있고,
집착을 여의고 황무지가 없고, 번뇌를 여윈 님,
현명한 님들은 그를 또한 성자로 안다.[212)]

---

211) Stn. 211. sabbābhibhūṃ sabbaviduṃ sumedhaṃ / sabbesu dhammesu anūpalittaṃ / sabbañjahaṃ taṇhakkhaye vimuttaṃ / taṃ vāpi dhīrā muniṃ vedayanti //

212) Stn. 212. paññābalaṃ sīlavatūpapannaṃ / samāhataṃ jhānarataṃ satīmaṃ / saṅgā pamuttaṃ akhilaṃ anāsavaṃ / taṃ vāpi dhīrā muniṃ vedayanti //

Stn. 213. [세존]

홀로 살면서 해탈자로서
방일하지 않고,
비난과 칭찬에도 흔들리지 않고,
소리에 놀라지 않는 사자처럼,
그물에 걸리지 않은 바람처럼,
진흙에 더럽혀지지 않은 연꽃처럼,
남에게 이끌리지 않고
남을 이끄는 님.
현명한 님들은 그를 또한 성자로 안다.[213)]

---

213) Stn. 213. ekaṃ carantaṃ muniṃ appamattaṃ / nindāpasaṃsāsu avedhamānaṃ / sīhaṃ va saddesu asantasantaṃ / vātaṃ va jālamhi asajjamānaṃ / padumaṃ va toyena alippamānaṃ / netāram aññesam anaññaneyyaṃ / taṃ vāpi dhīrā muniṃ vedayanti //

Stn. 214. [세존]

남들이 극단적인 말을 하더라도
목욕장에 서 있는 기둥처럼 태연하고,
탐욕을 떠나 모든 감관을 잘 다스리는 님,
현명한 님들은 그를 또한 성자로 안다.214)

Stn. 215. [세존]

베틀의 북처럼 바르게 자신을 확립하여
모든 악한 행위를 싫어하고,
바른 것과 바르지 않은 것을 잘 아는 님,
현명한 님들은 그를 또한 성자로 안다.215)

---

214) Stn.214. yo ogahane thamboriv'ābhijāyati / yasmiṃ pare vācā pariyantaṃ vadanti / taṃ vītarāgaṃ susamāhitindriyaṃ / taṃ vāpi dhīrā muniṃ vedayanti //

215) Stn. 215. yo ve ṭhitatto tasaraṃ va ujju / jigucchatī kammehi pāpakehi / vīmaṃsamāno visamaṃ samañ ca / taṃ vāpi dhīrā muniṃ vedayanti //

Stn. 216. [세존]

젊을 때나 중년이나 성자의 삶을 사는 님은
자제하여 자신을 다스리며 악을 행하지 않아,
괴롭혀질 수 없고, 누구를 괴롭히지도 않으니,
현명한 님들은 그를 또한 성자로 안다.216)

Stn. 217. [세존]

윗 부분이건 중간 부분이건 남은 것이건,
타인에 의해 주어진 것으로 생활하고,
칭찬하지도 않고 욕을 하지도 않는 님,
현명한 님들은 그를 또한 성자로 안다.217)

---

216) *Stn. 216. yo saññatatto na karoti pāpaṃ / daharo ca majjho ca munī yatatto / arosaneyyo so na roseti kañci / taṃ vāpi dhīrā muniṃ vedayanti //*

217) *Stn. 217. yadaggato majjhato sesato vā / piṇḍaṃ labhetha paradatt'ūpajīvi / nālaṃ thutuṃ no pi nipaccavādī / taṃ vāpi dhīrā muniṃ vedayanti //*

Stn. 218. [세존]

젊어서 누구에게도 묶이지 않고,
성적 방종을 끊고 유행하는 성자,
취하고 방일하지 않아 해탈한 님, 그를 또한
현명한 님들은 성자의 삶을 사는 자로 안다.218)

Stn. 219. [세존]

세상을 잘 알고, 궁극의 진리를 보고,
거센 흐름과 바다를 건너고, 속박을 끊고,
의존하지 않는, 번뇌를 여읜 님, 그를 또한
현명한 님들은 성자의 삶을 사는 자로 안다.219)

---

218) Stn.218. muniṃ carantaṃ virataṃ methunasmā / yo yobbane na upanibajjhate kvaci / madappamādā virataṃ vippamuttaṃ / taṃ vāpi dhīrā muniṃ vedayanti //

219) Stn. 219. aññāya lokaṃ paramatthadassiṃ / oghaṃ samuddaṃ atitariya tādiṃ / taṃ chinnaganthaṃ asitaṃ anāsavaṃ / taṃ vāpi dhīrā muniṃ vedayanti // 거센 흐름에 대해서는 Stn. 21의 주석을 보라.

Stn. 220. [세존]

재가자에게는 부양할 아내가 있고,
덕행자에게는 내 것이 없어,
둘은 처소와 생활양식이 같지 않다.
재가자는 남의 생명을 해치지 않기 어렵지만,
성자는 항상 삼가며 남의 목숨을 보호한다.[220]

Stn. 221. [세존]

하늘을 나는 목이 푸른 공작새가
백조의 빠름을 따라 잡을 수 없는 것처럼,
재가자는, 멀리 떠나 숲 속에서 명상하는
수행승, 그 성자에게 미치지 못한다."[221]

---

220) Stn. 220. asamā cubho dūravihāravuttino / gihī dāraposī amamo ca subbato / parapāṇarodhāya gihī asaññato / niccaṃ munī rakkhati pāṇino yato //

221) Stn. 221. sikhī yathā nīlagīvo vihaṅgamo / haṃsassa nopeti javaṃ kudācanaṃ / evaṃ gihī nānukaroti bhikkhuno / munino vicittassa vanamhi jhāyatoti //

Ⅱ. 작은 법문의 품

[Cūla-Vagga]

1. 보배의 경[Ratanasutta]

Stn. 222. [세존]

“여기 모여든 모든 존재들은
지상에 있는 것이건 공중에 있는 것이건,
그 모든 존재들은 행복하여지이다.
마음을 가다듬고 이제 말씀을 들으십시오.222)

Stn. 223. [세존]

모든 존재들은 귀를 기울이시고,
밤낮으로 제물을 바치는 인간의 자손들에게
부디 자비를 베푸시어, 방일하지 말고
그들을 수호하도록 하여지이다.223)

---

222) Stn. 222. yānīdha bhūtāni samāgatāni / bhummāni vā yāni va antalikkhe / sabbeva bhūtā sumanā bhavantu / atho pi sakkacca suṇantu bhāsitaṃ // 이하는 리차비 족의 수도 베쌀리에는 심한 가뭄이 들어 여러 가지 기근과 역병과 잡귀의 공포에 의한 환란이 생겨났는데, 시민들은 이것을 물리치려 부처님을 초대했을 때 설법한 내용이다.

223) Stn. 223. tasmā hi bhūtā nisāmetha sabbe / mettaṃ karotha mānusiyā pajāya / divā ca ratto ca haranti ye baliṃ / tasmā hi ne rakkhatha appamattā //

Stn. 224. [세존]

이 세상과 내세의
어떤 재물이라도,
천상의 뛰어난
보배라 할지라도,
여래에 견줄 만한 것은 없습니다.
부처님 안에야말로
이 훌륭한 보배가 있으니,
이러한 진실로 인해
모두 행복하여지이다.[224)]

---

224) Stn. 224. yaṃ kiñci vittaṃ idha vā huraṃ vā / saggesu vā yaṃ ratanaṃ paṇītaṃ / na no samaṃ atthi tathāgatena / idampi buddhe ratanaṃ paṇītaṃ / etena saccena suvatthi hotu //

Stn. 225. [세존]

싸끼야 족의 성자가
삼매에 들어 성취한
지멸과 소멸과 불사와 승묘,
이 사실과 견줄 만한 것은
아무 것도 없습니다.
가르침 안에야말로
이 훌륭한 보배가 있으니,
이러한 진실로 인해
모두 행복하여지이다.225)

---

225) Stn. 225. khayaṃ virāgaṃ amataṃ paṇītaṃ / yad ajjhagā sakyamunī samāhito / na tena dhammena samatthi kiñcī / idampi dhamme ratanaṃ paṇītaṃ / etena saccena suvatthi hotu //

Stn. 226. [세존]

깨달은 님들 가운데
뛰어난 님께서 찬탄하는
청정한 삼매는
즉시 결과를 가져오는 삼매이니,
그 삼매와 견줄 것은
아무 것도 없습니다.
가르침 안에야말로
이 훌륭한 보배가 있으니,
이러한 진실로 인해
모두 행복하여지이다. 226)

---

226) *Stn. 226. yaṃ buddhaseṭṭho parivaṇṇayī suciṃ / samādhim ānantarikañ ñam āhu / samādhinā tena samo na vijjati / idampi dhamme ratanaṃ paṇītaṃ / etena saccena suvatthi hotu //*

Stn. 227. [세존]

네 쌍으로
여덟이 되는 님들이 있어,
참사람으로 칭찬 받으니,
바른 길 가신 님의 제자로서
공양 받을 만하며,
그들에게 보시하면
크나큰 과보를 받습니다.
참모임 안에야말로
이 훌륭한 보배가 있으니,
이러한 진실로 인해
모두 행복하여지이다.227)

---

*227) Stn. 227. ye puggalā aṭṭhasataṃ pasatthā / cattāri etāni yugāni honti / te dakkhiṇeyyā sugatassa sāvakā / etesu dinnāni mahapphalāni / idampi saṅghe ratanaṃ paṇītaṃ / etena saccena suvatthi hotu // '네 쌍으로 여덟이 되는 님'은 한역에서는 사쌍팔배(**四雙八輩**)라고 한다. 진리의 흐름에 든 님에서 거룩한 님에 이르기까지의 참사람의 무리를 의미한다.*

Stn. 228. [세존]

확고한 마음으로
감각적 욕망이 없이,
고따마의 가르침에
잘 적응하는 참사람은
불사에 뛰어들어 목표를 성취해서
희열을 얻어 적멸을 즐깁니다.
참모임 안에야말로
이 훌륭한 보배가 있으니,
이러한 진실로 인해
모두 행복하여지이다. 228)

---

228) Stn. 228. ye suppayuttā manasā daḷhena / nikkāmino gotama sāsanamhi / te pattipattā amataṃ vigayha / laddhā mudhā nibbutiṃ bhuñjamānā / idampi saṅghe ratanaṃ paṇītaṃ / etena saccena suvatthi hotu //

Stn. 229. [세존]

마치 단단한 기둥이
땅위에 서 있으면,
사방에서 부는 바람에
흔들리지 않는 것처럼,
거룩한 진리를 분명히 보는 참사람은
이와 같다고 나는 말합니다.
참모임 안에야말로
이 훌륭한 보배 있으니,
이러한 진실로 인해
모두 행복하여지이다.229)

---

229) Stn. 229. yathindakhīlo paṭhaviṃsito siyā / catubbhi vātehi asampakampiyo / tathūpamaṃ sappurisaṃ vadāmi / yo ariyasaccāni avecca passati / idampi saṅghe ratanaṃ paṇītaṃ / etena saccena suvatthi hotu //

Stn. 230. [세존]

심오한 지혜를 지닌
님께서 잘 설하신,
성스러운 진리를
분명히 아는 사람들은
아무리 크게 방일하더라도,
여덟 번째의 윤회를 받지 않습니다.
참모임 안에야말로
이 훌륭한 보배가 있으니,
이러한 진실로 인해
모두 행복하여지이다.230)

---

230) *Stn. 230. ye ariyasaccāni vibhāvayanti / gambhīrapaññena sudesitāni / kiñcāpi te honti bhusappamattā / na te bhavaṃ aṭṭhamaṃ ādiyanti / idampi saṅghe ratanaṃ paṇītaṃ / etena saccena suvatthi hotu // 진리의 흐름에 든 예류자는 예류의 앎에 의해서 자아조작의식이 멸하므로 다음 일곱 번의 윤회를 제외하고는 무시이래의 윤회 속에서 생겨난 명색은 멸하여 없게 되므로 여덟 번째의 윤회는 없게 된다. 그는 일곱번째 윤회에서 관찰의 힘으로 거룩한 님의 경지에 이른다.*

Stn. 231. [세존]

통찰을 성취함과 동시에,
개체가 있다는 견해,
매사의 의심,
규범과 금계에 대한 집착의 어떠한 것이라도,
그 세 가지의 상태는 즉시 소멸되고,
네 가지의 악한 운명을 벗어나고,
또한 여섯 가지 큰 죄악을 저지르지 않습니다.
참모임 안에야말로
이 훌륭한 보배가 있으니,
이러한 진실로 인해
모두 행복하여지이다.231)

---

231) Stn. 231. sahā v'assa dassanasampadāya / tayassu dhammā jahitā bhavanti / sakkāyadiṭṭhi vicikicchitañ ca / sīlabbataṃ vā pi yad atthi kiñci / catūh'apāyehi ca vippamutto / cha cābhiṭhānāni abhabbo kātuṃ / idam pi saṅghe ratanaṃ paṇītaṃ, etena saccena suvatthi hotu // 네 가지 악한 운명은 지옥 · 축생 · 아귀계 · 아수라이고, 여섯 가지 큰 죄악은 어머니 · 아버지 · 아라한의 살해, 부처님의 몸에 피를 내고, 승단의 화합을 깨뜨리는 것의 다섯 가지 무간지옥에 태어날 업보와, 이교의 교리를 추종하는 것을 말한다.

Stn. 232. [세존]

신체와 언어와 정신으로
사소한 잘못을 저질렀어도,
그것을 감추지 못하니,
궁극적인 길을 본 사람은
그것을 감출 수 없습니다.
참모임 안에야말로
이 훌륭한 보배가 있으니,
이러한 진실로 인해
모두 행복하여지이다.232)

---

232) Stn. 232. kiñcāpi so kammaṃ karoti pāpakaṃ / kāyena vācā uda cetasā vā / abhabbo so tassa paṭicchādāya / abhabbatā diṭṭhapadassa vuttā / idampi saṅghe ratanaṃ paṇītaṃ / etena saccena suvatthi hotu //

Stn. 233. [세존]

여름날의 첫더위가 오면,
숲의 총림이 가지 끝마다
꽃을 피어내듯,
이와 같이 열반에 이르는
위없는 묘법을 가르치셨습니다.
부처님 안에야말로
이 훌륭한 보배가 있으니,
이러한 진실로 인해
모두 행복하여지이다.233)

---

233) *Stn. 233. vanappagumbe yathā phussitagge / gimhānamāse paṭhamasmiṃ gimhe / tathūpamaṃ dhammavaraṃ adesayī / nibbānagāmiṃ paramaṃ hitāya / idampi buddhe ratanaṃ paṇītaṃ / etena saccena suvatthi hotu //*

Stn. 234. [세존]

위없는 것을 알고,
위없는 것을 주고,
위없는 것을 가져오는 위없는 님께서
최상의 위없는 가르침을 설하셨습니다.
부처님 안에야말로
이 훌륭한 보배가 있으니,
이러한 진실로 인해
모두 행복하여지이다.234)

---

234) Stn. 234. varo varaññū varado varāharo / anuttaro dhammavaraṃ adesayī / idam pi buddhe ratanaṃ paṇītaṃ / etena saccena suvatthi hotu //

Stn. 235. [세존]

그에게 과거는 소멸하고
새로운 태어남은 없으니,
마음은 미래의 생존에 집착하지 않고,
번뇌의 종자를 파괴하고
그 성장을 원치 않으니,
현자들은 등불처럼 꺼져서
열반에 드시나니,
참모임안에야말로
이 훌륭한 보배가 있으니,
이러한 진실로 인해
모두 행복하여지이다.[235)]

---

235) Stn. 235. khīṇaṃ purāṇaṃ navaṃ natthi sambhavaṃ / virattacittā āyatike bhavasmiṃ / te ṇīṇabilā avirūḷhicchandā / nibbanti dhīrā yathāyampadīpo / idampi saṅghe ratanaṃ paṇītaṃ / etena saccena suvatthi hotu //

Stn. 236. [세존]

신들과 인간들에게 섬김을 받는
이렇게 오신 님, 부처님께 예경하오니,
땅에 있는 존재이건 공중에 있는 존재이건,
여기 모인 존재들이여, 모두 행복하여지이다.[236)]

Stn. 237. [세존]

신들과 인간들에게 섬김을 받는
이렇게 오신 님, 가르침께 예경하오니,
땅에 있는 존재이건 공중에 있는 존재이건,
여기 모인 존재들이여, 모두 행복하여지이다.[237)]

---

236) Stn. 236. yānīdha bhūtāni samāgatāni / bhummāni vā yāni va antalikkhe / tathāgataṃ devamanussapūjitaṃ / buddhaṃ namassāma suvatthi hotu //

237) Stn. 237. yānīdha bhūtāni samāgatāni / bhummāni vā yāni va antalikkhe / tathāgataṃ devamanussapūjitaṃ / dhammaṃ namassāma suvatthi hotu //

Stn. 238. [세존]

신들과 인간들에게 섬김을 받는
이렇게 오신 님, 참모임께 예경하오니,
땅에 있는 존재이건 공중에 있는 존재이건,
여기 모인 존재들이여, 모두 행복하여지이다."[238]

238) *Stn. 236. yānīdha bhūtāni samāgatāni / bhummāni vā yāni va antalikkhe / tathāgataṃ devamanussapūjitaṃ / saṃghaṃ namassāma suvatthi hotu //*

2. 아마간다의 경[Āmagandhasutta]

Stn. 239. [바라문 띳싸]

"야생 수수, 풀씨,
야생 고산지대의 콩,
잎의 열매,
뿌리의 열매, 넝쿨 열매,
바르게 얻어진 것을 먹으면서
참사람은
감각적 쾌락의 욕망 때문에
거짓말을 하지 않습니다.[239]

---

239) Stn. 239. sāmākaciṅguḷakacīnakāni / pattapphalaṃ mūlapphalaṃ gavipphalaṃ / dhammena laddhaṃ satam añhamānā / na kāmakāmā alikaṃ bhaṇanti // 히말라야 산에 살던 고행자 아마간다가 부처님의 출현소식을 듣고 어떠한 것이 비린 것인지 질문하자 부처님께서 과거불인 깟싸빠 부처님과 그 당대의 '띳싸'라는 바라문 고행자 사이의 예화를 들어 답변한 것이다.

Stn. 240. [세존]

다른 사람이 주거나 선물한,
잘 준비되고 훌륭하게 요리된 것, 맛있는 것,
쌀밥과 같은 음식을 즐긴다면, 오 깟싸빠여.
그는 비린 것을 즐기는 것입니다.240)

Stn. 241. [세존]

하느님의 친척인 그대는
새의 고기를 훌륭하게 요리해서
함께 쌀밥을 즐기면서도
'나는 비린 것을 허락하지 않는다.'고 합니다.
오 깟싸빠여, 그 뜻을 그대에게 묻건대,
그대가 말한 비린 것이란 어떤 것입니까?"241)

---

240) Stn. 240. yad añhamāno sukataṃ suniṭṭhitaṃ / parehi dinnaṃ payataṃ paṇītaṃ / sālīnam annaṃ paribhuñjamāno / so bhuñjatī kassapa āmagantham //

241) Stn. 241. na āmagandho mama kappatī'ti / icceva tvaṃ bhāsasi brahmabandhu / sālīnamannaṃ paribhuñjamāno / sakuntamaṃsehi susaṃkhatehi / pucchāmi taṃ kassapa etamatthaṃ / kathaṃpakāro tava āmagandho //

Stn. 242. [깟싸빠 부처님]

"살생하고, 학대하고,
자르고, 묶는 일,
도둑질, 거짓말,
사기와 속이는 일,
가치 없는 공부,
남의 아내와 가까이 하는 것,
이것이야말로 비린 것이지
육식이 비린 것은 아닙니다.[242]

---

242) *Stn. 242. pāṇātipāto vadhachedabandhanaṃ / theyyaṃ musāvādo nikatī vañcanānica / ajjhenakujjhaṃ paradārasevanā / esāmagandho na hi maṃsabhojanaṃ //*

Stn. 243. [깟싸빠 부처님]

이 세상에서 감각적 쾌락을
자제하지 않고,
맛있는 것을 탐하고,
부정한 것과 어울리며,
허무하다는 견해를 갖고,
바르지 못하고,
교화하기 어려운 것,
이것이야말로 비린 것이지,
육식이 비린 것이 아닙니다.[243)]

---

243) Stn. 243. ye idha kāmesu asaññatā janā / rasesu giddhā asucīkamissitā / natthikadiṭṭhi visamā durannayā / esāmagandho na hi maṃsabhojanaṃ //

Stn. 244. [깟싸빠 부처님]

거칠고 잔혹하며,
험담을 하고
친구를 배신하고
무자비하며,
몹시 오만하고 인색해서
누구에게도 베풀지 않는 것,
이것이야말로 비린 것이지,
육식이 비린 것이 아닙니다. 244)

---

244) Stn. 244. ye lūkhasā dāruṇā piṭṭhimaṃsikā / mittadduno nikkaruṇātimānino / adānasīlā na ca denti kassaci / esāmagandho na hi maṃsabhojanaṃ //

Stn. 245. [깟싸빠 부처님]

성내고, 교만하고,
완고하고, 적대적이고,
속이고, 질투하고,
호언장담하고,
극히 오만하고,
사악한 자들을 가까이 하는 것,
이것이야말로 비린 것이지,
육식이 비린 것이 아닙니다.[245)]

---

245) Stn. 245. kodho mado thambho paccuṭṭhāpanā ca / māyā usūyā bhassasamussayo ca / mānātimāno ca asabbhi santhavo / esāmagandho na hi masayojanaṃ //

Stn. 246. [깟싸빠 부처님]

악행을 일삼고,
빚을 갚지 않고,
중상하며,
재판에서 위증을 하고,
정의를 가장하고,
이 세상에서 죄과를 범하며
비천하게 행동하는 것,
이것이야말로 비린 것이지,
육식이 비린 것이 아닙니다.[246)]

---

246) *Stn. 246. ye pāpasīlā iṇaghātasūcakā / vohārakūṭā idha pāṭirūpikā / narādhamā ye'dha karonti kibbisaṃ / esāmagandho na hi maṃsabhojanaṃ //*

Stn. 247. [깟싸빠 부처님]

세상의 살아 있는 생명을
수호하지 못하고,
남의 것을 빼앗으면서
그들을 해치려 하고,
계행을 지키지 않고,
잔인하고, 거칠고, 무례한 것,
이것이야말로 비린 것이지,
육식이 비린 것이 아닙니다.247)

---

247) *Stn. 247. yo idha pāṇesu asaññatā janā / paresam ādāya vihesam uyyutā / dussīlaluddā pharusā anādarā / esāmagandho na hi maṃsabhojanaṃ //*

Stn. 248. [깟싸빠 부처님]

묫삶으로서 욕심내고,
적대적이고 공격적이고,
항상 그런 일에 바쁘고,
죽어서는 암흑에 이르며,
머리를 거꾸로 처박고
지옥에 떨어지는 것,
이것이야말로 비린 것이지,
육식이 비린 것이 아닙니다.[248)]

---

248) Stn. 248. etesu giddhā viruddhātipātino / niccuyyutā pecca tamaṃ vajanti ye / patanti sattā nirayaṃ avaṃsirā / esāmagandho na hi maṃsabhojanaṃ //

Stn. 249. [깟싸빠 부처님]

생선이나 고기를 먹지 않는 것이나,
단식하는 것이나,
벌거벗거나, 삭발하거나,
상투를 틀거나, 먼지를 뒤집어쓰거나,
거친 사슴가죽옷을 걸치는 것도,
불의 신을 섬기는 것도,
또는 불사를 얻기 위해 행하는
많은 종류의 고행이나,
주문을 외우거나,
헌공하거나, 제사를 지내는 것이나,
계절에 따라 행하는 수련도
모두 의혹을 떠나지 못한 자를
청정하게 할 수 없습니다.249)

---

249) Stn. 249. na macchamaṃsaṃ nānasakattaṃ / na naggiyaṃ na muṇḍiyaṃ jaṭā jallaṃ kharājināni vā / nāggihuttass'upasevanā va yā / ye vā pi loke amarā bahū tapā / mantā'hutī yaññam utūpavesanā / sodhenti maccaṃ avitiṇṇakaṅkhaṃ //

Stn. 250. [깟싸빠 부처님]

욕망의 흐름 속에서
자신을 수호하고,
감관을 제어하며 유행하십시오.
진리에 입각해서
바르고 온화한 것을 즐기고,
집착을 뛰어넘어서
모든 고통을 끊어버린 현명한 님은
보이는 것과 들리는 것 속에서
더럽혀지지 않습니다."250)

---

250) Stn. 250. sotesu gutto viditindriyo care / dhamme ṭhito ajjavamaddace rato / saṅgātigo sabbadukkhappahīno / na lippati diṭṭhasutesu dhīro //

Stn. 251. [송출자]

"이처럼 그 뜻을 세존께서 거듭 말씀하셨으니,
지혜의 궁극에 도달한 님으로서 그것을 알고,
비린 것을 떠나 걸림이 없이 우리를 이끄는
해탈하신 님으로 여러 싯귀로 설했습니다.[251)]

Stn. 252. [송출자]

깨달은 님께서 훌륭하게 가르치신 말씀,
비린 것을 떠나 모든 고통을 소멸시키는
말씀을 듣고, 그는 겸허한 마음으로
이렇게 오신 님께 예배를 드리고,
바로 그 자리에서 출가를 청원했습니다."[252)]

---

251) Stn. 251. icc'etam atthaṃ bhagavā punappunaṃ / akkhāsi naṃ vedayi mantapāragū / citrāhi gāthāhi munippakāsayi / nirāmagandho asito durannayo //

252) Stn. 252. sutvāna buddhassa subhāsitaṃ padaṃ / nirāmagandhaṃ sabbadukkhappanūdanaṃ / nīcamano vandi tatāhāgatassa / tattheva pabbajjam ārocayitthā ti //

3. 부끄러움의 경[Hirisutta]

Stn. 253. [세존]

"부끄러움을 알지 못하고, 그것을 혐오하여
'나는 당신의 친구다.'라고 말하면서도,
할 수 있는 일을 도맡아 도와주지 않는다면,
그는 친구가 아님을 알아야 합니다. 253)

---

253) Stn. 253. hiriṃ tarantaṃ vijigucchamānaṃ / sakhā'hamasmi iti bhāsamānaṃ / sayhāni kammāni anādiyantaṃ / n'eso mamanti iti taṃ vijaññā // 싸밧티 시에 어떤 대부호가 살았는데, 그에게 귀여운 외아들이 있었다. 그는 아들을 왕자처럼 키우다가 아들이 청년이 되었을 때에 재산을 물려주지 못하고 아내와 함께 죽었다. 후에 창고지기가 보물을 열어 청년이 된 그에게 '이것이 부모의 재산이다.'라고 내주었다. 청년은 재물을 보고는 '재물을 쌓은 사람은 재물을 보지도 못하고, 죽음의 힘에 빼앗기고 하나도 가져가지 못한다.'고 알고는 그 재물을 버리고 항상 지닐 수 있는 덕행의 재물을 쌓기로 마음먹고 고행을 하며 지내다가 부처님을 만나 친구에 대해서 질문한 것인데, 부처님이 거기에 답변했다.

Stn. 254. [세존]

친구들에게 실천 없이
사랑스런 말만 앞세운다면, 그에 대해
말만하고 실천하지 않는 자라고
현명한 님들은 알아야 합니다.254)

Stn. 255. [세존]

항상 전전긍긍 금이 갈까 염려하면서도,
벗의 결점만을 본다면, 그는 친구가 아닙니다.
아빠품의 아들처럼 쉬고, 타인 때문에
금가지 않는 사람이야말로 친구입니다.255)

---

254) Stn. 254. ananvayaṃ piyaṃ vācaṃ / yo mittesu pakubbati / akarontaṃ bhāsamānaṃ / parijānanti paṇḍitā //

255) Stn. 255. na so mitto yo sadā appamatto / bhedāsaṅkī randham evānupassī / yasmiñca setī urasīva putto / sa ve mitto so parehi abhejjo //

Stn. 256. [세존]

훌륭한 결과를 바라는 님은
인간으로서 적당한 짐을 지고,
기쁨을 낳고, 칭찬을 받으며,
안락을 가져 올 조건을 닦습니다.256)

Stn. 257. [세존]

멀리 여읨의 맛을 누리고,
고요함의 맛을 누리고,
진리의 기쁨이 있는 맛을 누리는 님은
고뇌를 떠나고 악을 떠납니다."257)

---

256) *Stn. 256. pāmujjakaraṇaṃ ṭhānaṃ / pasaṃsāvahanaṃ sukhaṃ / phalānisaṃso bhāveti / vahanto porisaṃ dhuraṃ //*
257) *Stn. 257. pavivekarasaṃ pitvā / rasaṃ upasamassa ca / niddaro hoti nippāpo / dhammapīti rasaṃ pibanti //*

4. 고귀한 축복의 경[Mahāmaṅgalasutta]

이와 같이 나는 들었다.

한 때 세존께서 싸밧티 시 시의 제따 숲에 있는 아나타삔디까 승원에 계셨다.

그 때 마침 어떤 하늘나라 사람이 한 밤중을 지나 아름다운 모습으로 제따 숲를 두루 비추며 세상에서 존귀한 님께서 계신 곳을 찾았다. 다가와서 그 하늘사람은 세존께 시로써 이와 같이 말했다.

Stn. 258. [하늘사람]

"많은 하늘나라 사람과 사람들,
최상의 축복을 소망하면서
행복에 관해 생각하오니,
최상의 축복이 무엇인지 말씀해주소서."258)

---

258) Stn. 258. bahu devā manussā ca / maṅgalāni acintayuṃ / ākaṅkhamānā sotthānaṃ / brūhi maṅgala muttamaṃ // 세존께서 싸밧티 시에 계실 때, 전 인도에서 도시의 성문이나 집회당에서 세속적으로 '어떠한 것이 축복(吉祥=祥瑞)인가'에 대해 논쟁이 있자, 하늘사람이 대신하여 부처님께 질문한 것이다.

Stn. 259. [세존]

“어리석은 자와 사귀지 않으며,
슬기로운 님을 섬기고,
존경할 만한 님을 공경하오니,
이것이야말로 더 없는 축복입니다.259)

Stn. 260. [세존]

분수에 맞는 곳에서 살고,
일찍이 공덕을 쌓아서,
스스로 바른 서원을 하오니,
이것이야말로 더 없는 축복입니다.260)

---

259) Stn. 259. asevanā ca bālānaṃ / paṇḍitānañca sevanā / pūjā ca pūjanīyānaṃ / etaṃ maṅgalamuttamaṃ //
260) Stn. 260. patirūpadesavāso ca / pubbe ca katapuññatā / attasammāpaṇidhi ca / etaṃ maṅgalamuttamaṃ //

Stn. 261. [세존]

많이 배우고 익히며
절제하고 훈련하여
의미 있는 대화를 나누오니,
이것이야말로 더 없는 축복입니다.261)

Stn. 262. [세존]

아버지와 어머니를 섬기고,
아내와 자식을 돌보고,
일을 함에 혼란스럽지 않으오니,
이것이야말로 더 없는 축복입니다.262)

---

261) Stn. 261. bāhusaccañ ca sippañ ca / vinayo ca susikkhito / subhāsitā ca yā vācā / etaṃ maṅgalamuttamaṃ //
262) Stn. 262. mātāpitū upaṭṭhānaṃ / puttadārassa saṅgaho / anākulā ca kammantā / etaṃ maṅgalamuttamaṃ //

Stn. 263. [세존]

나누어 주고 정의롭게 살고,
친지를 보호하며,
비난받지 않는 행동을 하오니,
이것이야말로 더 없는 축복입니다.263)

Stn. 264. [세존]

악한 행위를 싫어하여 멀리하고,
술 마시는 것을 절제하고,
가르침에 방일하지 않으오니,
이것이야말로 더 없는 축복입니다.264)

---

263) Stn. 263. dānañca dhammacariyā ca / ñātakānañca saṅgaho / anavajjāni kammāni / etaṃ maṅgalamuttamaṃ //

264) Stn. 263. ārati viratī pāpā / majjapānā ca saññamo / appamādo ca dhammesu / etaṃ maṅgalamuttamaṃ // 가르침은 착하고 건전한 것들의 실천을 말한다.

Stn. 265. [세존]

존경하고 겸손할 줄 알고,
만족하고 감사할 줄 아는 마음으로
때에 맞추어 가르침을 들으니,
이것이야말로 더 없는 축복입니다.265)

Stn. 266. [세존]

인내하고 온화한 마음으로
수행자를 만나서
가르침을 서로 논의하니,
이것이야말로 더 없는 축복입니다.266)

---

265) Stn. 265. gāravo ca nivāto ca / santuṭṭhi ca kataññutā / kālena dhammasavaṇaṃ / etaṃ maṅgalamuttamaṃ //

266) Stn. 266. khantī ca sovacassatā / samaṇānañca dassanaṃ / kālena dhammasākacchā / etaṃ maṅgalamuttamaṃ //

Stn. 267. [세존]

감관을 제어하여 청정하게 살며,
거룩한 진리를 관조하여,
열반을 실현하니,
이것이야말로 더 없는 축복입니다.267)

Stn. 268. [세존]

세상살이 많은 일에 부딪쳐도
마음이 흔들리지 아니하고,
슬픔 없이 티끌 없이 안온하니,
이것이야말로 더 없는 축복입니다.268)

---

267) Stn. 267. tapo ca brahmacariyañ ca / ariyasaccāna dassanaṃ / nibbānasacchikiriyā ca / etaṃ maṅgalamuttamaṃ //

268) Stn. 268. phuṭṭhassa lokadhammehi / cittaṃ yassa na kampati / asokaṃ virajaṃ khemaṃ / etaṃ maṅgalamuttamaṃ //

Stn. 269. [세존]

이러한 방법으로 그 길을 따르면,
어디서든 실패하지 아니하고
모든 곳에서 번영하리니,
이것이야말로 더 없는 축복입니다."[269)]

---

269) *Stn. 269. etādisāni katvāna / sabbattha-m-aparājitā / sabbattha sotthiṃ gacchanti / taṃ tesaṃ maṅgalam uttaman ti //*

5. 쑤찔로마의 경[Sūcilomasutta]

이와 같이 나는 들었다.

한때 세존께서 가야 마을의 땅끼따만짜에 있는 쑤찔로마라는 야차의 집에 계셨다.

그런데 그때 카라라는 야차와 쑤찔로마 야차가 세존께서 계신 곳에서 멀지 않은 곳을 지나고 있었다. 그때 야차 카라는 야차 쑤찔로마에게 이와 같이 말했다.

[카라] "이분은 수행자이다."

[쑤찔로마] "아니다. 그는 수행자가 아니다. 적어도 그가 수행자인지 새내기 수행자인지 내가 알 때까지 그는 새내기 수행자이다."

그리고 야차 쑤찔로마는 세존께서 계신 곳으로 찾아왔다. 가까이 다가와서 세존께 몸을 굽혀 부딪쳤다. 그래서 세존께서는 몸을 젖혔다.

그때 야차 쑤찔로마는 세존께 이와 같이 말씀드렸다.

[쑤찔로마] "수행자여, 그대는 나를 두려워합니까?"

[세존] "벗이여, 나는 결코 그대를 두려워하지 않지만 아까 그대의 부딪힘은 기분 나쁜 것입니다."

[쑤찔로마] "수행자여, 나는 그대에게 질문을 하고자 합니다. 만약 그대가 나에게 대답하지 못하면, 나는 당신의

마음을 미치게 하거나 심장을 찢어버리거나 또는 두 발을 붙잡아 갠지스 강 저쪽으로 던져버릴 것입니다."

[세존] "벗이여, 나는 이 신들의 세계, 악마들의 세계, 하느님들의 세계, 성직자들과 수행자들의 후예들, 그리고 왕들과 백성들의 세계에서 나의 마음을 미치게 하고 나의 심장을 찢어버리고 나의 두 발을 붙잡아 갠지스 강 저쪽으로 던질 수 있는 사람을 나는 보지 못했습니다. 그렇지만 벗이여, 그대가 원하는 것을 한 번 질문해 보십시오."

그래서 야차 쑤찔로마는 세존께 이와 같이 질문했다.

Stn. 270. [야차 쑤찔로마]

"탐욕과 미움은
어디서 일어납니까?
불쾌함과 즐거움과
털이 곤두서는 전율은
어디서 일어납니까?
어린아이들이 다리를 묶어
까마귀를 놓아준 것처럼
마음의 생각은
어디로부터 일어납니까?"270)

Stn. 239. [세존]

"탐욕과 미움은
여기서 연유하고
불쾌함과 즐거움도
털이 곤두서는 전율도
여기서 일어납니다.
어린아이들이 다리를 묶어
까마귀를 놓아준 것처럼
마음의 상념은
여기서 일어납니다.271)

---

270) Stn. 270. rāgo ca doso ca kutonidāno / aratī ratī lomahaṃso kutojā / kuto samuṭṭhāya manovitakkā / kumārakā dhaṅkam iv' ossajanti //

271) Stn. 271. rāgo ca doso ca itonidāno / aratī ratī lomahaṃso itojā / ito samuṭṭhāya manovitakkā / kumārakā dhaṅkam iv'ossajanti //'여기서'는 자신의 몸을 의미한다.

Stn. 239. [세존]

벵골 보리수에 많은
줄기가 나 있는 것처럼,
갈애에서 일어나며
스스로에게서 생겨납니다.
칡이 숲 속으로
퍼져나가는 것처럼,
많은 사람들이
감각적 쾌락의 욕망에
얽매어 있습니다.[272]

---

272) Stn. 272. snehajā attasambhūtā / nigrodhassevi khandhajā / puthu visattā kāmesu / māluvā'va vitatā vane //

Stn. 239. [세존]

어디에서 생겨났는가를
밝게 아는 사람들은
그 원인을 없애버립니다.
야차여, 들으시오.
그들은 건너기 어려운
거센 흐름을 건너,
다시는 태어나지 않습니다."[273)]

273) Stn. 273. ye naṃ pajānanti yato nidānaṃ / te naṃ vinodenti suṇohi yakkha / te duttaraṃ oghamimaṃ taranti / atiṇṇapubbaṃ apunabbhavāyāti // 거센 흐름에 대해서는 Stn. 21의 주석을 보라.

6. 정의로운 삶의 경[Dhammacariyasutta]

Stn. 274. [세존]

"정의로운 삶, 청정한 삶,
이것을 위없는 재보라고 한다.
집에서 집 없는 곳으로
출가하였더라도, 마찬가지이다.274)

---

274) Stn. 274. dhammacariyaṃ brahmacariyaṃ / etadāhu vasuttamaṃ / pabbajito pi ce hoti / agārasmā anagāriyaṃ // 이 경을 까삘라의 경(Kapilasutta)이라고도 부른다. 까삘라는 깟사빠 부처님 시대에 수행승으로 삼장에 통달했으나 교만하여 많은 악을 저질러 죽은 뒤에 현세에 물고기로 태어났다. 어부가 그 물고기를 잡아서 꼬쌀라 국왕에게 바쳤다. 왕은 그 황금색의 유래를 알려고 부처님 앞으로 가져왔다. 그런데 그 물고기가 입을 열자 제따 숲 전체가 악취로 진동했다. 이때 부처님은 질문을 던져 그 물고기에게 자신의 죄를 고백하게 만들고, 제따바나 숲에 모인 대중들에게 이 경을 설했다.

Stn. 275. [세존]

거친 말씨를 쓰고
남을 괴롭히기 좋아하는 짐승,
그의 생명은 더욱 악해지고
자신을 더러운 먼지로 오염시킨다. 275)

Stn. 276. [세존]

논쟁을 즐기는 수행승은
우매한 성품으로 덮여 있어
깨달은 님께서 친히 설한
설법조차 알아듣지 못한다. 276)

---

275) *Stn. 275. so ce mukharajātiko / vihesābhirato mago / jīvitaṃ tassa pāpiyo / rajaṃ vaḍḍheti attano //*

276) *Stn. 276. kalahābhirato bhikkhu / mohadhammena āvaṭo / akkhatampi na jānāti / dhammā buddhena desitaṃ //*

Stn. 277. [세존]

그는 무명에 이끌려,
수행하는 사람들을 괴롭히고,
지옥으로 가는 길인
번뇌를 알지 못한다.[277]

Stn. 278. [세존]

참으로 이러한 수행승은
타락한 곳에 태어난다.
모태에서 모태로, 암흑에서 암흑으로,
죽은 후에도 고통을 받게 된다.[278]

---

277) *Stn. 277. vihesaṃ bhāvitattānaṃ / avijjāya purakkhato / saṃkilesaṃ na jānāti / maggaṃ nirayagāminaṃ //*

278) *Stn. 278. vināpātaṃ samāpanno / gabbhā gabbhaṃ tamā tamaṃ / save tādisako bhikkhu / pecca dukkhaṃ nigacchati //*

Stn. 279. [세존]

똥구덩이가 세월이 지나
똥으로 가득 차듯,
더러운 자는 참으로
깨끗해지기 어렵다. 279)

Stn. 280. [세존]

수행승들이여, 이와 같은 자는,
실제로는 세속에 묶여,
악을 원하고 악한 의도를 갖고 있으니,
수행의 초원에서 악을 행하는 것을 알아라. 280)

---

279) Stn. 279. gūthakūpo yathā assa / samapuṇṇo gaṇavassiko / yo evarūpo assa / dubbisodho hi s'aṅgaṇo //

280) Stn. 280. yaṃ evarūpaṃ jānātha / bhikkhavo gehanissitaṃ / pāpicchaṃ pāpasaṅkappaṃ / pāpācāragocaraṃ // 초원은 행경 즉 활동반경을 말한다.

Stn. 281. [세존]

그대들은 모두 화합해서
그러한 자를 물리치고,
쌀겨처럼 그를 키질하여
쓰레기처럼 날려 버려라.281)

Stn. 282. [세존]

그리하여 수행자가 아니면서
수행자인 체하는 악한 욕망에 사로잡혀 있고,
수행의 초원에서 악을 행하는 자들,
그 쌀겨들을 날려 버려야 한다.282)

---

281) Stn. 281. sabbe samaggā hutvāna / abhinibbijjayātha naṃ / kāraṇḍavaṃ niddhamatha / kasambuṃ apakassatha //

282) Stn. 282. tato palāpe vāhetha / assamaṇe samaṇamānīne / niddhamitvāna pāpicche / pāpaācāragocare //

Stn. 283. [세존]

청정한 자들이라면 서로 새김을 가지고
청정한 사람들과 함께 살도록 하라.
그리하면 서로 화합하여
슬기롭게 괴로움의 종식을 이루리라."[283)]

---

283) Stn. 283. suddhā suddhehi saṃvāsaṃ / kappayavho patissatā / tato samaggā nipakā / dukkhassantaṃ karissathāti //

7. 바라문의 삶의 경[Brāhmaṇadhammikasutta]

이와 같이 나는 들었다.

한 때 세존께서 싸밧티 시 시의 제따 숲에 있는 아나타 삔디까 승원에 계셨다. 마침 그 때 많은 늙고 연로하고 나이가 들고 만년에 이르러 노령에 달한, 꼬쌀라 국의 큰 부호들인 바라문들이 세존께서 계신 곳을 찾았다. 그들은 가까이 다가와서 세존께 인사를 드리고 서로 안부를 주고받은 뒤에 한 쪽으로 물러 앉았다. 한 쪽으로 물러 앉아 그들 큰 부호들인 바라문들은 세존께 여쭈었다.

[바라문들] "고따마시여, 대체 현재의 바라문들은 옛날 바라문들이 행하던 바라문의 삶을 따라 살고 있다고 봅니까?"

[세존] "바라문이여, 지금의 바라문들은 예전 바라문들이 행하던 바라문의 삶을 따라 살고 있다고 보지 않습니다."

[바라문들] "그러면, 고따마시여, 방해가 되지 않는다면, 옛날 바라문들이 행하던 바라문의 삶에 대하여 우리에게 말씀해주십시오."

[세존] "그러면 바라문들이여, 잘 듣고 새기십시오. 내가 말하겠습니다."

[바라문들] "세존이시여, 그렇게 하겠습니다."

그들 바라문들은 세존께 대답했다. 그러자 세존께서는 이와 같이 말씀하셨다.

Stn. 284. [세존]

"옛날에 살았던 바라문 선인들은
자신을 다스리는 고행자였습니다.
그들은 감각적 쾌락의 대상들을 버리고,
자기의 참된 이익을 위해 유행하였습니다.284)

Stn. 285. [세존]

그들 바라문들은 가축도 갖지 않고,
황금도 곡식도 갖지 않고,
그러나 베다의 독송을 재보와 곡식으로 삼아,
하느님의 보물을 지켰던 것입니다.285)

---

284) Stn. 284. isayo pabbakā āsuṃ / saññatattā tapassino / pañcakāmaguṇe hitvā / atta-d-attham acārisuṃ //

285) Stn. 285. na pasū brāhmaṇānāsuṃ / na hiraññaṃ na dhānīyaṃ / sajjhāyadhanadhaññāsuṃ / brahmaṃ nidhimapālayuṃ //

Stn. 286. [세존]

그들을 위해 마련된 것,
믿음으로 준비된, 집문 앞에 놓인 음식이
그것을 구하는 자들에게
주어져야 한다고 그들은 생각했습니다.286)

Stn. 287. [세존]

갖가지 채색으로 물들인 의복과
잘 만들어진 침상과 주거를 갖춘
풍요로운 지방과 왕국의 사람들은
모두들 바라문에게 경의를 표했습니다.287)

---

286) *Stn. 286. yaṃ tesaṃ pakataṃ āsi / dvārabhattaṃ upaṭṭhitaṃ / saddhapakatam esānaṃ / dātave tad amaññisuṃ //*

287) *Stn. 287. nānarattehi vatthehi / sayanebh'āvasathehi ca / phitā janapadā raṭṭhā / te namassiṃsu brāhmaṇe //*

Stn. 288. [세존]

바라문들은 처형을 면하고
재산압류를 면하고, 법의 보호를 받았습니다.
또한 그들이 집집마다 방문하더라도,
아무도 그들을 결코 방해하지 않았습니다.[288)]

Stn. 289. [세존]

그 옛날의 바라문들은
사십 팔 년 동안이나 동정을 지키며
청정한 삶을 살았고,
명지와 덕행을 구했습니다.[289)]

---

288) Stn. 288. avajjhā brāhmaṇā āsuṃ / ajeyyā dhammarakkhitā / na ne koci nivāresi / kuladvāresu sabbaso //

289) Stn. 289. aṭṭhacattārisaṃ vassāni / komārabrahmacariyaṃ cariṃsu te / vijjācaraṇapariyiṭṭhiṃ / acaruṃ brāhmaṇā pure //

Stn. 290. [세존]

다른 계층의 아내를 구하지 않았으니,
바라문들은 아내를 사지도 않았습니다.
그들은 오로지 서로 사랑하면서
함께 살고 화목하여 즐거워했습니다.290)

Stn. 291. [세존]

월경 기간이 끝난 후에,
바른 시기를 제쳐두고,
그 사이에 바라문들은
결코 성적 교섭을 갖지 않았습니다.291)

---

290) Stn. 290. na brāhmaṇā aññam agamuṃ / na pi bhariyaṃ kiṇiṃsu te / sampiyeneva saṃvāsaṃ / saṃgantivā samarocayuṃ //

291) Stn. 291. aññatra tamhā samayā utuveramaṇim pati / antarā methunaṃ dhammaṃ nāssu gacchanti brāhmaṇā //

Stn. 292. [세존]

청정한 삶과 계행을 지키는 것,
정직하고, 친절하고, 절제하고,
온화하고 남을 해치지 않는 것,
그리고 또한 인내하는 것을 칭찬했습니다.[292)]

Stn. 293. [세존]

그들 중에서 으뜸가는
용맹스런 바라문들은
성적 교섭에 빠지는 일을
꿈속에서조차 하지 않았습니다.[293)]

---

292) Stn. 292. brahmacariyañ ca sīlañ ca / ajjavaṃ maddavaṃ tapaṃ / soraccaṃ avihiṃsañca khantiñcāpi avaṇṇayuṃ //

293) Stn. 293. yo nesaṃ paramo āsi / brahmā daḷhaparakkamo / sa cāpi methunaṃ dhammaṃ / supinante'pi nāgamā //

Stn. 294. [세존]

그 행동을 본받아,
이 세상에 일부 양식있는 사람들은
청정한 삶을 사는 것과 계행을 지키는 것과
인내하는 것을 찬탄했습니다.[294)]

Stn. 295. [세존]

그들은 쌀과 침구와 의복과
버터와 기름을 정의롭게 모아
제사를 지냈고, 제사를 지낼 때에
결코 소를 잡지 않았습니다.[295)]

---

294) *Stn. 294. tassa vattam anusikkhantā / idheke vaññujātikā / brahmacariyañ ca sīlañca / khantiñcāpi avaṇṇayuṃ //*

295) *Stn. 295. taṇḍulaṃ sayanaṃ vatthaṃ / sappitelañ ca yāciya / dhammena samudānetvā / tato yaññam akappayuṃ / upaṭṭhitasmiṃ yaññasmiṃ / nāssu gāvo haniṃsu te //*

Stn. 296. [세존]

어머니와 아버지와 형제
또는 다른 친척들과 마찬가지로
소들는 우리들의 최상의 벗입니다.
그리고 소들에게서는 약들이 생깁니다.[296)]

Stn. 297. [세존]

소들은 우리에게 음식을 제공하고,
근력을 제공하고, 훌륭한 용모를 제공하고,
또한 좋은 건강을 제공합니다.
소에게 이러한 이익이 있음을 알아,
그들은 소를 죽이지 않았습니다.[297)]

---

296) *Stn. 296. yathā mātā pitā bhātā / aññe vipi ca ñātakā / gāvo no paramā mittā / yāsu jāyanti osadhā //*
297) *Stn. 297. annadā baladā cetā / vaṇṇadā sukhadā tathā / etamatthamasaṃ ñatvā / sāssu gāvo haniṃsu te //*

Stn. 298. [세존]

바라문들은 손발이 부드럽고
몸이 크며
용모가 단정하고
명성이 있으며,
몸소 실천하며 할 일은 하고,
해서는 안 될 일은
하지 않으려고 노력하였습니다.
그들이 세상에 있는 동안에
이 세상 사람들은
안락하고 번영했습니다.[298)]

---

298) Stn. 298. sukhumālā mahākāyā / vaṇṇavanto yasassino / brāhmaṇā sehi dhammehi / kiccākiccesu ussukā / yāva loke avattiṃsu / sukham edhitth'ayam pajā //

Stn. 299. [세존]

그런데 하잘 것 없는 것 속에
하잘 것 없는 것,
왕자의 영화로운 삶과
화려하게 단장한 부인들을 보고 나서,
그들에게 전도된 견해가 생겨났습니다.299)

Stn. 300. [세존]

잘 만들어지고 아름답게 수놓아진
준마가 이끄는 수레,
여러 방으로 나눠지고 잘 배치된
주택과 거처를 보고 나서 입니다.300)

---

299) Stn. 299. tesaṃ āsi vipallāso / disvāna aṇuto aṇuṃ / rājino va viyākāraṃ / nariyo ca samalaṅkatā //

300) Stn. 300. rathe cājaññasaṃyutte / sukate cittasibbane / nivesane nivese ca / vibhatte bhāgaso mite //

Stn. 301. [세존]

소들의 무리에 둘러싸이고
아름다운 미녀들이 뒤따르는
인간의 막대한 부를 누리고 싶은 열망에
바라문들은 사로잡히고 말았습니다.301)

Stn. 302. [세존]

그래서 그들은 베다의 진언들을 편찬하고,
저 옥까까 왕에게 가서 말했습니다.
'당신은 재산도 곡식도 풍성합니다.
제사지내십시오, 당신은 재보가 많습니다.
제사지내십시오, 당신은 재물이 많습니다.'302)

---

301) Stn. 301. gomaṇḍalaparibbūḷhaṃ / nārīvaragaṇāyutaṃ / uḷāraṃ mānusaṃ bhogaṃ / abhijjhāyiṃsu brāhmaṇā //

302) Stn. 302. te tattha mante ganthetvā / okkākaṃ tad upāgamuṃ / pahūtadhanadhañño si / yajassu bahu te vittaṃ / yajassu bahu te dhanaṃ // 옥까까 왕은 리그 베다에도 등장하며 싸끼야 족과 꼴리야 족의 조상으로 한역은 감자왕(甘蔗王)이다. 그는 총애하는 여인의 아들에게 왕위를 물려주려고 다른 아내의 나이든 왕자들을 쫓아내었는데, 그들이 히말라야 기슭에서 싸끼야 족을 이루었다.

Stn. 303. [세존]

그래서 수레 위의 정복자인 왕은
바라문들의 권유로 말의 희생제,
인간의 희생제, 막대를 던지는 제사,
쏘마를 마시는 제사,
아무에게나 공양하는 제사,
이러한 제사를 지내고,
바라문들에게 재물을 주었습니다.303)

Stn. 239. [세존]

소들과 침구와 의복,
잘 치장한 여인들,
잘 만들어지고 아름답게 수놓아진
준마가 이끄는 수레,304)

---

303) Stn. 303. tato ca rājā saññatto / brāhmaṇehi rathesabho / assamedhaṃ purisamedhaṃ / sammāpāsaṃ vājapeyyaṃ niraggaḷaṃ / ete yāge yajitvāna / brāhmaṇānaṃ adā dhanaṃ //

304) Stn. 304. gāvo sayanañ ca vatthañ ca / nariyo ca sama-

Stn. 305. [세존]

여러 방으로 나뉘어 있고
잘 배치된, 화려한 주택을
여러 가지 식량을 가득 채워
바라문들에게 재물로 주었습니다.305)

Stn. 306. [세존]

이렇게 재물을 얻어 축적하는데
재미를 붙이게 되었고,
욕망에 깊이 빠져들자,
그들의 갈애는 더욱 더 늘어만 갔습니다.
그래서 베다의 진언을 편찬하여
다시 옥까까 왕을 찾아갔습니다.306)

---

laṅkatā / rathe cājaññasaṃyutte / sukate cittasibbane //

305) *Stn. 305. nivesanāni rammāni suvibhattāni bhāgaso / nānādhaññassa pūretvā brāhmaṇānaṃ adā dhanaṃ //*

306) *Stn. 306. te ca tattha dhanaṃ laddhā / sannidhiṃ samarocayuṃ / tesaṃ icchāvatiṇṇānaṃ / bhiyyo taṇhā pavaḍḍhatha / te tattha mante ganthetvā / okkākaṃ punam upāgamuṃ //*

Stn. 307. [세존]

'물과 토지와 황금과 재물과 곡식이
살아 있는 자들의 필수품인 것과 같이,
소도 사람들의 필수품입니다.
제사지내십시오, 당신은 재물이 많습니다.
제사지내십시오, 당신은 재보가 많습니다.'307)

Stn. 308. [세존]

그래서 수레 위의 정복자인 왕은
바라문들의 권유로
수백 수천 마리의 소를
제물로 잡게 되었습니다.308)

---

307) Stn. 307. yathā āpo ca paṭhavī ca / hiraññaṃ dhanadhāniyaṃ / evaṃ gāvo manussānaṃ / parikkhāro so hi pāṇinaṃ / yajassu bahu te vittaṃ / yajassu bahu te dhanaṃ //

308) Stn. 308. tato ca rājā saññatto / brāhmaṇehi rathesabho / nekā satasahassiyo / gāvo yaññe aghātayī //

Stn. 309. [세존]

두 발이나 양 뿔, 어떤 것으로든지
해를 끼치지 않는 소들은 양처럼 유순하고,
항아리가 넘치도록 젖을 짤 수 있었는데,
왕은 뿔을 잡고 칼로 소를 죽게 했습니다.309)

Stn. 310. [세존]

칼로 소들이 베어지자
신들과 조상의 신령과
제석천, 아수라, 나찰들은
'불법적인 일이다.'고 소리쳤습니다.310)

---

309) Stn. 309. na pādā na visāṇena / nāssu hiṃsanti kenaci / gāvo eḷakasamānā / soratā kumbhadūhanā / tā visāṇe gahetvāna / rājā satthena ghātayi //

310) Stn. 310. tato ca devā pitaro / indo asurarakkhasā / adhammo iti pakkanduṃ / yaṃ satthaṃ nipatī gave //

Stn. 311. [세존]

예전에는 탐욕과 굶주림과 늙음의
세 가지 병밖에는 없었소.
그런데 많은 가축들을 살해한 까닭에
아흔여덟 가지나 되는 병이 생긴 것입니다.[311)]

Stn. 312. [세존]

이와 같은 불의의 폭력으로,
아무런 해도 끼치지 않는 것을 죽인다는 것은
그 옛날부터 있었던 것입니다.
제사지내는 자들이 정의를 파괴했던 것입니다.[312)]

---

311) Stn. 311. tayo rogā pure āsuṃ / icchā anasanaṃ jarā / pasūnañ ca samārambhā / aṭṭhānavuti-m-āgamuṃ //

312) Stn. 312. eso adhammo daṇḍānaṃ / okkanto purāṇo ahū / adūsikāyo haññanti / dhammā dhaṃsenti yājakā //

Stn. 313. [세존]

이와 같이 옛날부터 내려온 풍습은
지혜로운 님의 비난을 받아 왔습니다.
사람들은 이러한 일을 볼 때마다
제사지내는 자들을 비난하게 되었습니다.313)

Stn. 314. [세존]

이렇게 해서 정의가 무너지자,
노예와 평민이 나누어지고,
여러 갈래로 왕족들이 분열하고,
아내는 지아비를 경멸하게 되었습니다.314)

---

313) Stn. 313. evam eso aṇudhammo / porāṇo viññūgarahito / yattha edisakaṃ passati / yājakaṃ garahatī jano //

314) Stn. 314. evaṃ dhamme viyāpanne / vibhinnā sudda-vessikā / puthu vibhinnā khattiyā / pati bhariyā avamaññatha //

Stn. 315. [세존]

왕족들이나 하느님의 친족들 또는
종족에 의해 수호되고 있던
다른 자들도 태생에 의한 윤리를 버리고
감각적 욕망에 사로잡히고 말았습니다."[315]

이와 같이 말씀하시자, 그들 대부호인 바라문들은 세존께 이와 같이 말씀드렸다.

[바라문들] "존자 고따마시여, 훌륭하십니다. 존자 고따마시여, 훌륭하십니다. 존자 고따마시여, 마치 넘어진 것을 일으켜 세우듯이, 가려진 것을 열어보이듯이 어리석은 자에게 길을 가리켜주듯이, 눈을 갖춘 자는 형상을 보라고 어둠 속에 등불을 가져오듯이, 존자 고따마께서는 이와 같이 여러 가지 방법으로 진리를 밝혀주셨습니다. 그러므로 이제 세존이신 고따마께 귀의합니다. 또한 그 가르침에 귀의합니다. 또한 그 수행승의 참모임에 귀의합니다. 오늘부터 목숨 받쳐 귀의하오니 세존이신 고따마께서는 재가의 신자로서 받아 주십시오."

---

315) Stn. 315. khattiyā brahmabandhū ca / ye c'aññe gottarakkhitā / jātivādaṃ niraṃkatvā / kāmānaṃ vasam upāgamuṃ //

8. 나룻배의 경[Nāvāsutta]

Stn. 316. [세존]

“누군가에게 배워 진리를 알게 되었다면,
하늘사람이 제석천을 섬기듯, 그를 대하라.
많이 배운 님은 섬김을 받으면,
기쁜 마음으로 그에게 진리를 밝혀 보인다.[316)]

---

316) Stn. 316. yasmā hi dhammaṃ puriso vijaññā / indaṃ va naṃ devatā pūjayeyya / so pūjito tasmiṃ pasannacitto / bahussuto pātukaroti dhammaṃ // 싸리뿟따는 존자 앗싸지에게서 '일체의 사실은 원인이 있어 생겨난다.'는 부처님의 가르침을 듣고 출가했기 때문에 '나는 이 존자로 인해서 세존의 가르침을 알게 되었다.'라고 항상 고마워하여 출가 후에 항상 그의 시중을 들었다. 앗싸지가 한 곳에 함께 있지 않을 때에는 존자가 있는 곳을 향해서 다섯 번 예배하고 합장했다. 이것을 보고 수행승들 사이에 싸리뿟따는 부처님의 수제자임에도 바라문교의 사상을 버리지 못하고 방위를 향해서 예배를 드린다는 것이었다. 그러자 부처님은 수행승들에게 싸리뿟따의 행위가 방위를 숭배하는 것이 아니라 스승에 대한 예경임을 지적하면서 이 경전을 설했다.

Stn. 317. [세존]

현명한 님은 그것을 추구하여 주의를 기울여,
여법하게 가르침을 실천한다.
이러한 님을 가까이하여 방일하지 않는다면,
식견 있는, 슬기로운 님, 지혜로운 님이 된다.317)

Stn. 318. [세존]

가르침의 의미를 파악치 못하고 질투하는
소인이나 어리석은 자를 가까이 섬긴다면,
이 세상에서 진리를 알지 못하고
의심을 버리지 못한 채 죽음에 이른다.318)

---

317) Stn. 317. tad aṭṭhikatvāna nisamma dhīro / dhammānudhammaṃ paṭipajjamāno / viññū vibhāvī nipuṇo ca hoti / yo tādisaṃ bhajate appamatto //

318) Stn. 318. khuddañ ca bālaṃ upasevamāno / anāgatatthañ ca usuyyakañ ca / idh'eva dhammaṃ avibhāvayitvā / avitiṇṇakaṅkho maraṇaṃ upeti //

Stn. 319. [세존]

마치 사람이 물이 넘치고, 홍수가 져서,
물결이 거센 강에 빠지면,
그 물결에 휩쓸려 떠내려가는 것과 같다.
그런 자가 어찌 남을 건네 줄 수 있겠는가.[319)]

Stn. 320. [세존]

마찬가지로 가르침을 분명히 알지 못하고,
많이 배운 님에게 그 의미를 경청하지 않으면,
스스로도 모르고 의심을 뛰어넘을 수 없다.
그가 어찌 남의 마음을 움직일 수 있겠는가.[320)]

---

319) Stn. 319. yathā naro āpagaṃ otaritvā / mahodakaṃ salilaṃ sīghasotaṃ / so vuyhamāno anusotagāmī / kiṃ so pare pakkati tārayetuṃ //

320) Stn. 320. tath'eva dhammaṃ avibhāvayitvā / bahussutānaṃ anisāmay'atthaṃ / sayaṃ ajānaṃ avītiṇṇakaṅkho / kiṃ so pare sakkhati nijjhapetuṃ //

Stn. 321. [세존]

현명한 자가 튼튼한 나룻배에 올라서
노와 키를 장착하고,
그 도구에 대하여 잘 알고 잘 다룬다면,
다른 많은 님들을 태워 건네줄 수 있다.[321)]

Stn. 322. [세존]

지혜에 통달하고 자신을 수양하고
많은 것을 배워 부동의 성품을 가진 참사람은,
가르침에 귀를 기울이고 따르려는
다른 사람들의 마음을 깨우칠 수 있다.[322)]

---

321) Stn. 321. yathā pi nāvaṃ daḷham āruhitvā / piyen'arittena samaṅgibhūto / so tāraye tattha bahū'pi aññe / tatr'ūpāyaññū kusalo mutīmā //

322) Stn. 322. evam pi yo vedagū bhāvitatto / bahussuto hoti avedhadhammo / so kho pare nijjhapaye pajānaṃ / sotāvadhānūpanīs'ūpapanne //

Stn. 323. [세존]

그러므로 참으로 현명하고 많이 배운
참사람과 가까이 하라.
의미를 알고 실천하면서 가르침을 자각한다면,
그는 안락을 얻으리라."323)

323) *Stn. 323. tasmā bhave sappurisaṃ bhajetha / medhāvinañ c'eva bahussutañ ca / aññāya atthaṃ paṭipajjamāno / viññātadhammo so sukhaṃ labhethā ti //*

9. 계행이란 무엇인가의 경[Kiṃsīlasutta]

Stn. 324. [세존]

"어떠한 계행이 있고, 어떠한 실천을 하며,
어떠한 행위를 닦아야만,
사람이 바르게 정립되고 또한
으뜸가는 목표에 도달할 수 있을 것인가?[324)]

---

324) Stn. 324. kiṃsīlo kiṃsamācāro / kāni kammāni brūhayaṃ / naro sammāniviṭṭh'assa / uttamatthañ ca pāpuṇe // 싸리뿟따의 아버지인 바라문 방간따의 친구의 아들이자 존자 싸리뿟따의 재가의 한 친구가 있었다. 그는 많은 재산을 버리고 존자 싸리뿟따 앞으로 출가하여 모든 부처님의 말씀을 두루 배웠다. 존자는 그에게 많은 것을 가르쳤고 명상의 기초도 제공했으나 그는 특별한 것을 얻지 못하자, 부처님께서 직접 지도해야 한다는 것을 알아채고는 그를 데리고 부처님에게 가서 질문한 것이 이 경의 성립동기이다.

Stn. 325. [세존]

손위의 사람을 공경하고 시기하지 말며,
바른 시간에 스승을 만나
잘 설해지고 명료하게 발음된
법문을 바른 순간에 지성으로 들어라.325)

Stn. 326. [세존]

고집을 버리고 겸허한 태도로
때를 맞추어 스승을 찾아,
목표와 가르침과 자제와 청정한 삶에
새김을 확립하고 또한 실천하라.326)

---

325) *Stn. 325. vuddhāpacāyī anusuyyako siyā / kālaññū c'assa garunaṃ dassanāya / dhammiṃ kathaṃ erayitaṃ khaṇaññū / suṇeyya sakkacca subhāsitāni //*

326) *Stn. 326. kālena gacche garunaṃ sakāsaṃ / thambhaṃ niraṃkatvā nivātavutti / atthaṃ dhammaṃ saññamaṃ brahmacariyaṃ / anussare c'eva samācare ca //*

Stn. 327. [세존]

가르침을 즐기고 가르침을 기뻐하며,
가르침에 입각하고, 가르침의 언명을 알아서,
가르침을 비방하는 말을 입에 담지 말고
잘 설해진 진리의 말씀에 따라 생활하라. 327)

Stn. 328. [세존]

웃음, 농담, 비탄, 성냄,
그리고 허위, 사기, 탐욕, 오만,
또한 격분, 폭언, 오염, 탐닉을 버리고
광기를 떠나 자신을 확립하여 행동하라. 328)

---

327) Stn. 327. dhammārāmo dhammarato / dhamme ṭhito dhammavinicchayaññū / n'evācare dhammasandosavādaṃ / tacchehi niyyetha subhāsitehi //

328) Stn. 328. hassaṃ jappaṃ paridevaṃ padosaṃ / māyākataṃ kuhakaṃ giddhimānaṃ / sārambha-kakkasakasāva-mucchaṃ / hitvā care vītamado ṭhitatto //

Stn. 329. [세존]

잘 설해진 것은 좋은 식별의 핵심이고,
학습되고 식별된 것은 삼매의 핵심이다.
사람이 성급하거나 방일하면,
지혜도 학식도 늘지 않는다.329)

Stn. 330. [세존]

고귀한 님의 가르침에 기뻐하는 자들은
언어나 정신이나 행동에서 가장 뛰어나다.
평안과 온화와 명상 속에 지내는
그들은 학식과 지혜의 핵심에 도달한 것이다."330)

---

329) Stn. 329. viññātasārāni subhāsitāni / sutañca viññātaṃ samādhisāraṃ / na tassa paññā ca sutañca vaḍḍhati / yo sāhaso hoti naro pamatto //

330) Stn. 330. dhamme ca ye ariyapavedite ratā / anuttarā te vacasā manasā kammanā ca / te santisoraccasamādhisaṇṭhitā / sutassa paññāya ca sāram ajjhagū ti //

10. 용맹정진의 경[Uṭṭhānasutta]

Stn. 331. [세존]

"일어나서 앉아라.
잠을 자서 너희들에게
무슨 이익이 있는가.
화살에 맞아
고통을 받으며
괴로워하는 자에게
잠이 도대체 웬 말인가. 331)

---

331) Stn. 331. uṭṭhahatha nisīdatha / ko attho supitena vo / āturānaṃ hi kā niddā / sallaviddhāna ruppataṃ // 세존께서 싸밧티 시에 계실 때, 미가라마뚜 강당에 오백 명의 수행승들이 기거하고 있었는데, 모두 새내기 수행승들이라 가르침과 계율을 잘 모르고 낮에는 잠자고 저녁에는 일어나, 먹은 음식에 대하여 이야기하는 등 세속적인 화제를 떠올리며 큰 소리로 떠들어댔다. 그러자 세존께서는 목갈라나를 불러 그들을 경책한 뒤에 이 경을 설했다.

Stn. 332. [세존]

일어나서 앉아라.
평안을 얻기 위해
철저히 배우라.
그대들이 방일하여
그 힘에 굴복한 것을
죽음의 왕이 알고,
현혹하지 못하게 하라.332)

---

332) Stn. 332. uṭṭhahatha nisīdatha / daḷhaṃ sikkhatha santiyā / mā vo pamatte viññāya / maccurājā amohayittha vasānuge //

Stn. 333. [세존]

신들과 인간들이
기대고 바라는
그 애착에서 벗어나라.
찰나를 그냥 보내지 말라.
순간을 헛되이 보내면,
지옥에 떨어져
슬퍼하기 때문이다.333)

333) Stn. 333. yāya devā manussā ca / sitā tiṭṭhanti atthikā / tarath'etaṃ visattikaṃ / khaṇo ve mā upaccagā / khaṇātītā hi socanti / nirayamhi samappitā //

Stn. 334. [세존]

방일하는 것이야말로
언제나 티끌이다.
티끌은 항상
방일하는 것 때문에 생긴다.
방일하지 말고 명지로써
자기에게 박힌
화살을 뽑아라."[334)]

---

334) Stn. 334. pamādo rajo sabbadā / pamādā'nupatito rajo / appamādena vijjāya / abbahe sallam attano ti //

11. 라훌라의 경[Rāhulasutta]

Stn. 335. [세존]

"늘 함께 살고 있다고
현명한 님을 무시하는 것은 아니냐?
사람들을 위해 횃불을 비추는 님을
그대는 존경하고 있느냐?"335)

---

335) Stn. 335. kacci abhiṇhasaṃvāsā / nāvajānāsi paṇḍitaṃ / ukkādhāro manussānaṃ / kacci apacito tayā // 세존께서는 보리수하에서 바르고 원만한 깨달음을 얻은 후에 차츰 까삘라밧투 시로 갔다. 그곳에서 아들 라훌라로부터 '수행자여, 저에게 유산을 물려주십시오.'라고 유산을 요청 받았으나, 세존께서는 싸리뿟따 장로에게 '라훌라를 출가시켜라.'라고 명했다. 이와 같이 출가해서 라훌라는 성장해서 싸리뿟따에게 구족계를 받고 목갈라나에게 갈마의규를 배웠다. 세존께서는 라훌라가 '출생, 성씨, 가문, 계급의 화려함 등으로 교만하고 수다스러워서는 안 된다.'라고 생각해서 어렸을 때부터 고귀한 님의 경지에 오를 때까지 항상 이 경의 가르침을 말씀하셨다.

Stn. 336. [라훌라]

"늘 함께 살고 있다고
현명한 님을 무시하는 일은 없습니다.
사람들을 위해 횃불을 비추는 님을
저는 언제나 존경합니다."336)

Stn. 337. [세존]

"믿음을 가지고 집을 떠났다면,
사랑스럽고 마음을 즐겁게 하는
감각적 쾌락에 대한 욕망의 대상들을 버리고,
괴로움을 종식시키는 사람이 되라.337)

---

336) *Stn. 336. nāhaṃ abhiṇhasaṃvāsā / avajānāmi paṇḍitaṃ / ukkadhāro manussānaṃ / niccaṃ apacito mayā //*

337) *Stn. 337. pañcakāmaguṇe hitvā / piyarūpe manorame / saddhāya gharā nikkhamma / dukkhass'antakaro bhava //*

Stn. 338. [세존]

선한 친구와 사귀어라.
인적 없이 외딴 곳,
고요한 곳에서 거처하여라.
그리고 음식의 분량을 아는 사람이 되어라.[338)]

Stn. 339. [세존]

의복과 얻은 음식과
필수의약과 침구와 깔개,
이런 것에 욕심을 부려서는 안 된다.
다시는 세속에 돌아가지 말라.[339)]

---

338) *Stn. 338. mitte bhajassu kalyāṇe / pantañ ca sayanāsanaṃ / vivittaṃ appanigghosaṃ / mattaññū hohi bhojane //*

339) *Stn. 339. cīvare piṇḍapāte ca / paccaye sayanāsane / etesu taṇhaṃ mā kāsi / mā lokaṃ punar āgami //*

Stn. 340. [세존]

계율의 항목을 지키고
다섯 감관을 수호하여,
그대의 몸에 대한 새김을 확립하라.
세상을 아주 싫어하여 떠나라.340)

Stn. 341. [세존]

탐욕에 물들어
아름다워 보이는 인상을 회피하라.
부정(不淨)한 것이라고 마음을 닦되,
마음을 하나로 집중시켜라.341)

---

340) Stn. 340. saṃvuto pātimokkhasmiṃ / indriyesu ca pañcasu / satī kāyagatā ty-atthu / nibbidābahulo bhava //

341) Stn. 341. nimittaṃ parivajjehi / subhaṃ rāgūpasaṃhitaṃ / asubhāya cittaṃ bhāvehi / ekaggaṃ susamāhitaṃ //

Stn. 342. [세존]

인상을 여읜 경지를 닦아라.
교만의 경향을 버려라.
그리하여 교만을 그치면,
그대는 고요하게 지내리라."[342)]

[송출자] "이처럼 거룩한 세존께서는 라훌라 존자에게 참으로 이와 같은 시로써 되풀이해 가르치셨다."

---

342) Stn. 342. animittañ ca bhāvehi / mānānusayam ujjaha / tato mānābhisamayā / upasanto carissasī ti //

12. 방기싸의 경[Vaṅgīsasutta]

이와 같이 나는 들었다.

한 때 세존께서 알라비 시에 있는 악갈라바 탑묘에 계셨다. 마침 존자 방기싸의 스승인 니그로다 깝빠라는 장로가 그 탑묘에서 완전한 열반에 든 지 얼마 되지 않았다. 존자 방기싸는 홀로 앉아 명상에 잠겨 있다가 이와 같이 생각을 하였다.

[방기싸] '우리의 친교사는 정말로 완전한 열반에 드신 것일까? 그렇지 않으면 아직 완전한 열반에 드시지 않은 것일까?'

존자 방기싸는 저녁때가 되자 명상에서 깨어나 세존께서 계신 곳으로 갔다. 가까이 다가가서 세존께 인사를 드린 뒤에 한 쪽으로 물러 앉았다. 한 쪽으로 물러 앉은 존자 방기싸는 세존께 여쭈었다.

[방기싸] "세존이시여, 제가 홀로 앉아 명상에 들었을 때, '우리의 친교사는 정말로 완전한 열반에 드신 것일까? 그렇지 않으면 아직 완전한 열반에 드시지 않은 것일까?'라고 생각했습니다."

그리고 나서 존자 방기싸는 자리에서 일어나 옷을 왼쪽 어깨에 걸치고 스승께 합장하더니, 다음 같은 시로써 여쭈었다.

Stn. 343. [방기싸]

"현세에서 모든
의혹을 끊어버린,
위없는 지혜를 지닌
스승께 묻겠습니다.
한 수행승이
악갈라바 탑묘에서 죽었습니다.
잘 알려져 명망이 높은데
적멸에 들었습니다.343)

---

343) Stn. 343. pucchāma satthāraṃ anomapaññaṃ / diṭṭhe va dhamme yo vicikicchānaṃ chettā / aggāḷave kālam akāsi bhikkhu / ñāto yasassi abhinibbutatto // 방기싸는 바라문 가문에 태어났다. 그는 사람의 두개골 형상을 관찰하고 전생의 그 소유자의 윤회에 관해 알아맞히는 능력을 가지고 있어, 전 인도를 유행하며 많은 재물을 모았다. 부처님은 그에게 완전한 열반에 든 거룩한 님의 두개골을 보여주고, 윤회에 관해 알아맞힐 수 있는지를 시험했다. 방기싸는 물론 알아맞히지 못했다. 거룩한 님은 윤회하지 않기 때문이다. 방기싸는 출가하여 거룩한 님이 되었고 시인으로서 변재제일의 제자가 되었다.

Stn. 344. [방기싸]

세존이시여, 당신께서는
그 존귀한 분에게
니그로다 깝빠라는
이름을 주셨습니다.
확고한 진리를 가르치는 님이시여,
그는 당신께 귀의하여
해탈하려 용맹정진했습니다.344)

---

344) Stn. 344 nigrodhakappo iti tassa nāma / tayā kataṃ bhagavā brāhmaṇassa / so taṃ namassaṃ acari mutyapekho / āraddhaviriyo daḷhadhammadassī // 니그로다 깝빠는 방기싸의 친교사였다. 그들은 함께 악갈라바 탑묘에서 살았다.

Stn. 345. [방기싸]

싸끼야시여, 널리 보는 님이여,
저희들은 당신의 제자에 대해서 알고 싶습니다.
저희 귀는 들을 준비를 하고 있습니다.
당신은 저희 스승이고, 위없는 님이십니다.345)

Stn. 346. [방기싸]

광대한 지혜를 갖춘 님이시여,
저희의 의혹을 끊어주시고, 말씀해 주십시오.
그가 완전한 열반에 들었는지 알려주십시오.
신들 가운데 천 개의 눈을 가진 제석천처럼,
널리 보는 님이여, 저희에게 말씀해주소서.346)

---

345) Stn. 345 taṃ sāvakaṃ sakka mayam pi sabbe / aññātum icchāma samantacakkhu / samavaṭṭhitā no savaṇāya sotā / tuvaṃ no satthā tvaṃ anuttaro si //

346) Stn. 346. chind'eva no vicikicchaṃ brūhi m'etaṃ / parinibbutaṃ vedaya bhūripañña / majjhe va no bhāsa samantacakkhu / sakko va devānaṃ sahassanetto //

Stn. 347. [방기싸]

이 세상에서 어떠한 속박도 미혹의 길도,
무지를 날개도, 의심의 주처도,
여래를 만나면 그것들은 모두 사라지고 맙니다.
그는 인간의 으뜸가는 눈이기 때문입니다.347)

Stn. 348. [방기싸]

바람이 뭉게구름을 걷어 버리듯,
사람이 번뇌의 티끌을 털어 버리지 않는다면,
온 세상은 뒤덮이어 암흑이 될 것입니다.
빛을 지닌 님들도 빛을 내지 못할 것입니다.348)

---

347) Stn. 347. yo keci ganthā idha mohamaggā / aññāṇapakkhā vicikicchaṭhānā / tathāgataṃ patvā na te bhavanti / cakkhuṃ hi etaṃ paramaṃ narānaṃ //

348) Stn. 348. no ce hi jātu puriso kilese / vāto yathā abbhaghanaṃ vihāne / tamo v'assa nivuto sabbaloko / na jotimanto pi narā tapeyyuṃ //

Stn. 349. [방기싸]

현명한 님들은 빛을 밝혀줍니다. 영웅이시여,
저는 당신께서 그러하다고 생각합니다.
저희는 보는 님, 아는 님을 찾아 온 것입니다.
대중속 저희에게 깝빠에 관해 밝혀 주십시오.[349)]

Stn. 350. [방기싸]

수승한 음성으로 어서 말씀해 주십시오.
백조가 목을 빼고 천천히 우는 것처럼,
잘 다듬어진 원만한 음성으로 말씀해 주십시오.
저희 모두는 명심해서 듣겠습니다.[350)]

---

349) *Stn. 349. dhīrā ca pajjotakarā bhavanti / taṃ taṃ ahaṃ vīra tath'eva maññe / vipassinaṃ jānam upāgamimha / parisāsu no āvikarohi kappaṃ //*

350) *Stn. 350. khippaṃ giraṃ eraya vagguvaggum / haṃso va paggayha sanikaṃ nikūja / bindussarena suvikappitena / sabbe va te ujjugatā suṇoma //*

Stn. 351. [방기싸]

삶과 죽음을 남김없이 버려버린
청정한 님을 찾아 가르침을 들을 것입니다.
미혹한 범부들은 바라는 것을 이룰 수 없지만,
여래들은 헤아린 것을 이룰 수 있습니다.351)

Stn. 352. [방기싸]

올바른 지혜를 지닌 당신께서
완전히 설명해주실 것을 열망하고 있습니다.
저는 최후의 합장을 드립니다.
잘 아시면서 방황케 하지 마십시오.
탁월한 지혜를 지닌 님이시여!352)

---

351) *Stn. 351. pahīnajātimaraṇaṃ asesaṃ / niggayha dhonaṃ vadessāmi dhammaṃ / na kāmakāro hi puthujjanānaṃ / saṅkheyyakāro hi tathāgatānaṃ //*

352) *Stn. 352. sampannaveyyākaraṇaṃ tava-y-idaṃ / samujjupaññassa samuggahītaṃ / ayam añjalī pacchimo suppaṇāmito / mā mohayī jānam anomapañña //*

Stn. 353. [방기싸]

높고 낮은 단계의 거룩한 진리를
잘 아시면서 방황케 하지 마십시오.
탁월한 정진의 님이여!
한여름 더위에 지친 사람이 물을 찾듯,
저는 당신의 말씀을 갈구하오니,
비를 내려 주십시오.353)

Stn. 354. [방기싸]

존자 깝빠가 지녔던 청정한 행으로
이루려 했던 목적이 무엇이든
헛된 것은 아니었습니까?
혹은 그가 소멸에 든 것입니까?
아니면, 삶의 근원을 남겨둔 것입니까?
우리는 그것을 알고 싶습니다."354)

---

353) *Stn. 353. parovaraṃ ariyadhammaṃ viditvā / mā mohayi jānam anomaviriya / vāriṃ yathā ghammani ghammatatto / vācābhikaṅkhāmi sutaṃ pavassa //*

354) *Stn. 354. yadatthikaṃ brahmacariyaṃ ācāri / kappā-*

Stn. 355. [세존]

"명색(정신·신체)에 대한 갈애를
이 세상에서 그는 끊어버렸다.
오랜 세월 잠재하던
악마적 흐름을 끊어 버린 것이다.
태어남과 죽음을 완전히 건너뛰었다."

[송출자] 다섯을 갖추어 뛰어난 님,
세존께서는 이렇게 말씀하셨다.355)

---

yano kacci'ssa taṃ amoghaṃ / nibbāyi so ādu saupādiseso / yathā vimutto ahu naṃ suṇoma //

355) Stn. 355. acchecchi taṇhaṃ idha nāmarūpe / (iti bhagavā) kaṇhassa sotaṃ dīgharattānusayitaṃ / atāri jātimaraṇaṃ asesaṃ / iccabravī bhagavā pañcaseṭṭho // 다섯 제자(五比丘)를 갖춘 것를 말하거나, 다섯 가지 능력(五力: 信·勤·念·定·慧)을 성취한 자, 또는 다섯 가지 가르침의 다발(戒·定·慧·解脫·解脫知見)을 갖춘 자. 또는 다섯 가지의 눈(자연의 눈, 하늘의 눈, 지혜의 눈, 보편의 눈, 부처의 눈)을 갖춘 자를 의미한다.

Stn. 356. [방기싸]

"가장 빼어난 선인이여,
당신의 말씀을 듣고 저는 기뻐합니다.
제 물음은 헛되지 않았습니다.
당신께서는 저를 속이지 않았습니다.356)

Stn. 357. [방기싸]

깨달은 님의 제자인 니그로다 깝빠는
세존께서 말씀하신 그대로 실행하여,
환영을 만들어내는 죽음의 악마가 던진
단단한 그물을 찢어 버렸습니다.357)

---

356) *Stn. 356. esa sutvā pasidāmi / vaco te isisattama / amogham kira me puṭṭhaṃ / na maṃ vañcesi brāhmaṇo //*

357) *Stn. 357. yathāvādī tathākārī ahu / buddhassa sāvako / acchidā maccuno jālaṃ / tataṃ māyāvino daḷhaṃ //*

Stn. 358. [방기싸]

세존이시여, 존자 깝빠는
집착의 뿌리를 보았습니다.
참으로, 존자 깝빠는 가장 건너기 어려운
죽음의 악마가 있는 영역을 벗어난 것입니다."[358)]

---

358) Stn. 358. addasa bhagavā ādiṃ / upādānassa kappiyo / accagā vata kappāyano / maccudheyyaṃ suduttaran ti //

13. 올바른 유행의 경[Sammāparibbājanīyasutta]

Stn. 359. [질문자]

"강을 건너 피안에 이르러
완전한 열반을 얻고,
자신을 바로 세운
지혜가 많은 성자께 여쭙니다.
출가하여 감각적 쾌락의 욕망을 없애고
수행승은, 어떻게 해야
이 세상을 바르게 유행할 수 있습니까?"359)

---

359) Stn. 359. pucchāmi munim pahūtapaññaṃ / tiṇṇaṃ pāragataṃ parinibbutaṃ ṭhitattaṃ / nikkhamma gharā panujja kāme / kathaṃ bhikkhu sammā so loke paribbajeyya // 이하의 시들은 부처님이 오백 명의 아라한과 함께 까삘라밧투 시의 마하바나 숲에 머물고 있을 때에 삼천대천세계의 신들이 함께 모였을 때, 지혜로운 자들에게 설법한 경인데, 이 시는 그 도입부의 질문이다.

Stn. 360. [세존]

"길조의 점, 천지이변의 점,
해몽, 관상 보는 일을 완전히 버리고,
길흉의 판단을 버린다면,
그는 세상에서 바르게 유행할 것입니다.360)

Stn. 361. [세존]

존재를 뛰어넘어 진리를 꿰뚫어,
수행승이 인간계와 천상에 대한
감각적 쾌락의 탐욕을 버린다면,
그는 세상에서 바르게 유행할 것입니다.361)

---

360) Stn. 360. yassa maṅgalā samūhatā / (iti bhagavā) uppādā supinā ca lakkhaṇā ca / so maṅgaladosavippahīno / sammā so loke paribbajeyya //

361) Stn. 361. rāgaṃ vinayetha mānusesu / dibbesu kāmesu vāpi bhikkhu / atikkamma bhavaṃ samecca dhammaṃ / sammā so loke paribbajeyya //

Stn. 362. [세존]

수행승이 등 뒤에서 중상하는 말을 버리고,
분노하는 것과 인색함을 버리고
편견과 선입견의 생각을 떠난다면,
그는 세상에서 바르게 유행할 것입니다.362)

Stn. 363. [세존]

좋아하는 것이나 좋아하지 않는 것을 다 버리고,
집착 없이 아무 것에도 의존하지 않고
온갖 속박에서 벗어난다면,
그는 세상에서 바르게 유행할 것입니다.363)

---

362) Stn. 362. vipiṭṭhikatvāna pesunāni / kodhaṃ kadariyaṃ jaheyya bhikkhu / anurodhavirodhavippahīno / sammā so loke paribbajeyya //

363) Stn. 363. hitvāna piyañ ca appiyañ ca / anupādāya anissito kuhiñci / saṃyojaniyehi vippamutto / sammā so loke paribbajeyya //

Stn. 364. [세존]

집착의 대상에서 실체를 찾지 않고,
모든 집착에 대한 욕망과 탐욕을 삼가며,
의착 없이 아무 것에도 이끌리지 않는다면,
그는 세상에서 바르게 유행할 것입니다.364)

Stn. 365. [세존]

언어나 정신이나 행동으로
어긋나게 살지 않고, 바르게 진리를 알아
열반의 경지를 구한다면,
그는 세상에서 바르게 유행할 것입니다.365)

---

364) Stn. 364. na so upadhīsu sāram eti / ādānesu vineyya chandarāgaṃ / so anissito anaññaneyyo / sammā so loke paribbajeyya //

365) Stn. 365. vacasā manasā ca kammanā ca / aviruddho sammā viditvā dhammaṃ / nibbānapadābhipatthayāno / sammā so loke paribbajeyya //

Stn. 366. [세존]

'나에게 절한다.'하여 교만해지지 않고,
수행승으로서 욕을 먹더라도 마음에 두지 말고,
남에게서 음식을 얻었다고 교만하지 않으면,
그는 세상을 바르게 유행할 것입니다.[366)]

Stn. 367. [세존]

수행승으로서 탐욕과 윤회의 존재를 버리고,
자르거나 포박하여 해치는 것을 삼가고,
의혹을 넘어서 번뇌의 화살을 뽑아 버린다면,
그는 세상에서 바르게 유행할 것입니다.[367)]

---

366) Stn. 366. yo vandati maṃ ti na unnameyya / akkūṭṭho pi na sandhiyetha bhikkhu / laddhā parabhojanaṃ na majje / sammā so loke paribbajeyya //

367) Stn. 367. lobhañ ca bhavañ ca vippahāya / virato chedanabandhanāto bhikkhu / so tiṇṇakathaṃkatho visallo / sammā so loke paribbajeyya // 화살이란 다섯 가지 화살로 탐욕·성냄·어리석음·자만·사견을 말한다.

Stn. 368. [세존]

수행승으로서 자기 분수에 맞는 것을 알고,
세상에서 아무 것도 해치지 않고,
있는 그대로 그 진리를 안다면,
그는 세상에서 바르게 유행할 것입니다.368)

Stn. 369. [세존]

어떠한 잠재적 경향도 없고,
악하고 불건전한 뿌리가 뿌리 채 뽑히고,
바라는 것도 구하는 것도 없다면,
그는 바르게 세상을 유행할 것입니다.369)

---

368) Stn. 368. sāruppam attano viditvā / na ca bhikkhu hiṃseyya kañci loke / yathā tathiyaṃ viditvā dhammaṃ / sammā so loke paribbajeyya //

369) Stn. 369. yassānusayā na santi keci / mūlā akusalā samūhatāse / so nirāsayo anāsayāno / sammā so loke paribbajeyya //

Stn. 370. [세존]

번뇌를 부수고 자만을 버리고
모든 탐욕의 길을 뛰어넘어 자신을 다스리고
완전히 소멸하여 자신을 바로 세운다면,
그는 바르게 세상을 유행할 것입니다.[370)]

Stn. 371. [세존]

믿음 있고, 학식 있고, 길을 통찰하고
당파에 있으면서도 당파에 맹종하지 않는
현명한 자로서 탐욕과 성냄과 분노를 삼간다면,
그는 바르게 세상을 유행할 것입니다.[371)]

---

370) Stn. 370. āsavakhīṇo pahīnamāno / sabbaṃ rāgapathaṃ upātivatto / danto parinibbuto ṭhitatto / sammā so loke paribbajeyya //

371) Stn. 371. saddho sutavā niyāmadassī / vaggagatesu na vaggasāri dhīro / lobhaṃ dosaṃ vineyya paṭighaṃ / sammā so loke paribbajeyya //

Stn. 372. [세존]

청정한 삶에 의한 승리자로서 장막을 벗겨버리고
진리를 체득하고, 피안에 이르러, 동요하지 않고,
형성의 소멸에 대한 앎에 능숙하다면,
그는 바르게 세상을 유행할 것입니다.372)

Stn. 373. [세존]

과거뿐만 아니라 미래에 대해서도
청정한 지혜가 있어 헤아림을 뛰어넘어,
모든 감각의 장에서 벗어나 있으면,
그는 바르게 세상을 유행할 것입니다.373)

---

372) Stn. 372. saṃsuddhajino vivattacchaddo / dhammesu vasī pāragū anejo / saṅkhāranirodhañāṇakusalo / sammā so loke paribbajeyya //

373) Stn. 373. atītesu anāgatesu cāpi / kappātīto aticca suddhipañño / sabbāyatanehi vippamutto / sammā so loke paribbajeyya // 여기서 헤아림이란 나의 것에 입각한 사유나 갈애나 견해에 의한 사유를 의미한다.

Stn. 374. [세존]

진리를 이해하여 그 단계를 알고,
번뇌가 버려지는 것을 명백히 보고,
모든 집착의 대상을 멸해버린 까닭에,
그는 세상을 바르게 유행할 것입니다."374)

Stn. 375. [질문자]

"세존이시여, 참으로 그렇습니다.
그와 같이 생활하며 자제하는 수행승은
온갖 속박에서 벗어난 것입니다.
그는 바르게 세상을 유행할 것입니다."375)

---

374) Stn. 374. aññāya padaṃ samecca chammaṃ / vivaṭaṃ disvāna pahānam āsavānaṃ / sabb'ūpadhīnaṃ parikkhayā / sammā so loke paribbajeyya //

375) Stn. 375. addhā hi bhagavā tatheva etaṃ / yo so evaṃ vihāri danto bhikkhu / sabbasaṃyojaniye ca vītivatto / sammā so loke paribbajeyyā'ti //

14. 담미까의 경[Dhammikasutta]

이와 같이 나는 들었다.

한 때 세존께서 싸밧티 시의 제따 숲에 있는 아나타삔디까 승원에 계셨다. 그 때 담미까라는 재가의 신자가 오백 명의 신도들과 함께 세존께서 계신 곳을 찾았다. 가까이 다가와서 세존께 인사를 드리고 한 쪽으로 물러 앉았다. 한 쪽으로 물러 앉아 재가의 신자 담미까는 시로써 부처님께 여쭈었다.

Stn. 376. [담미까]

“광대한 지혜를 갖춘 님,
당신께 묻습니다. 고따마시여,
가르침을 받으려는 사람은
출가하는 것과 재가자로 있는 것과
어느 쪽이 더 좋은 것입니까?[376]

---

376) Stn. 376. pucchāmi taṃ gotama bhūripañña / kathaṃkaro sāvako sādhu hoti / yo vā agārā anagāram eti / agārino vā pan'upāsakāse //

Stn. 377. [담미까]

참으로 당신께서는 신들을 포함한
이 세계의 운명과 그 궁극을 알고 계십니다.
미묘한 의미를 보는 님으로 견줄 자 없습니다.
당신은 최상의 깨달은 님이라고 불립니다.377)

Stn. 378. [담미까]

당신께서는 모든 앎을 이해하시고,
뭇삶들을 애민히 여겨, 가르침을 설하십니다.
덮개를 벗어버리고, 널리 보는 님이시여,
당신은 티끌 없이 온 세상을 비추십니다.378)

---

377) Stn. 377. tuvaṃ hi lokassa sadevakassa / gatiṃ pajānāsi parāyanañ ca / na t'atthi tulyo nipuṇatthadassī / tuvaṃ hi buddhaṃ pavaraṃ vadanti //

378) Stn. 378. sabbaṃ tuvaṃ ñāṇam avecca dhammaṃ / pakāsesi satte anukampamāno / vivattacchaddāsi samantacakkhu / virocasī vimalo sabbaloke // 덮개에는 탐욕과 분노와 어리석음과 아만과 견해와 무지와 악행의 덮개가 있다.

Stn. 379. [담미까]

에라바나라고 부르는 코끼리 왕은
당신이 승리자임을 듣고 당신께로 왔었습니다.
그도 당신과 이야기를 나누고 말씀을 듣고는
'훌륭하다.'라고 기뻐하며 돌아갔습니다.379)

Stn. 380. [담미까]

비사문천왕 꾸베라도
가르침에 대해 여쭙고자 당신께 왔었습니다.
현명한 님이시여, 그가 여쭙자 말했사옵니다.
그도 또한 당신 말씀을 듣고 기뻐했습니다.380)

---

379) Stn. 379. āgañchi te santike nāgarājā / erāvaṇo nāma jinoti sutvā / so pi tayā mantayitvājjhagamā / sādhū ti sutvāna patītarūpo // 에라바나는 제석천의 코끼리로 인도 대서사시 '마하바라타'에도 등장한다.

380) Stn. 380. rājāpi taṃ vessavaṇo kuvero / upeti dhammaṃ paripucchamāno / tassāpi tvaṃ pucchito brūsi dhīra / so cāpi sutvāna patītarūpo // 꾸베라는 네 하늘나라의 대왕 가운데 한 분으로 북구로주의 지배자이다.

Stn. 381. [담미까]

사명외도이건 자이나교도이건 논쟁을 일삼는
어떤 이교도일지라도, 지혜에 관한 한,
마치 서 있는 자가 달리는 사람을 넘지 못하듯,
모두 당신을 넘어설 수 없습니다.381)

Stn. 382. [담미까]

논쟁을 일삼는 어떠한 바라문이라도,
어떤 바라문들은 나이가 많을지라도,
혹은 논객이라고 자부하는 다른 사람들까지도,
모두들 해결을 얻고자
당신에게 지대한 관심을 갖고 있습니다.382)

---

381) *Stn. 381. yo kec'ime titthiyā vādasīlā / ājīvakā vā yadi vā niganṭhā / paññāya taṃ nātitaranti sabbe / ṭhito vajantaṃ viya sīghagāmiṃ //*

382) *Stn. 382. yo kec'ime brāhmaṇā vādasīlā / vuddhā cāpi brāhmaṇā santi keci / sabbe tayi atthabaddhā bhavanti / ye vā pi c'aññe vādino maññamānā //*

Stn. 383. [담미까]

세존이시여, 당신께서 잘 설해주신 가르침은
미묘한 것이고 또한 안락을 주는 것입니다.
모두 당신에게 간절히 듣고자 원하오니,
위없는 깨달은 님이여. 청컨대 설해주십시오.383)

Stn. 384. [담미까]

모든 수행승들과 재가 신도들이
듣고자 원하여 여기 모였습니다.
신들이 잘 설해진 제석천의 말을 듣듯이,
티끌 없는 님께서 깨우친 진리를 듣고자 합니다."384)

---

383) Stn. 383. ayaṃ hi dhammo nipuṇo sukho ca / yo'yaṃ tayā bhagavā suppavutto / tam eva sabbe sussūsamānā / taṃ no vada pucchito buddhaseṭṭha //

384) Stn. 384. sabbe c'ime bhikkhavo sannisinnā / upāsakā cā pi tath'eva sotuṃ / suṇantu dhammaṃ vimalenānubuddhaṃ / subhāsitaṃ vāsavass'eva devā //

Stn. 385. [세존]

“수행승들이여, 내 말을 들으라.
번뇌 없애는 가르침을 말하겠으니
모두 잘 새겨라. 유익을 보는 슬기로운 자라면,
출가자에 적합한 행동양식을 배워 행하라.[385]

Stn. 386. [세존]

수행승은 때 아닌 때에 다니지 말아야 한다.
때맞추어 탁발을 하러 마을에 가라.
때아닌 때에 다니면 집착에 얽매이기 때문이다.
깨달은 님들은 때 아닌 때에 다니지 않는다.[386]

---

385) Stn. 385. suṇātha me bhikkhavo sāvayāmi vo / dhammaṃ dhutaṃ tañ ca dharātha sabbe / iriyāpathaṃ pabbajitānulomikaṃ / sevetha naṃ atthadassī mutīmā //

386) Stn. 386. na ve vikāle vicareyya bhikkhu / gāmañca piṇḍāya careyya kāle / akālacāriṃ hi sajanti saṅgā / tasmā vikāle na caranti buddhā //

Stn. 387. [세존]

모든 형상과 소리와 냄새와
맛과 감촉은 뭇삶을 도취시킨다.
이런 것에 대한 욕망을 삼가고,
때에 맞춰 탁발을 하러 마을에 들어가라.387)

Stn. 388. [세존]

수행승은 바른 때에 탁발한 음식을 얻어
홀로 돌아와 외딴 곳에 앉아서,
안으로 돌이켜 자신을 거두어드리고
마음이 밖으로 흩어지게 해서는 안 된다.388)

---

387) *Stn. 387. rūpā ca saddā ca rasā ca gandhā / phassā ca ye sammadayanti satte / etesu dhammesu vineyya chandaṃ / kālena so pavise pātarāsaṃ //*

388) *Stn. 388. piṇḍañ ca bhikkhu samayena laddhā / eko paṭikkamma raho nisīde / ajjhattacintī na mano bahiddhā / nicchāraye saṅgahitattabhāvo //*

Stn. 389. [세존]

어떤 다른 제자이든 수행승이든
함께 이야기할 기회가 있거든,
그에게 훌륭한 가르침을 말해 주어라.
중상하거나 비방해서는 안 된다.389)

Stn. 390. [세존]

어떤 사람들은 비난받으면, 적대하는데,
우리는 그 지혜 없는 자들을 칭찬하지 않는다.
그들에게는 집착들이 이곳저곳에 들러붙는다.
그들은 거기서 마음을 멀리 보내기 때문이다.390)

---

389) Stn. 389. sace pi so sallape sāvakena / aññena vā kenaci bhikkhunā vā / dhammaṃ paṇītaṃ tam udāhareyya / na pesunaṃ no pi parūpavādaṃ //

390) Stn. 390. vādaṃ hi eke paṭiseniyanti / na te pasaṃsāma parittapaññe / tato tato ne pasajanti saṅgā / cittaṃ hi te tattha gamenti dūre //

Stn. 391. [세존]

지혜가 뛰어난 님의 제자는
바른 길로 잘 가신 님의 설법을 듣고,
탁발한 음식과 잠자리와 깔개 그리고
가사의 때를 씻을 물을 조심해서 사용하라.[391)]

Stn. 392. [세존]

탁발한 음식과 잠자리와 깔개와
가사를 세탁할 물, 이러한 것들에 의해,
마치 연꽃잎에 구르는 물방울처럼,
수행승은 더럽혀지는 일이 없다.[392)]

---

391) Stn. 391. piṇḍaṃ vihāraṃ sayanāsanañ ca / āpañ ca saṅghāṭirajūpavāhanaṃ / sutvāna dhammaṃ sugatena desitaṃ / saṅkhāya seve varapaññasāvako //

392) Stn. 392. tasmā hi piṇḍe sayanāsane ca / āpe ca saṃghāṭirajūpavāhane / etesu dhammesu anūpalitto / bhikkhu yathā pokkhare vāribindū //

Stn. 393. [세존]

이제 재가자가 지녀야 할 생활에 대해
어떻게 행하는 제자는 훌륭한지를 말하리라.
오직 수행승에게만 주어지는 가르침은,
소유에 매인 사람이 지킬 수 없기 때문이다.393)

Stn. 394. [세존]

산 것을 죽이거나 죽이게 시켜서도 안 된다.
그리고 죽이는 것에 동의해도 안 된다.
식물이건 동물이건 폭력을 두려워하는
모든 존재에 대해서 폭력을 거두어야 한다.394)

---

393) Stn. 393. gahaṭṭhavattaṃ pana vo vadāmi / yathākaro sāvako sādhu hoti / na h'eso labbhā sapariggahena / phassetuṃ so kevalo bhikkhudhammo //

394) Stn. 394. pāṇaṃ na hane na ca ghātayeyya / na cānujaññā hanataṃ paresaṃ / sabbesu bhūtesu nidhāya daṇḍaṃ / ye thāvarā ye va tasanti loke //

Stn. 395. [세존]

주지 않는 것은 무엇이든, 또 어디에 있든,
제자라면, 그것을 가져서는 안 된다.
빼앗거나 빼앗는 것에 동의하지도 말아라.
주지 않는 것은 무엇이든 가져서는 안 된다.[395)]

Stn. 396. [세존]

양식있는 자라면 타는 불구덩이를 피하듯,
청정하지 못한 행위를 삼가라.
만일 청정을 닦을 수가 없더라도,
남의 아내를 범해서는 안 된다.[396)]

---

395) Stn. 395. tato adinnaṃ parivajjayeyya / kiñci kvacī sāvako bujjhamāno / na hāraye haratam nānujaññā / sabbaṃ adinnaṃ parivajjayeyya //

396) Stn. 396. abrahmacariyaṃ parivajjayeyya / aṅgārakāsuṃ jalitaṃ va viññū / asambhuṇanto pana brahmacariyaṃ / parassa dāraṃ nātikkameyya //

Stn. 397. [세존]

모임에 있든 무리 가운데 있든 간에,
누구도 남에게 거짓말을 해서는 안 된다.
거짓말을 시켜도 거짓말에 동의해도 안 된다.
모든 근거 없는 말을 하지 말아야 한다.[397)]

Stn. 398. [세존]

술을 마셔서는 안 된다. 재가자가
이 가르침을 기뻐하면, 술은 마침내
미치게 하는 것임을 알고, 마시게 해도 안 되고
마시는 것에 동의해서도 안 된다.[398)]

---

397) Stn. 397. sabhaggato vā parisaggato vā / ekassa v'eko na musā bhaṇeyya / na bhāṇaye bhaṇataṃ nānujaññā / sabbaṃ abhūtaṃ parivajjayeyya //

398) Stn. 398. majjañ ca pānaṃ na samācareyya / dhammaṃ imaṃ rocaye yo gahaṭṭho / na pāyaye pipataṃ nānujaññā / ummādanantaṃ iti naṃ viditvā //

Stn. 399. [세존]

어리석은 자들은 취함으로써
악을 짓고, 남들을 방일하게 한다.
광기를 주고 현혹하는 것으로
어리석은 자가 즐기는 불행의 장을 피하라.399)

Stn. 400. [세존]

생명을 해치지 말라.
주지 않는 것을 빼앗지 말라.
거짓말을 하지 말라.
술을 마시지 말라.
순결하지 못한 성적 교섭을 떠나라.
밤에는 때 아닌 때의 음식을 먹지 말라.400)

---

399) Stn. 399. madā hi pāpāni karonti bālā / karonti c'aññe pi jane pamatte / etaṃ apuññāyatanaṃ vivajjaye / ummādanaṃ mohanaṃ bālakantaṃ //

400) Stn. 400. pāṇaṃ na hane na cādinnam ādiye / musā na bhāse na ca majjapo siyā / abrahmacariyā virameyya methunā / rattiṃ na bhuñjeyya vikālabhojanaṃ //

Stn. 401. [세존]

화환을 걸치지 말고 향수를 쓰지 말라.
깔개를 깐 바닥이나 침상에서 자라.
이것이야말로 여덟 고리 계행의 포살이다.
괴로움을 끝낸 깨달은 님의 가르침이다.401)

Stn. 402. [세존]

각각 보름기간의 제14일과 제15일,
제8일에 포살을 준수하고,
신성한 달에는 청정한 마음으로
올바로 갖춘 여덟 고리 계행을 준수하라.402)

---

401) Stn. 401. mālaṃ na dhāre na ca gandham ācare / mañce chamāyaṃ va sayetha santhate / etaṃ hi aṭṭhaṅgikam āh'uposathaṃ / buddhena dukkhantagunā pakāsitaṃ // 인도에서는 보름달, 신월, 반달의 날이 길일이다.

402) Stn. 402. tato ca pakkhass'upavass'uposathaṃ / cātuddasīṃ pañcadasiñ ca aṭṭhamiṃ / pāṭihāriyapakkhañ ca pasannamānaso / aṭṭhaṅgupetaṃ susamattarūpaṃ // 신성한 달은 신변의 달들로 아쌀히 월로부터 시작하는 다섯 달을 말한다. 삼개월 간의 우기를 포함하고 그 다음 달인 깟띠까 월를 포함한다.

Stn. 403. [세존]

그리고 포살을 행한 양식있는 자는
청정한 마음으로 기뻐하면서,
이튿날 아침 일찍 수행승들의 무리에게
마실 것과 먹을 것을 베풀어 주어라.403)

Stn. 404. [세존]

바르게 어머니와 아버지를 섬겨라.
올바른 직업에 종사하라.
이와 같이 방일하지 않고 사는 재가자는
스스로 빛나는 신들의 세계에 이르리라."404)

---

403) *Stn. 403. tato ca pāto upavutthuposatho / annena pānena ca bhikkhū saṅghaṃ / pasannacitto anumodamāno / yathārahaṃ saṃvibhajetha viññū //*

404) *Stn. 404. dhammena mātā pitaro bhareyya / payojaye dhammikaṃ so vaṇijjaṃ / etaṃ gihī vattayaṃ appamatto / sayampabhe nāma upeti deve'ti //*

Ⅲ. 큰 법문의 품

[Māhavagga]

1. 출가의 경[Pabbajjāsutta]

Stn. 405. [아난다]

"눈을 갖춘 님께서 어떻게 출가를 했는지,
어떻게 생각한 끝에
그가 출가를 기뻐했는지,
나는 그 출가에 대해서 이야기하겠습니다.405)

Stn. 406. [아난다]

재가의 삶은 번잡하고,
티끌 쌓이는 장소입니다.
그러나 출가는 자유로운 공간과 같습니다.
이와 같이 보고 그가 출가했던 것입니다.406)

---

405) Stn. 405. pabbajjaṃ kittayissāmi / yathā pabbaji cakkhumā / yatha vīmaṃsamāno so / pabbajjaṃ samarocayi // 세존께서 싸밧티 시에 계실 때에, 이하는 존자 아난다가 수행승들에게 세존의 출가에 대하여 설명한 것이다.

406) Stn. 406. sambādho'yaṃ gharāvāso / rajassāyatanaṃ iti / abbhokāso ca pabbajjā / iti disvāna pabbaji //

Stn. 407. [아난다]

집없는 곳으로 출가한 뒤에 그는
신체적으로 악행을 피하고,
언어적으로 짓는 악행도 버리고,
아주 청정한 생활을 하였습니다.407)

Stn. 408. [아난다]

깨달은 님께서는 마가다 국의
산으로 둘러싸인 라자가하 시로 갔습니다.
온 몸에 뛰어난 특징을 지닌
그는 탁발하기 위해 간 것이었습니다.408)

---

407) Stn. 407. pabbajitvāna kāyena / pāpakammaṃ vivajjayī / vacīduccaritaṃ hitvā / ājīvaṃ parisodhayi //
408) Stn. 408. agamā rājagahaṃ buddho / magadhānaṃ giribbajaṃ / piṇḍāya abhihāresi / akiṇṇavaralakkhaṇo //

Stn. 409. [아난다]

빔비싸라 왕은 서서 궁전 위에서
그를 보았습니다.
뛰어난 특징을 갖춘 님을 보고
이와 같은 말을 했습니다.409)

Stn. 410. [아난다]

'그대들은 저 사람을 보아라.
아름답고 건장하고 청정하고,
걸음걸이도 우아할 뿐 아니라
멍에의 길이만큼 앞만을 본다.410)

---

409) *Stn. 409. tam addasā bimbisāro / pāsādasmiṃ patiṭṭhito / disvā lakkhaṇasampannaṃ / imam atthaṃ abhāsatha //*
410) *Stn. 410. imaṃ bhonto nisāmetha / abhirūpo brahā suci / caraṇena c'eva sampanno / yugamannaṃ ca pekkhati //*

Stn. 411. [아난다]

눈을 아래로 뜨고 새김을 확립하고 있다.
그는 천한 가문 출신이 결코 아니다.
왕의 사신들이여, 그를 쫓아가라.
저 수행승은 어디로 가고 있는 것인가.'411)

Stn. 412. [아난다]

왕의 사신들이 파견되어
그의 뒤를 따라 갔습니다.
'저 수행승은 어디로 가고 있는 것일까?
그는 어디에 머물려 하는 것일까?'412)

---

411) *Stn. 411. okkhittacakkhu satimā / nāyaṃ nīcakulā-m-iva / rājadūtā vidhāvantu / kuhiṃ bhikkhu gamissati //*

412) *Stn. 412. te pesitā rājadūtā / piṭṭhito anubandhisuṃ / kuhiṃ gamissatī bhikkhu kattha vāso bhavissati //*

Stn. 413. [아난다]

그는 감관을 제어하여 잘 다스리고,
올바로 알아채며, 새김을 확립하고,
차례로 탁발을 빌면서
잠깐 동안에 발우를 채웠습니다.413)

Stn. 414. [아난다]

성자는 탁발을 끝내고
그 도시 밖으로 나와
'여기 내 처소가 있을 것이다.'라고 생각하며,
빤다바 산으로 향했습니다.414)

---

413) Stn. 413. samadānañ caramāno / guttadvāro susaṃvuto / khippaṃ pattaṃ apūresi / sampajāno patissato //

414) Stn. 414. sa piṇḍacāraṃ caritvāna / nikkhamma nagarā muni / paṇḍavaṃ abhihāresi / ettha vāso bhavissati //

Stn. 415. [아난다]

그가 처소에 도착한 것을 보자
사신들은 그에게 가까이 갔습니다.
그리고 한 사신은 돌아가
왕에게 그 사실을 아뢰었습니다.415)

Stn. 416. [아난다]

'대왕이시여, 그 수행승은
빤다바 산 앞쪽에 있는 굴속에
호랑이나 황소처럼,
그리고 사자처럼 앉아 있습니다.'416)

---

415) Stn. 415. disvāna vāsūpagataṃ / tato dūtā upāvisuṃ / eko ca dūto āgantivā / rājino paṭivedayi //

416) Stn. 416. esa bhikkhu māhārāja / paṇḍavassa puratthato / nisinno vyaggh'usabho va / sīho va girigabbhare // 라자가하 시는 다섯 산, 빤다바, 깃자꿋따, 베바라, 이시길리, 베뿔라로 둘러싸여 있었다. 빤다바 산은 빔비싸라 왕이 부처님을 처음 만난 곳이기도 하다.

Stn. 417. [아난다]

사신의 말을 듣자 전사의 왕은
화려한 수레를 타고
빤다바 산이 있는 곳으로
재촉하여 길을 떠났습니다.417)

Stn. 418. [아난다]

갈 수 있는 곳까지 달려간 뒤
전사의 왕은 수레에서 내려
손수 걸어서 다가가
그의 곁에 가까이 앉았습니다.418)

---

417) *Stn. 417. sutvāna dūtavacanaṃ / bhaddayānena khattiyo / taramānarūpo niyyāsi / yena paṇḍavapabbato //*
418) *Stn. 418. sa yānabhūmiṃ yāyitvā / yānā orūyha khattiyo / pattiko upasaṅkamma / āsajja naṃ upāvisi //*

Stn. 419. [아난다]

앉아서 왕은 기뻐하면서
인사를 나누고
안부를 주고받은 뒤에
이와 같은 도리를 말했습니다.419)

Stn. 420. [빔비싸라 왕]

'당신은 아직 어리고 젊습니다.
첫 싹이 트고 있는 청년입니다.
용모의 수려하니
고귀한 왕족 태생인 것 같습니다.420)

---

419) *Stn. 419. nisajja rājā sammodi / kathaṃ sārāṇīyaṃ tato / kathaṃ so vītisāretvā / imam atthaṃ abhāsatha //*
420) *Stn. 420. yuvā ca daharo cāsi / paṭham'uppattiko susu / vaṇṇārohena sampanno / jātimā viya khattiyo //*

Stn. 421. [빔비싸라 왕]

코끼리의 무리가 시중드는
위풍당당한 군대를 정렬하여
당신께 선물로 드리려 하니
묻건대, 당신의 태생을 밝혀주시오.'421)

Stn. 422. [세존]

'왕이여, 저쪽 히말라야 중턱에
한 국가가 있습니다.
꼬쌀라 국의 주민으로
재력과 용기를 갖추고 있습니다.422)

---

421) Stn. 421. sobhayanto anīkaggaṃ / nāgasaṃghapurakkhato / dadāmi bhoge bhuñjassu / jātiñ c'akkhāhi pucchito //
422) Stn. 422. ujuṃ jānapado rājā / himavantassa passato / dhanaviriyena sampanno / kosalesu niketino //

Stn. 423. [세존]

씨족은 '아딧짜'라 하고,
종족은 '싸끼야'라 합니다.
그런 가문에서 감각적 욕망을 구하지 않고,
왕이여, 나는 출가한 것입니다.423)

Stn. 424. [세존]

감각적 쾌락의 욕망에서의 재난을 살피고,
그것에서 벗어남을 안온으로 보고
나는 정진하러 가는 것입니다.
내 마음은 이것에 기뻐하고 있습니다.'"424)

---

423) *Stn. 423. ādiccā nāma gottena / sākiyā nāma jātiyā / tamhā kulā pabbajito'mhi rāja / na kāme abhipatthayaṃ //*
424) *Stn. 424. kāmesvādīnavaṃ disvā / nekkhammaṃ daṭṭhu khemato / padhānāya gamissāmi / ettha me rañjatī mano ti //*

2. 정진의 경[Padhānasutta]

Stn. 425. [세존]

“네란자라 강의 기슭에서
스스로 노력을 기울여
멍에로부터의 평안을 얻기 위해 힘써 정진하여
선정을 닦는 나에게 일어난 일이다.[425)]

Stn. 426. [세존]

악마 나무찌는 위로하여
말을 건네며 다가왔다.
[악마] ‘당신은 야위었고 안색이 나쁩니다.
당신은 죽음에 임박해 있습니다.[426)]

---

425) Stn. 425. *taṃ maṃ padhānapahitattaṃ / nadiṃ nerañjaraṃ pati / viparakkamma jhāyantaṃ / yogakkhemassa pattiyā //* 아난다의 출가의 경이 끝나자 부처님께서 향실에서 나와 정각을 이루기 이전의 악마와의 싸움에 대하여 직접 수행승들에게 이야기한 것이다.

426) Stn. 426. *namucī karuṇaṃ vācaṃ / bhāsamāno upāgami / kiso tvam asi dubbaṇṇo / santike maraṇan tava //* ‘나무찌’는 ‘베다’나 ‘마하바라타’에 나오는 악마인데, 제석천에게 정복당하여 ‘도망가지 못해서’ 나무찌라고 불렸다.

Stn. 427. [악마]

당신이 죽지 않고
살 가망은 천에 하나입니다.
존자여, 사는 것이 좋습니다.
살아야만 공덕을 성취할 것입니다.[427)]

Stn. 428. [악마]

그대가 청정한 삶을 살면서
성화에 제물을 올린다면,
많은 공덕이 쌓입니다. 그러나 이러한,
그대의 정진이 무슨 소용이 있습니까?[428)]

---

427) *Stn. 427. sahassabhāgo maraṇassa / ekaṃso tava jīvitaṃ / jīva bho jīvitaṃ seyyo / jīvaṃ puññāni kāhasi //*

428) *Stn. 428. carato va te brahmacariyaṃ / aggihuttañ ca juhano / pahūtaṃ cīyate puññaṃ / kimpadhānena kāhasi //*

Stn. 429. [악마]

애써 정진하는 길은 가기 힘들고
행하기 힘들며 성취하기도 어렵습니다.'
[송출자] 이 같은 시를 읊으면서
악마는 깨달은 님의 곁에 서 있었다.429)

Stn. 430. [송출자]

악마가 이와 같이 말하자,
세존께서는 이와 같이 말했다.
[세존] '방일의 친척이여, 악한 자여,
어떠한 목적으로 이 세상에 왔는가?430)

429) *Stn. 429. duggo maggo padhānāya / dukkaro durabhisambhavo / imā gāthā bhaṇaṃ māro / aṭṭhā buddhassa santike //*

430) *Stn. 430. taṃ tathāvādīnaṃ māraṃ / bhagavā etadabravī / pamattabandhu pāpima / yen'atthena idhāgato //*

Stn. 431. [세존]

털끝만큼의 공덕을 이루는 것도
내게는 필요가 없다.
공덕을 필요로 하는 자,
그들에게 악마는 말해야 하리라.431)

Stn. 432. [세존]

내게는 믿음이 있고, 정진이 있고,
내게는 또한 지혜가 있다.
이처럼 용맹을 기울이는 나에게
그대는 어찌하여 삶의 보전에 관해 묻는가?432)

---

431) Stn. 431. aṇumattena pi puññena / attho mayhaṃ na vijjati / yesañ ca attho puññānaṃ / te māro vattum arahati //

432) Stn. 432. atthi saddhā tathā viriyaṃ / paññā ca mama vijjati / evaṃ maṃ pahitattaṃ pi / kiṃ jīvam anupucchasi //

Stn. 433. [세존]

이러한 정진에서 나오는 바람은
흐르는 강물조차 마르게 할 것이다.
이처럼 용맹을 기울이는 나에게
피가 어찌 마르지 않겠는가![433)]

Stn. 434. [세존]

몸의 피가 마르면,
담즙도 점액도 마르리라.
살이 빠지면, 마음은 더욱 더 맑아지고
나는 새김과 지혜, 그리고 삼매를 확립한다.[434)]

---

433) Stn. 433. nadīnam api sotāni / ayaṃ vāto visosaye / kiñ ca me pahitattassa / lohitaṃ n'ūpasussaye //

434) Stn. 434. lohite sussamānamhi / pittaṃ semhañ ca sussati / maṃsesu khīyamānesu / bhiyyo cittaṃ pasīdati / bhiyyo sati ca paññā ca / samādhi mama tiṭṭhati //

Stn. 435. [세존]

이와 같이 지내며
나는 최상의 느낌을 누리니,
내 마음에는 감각적 쾌락에 대한 기대가 없다.
보라, 존재의 청정함을![435]

Stn. 436. [세존]

그대의 첫 번째 군대는 욕망,
두 번째 군대는 혐오라 불리고,
그대의 세 번째 군대는 기갈,
네 번째 군대는 갈애라 불린다.[436]

---

435) *Stn. 435. tassa m'evaṃ viharato / pattass'uttamavedanaṃ / kāmesu nāpekkhate cittaṃ / passa sattassa suddhataṃ //*

436) *Stn. 436. kāmā te paṭhamā senā / dutiyā arati vuccati / tatiyā khuppipāsā te / catutthī taṇhā pavuccati //*

Stn. 437. [세존]

그대의 다섯째 군대는 권태와 수면,
여섯째 군대는 공포라 불리고,
그대의 일곱째 군대는 의혹,
여덟째 군대는 위선과 고집이라 불린다.437)

Stn. 438. [세존]

잘못 얻어진 이득과
명예와 칭송과 명성,
그리고 자기를 칭찬하고
타인을 경멸하는 것도 있다.438)

---

437) *Stn. 437. pañcamī thīnamiddhan te / chaṭṭhā bhīru pavuccati / attamī vicikicchā te / makkho thambho te aṭṭhamo //*

438) *Stn. 438. lābho siloko sakkāro / micchāladdho ca yo yaso / yo c'attānaṃ samukkaṃse / pare ca avajānati //*

Stn. 439. [세존]

나무찌여, 이것들이 그대의 군대,
검은 악마의 공격군인 것이다.
비겁한 자는 그를 이겨낼 수 없으나
영웅은 그를 이겨내어 즐거움을 얻는다.439)

Stn. 440. [세존]

차라리 나는 문자풀을 걸치겠다.
이 세상의 삶은 얼마나 부끄러운 것인가!
내게는 패해서 사는 것보다는
싸워서 죽는 편이 오히려 낫다.440)

---

439) Stn. 439. esā namuci te senā / kaṇhassābhippahāriṇī / na taṃ asūro jināti / jetvā ca labhate sukhaṃ //
440) Stn. 440. esa muñjaṃ parihare / dhī-r-atthu idha jīvitaṃ / saṅgāme me mataṃ seyyo / yañce jīve parājito //

Stn. 441. [세존]

어떤 수행자나 성직자들은
이 세상에서 침몰하여 보이지 않는다.
그들은 계행을 지닌 고귀한 님들이
가야 할 길조차 알지 못한다.441)

Stn. 442. [세존]

코끼리 위에 올라탄 악마와 더불어,
주변에 깃발을 든 군대를 보았으니,
나는 그들을 맞아 싸우리라.
나로 하여금 이곳에서 물러나지 않게 하라.442)

---

441) *Stn. 441. pagāḷhā ettha na dissanti / eke samaṇa-brāhmaṇā / tañ ca maggaṃ na jānanti / yena gacchanti subbatā //*

442) *Stn. 442. samantā dhajiniṃ disvā / yuttaṃ māraṃ savāhanaṃ / yuddhāya paccuggacchāmi / mā maṃ ṭhānā acāvayi //*

Stn. 443. [세존]

결코 신들도 세상 사람도
그대의 군대를 정복할 수 없지만,
굽지 않은 발우를 돌로 부수듯,
나는 지혜를 가지고 그것을 부순다. 443)

Stn. 444. [세존]

나는 사유를 다스리고,
새김을 잘 확립하여,
여러 제자들을 기르면서,
이 나라 저 나라로 유행할 것이다. 444)

---

443) *Stn. 443. yaṃ te taṃ nappasahati / senaṃ loko sadevako / taṃ te paññāya gacchāmi / āmaṃ pattaṃ va amhanā //*

444) *Stn. 444. vasiṃkaritvā saṃkappaṃ / satiñ ca suppatiṭṭhitaṃ / raṭṭhā raṭṭhaṃ vicarissaṃ / sāvake vinayaṃ puthu //*

Stn. 445. [세존]

그들은 방일하지 않고 노력하며
내 가르침을 실행하면서,
그대는 그것을 싫어하지만,
가서 슬픔이 없는 경지에 도달하리라.'445)

Stn. 446. [악마]

'우리들은 칠 년 동안이나
세존을 발자국마다 따라 다녔다.
새김을 확립한 올바로 깨달은 님께
그러나 다가갈 기회조차 없었다.446)

---

445) *Stn. 445. te appamattā pahitattā / mama sāsanakārakā / akāmassa te gamissanti / yattha gantvāna socare //*

446) *Stn. 446. satta vassāni bhagavantaṃ / anubandhiṃ padā padaṃ / otāraṃ nādhigacchissaṃ / sambuddhassa satīmato //*

Stn. 447. [악마]

기름 빛깔을 한 바위를
까마귀가 맴돌며 생각한다.
이곳에서 부드러운 것을 찾을 수 있겠지.
아마도 맛 좋은 먹이가 있을 것이다.447)

Stn. 448. [악마]

그곳에서 맛있는 것을 얻을 수 없어
까마귀는 거기서 날아 가버렸다.
바위에 가까이 가 본 까마귀처럼,
우리는 실망하여 고따마 곁을 떠난다.'448)

447) *Stn. 447. medavaṇṇaṃ va pāsāṇaṃ / vāyaso anupariyagā / ap'ettha mudu vindema / api assādanā siyā //*
448) *Stn. 448. aladdhā tattha assādaṃ / vāyas'etto apakkami / kāko va selaṃ āsajja / nibbijjāpema gotamaṃ //*

Stn. 449. [세존]

슬픔에 넘친 나머지
옆구리에서 비파를 떨어뜨리고,
그만 그 야차는 낙심하여
그 자리에서 사라지고 말았다."449)

---

449) *Stn. 449. tassa sokaparetassa / vīṇā kacchā abhassatha / tato so dummano yakkho / tatth'ev'antaradhāyathā ti //*

3. 잘 설해진 말씀의 경[Subhāsitasutta]

이와 같이 나는 들었다.

한 때 세존께서 싸밧티 시의 제따 숲에 있는 아나타삔디까 승원에 계셨다. 그때 세존께서는 '수행승들이여'라고 수행승들을 부르셨다. 수행승들은 세존께 '세존이시여'라고 대답했다. 세존께서는 이와 같이 말씀하셨다.

[세존] "수행승들이여, 네 가지 특징을 갖춘 말은 훌륭하게 설해진 것이지 나쁘게 설해지지 않은 것이며, 양식 있는 사람에 의해 비난받지 않고 질책 당하지 않는다. 어떠한 것이 그 네 가지인가. 수행승들이여, 여기서 수행승이 훌륭하게 설해진 것만을 말하고 나쁘게 설해진 것은 말하지 않으며, 가르침만을 말하고 가르침이 아닌 것은 말하지 않으며, 사랑스런 것만을 말하고 사랑스럽지 않은 것은 말하지 않으며, 진실만을 말하고 거짓은 말하지 않으면, 수행승들이여, 그 네 가지 특징을 갖추고 있는 말은 훌륭하여 설해진 것이고 나쁘게 설해지지 않은 것이며 슬기로운 사람에 의해 비난받지 않고 질책 당하지 않는다. 어떠한 것이 네 가지인가?"

세존께서는 이와 같이 말씀하셨다. 이처럼 말씀하시고 올바른 길로 잘 가신 님께서는 스승으로서 이와 같이 시로써 말씀하셨다.

Stn. 450. [세존]

"첫째, 참사람은 잘 설해진 것을
최상이라고 부른다.
둘째, 가르침만을 말하고
가르침이 아닌 것은 말하지 않는다.
셋째, 사랑스런 것만을 말하고
사랑스럽지 않은 것은 말하지 않는다.
넷째, 진실한 것만을 말하고
거짓은 말하지 않는다.[450)]

그때 존자 방기싸가 자리에서 일어서서 한 쪽 어깨에 가사를 걸치고 세존께서 계신 곳을 향해 합장하고 세존께 이와 같이 말씀드렸다.

[방기싸] "세상에서 존귀한 님이시여, 시상이 떠오릅니다. 올바로 잘 가신 님이시여, 시상이 떠오릅니다."

[세존] "방기싸여, 시상을 떠올려 보게."

---

450) Stn. 450. subhāsitaṃ uttamam āhu santo / dhammaṃ bhaṇe nādhammaṃ taṃ dutiyaṃ / piyaṃ bhaṇe nāppiyaṃ taṃ tatiyaṃ / saccaṃ bhaṇe nālikaṃ taṃ catutthan ti //

세존께서 말씀하셨다. 그러자 존자 방기싸는 세존의 앞에서 아름다운 시를 읊었다.

Stn. 451. [방기싸]

"스스로를 괴롭히지 않고,
다른 사람을 다치게 하지 않는
그러한 말을 해야 합니다.
그것이 정말 잘 설해진 말입니다.[451)]

Stn. 452. [방기싸]

사람들이 즐거워하는 말,
사랑스런 말만을 말해야 합니다.
다른 사람에게 불화를 가져오지 않고,
사랑스러운 것에 대해서만 말해야 합니다.[452)]

---

451) Stn. 451. tam eva vācaṃ bhāseyya / yāy'attānaṃ na tāpaye / pare ca na vihiṃseyya / sa ve vācā subhāsitā //
452) Stn. 452. piyavācam eva bhāseyya / yā vācā paṭinanditā / yaṃ anādāya pāpāni / paresaṃ bhāsate piyaṃ //

Stn. 453. [방기싸]

진실은 참으로 불사(不死)의 말이니,
그것은 영원한 가르침입니다.
진실 속에, 유익함 속에,
가르침 속에 참사람들이 서있다고 합니다.453)

Stn. 454. [방기싸]

열반을 성취하기 위하여,
괴로움을 종식시키기 위하여,
부처님께서 설하신 안온한 말씀,
그것은 참으로 말씀 가운데 최상입니다."454)

---

453) Stn. 453. saccaṃ ve amatā vācā / esa dhammo sanantano / sacce atthe ca dhamme ca / āhu santo patiṭṭhitā //

454) Stn. 454. yaṃ buddho bhāsatī vācaṃ / khemaṃ nibbānapattiyā / dukkhass'antakiriyāya / sā ve vācānam uttamā ti //

4. 쑨다리까 바라드와자의 경[Sundarikabhāradvājasutta]

이와 같이 나는 들었다.

한 때 세존께서 꼬쌀라 국에 쑨다리까 강 언덕에 계셨다. 그때 바라문 쑨다리까 바라드와자가 쑨다리까 강 언덕에서 불의 신에게 제물을 바치는 제사를 준비하고 있었다. 그런데 바라문 쑨다리까 바라드와자는 불의 신에 제물을 바치는 제사를 준비하면서 자리에서 일어나 두루 사방을 살펴보았다.

[쑨다리까] '누가 제사를 지내고 남은 이 음식을 즐길 수 있을 것인가?

그때 바라문 쑨다리까 바라드와자는 세존께서 어떤 나무 밑에서 머리에 두건을 쓰고 앉아 계신 것을 보았다. 보고 나서 그는 왼손으로 제사를 지내고 남은 음식을 들고, 오른손으로 물병을 들고 세존께서 계신 곳을 찾았다.

세존께서는 바라문 쑨다리까 바라드와자의 발자국 소리 때문에 머리의 두건을 벗었다. 그러자 바라문 쑨다리까 바라드와자는 생각했다.

[쑨다리까] '이 존자는 머리를 빡빡 깍았네. 이 존자는 머리를 빡빡 깍았네.'

그래서 다시 돌아가려고 했다. 그러나 다시 바라문 쑨다리까 바라드와자에게 이와 같은 생각이 떠올랐다.

[쑨다리까] '어떤 바라문은 빡빡 깎은 자도 있다. 가까이 다가가서 출신을 물어보는 것이 어떨까?'

그래서 바라문 쑨다리까 바라드와자는 세존께서 계신 곳으로 찾아왔다.

[쑨다리까] "그대는 어떤 가문 출신입니까?"

그러자 세존께서는 바라문 쑨다리까 바라드와자에게 시로써 대답하셨다.

Stn. 455. [세존]

"나는 결코 바라문도 아니고
왕자도 아닙니다.
나는 평민도 아니고,
혹은 어떤 누구도 아닙니다.
사람들의 가문의
성에 대해서는 잘 알지만,
아무 것도 없이
지혜롭게 세상을 거닙니다. 455)

---

455) Stn. 455. na brāhmaṇo no'mhi na rājaputto / na

Stn. 456. [세존]

나는 머리를 깎고
마음을 고요히 하고
세상에서 사람들에게
더렵혀지지 않고,
가사를 걸치고,
집 없이 거닙니다.
바라문이여,
그대가 내게 성을 묻는 것은
옳지 않습니다."456)

---

vessāyano uda koci no'mhi / gottaṃ pariññāya puthujjanānaṃ / akiñcano mantā carāmi loke //

456) *Stn. 456. saṅghāṭivāsī agiho carāmi / nivuttakeso abhinibbutatto / alippamāno idha māṇavehi / akalla maṃ brāhmaṇa pucchi gottapañhaṃ //*

Stn. 457. [대화자]

[쑨다리까] "존자여, 바라문들이
바라문들을 만났을 때에
'바라문입니까?'라고 묻지 않습니까?"
[세존] "만일 그대가 바라문이고,
나를 바라문이 아닌 자라고 부른다고 한다면,
나는 당신에게 삼행의 스물 네 음절로 된
게송에 대해 묻겠습니다."[457)]

---

457) Stn. 457. pucchanti ve bho brāhmaṇā / brāhmaṇehi saha / brāhmaṇo no bhavan ti / brāhmaṇo ce tvaṃ brūsi / mañ ca brūsi abrāhmaṇantaṃ / taṃ taṃ sāvittiṃ pucchāmi / tipadaṃ catuvīsatakkharaṃ // 범어의 시형 싸비뜨리는 삼행시 스물네 음절로 되어 있는데, 태양신 싸비뜨리에 대한 찬가라는 뜻도 지닌다. 그런데 불교의 싸비뜨리는 삼귀의를 말한다. 삼귀의의 빠알리 형태는 바로 삼행시 스물네 음절로 구성되어 있다.

Stn. 458. [대화]

[쑨다리까] "이 세상에서
선인들이나 일반인들이나 왕족들이나
바라문들은 무엇 때문에
신들에게 제물을 바치는 것입니까?"

[세존] "궁극에 이르고
지혜에 통달한 사람이
제사 때에 어떤 사람의 헌공을 받는다면,
그 어떤 사람에게
공덕이 있다고 나는 말합니다."458)

---

458) Stn. 458. kiṃ nissitā isayo manujā khattiyā brāhmaṇā / devatānaṃ yañña-m-akappayiṃsu puthu idha loke / ya-d-antagū vedagū yaññakāle / yassāhutiṃ labhe tass' ijjhe ti brūmi //

Stn. 459. [쑨다리까]

"분명히 그러한 나에게
헌공의 공덕이 있을 것입니다.
지혜를 통달한
그대와 같은 사람을 만났기 때문입니다.
이전에는 그대와 같은 사람을 만나지 못해,
다른 사람이 그 헌과를 향유했습니다."459)

Stn. 460. [세존]

"그렇다면 바라문이여, 유익한 일을 찾아서
그대가 왔으니 가까이 와서 물으십시오.
아마도 이곳에서 고요하여,
연기(煙氣)가 없고, 고통이 없고,
바램이 없는 총명한 사람을 만날 것입니다."460)

---

459) *Stn. 459. addhā hi tassa hutam ijjhe / (iti brāhmaṇo) yaṃ tādisaṃ vedaguṃ addasāma / tumhādisānaṃ hi adassanena / añño jano bhuñjati pūraḷāsaṃ // 헌과(獻菓)는 제사에 바쳐진 과자를 의미한다.*

460) *Stn. 460. tasmā ti ha tvaṃ brāhmaṇa atthena / atthi-*

Stn. 461. [대화]

[쑨다리까] "존자 고따마시여,
나는 제사를 즐기며,
제사를 지내려합니다.
그러나 알지를 못합니다.
존자께서는 내게 가르쳐 주십시오.
어디에 헌공하는 것이
공덕이 있는 것입니까?"

[세존] "그럼 바라문이여, 경청하십시오.
그대에게 가르침을 설하겠습니다."461)

---

ko upasaṅkamma puccha / santaṃ vidhūmaṃ anighaṃ nirāsaṃ / appev'idha abhivinde sumedhaṃ //

461) *Stn. 461. yaññe rat'āhaṃ bho gotama yaññaṃ yaṭṭhukāmo / n'āhaṃ pajānāmi anusāsatu maṃ bhavaṃ / yattha hutaṃ ijjhate brūhi me taṃ / tena hi tvaṃ brāhmaṇa odahassu sotaṃ / dhammaṃ te desissāmi //*

Stn. 462. [세존]

"출생을 묻지 말고 행위를 물으십시오.
어떠한 땔감에서도 불이 생겨나듯,
비천한 가문일지라도 성자는 지혜롭고,
고귀하고, 부끄러움을 알고, 자제합니다.462)

Stn. 463. [세존]

진리로 길들여지고 감관의 제어를 갖추고
지혜에 통달하고 청정한 삶을 이룬 님,
공덕을 기대하는 바라문이라면, 올바른 때에
공양 받을 만한 그에게 헌공하시오.463)

---

462) *Stn. 462. mā jātiṃ puccha caraṇañ ca puccha / kaṭṭhā have jāyati jātavedo / nicākulīno pi munī dhitīmā / ājāniyo hoti hirīnisedho //*

463) *Stn. 463. saccena dantā damasā upeto / vedantagū vusitabrahmacariyo / kālena tamhi havyaṃ pavecche / yo brāhmaṇo puññapekho yajetha //*

Stn. 464. [세존]

감각적 쾌락의 욕망을 버리고 집 없이 거닐고,
자기를 다스리고, 베틀의 북처럼 곧은 님들,
공덕을 기대하는 바라문이라면, 올바른 때에
공양 받을 만한 그들에게 헌공하시오.464)

Stn. 465. [세존]

달이 라후의 장애에서 벗어나듯,
감관을 잘 다스려서 탐욕을 떠난 님들,
공덕을 기대하는 바라문이라면, 올바른 때에
공양 받을 만한 그들에게 헌공하시오.465)

---

464) Stn. 464. ye kāme hitvā agihā caranti / susaññatattā tasaraṃ va ujju / kālena tesu havyaṃ pavecche / yo brāhmaṇo puññapekho yajetha //

465) Stn. 465. ye vītarāgā susamāhit'indriyā / cando'va rāhugahaṇā pamuttā / kālena tesu havyaṃ pavecche / yo brāhmaṇo puññapekho yajetha // 인도의 민간설화에 따르면, 일식과 월식의 현상은 악마적인 존재인 라후가 해와 달을 삼키는 현상이다.

Stn. 466. [세존]

집착 없이, 항상 새김을 확립하고,
내 것을 버리고 세상에서 거니는 님들,
공덕을 기대하는 바라문이라면, 올바른 때에
공양 받을 만한 그들에게 헌공하시오.466)

Stn. 467. [세존]

감각적 쾌락의 욕망을 모두 버리고, 이겨내어,
생사의 끝을 알고 시원하고 맑은 호수처럼,
완전한 열반을 성취하였으니,
이렇게 오신 님은 헌과를 받을 만합니다.467)

---

466) Stn. 466. asajjamānā vicaranti loke / sadā satā hitvā mamāyitāni / kālena tesu havyaṃ pavecche / yo brāhmaṇo puññapekho yajetha //

467) Stn. 467. ye kāme hitvā abhibhuyyacāri / yo vedi jātimaraṇassa antaṃ / parinibbuto udakarahado va sīto / tathāgato arahati pūraḷāsaṃ //

Stn. 468. [세존]

같은 님들과 같고, 같지 않은 님들과는 다른,
이렇게 오신 님은 한량없는 지혜를 가지고,
이 세상이나 저 세상에서 때가 묻지 않으니,
이렇게 오신 님은 헌과를 받을 만합니다.468)

Stn. 469. [세존]

허위나 독단을 지니지 않고, 탐욕을 떠나,
내 것을 두지 않고, 바램을 떠나고,
분노를 몰아내고, 자아를 소멸시키고,
슬픔의 때를 제거한 고귀한 님이니,
이렇게 오신 님은 헌과를 받을 만합니다.469)

---

468) Stn. 468. samo samehi visamehi dūre / tathāgato hoti anantapañño / anūpalitto idha vā huraṃ vā / tathāgato arahati pūraḷāsaṃ // 같은 님이란 '부처님들은 부처님과 같다.'는 의미에서 쓰인 것이다. 같지 않은 님이란 그 반대를 의미한다.

469) Stn. 469. yamhī na māyā vāsatī na māno / yo vītalobho amamo nirāso / panuṇṇakodho abhinibbutatto / yo brāhmaṇo sokamalaṃ ahāsi / tathāgato arahati pūraḷāsaṃ //

Stn. 470. [세존]

마음의 거처를 제거하여
어떠한 소유도 갖지 않으며,
이 세상이나 저 세상에서나 집착이 없으니,
이렇게 오신 님은 헌과를 받을 만합니다.470)

Stn. 471. [세존]

삼매에 들어 거센 흐름을 건너고,
가장 뛰어난 견해로써 진리를 알고,
번뇌가 부수어져 최후의 몸을 가지고 있으니,
이렇게 오신 님은 헌과를 받을 만합니다.471)

---

470) Stn. 470. nivesanaṃ yo manaso ahāsi / pariggahā yassa na santi keci / anupādiyāno idha vā huraṃ vā / tathāgato arahati pūraḷāsaṃ //

471) Stn. 471 samāhito yo udatāri oghaṃ / dhammaṃ ca ñāsi paramāya diṭṭhiyā / khīṇāsavo antimadehadhārī / tathāgato arahati pūraḷāsaṃ // 거센 흐름에 대해서는 Stn. 21의 주석을 보라. 가장 뛰어난 견해는 '일체지의 앎'을 뜻한다.

Stn. 472. [세존]

존재의 번뇌와 거친 언어는
흩어져서 사라져 없어져 버렸고,
지혜에 통달하고 모든 것에 해탈하였으니,
이렇게 오신 님은 헌과를 받을 만합니다.472)

Stn. 473. [세존]

집착을 뛰어넘어 그에게는 집착이 없고,
자만에 얽매인 자 가운데 자만에 매이지 않고,
괴로움의 그 영역과 기반에 대하여 잘 아니,
이렇게 오신 님은 헌과를 받을 만합니다.473)

---

472) Stn. 472. bhavāsavā yassa vacī kharā ca / vidhupitā atthagatā na santi / sa vedagū sabbadhi vippamutto / tathāgato arahati pūraḷāsaṃ // 존재의 번뇌는 존재하려는 갈애, 불안, 욕구와 세계와 자아가 영원히 존재한다는 영원주의에 수반하는 탐욕을 뜻한다.

473) Stn. 473. saṅgātigo yassa na santi saṅgā / so mānasattesu amānasatto / dukkhaṃ pariññāya sakhettavatthuṃ / tathāgato arahati pūraḷāsaṃ //

Stn. 474. [세존]

욕망에 기대지 않고 멀리 여읨을 보고,
남들이 가르치는 견해를 초월하여,
다시 태어나게 될 아무런 조건도 갖지 않은
이렇게 오신 님은 헌과를 받을 만합니다.474)

Stn. 475. [세존]

일체의 높고 낮은 사실들을 깨달아
그것들을 제거하고 사라지게 하여,
적멸을 성취하고 집착을 부수고 해탈하였으니,
이렇게 오신 님은 헌과를 받을 만합니다.475)

---

474) Stn. 474. āsaṃ anissāya vivekadassī / paravediyaṃ diṭṭhim upātivatto / ārammaṇā yassa na santi keci / tathāgato arahati pūraḷāsaṃ //

475) Stn. 475. parovarā yassa samecca dhammā / vidhūpitā atthagatā na santi / santo upādānakhaye vimutto / tathāgato arahati puraḷāsaṃ //

Stn. 476. [세존]

장애와 태어남이 소멸하는 궁극을 보고,
탐욕의 길을 남김없이 제거하여
잘못 없이 티끌 없이 오염 없이 청정하오니,
이렇게 오신 님은 헌과를 받을 만합니다.[476)]

Stn. 477. [세존]

자기를 자아를 보지 않고, 집중되어,
곧바르게, 자신을 확립하여, 동요가 없고,
황무지가 없고, 의혹이 없으니,
이렇게 오신 님은 헌과를 받을 만합니다.[477)]

---

476) Stn. 476. saṃyojanañ jātikhayanatadassī / yo pānudi rāgapathaṃ asesaṃ / suddho niddoso vimalo akāco / tathāgato arahati pūraḷāsaṃ //

477) Stn. 477. yo attanā attānaṃ n'ānupassati / samāhito ujjugato ṭhitatto / sa ve anejo akhilo akaṅkho / tathāgato arahati pūraḷāsaṃ // 황무지에 대해서는 Stn. 19의 주석을 보라.

Stn. 478. [세존]

어떠한 것에도 어리석음이 없고,
모든 현상에 대하여 앎과 봄을 지니고,
최후의 몸을 가지고 위없는 깨달음을 얻어,
이처럼 최상의 청정함을 얻었으니,
이렇게 오신 님은 헌과를 받을 만합니다."[478)]

Stn. 479. [쑨다리까]

"당신과 같은 지혜에 뛰어난 사람을 만났으니,
저의 헌공은 참다운 헌공이 될 수 있습니다.
세존께서는 하느님으로서
저의 증인이 되어주십시오.
세존께서는 저의 헌과를 받아주십시오."[479)]

---

478) Stn. 478. mohantarā yassa na santi keci / sabbesu dhammesu ca ñāṇadassī / sarīrañ ca antimaṃ dhāreti / patto ca sambodhi anuttaraṃ sivaṃ / ettāvatā yakkhassa suddhi / tathāgato arahati puraḷāsaṃ //

479) Stn. 479. hutañ ca mayhaṃ hutam atthu saccaṃ / yaṃ tādisaṃ vedagunaṃ alatthaṃ / brahmā hi sakkhi patiganhātu me bhagavā / bhuñajatu me bhagavā puraḷāsaṃ //

Stn. 480. [세존]

"나는 시를 읊은 댓가를 향유하지 않습니다.
바라문이여, 바로 보는 이에게 옳지 않습니다.
시를 읊은 댓가를 깨달은 이는 물리치니,
법이 있다면 그것이야말로 진솔한 삶입니다.[480)]

Stn. 481. [세존]

번뇌가 부서지고 의심이 소멸된
완전한 위대한 선인에게
다른 음식과 음료수로 봉사하십시오.
공덕을 바라는 자에게 복밭이 될 것입니다."[481)]

---

480) Stn. 480. gāthābhigitaṃ me abhojaneyyaṃ / sampassataṃ brahmaṇa n'esa dhammo / gāthābhigītaṃ panudanti buddhā / dhamme satī brāhmaṇa vuttir esā //

481) Stn. 481. aññena ca kevalinaṃ mahesiṃ / khīṇāsavaṃ kukkuccavūpasantaṃ / annena pānena upaṭṭhāhassu / khettaṃ hi taṃ puññapekhassa hoti //

Stn. 482. [쑨다리까]

"세존이시여, 누가 저와 같은 자의
보시를 향유할 수 있는지,
제사지낼 때 누굴 찾아 공양을 올려야 하는지,
가르침을 받아 알 수 있다면, 감사하겠습니다."482)

Stn. 483. [세존]

"격정을 떠나서
마음에 혼탁이 없고,
감각적 쾌락의 욕망에서 벗어나
혼침을 제거한 님.483)

---

482) *Stn. 482. sādh'āhaṃ bhagavā tathā vijaññaṃ / yo dakkhiṇaṃ bhuñjeyya mādisassa / yaṃ yaññakāle pariyesamāno / pappuyya tava sāsanaṃ //*

483) *Stn. 483. sārambhā yassa vigatā / cittaṃ yassa anāvilaṃ / vippamutto ca kāmehi / thīnaṃ yassa panūditaṃ //*

Stn. 484. [세존]

한계의 끝을 제거하고
태어남과 죽음을 잘 알고,
해탈한 님의 덕성을 몸에 갖춘
그러한 님이 제사에 왔을 때,484)

Stn. 485. [세존]

눈썹을 찌푸리지 말고,
그에게 합장하여 예배하고,
음료와 음식으로 공양을 바치시오.
이러한 보시를 행하면, 뜻을 이룬 것이오.485)

---

484) *Stn. 484. sīmantānaṃ vinetāraṃ / jātimaraṇakovidaṃ / muniṃ moneyyasampannaṃ / tādisaṃ yaññam āgataṃ //*

485) *Stn. 485. bhakuṭiṃ vinayitvāna / pañjalikā namassatha / pūjetha annapānena / evaṃ ijjhanti dakkhiṇā //*

Stn. 486. [세존]

깨달은 님은 헌과를 받기에 마땅하고
으뜸가는 공덕의 밭이고,
온 세상의 공양을 받을만한 님입니다.
세존에게 보시한 것은,
크나큰 과보가 있는 것입니다."486)

이와 같이 말씀하셨을 때 바라문 쑨다리까 바라드와자는 세존께 이와 같이 말씀드렸다.

[쑨다리까] "존자 고따마시여, 훌륭하십니다. 존자 고따마시여, 훌륭하십니다. 존자 고따마시여, 마치 넘어진 것을 일으켜 세우듯이 가려진 것을 열어 보이듯, 어리석은 자에게 길을 가리켜주듯이, 눈을 갖춘 자는 형상을 보라고 어둠 속에 등불을 가져오듯이, 존자 고따마께서는 이와 같이 여러 가지 방법으로 진리를 밝혀주셨습니다. 그러므로 이제 세존이신 고따마께 귀의합니다. 또한 그 가르침에 귀의합니다. 또한 그 수행승의 참모임에 귀의합

---

486) Stn. 486. buddho bhavaṃ arahati puraḷāsaṃ / puññakkhettam anuttaraṃ / āyāgo sabbalokassa / bhoto dinnaṃ mahapphalānti //

니다. 저는 세존이신 고따마 앞에 출가하여 구족계를 받겠습니다."

바라문 쑨다리까 바라드와자는 세존께 출가하여 구족계를 받았다. 존자 쑨다리까 바라드와자는 구족계를 받은 지 얼마 되지 않아 홀로 떨어져서 게으르지 않고 열심히 정진하였다. 그는 오래지 않아 양가의 자제들이 그러기 위해 올바로 집에서 집 없는 곳으로 출가했듯이 위없이 청정한 삶을 현세에서 스스로 곧바로 알고 깨달아 성취했다. 그는 '태어남은 부수어졌고 청정한 삶은 이루어졌고, 해야 할 일을 다 마쳤고, 더 이상 윤회하지 않는다.'고 분명히 알았다.

마침내 바라문 쑨다리까 바라드와자는 거룩한 님 가운데 한 분이 되었다.

5. 마가의 경[Māghasutta]

이와 같이 나는 들었다.

한때 세존께서 라자가하 시의 깃자꾸따 산에 계셨다.

그 때 '마가'라는 바라문 학인이 세존께서 계신 곳을 찾았다. 가까이 다가가서 세존께 인사를 드리고 안부를 주고받은 뒤에 한 쪽으로 물러 앉았다. 한 쪽으로 물러 앉아 세존께 이와 같이 말씀드렸다.

[학인 마가] "존자 고따마시여, 나는 다른 사람을 위해 베푸는 자, 나 자신의 소유에서 베푸는 자이고, 관대한 자이고, 부탁을 잘 들어주는 자입니다. 나는 정의롭게 재물을 구합니다. 정의롭게 재물을 구한 뒤에 정의롭게 얻은 재물, 올바로 얻은 재물을 한 사람에게도 주고, 두 사람에게도 주고, 세 사람에게도 주고, 네 사람에게도 주고, 다섯 사람에게도 주고, 여섯 사람에게도 주고, 일곱 사람에게도 주고, 여덟 사람에게도 주고, 아홉 사람에게도 주고, 열 사람에게도 주고, 스무 사람에게도 주고, 서른 사람에게도 주고, 마흔 사람에게도 주고, 쉰 사람에게도 주고, 백 사람에게도 주며, 더 많은 사람에게도 나누어 줍니다. 존자 고따마시여, 내가 이렇게 주고 이와 같이 바친다면 얼마나 많은 공덕을 얻겠습니까?"

[세존] "바라문 학인이여, 그대가 참으로 나누어 주고

그와 같이 바친다면, 많은 복덕을 얻게 될 것입니다. 젊은이여, 누구든지 진실하게 보시하는 시주이거나, 관대하여 구하는 바에 응하며, 법에 따라 재산을 얻어 그 재산으로 하여금 한 사람 내지는 백 사람에게 나누어 주며, 더 많은 사람에게 나누어 주는 사람은 많은 공덕을 얻게 될 것입니다."

바라문 학인 마가는 세존께 시로써 여쭈었다.

Stn. 487. [학인 마가]

"가사를 걸치고 집 없이 유행하시는
관대하신 고따마께 저는 묻겠습니다.
세존이시여, 저는 부탁을 잘 들어주고,
재물을 베푸는 재가의 신자로서,
이 세상에서 공덕을 구하고 공덕을 기대하며,
남에게 음식을 베풀어 제사지내는데,
누구에게 바치는 제물이 청정하겠습니까?"487)

---

487) Stn. 487. pucchām'ahaṃ gotamaṃ vadaññuṃ / (iti māgho māṇavo) kāsāyavāsiṃ agihaṃ carannaṃ / yo yācayogo dānapatī gahaṭṭho / puññatthiko yajatī puññapekho / dadaṃ paresaṃ idha annapānaṃ / kattha hutaṃ yajamānassa sujjhe //

Stn. 488. [세존]

“부탁을 잘 들어주고,
재물을 베푸는 재가의 신자로서,
이 세상에서 공덕을 구하고 공덕을 기대하며,
남에게 음식을 베풀어 제사지낸다면,
베풀 만한 가치 있는 님들에게서
그 성취를 이룰 것입니다.”488)

Stn. 489. [학인 마가]

세존이시여, 저는 부탁을 잘 들어주고,
재물을 베푸는 재가의 신자로서,
이 세상에서 공덕을 구하고 공덕을 기대하며,
남에게 음식을 베풀어 제사지내는데,
베풀 만한 가치 있는 님들을 밝혀주십시오.”489)

---

488) Stn. 488. yo yācayogodānapatī gahaṭṭho / (māghāti bhagavā) puññatthiko yajatī puññapekho / dadaṃ paresaṃ idha annapānaṃ / ārādhaye dakkhiṇeyyehi tādi //

489) Stn. 489. yo yācayogodānapatī gahaṭṭho / (iti māgho māṇavo) puññatthiko yajatī puññapekho / dadaṃ paresaṃ idha an-

Stn. 490. [세존]

"세상에 집착 없이 유행하며, 아무 것도 없고,
완전히 성취하여 자신을 다스리는 님들,
올바른 때에 그들에게 공물을 바치십시오.
공덕을 구하는 바라문은 헌공하십시오.[490)]

Stn. 491. [세존]

모든 장애와 속박을 이미 끊었고, 자제하고,
해탈하여, 고통이 없고 바램이 없는 님들,
올바른 때에 그들에게 공물을 바치십시오.
공덕을 구하는 바라문은 헌공하십시오.[491)]

---

napānaṃ / akkhāhi me bhagavā dakkhiṇeyye //

490) *Stn. 490. yo ve asattā vicaranti loke / akiñcanā kevalino yatattā / kālena tesu havyaṃ pavecche / yo brāhmaṇo puññapekho yajetha //*

491) *Stn. 491. ye sabbasaṃyojanabandhanacchidā / dantā vimuttā anighā nirāsā / kālena tesu havyaṃ pavecche / yo brāhmaṇo puññapekho yajetha //*

Stn. 492. [세존]

모든 장애에서 완전히 벗어나서, 자제하고,
해탈하여, 고통 없고 탐욕 없는 님들,
올바른 때에 그들에게 공물을 바치십시오.
공덕을 구하는 바라문은 헌공하십시오.492)

Stn. 493. [세존]

탐욕과 성냄과 어리석음을 버리고,
번뇌를 부수고, 청정한 삶을 사는 님들,
올바른 때에 그들에게 공물을 바치십시오.
공덕을 구하는 바라문은 헌공하십시오.493)

---

492) Stn. 492. ye sabbasaṃyojanavippamuttā / dantā vimuttā anīghā nirāsā / kālena tesaṃ havyaṃ pavecche / yo brāhmaṇo puññapekho yajetha //

493) Stn. 493. rāgañ ca dosañ ca pahāya mohaṃ / khīṇāsavā vusitabrahmacariyā / kālena tesaṃ havyaṃ pavecche / yo brāhmaṇo puññapekho yajetha //

Stn. 494. [세존]

허위나 독단을 지니지 않고, 탐욕을 떠나,
내 것이 없고, 욕망을 떠난 님들,
올바른 때에 그들에게 공물을 바치십시오.
공덕을 구하는 바라문은 헌공하십시오.494)

Stn. 495. [세존]

갈애에 빠져들지 않고, 거센 흐름을 건너,
내 것 없이, 유행하는 님들,
올바른 때에 그들에게 공물을 바치십시오.
공덕을 구하는 바라문은 헌공하십시오.495)

---

494) Stn. 494. yesu na māyā vasatī na māno ye vitalobhā amamā nirasā / kālena tesaṃ havyaṃ pavecche yo brāhmaṇo puññapekho yajetha //

495) Stn. 495. ye ve na taṇhāsu upātipannā / vitareyya oghaṃ amamā caranti / kālena tesaṃ havyaṃ pavecche / yo brāhmaṇo puññapekho yajetha // 거센 흐름에 대해서는 Stn. 21의 주석을 보라.

Stn. 496. [세존]

이 세상, 저 세상, 어떠한 세상에서도
존재와 비존재에 대한 갈애가 없는 님들,
올바른 때에 그들에게 공물을 바치십시오.
공덕을 구하는 바라문은 헌공하십시오.496)

Stn. 497. [세존]

감각적 쾌락의 욕망을 버리고, 집 없이 유행하며,
자신을 다스리고, 베틀의 북처럼 곧바른 님들,
올바른 때에 그들에게 공물을 바치십시오.
공덕을 구하는 바라문은 헌공하십시오.497)

---

496) Stn. 496. yesan tu taṇhā natthi kuhiñci loke / bhavābhavāya idha vā huraṃ vā / kālena tesaṃ havyaṃ pavecche / yo brāhmaṇo puññapekho yajetha //

497) Stn. 497. ye kāme hitvā agihā caranti / susaññatattā tasaraṃ va ujju / kālena tesaṃ havyaṃ pavecche / yo brāhmaṇo puññapekho yajetha //

Stn. 498. [세존]

달이 라후의 장애에서 벗어나듯,
감관을 잘 다스려서 탐욕을 떠난 님들,
올바른 때에 그들에게 공물을 바치십시오.
공덕을 구하는 바라문은 헌공하십시오.498)

Stn. 499. [세존]

고요함을 얻어 탐욕도 없고 분노도 없이,
이 세상을 완전히 버려 태어날 곳이 없는 님들,
올바른 때에 그들에게 공물을 바치십시오.
공덕을 구하는 바라문은 헌공하십시오.499)

---

498) Stn. 498. ye vitarāgā susamāhit'indriyā / cando va rāhugahaṇā pamuttā / kālena tesaṃ havyaṃ pavecche / yo brāhmaṇo puññapekho yajetha // 라후는 인도의 민간 설화에 따르면, 일식과 월식의 현상은 악마적인 존재로써 그가 해와 달을 삼킨다.

499) Stn. 499. samitāvino vitarāgā akopā / yesaṅ gatī n'atthi idha vippahāya / kālena tesaṃ havyaṃ pavecche / yo brāhmaṇo puññapekho yajetha //

Stn. 500.

태어남과 죽음을 남김없이 버리고
모든 의혹을 넘어 선 님들,
올바른 때에 그들에게 공물을 바치십시오.
공덕을 구하는 바라문은 헌공하십시오.[500)]

Stn. 501.

자기를 섬으로 하여 이 세상을 유행하며,
아무 것도 없이 모든 것에서 벗어난 님들,
올바른 때에 그들에게 공물을 바치십시오.
공덕을 구하는 바라문은 헌공하십시오.[501)]

---

500) Stn. 500. jahetvā jātimaraṇaṃ asesaṃ / kathaṃkathaṃ sabbam upātivattā / kālena tesaṃ havyaṃ pavecche / yo brāhmaṇo puññapekho yajetha //

501) Stn. 501. ye attadipā vicaranti loke / akiñcanā sabbadhi vippamuttā / kālena tesaṃ havyaṃ pavecche / yo brāhmaṇo puññapekho yajetha //

Stn. 502.

이것이 마지막, 다시 태어남은 없다고,
여기 이와 같이 있는 그대로 알고 있는 님들,
올바른 때에 그들에게 공물을 바치십시오.
공덕을 구하는 바라문은 헌공하십시오.502)

Stn. 503.

지혜에 통달하고, 선정을 즐기며,
새김을 확립하고, 바른 깨달음을 얻어
많은 사람의 의지처가 되는 님들,
올바른 때에 그들에게 공물을 바치십시오.
공덕을 구하는 바라문은 헌공하십시오."503)

---

502) Stn. 502. ye h'ettha jānanti yathātathā idaṃ / ayam antimā natthi punabbhavo ti / kālena tesaṃ havyaṃ pavecche / yo brāhmaṇo puññapekho yajetha //

503) Stn. 503. yo vedagū jhānarato satīmā / sambodhipatto saraṇaṃ bahunnaṃ / kālena tamhi havyaṃ pavecche / yo brāhmaṇo puññapekho yajetha //

Stn. 504. [학인 마가]

"참으로 저의 질문은 헛되지 않았습니다.
세존께서는 보시 받을만한 님들을 밝혔습니다.
당신께 진리가 있는 그대로 알려졌기 때문에,
당신은 있는 그대로 그것을 알고 계십니다.[504)]

Stn. 505.

"세존이시여, 저는 부탁을 잘 들어주고,
재물을 베푸는 재가의 신자로서,
이 세상에서 공덕을 구하고 공덕을 기대하며,
남에게 음식을 베풀어 제사지내는데,
제게 완전한 제사에 대해 밝혀주십시오."[505)]

---

504) Stn. 504. addhā amoghā mama pucchānā ahū / (iti māghomāṇāvo) akkhāsi me bhagavā dakkhiṇeyye / tvaṃ h'ettha jānāsi yathātathā idaṃ / tathā hi te vidito esa dhammo //

505) Stn. 505. yo yācayogo dānapatī gahaṭṭho / puññatthiko yajatī puññapekho / dadaṃ paresaṃ idha annapānaṃ / akkhāhi me bhagavā yaññasampadaṃ //

Stn. 506. [세존]

"마가여, 제사를 지내십시오. 제사를 지내면서,
어떤 경우라도 마음을 청정하게 하여야 합니다.
제사는 제사지내는 자의 토대입니다.
여기에 참여하여 자신의 죄악을 버립니다.506)

Stn. 507.

그리고 탐욕에서 떠나 죄악을 제거하고
한량없는 자애의 마음을 닦으니,
밤낮으로 항상 방일하지 않아서
모든 방향으로 그 한량없는 마음을 채웁니다."507)

---

506) Stn. 506. yajassu yajamāno / (māghā ti bhagavā) sabbattha vippasādehi cittaṃ / ārammaṇaṃ yajamānassa yaññaṃ / ettha patiṭṭhāya jahāti dosaṃ //

507) Stn. 507. so vitarāgo pavineyya dosaṃ / mettaṃ cittaṃ bhāvayaṃ appamāṇaṃ / rattindivaṃ satataṃ appamatto / sabbā disā pharate appamaññaṃ //

Stn. 508. [학인 마가]

"누가 청정한 것이고,
해탈한 것이고,
누가 묶인 것입니까?
어떠한 자아로
하느님 세계에 이르게 됩니까?
성자시여, 몰라서
묻는 것이니 일러 주십시오.
세존께서는
오늘 하느님으로
화현하신 것으로 저는 압니다.
진실로 당신은 하느님과 같은 분이십니다.
빛나는 님이시여,
어떻게 하느님 세계에
태어날 수 있습니까?"508)

---

508) *Stn. 508. ko sujjhati muccati bajjhatī ca / ken'attanā gacchati brahmalokaṃ / ajānato me muni brūhi puṭṭho / bhagavā hi me sakkhi brahm'ajja diṭṭho / tvaṃ hi no brahmasamo ti saccaṃ / kathaṃ upapajjati brahmalokaṃ jutīmā //*

Stn. 509. [세존]

"마가여, 제사지내는 자가
탐욕에서 떠나고,
죄악을 없애고,
한량없는 자애의 마음을 닦는
세 가지 조건을 갖춘
제사를 지내면,
보시 받을만한 님들로 인해
목표를 성취할 것입니다.
이와 같이
올바로 제사를 지내고,
부탁을 잘 들어주는 자라면,
하느님 세계에 태어난다고
나는 말합니다."509)

이처럼 말씀하시자 바라문 학인 마가는 세존께 이와 같

---

509) Stn. 509. yo yajati tividhaṃ yaññasampadaṃ / (māghāti bhagavā) ārādhaye dakkhiṇeyyehi tādi / evaṃ yajitvā sammā yācayogo / upapajjati brahmalokanti brūmī ti //

이 말씀드렸다.

[학인 마가] "존자 고따마시여, 훌륭하십니다. 존자 고따마시여, 훌륭하십니다. 존자 고따마시여, 마치 넘어진 것을 일으켜 세우듯이 가려진 것을 열어 보이듯, 어리석은 자에게 길을 가리켜주듯, 눈을 갖춘 자는 형상을 보라고 어둠 속에 등불을 가져오듯, 존자 고따마께서는 이와 같이 여러 가지 방법으로 진리를 밝혀주셨습니다. 그러므로 이제 세존이신 고따마께 귀의합니다. 또한 그 가르침에 귀의합니다. 또한 그 수행승의 참모임에 귀의합니다. 오늘부터 목숨 받쳐 귀의하오니 세존이신 고따마께서는 재가의 신자로서 받아 주십시오."

6. 싸비야의 경[Sabhiyasutta]

이와 같이 나는 들었다. 한때 세존께서 라자가하 시의 벨루바나에 있는 깔란다까니바빠에 계셨다.

그때 싸비야라는 유행자에게 예전에 친척이었던 하늘사람이 질문했다.

[하늘사람] "싸비야여, 수행자이건 바라문이건 그대가 이러한 질문을 했을 때, 분명히 답변할 수 있는 사람이 있거든 그대는 그 밑에서 청정한 삶을 살아라."

유행자 싸비야는 하늘사람에게서 그와 같은 질문을 배워 가지고 수행자나 바라문으로서 모임을 갖고 있고, 단체를 갖고 있고, 무리의 스승이고, 잘 알려져 있고, 유명하고, 종단의 창설자로 대중에게 숭배받는 자들, 이를테면, 뿌라나 깟싸빠, 막칼리 고쌀라, 아지따 께싸깜발린, 빠꾸다 깟짜야나, 싼자야 벨랏티뿟따, 니간타 나타뿟따※를 찾아가서 그들에게 질문을 했다.

[※ 육사외도: 부처님 당대의 여섯 사상가들이다. 뿌라나 깟싸빠는 도덕부정론자로 '업을 짓거나 업을 짓도록 시켜도, 살육하거나 살육하도록 시켜도, 죄를 범하는 것이 아니다.'라고 주장했고, 막칼리 고쌀라는 사명외도라는 숙명론자들의 우두머리로서 '팔만사천 대겁이 있어서, 그 사이에 어리석은 자도 현자도 유전윤회하면서 괴

로움의 종극을 이룬다.'라고 주장했고, 아지따 께싸깜발린은 유물론자로서 지수화풍의 네 가지 물질적 원소만이 참된 실재라고 하여 영혼의 존재를 부정하였다. 빠꾸다 깟짜야나는 요소론자로서 칠요소론(지수화풍과 즐거움과 괴로움과 영혼)을 주장했는데, 그의 요소론은 지극히 유물론적이다. 싼자야 벨랏티뿟따는 회의론자로서 형이상학적인 문제인 사구분별 – 있다, 없다, 있기도 하고 없기도 하다, 있지도 않고 없지도 않다 – 에 관해 어떠한 궁극적 판단을 내릴 수 없다고 주장했다. 니간타 나타뿟따는 자이나교의 교주로 극단적인 고행주의를 통해 해탈할 수 있다고 주장했다.]

그러나 그들은 유행자 싸비야에게서 질문을 받았지만, 적당한 답변을 주지 못했다. 적당한 답변을 주지 못하자, 화를 내고 미워하고 악의를 품고 도리어 유행자 싸비야에게 그것에 대해 반문을 했다.

그래서 유행자 싸비야는 이와 같이 생각했다.

[싸비야] '수행자나 성직자로서 모임을 이끌고 대중을 지도하며 무리의 스승이고, 잘 알려져 있고, 대중들에게 높이 평가를 받고, 이름이 난, 교단의 창설자가 되어 대중에게 숭배받는 자들, 이를테면, 뿌라나 깟싸빠, 막칼리 고쌀라, 아지따 께싸깜발린, 빠꾸다 깟짜야나, 싼자야 벨랏티뿟따, 니간타 나타뿟따가 있다. 내가 그들에게 질문

을 했지만, 그들은 적당한 답변을 하지 못했다. 적당한 답변을 하지 못하자, 오히려 그들은 화를 내고 미워하고 악의를 품고 도리어 내게 그것에 대하여 반문을 했다. 그만 세속으로 돌아가 감각적 쾌락의 욕망이나 누려보면 어떨까.'

그러나 유행자 싸비야는 다시 이렇게 생각했다.

[싸비야] '여기 계신 수행자 고따마도 모임을 이끌고 대중을 지도하며 무리의 스승이고, 잘 알려져 있고, 대중들에게 높이 평가를 받고, 이름이 난, 교단의 창설자가 되어 대중에게 숭배 받고 있다. 고따마를 찾아가 물어 보는 것이 어떨까.'

그러면서 유행자 싸비야는 이런 생각도 했다.

[싸비야] '수행자나 성직자로서 늙고 연로하고 나이가 들고 만년에 이르러 노령에 달했지만, 장로로서 경험을 쌓았으며 출가한 지 오래 되었고, 모임을 이끌고 대중을 지도하며 무리의 스승이고, 잘 알려져 있고, 대중들에게 높이 평가를 받고, 이름이 난, 종단의 창설자로 대중에게 숭배받는 자들, 이를테면, 뿌라나 깟싸빠, 막칼리 고쌀라, 아지따 께싸깜발린, 빠꾸다 깟짜야나, 싼자야 벨랏티뿟따, 니간타 나타뿟따가 있다. 내가 그들에게 질문을 했지만, 그들은 적당한 답변을 하지 못했다. 적당한 답변을 하지 못하자, 오히려 그들은 화를 내고 미워하고 악의를

품고, 도리어 내게 그것에 대하여 반문을 했다. 그런데 수행자 고따마가 내 물음에 답해 줄 수 있을까? 수행자 고따마는 참으로 아직 젊고 나이가 어리고 출가한 지도 오래 되지 않았다.'

그러다가 유행자 싸비야는 또 이렇게 생각했다.

[싸비야] '그 수행자가 젊다고 해서 그를 무시하거나 경멸해서는 안 된다. 그는 젊지만 수행자이다. 그에게는 위대한 신통력과 위대한 능력이 있다. 내가 수행자 고따마에게 가까이 가서 이와 같은 질문을 던져보면 어떨까?'

그리하여 유행자 싸비야는 라자가하 시로 향해 유행을 떠났다. 점차 유행하면서 라자가하 시의 벨루바나에 있는 깔란다까니바빠로 세존께서 계신 곳을 찾았다. 가까이 다가가서 세존께 인사를 드리고 안부를 주고받은 뒤에 한 쪽으로 물러 앉았다. 한 쪽으로 물러 앉아 유행자 싸비야는 세존께 시로써 여쭈었다.

Stn. 510. [싸비야]

"의심이 있고 의혹이 있어 왔습니다.
질문들을 여쭙고자 간절히 원하오니,
저를 위해 그 끝을 내어주십시오.
제가 질문들을 여쭈면 차례대로
여법하게 분명히 대답해 주십시오."510)

Stn. 511. [세존]

"싸비야여, 질문하려고 멀리서 왔습니다.
질문하고자 간절히 원하니
그대를 위해 그 끝을 보여주겠습니다.
그대가 질문들을 제시하면 차례대로
여법하게 분명히 대답해 주겠습니다."511)

---

510) Stn. 510. kaṅkhī vecikicchī āgamaṃ / (iti sabhiyo) pañhe pucchituṃ abhikaṅkhamāno / tes'antakaro bhavāhi me / pañhe me puṭṭho anupubbaṃ / anudhammaṃ vyākarohi me //

511) Stn. 511. durato āgato si sabhiyā / (ti bhagavā) pañhe pucchituṃ abhikaṅkhamāno / tes'antakaro bhavāmi te / pañhe te puṭṭho anupubbaṃ / anudhammaṃ vyākaromi te ti //

Stn. 512. [세존]

싸비야여, 마음에 원하는 것은
무엇이든 내게 질문으로 내놓아보시오.
그 낱낱의 질문에
내가 그 궁극의 끝을 보여주겠습니다."512)

이 때 유행자 싸비야는 이와 같이 생각했다.

[싸비야] '존자들이여, 참으로 놀라운 일이다. 존자들이여, 참으로 예전에 없었던 일이다. 내가 다른 수행자들이나 성직자들에게서는 기회조차 얻지 못했는데, 수행자 고따마께서는 그 기회를 주셨다.'

그는 만족하여, 기뻐하고, 고양되어, 기쁨과 희열이 생겨나 세존께 여쭈었다.

---

512) Stn. 512. puccha maṃ sabhiya pañhaṃ / yaṃ kiñci manas'icchasi / tassa tass'eva pañhassa / ahaṃ antaṃ karomi te' ti //

Stn. 513. [싸비야]

"무엇을 얻으면 수행승이라 부릅니까?
왜 온화한 님, 길들여진 님이라 합니까?
어째서 깨달은 님이라 불립니까?
세존이시여, 제게 설명해 주십시오."513)

Stn. 514. [세존]

"싸비야여, 스스로 길을 닦아
완전한 열반에 이르러,
의혹을 뛰어넘어,
비존재와 존재를 완전히 버리고
다시 태어남을 부순 삶을 산다면,
그가 수행승입니다."514)

---

513) *Stn. 513. kiṃ pattinam āhu bhikkhunaṃ / (iti sabhiyo) sorata kena kathañ ca dantam āhu / buddho ti kathaṃ pavuccati / puṭṭho me bhagavā vyākarohi //*

514) *Stn. 514. pajjena katena antanā / (sabhiyā ti bhagavā) parinibbānagato vitiṇṇakaṅkho / vibhavañ ca bhavañ ca vippahāya / vusitavā khīṇapunabhavo sa bhikkhu //*

Stn. 515. [세존]

어떠한 경우라도 평정하고,
새김을 확립하고,
이 세상 어떤 것도 해치지 않으며,
흐름을 건너 혼탁이 없고,
파도를 일으키지 않는 수행자라면,
그가 온화한 님입니다.[515)]

Stn. 516. [세존]

모든 세상에서 안과 밖으로
감각능력을 길들여서,
이 세상과 저 세상을 꿰뚫어 보고,
수행이 이루어져 때를 기다린다면,
그가 길들여진 님입니다.[516)]

---

515) Stn. 515. sabbattha upekhako satīmā / na so hiṃsati kañci sabbaloke / tiṇṇo samaṇo anāvilo / ussadā yassa na santi sorato so //

516) Stn. 516. yassindriyāni bhāvitāni / ajjhantaṃ bahiddhā ca sabbaloke / nibbijjha imaṃ parañ ca lokaṃ / kālaṃ kaṅkhati bhāvito sa danto //

Stn. 517. [세존]

끝없는 윤회와 한 쌍인 죽음과 태어남의
그 모든 허구를 분별하여,
티끌을 떠나, 더러움 없이 청정하게
태어남을 부순 자라면, 그는 깨달은 님입니다."517)

그러자 싸비야는 세존께서 하신 말씀을 듣고 즐거워하고, 기뻐하고, 만족하여, 환희하고, 고양되어, 기쁨과 희열이 생겨나 세존께 다시 여쭈었다.

Stn. 518. [싸비야]

"무엇을 얻으면 성직자라 합니까?
무엇 때문에 수행자,
왜 목욕재계한 자라고 부릅니까?
어째서 코끼리라고 부릅니까?
세존이시여, 제 물음에 대답해 주십시오."518)

---

517) Stn. 517. kappāni viceyya kevalāni / saṃsāraṃ dubhayaṃ cutūpapātaṃ / vigatarajaṃ anaṅgaṇaṃ visuddhaṃ / pattaṃ jātikkhayaṃ tam āhu buddhan ti //

518) Stn. 518. kiṃ pattinam āhu brāhmaṇaṃ / (iti sabhiyo) samaṇaṃ kena kathañ ca nhātako ti / nāgo ti kathaṃ pavuccati / puṭṭho me bhagavā vyākarohi //

Stn. 519. [세존]

"싸비야여, 모든 악을 물리치고
때 묻지 않고, 잘 집중되어,
자신이 정립되고, 윤회를 넘어서
완전한 자가 되어 집착이 없다면,
그러한 자를 성직자라 합니다.[519)]

Stn. 520. [세존]

고요함을 얻어 선과 악을 버리고
티끌을 떠나, 이 세상과 저 세상을 알고,
태어남과 죽음을 뛰어넘었다면,
그러한 님을 수행자라고 합니다.[520)]

---

519) Stn. 519. bāhetvā sabbapāpāni / (sabhiyāti bhagavā) vimalo sādhusamāhito ṭhitatto / saṃsāram aticca kevalī so / asito tādi pavuccate sa brāhmā //

520) Stn. 520. samitāvi pahāya puññapāpaṃ / virajo ñatvā imaṃ parañ ca lokaṃ / jātimaraṇaṃ upātivatto / samaṇo tādi pavuccate tathattā //

Stn. 521. [세존]

온 세상에서 안팎으로 모든 죄악을 씻고,
허구에 매인 신들과 인간들 속에 살면서도,
허구에 다가가지 않는다면,
그러한 님을 목욕재계한 자라 부릅니다.521)

Stn. 522. [세존]

세상에 있으면서 어떠한 죄악도 짓지 않고,
온갖 족쇄와 속박을 잘라 버리고,
해탈하여 어떠한 곳에서든 집착이 없다면,
그러한 님을 코끼리라고 합니다."522)

그러자 싸비야는 세존께서 하신 말씀을 듣고 즐거워하고, 기뻐하고, 만족하고, 환희하고, 고양되어, 기쁨과 희열이 생겨나 세존께 다시 여쭈었다.

---

521) Stn. 521. ninhāya sabbapāpakāni / ajjhattaṃ bahiddhā ca sabbaloke / devamanussesu kappiyesu / kappaṃ n'eti tam āhu nhātako ti //

522) Stn. 522. āguṃ na karoti kiñci loke / sabbasaṃyoge visajja bandhanāni / sabbattha na sajjati vimutto / nāgo tādi pavuccate tathattā ti //

Stn. 523. [싸비야]

"깨달은 님들은
누구를 영역의 승리자라고 부릅니까?
왜 착하고 건전한 자이고,
어찌하여 현자입니까?
어떻게 해서 성자라 불립니까?
세존이시여, 제 물음에 대답해 주십시오."523)

Stn. 524. [세존]

"싸비야여, 모든 영역을 완전히 분별하여
신들의 영역과 인간의 영역과 하느님들의 영역,
모든 영역의 근본적인 속박에서 벗어나면,
그러한 님을 영역의 승리자라고 합니다.524)

---

523) Stn. 523. kaṃ khettajinaṃ vadanti buddhā / (iti sabhiyo) kusalaṃ kena kathañ ca paṇḍito ti / muni nāma katham pavuccati / puṭṭho me bhagavā vyākarohi //

524) Stn. 524. khettāni viceyya kevalāni / (sabhiyā ti bhagavā) divyaṃ mānusakañ ca brahmakhettaṃ / sabbakhettamūlabandhanā pamutto / khettajino tadi pavuccate tathattā //

Stn. 525. [세존]

모든 곳간들을 완전히 분별하여
신들의 곳간과 인간의 곳간과 하느님들의 곳간,
모든 곳간의 근본적인 속박에서 벗어나면,
그러한 님을 곳간의 승리자라고 합니다.525)

Stn. 526. [세존]

안으로 밖으로 밝은 것을 식별하여
청정한 지혜가 있고,
어둠과 밝음을 뛰어넘는다면,
그러한 님을 현명한 자라고 합니다.526)

---

525) Stn. 525. kosāni viveyya kevalāni / dibbaṃ mānusakañ ca brahmakosaṃ / sabbakosamūlabandhanā pamutto / kusalo tādi pavuccate tathattā // *곳간은 '선악의 업이라고 불리는 창고'를 상징한다.*

526) Stn. 526. dubhayāni viveyya paṇḍarāni / ajjhattaṃ bahiddhā ca suddhipañño / kaṇhāsukkam upātivatto / paṇḍito tādi pavuccate tathattā //

Stn. 527. [세존]

안팎으로 온 세상에서
바르고 그릇된 가르침을 알아,
신들과 인간의 공양을 받을 만하고,
집착의 그물을 벗어나면,
그러한 님을 성자라고 합니다."527)

그러자 싸비야는 세존께서 하신 말씀을 듣고, 즐거워하고, 기뻐하고, 만족하고, 환희하고, 고양되어, 기쁨과 희열이 생겨나 세존께 다시 여쭈었다.

Stn. 528. [싸비야]

"무엇을 얻어 지식에 통달한 자라 합니까?
어떻게 잘 아는 자가, 정진하는 자가 됩니까?
어떻게 태생이 훌륭한 자라고 이름 붙입니까?
세존이시여, 저에게 설명해 주십시오."528)

---

527) *Stn. 527. asatañ ca satañ ca ñatvā dhammaṃ / ajjhattaṃ bahiddhā ca sabbaloke / devamananussehi pūjiyo so / saṅgaṃ jālam aticca so munī ti //*

528) *Stn. 528. kiṃ pattinam āhu vedaguṃ / (iti sabhiyo) anuviditaṃ kena kathañ ca viriyavā ti / ājāniyo kin ti nāma hoti / puṭṭho me bhagavā vyākarohi //*

Stn. 529. [세존]

"싸비야여, 수행자나 성직자들에게 있는
일체의 지식에 통달하여
모든 감각에 대한 탐착을 버리고
일체의 지식마저 뛰어넘으면,
그러한 님이 지식에 통달한 자입니다.529)

Stn. 530. [세존]

안으로나 밖으로나 질병의 근원이 되는
희론적 명색(정신·신체적 과정)을 잘 알고,
온갖 질병의 근원인 속박에서 떠나면,
그러한 님을 지성이 있는 자이라고 합니다.530)

---

529) *Stn. 529. vedāni viceyya kevalāni / (sabhiyāti bhagavā) samaṇānaṃ yāni p'atthi brāhmaṇānaṃ / sabbavedanāsu vītarāgo / sabbaṃ vedam aticca vedagū so //*

530) *Stn. 530. anuvicca papañcanāmarūpaṃ / ajjhattaṃ bahiddhā ca rogamulaṃ / sabbarogamūlabandhanā pamutto / anuvidito tādi pavuccate tathattā //*

Stn. 531. [세존]

이 세상에서 모든 죄악을 떠나
지옥의 고통을 뛰어넘어 정진하는 사람,
노력을 다해 정진하는 현자라면,
그러한 님을 정진하는 자이고 합니다.531)

Stn. 532. [세존]

안으로나 밖으로나 집착의 근원인
모든 속박을 잘라 버리고,
온갖 집착의 근원인 속박에서 벗어나는 자,
그러한 님을 태생이 훌륭한 자라고 합니다."532)

그러자 싸비야는 세존께서 하신 말씀을 듣고, 즐거워하고, 기뻐하고, 만족하고, 환희하고, 고양되어, 기쁨과 희열이 생겨나 세존께 다시 여쭈었다.

---

531) Stn. 531. *virato idha sabbapāpakehi / nirayadukkham aticca viriyavā so / so viriyavā padhānavā / dhīro tādi pavuccate tathattā //*

532) Stn. 532. *yass'assu lutāni bandhanāni / ajjhattaṃ bahiddhā ca saṅgamulaṃ / sabbasaṅgamūlabandhanā pamutto / ājāniyo tādi pavuccate tathattā'ti //*

Stn. 533. [싸비야]

"무엇을 성취하면 학식있는 자라고 합니까?
무엇으로 고귀한 자가 됩니까?
어떻게 행위가 바른 자가 됩니까?
어떻게 유행하는 자라고 이름 붙여집니까?
스승이시여, 저에게 설명해 주십시오."533)

Stn. 534. [세존]

"싸비야여, 세상에서 모든 가르침을 듣고
이해한 뒤에, 허물있는 것과 허물없는 것,
어떠한 것이든 그것을 정복하고,
의혹이 없이 해탈하여,
모든 영역에서 혼란을 벗어나면,
그러한 님을 학식있는 자라고 합니다. 534)

---

533) Stn. 533. kiṃpattinam āhu sottiyaṃ / (iti sabhiyo) ariyaṃ kena kathañ ca caraṇavā ti / paribbājako kin ti nāma hoti / puṭṭho me bhagavā vyākarohi //

534) Stn. 534. sutvā sabbadhammaṃ abhiññāya loke / (sabhiyā ti bhagavā) sāvajjānavajjaṃ yad atthi kiñci / abhibhuṃ akathaṃkathiṃ vimuttaṃ / anighaṃ sabbadhi-m-āhu sottiyo ti //

Stn. 535. [세존]

모든 번뇌와 감각적인 집착을 끊고,
슬기롭게 모태에 들지 않고,
욕망·분노·폭력의 세 가지 지각을 제거하고,
진흙을 털어 버리고, 허구에 이르지 않으면,
그러한 님을 고귀한 님이라고 합니다.535)

Stn. 536. [세존]

이 세상에서 훌륭한 행위를 성취하고,
언제나 착하고 건전하여 가르침을 알고,
어떤 일에도 집착하지 않고,
해탈하여 성냄이 없다면,
그러한 님을 행위가 바른 자라고 합니다.536)

---

535) Stn. 535. chetvā āsavāni ālayāni / vidvā so na upeti gabbhaseyyaṃ / saññaṃ tividhaṃ panujja paṅkaṃ / kappaṃ n'eti tam āhu ariyo ti //

536) Stn. 536. yo idha caraṇesu pattipatto / kusalo sabbadā ajāni dhammaṃ / sabbattha na sajjati vimutto / paṭighā yassa na santi caraṇavā so //

Stn. 537. [세존]

위로나 아래로나
옆으로나 가운데로
괴로움의 과보가 생기는 행위라면,
그것을 피하여,
지혜롭게 유행하며,
거짓과 자만뿐만 아니라
탐욕과 성냄과
그리고 명색(정신·신체적 과정)을 끝내고,
목표를 성취하면,
그러한 님을 유행하는 자라고 합니다."537)

그러자 유행자 싸비야는 세존께서 하신 말씀을 듣고, 즐거워하고, 기뻐하고, 만족하고, 환희하고, 고양되어, 기쁨과 희열이 생겨나 자리에서 일어나 한 쪽 어깨에 윗옷을 걸치고, 세존께서 계신 곳을 향해 합장하며 세존 앞에서 알맞은 시로써 찬탄하였다.

---

537) *Stn. 537. dukkhavepakkaṃ yad atthi kammaṃ / uddham adho tiriyañ cāpi majjhe / parivajjayitā pariññacārī / māyaṃ mānam atho pi lobhakodhaṃ / pariyantam akāsi nāmarūpaṃ / taṃ paribbājakam āhu pattipattan ti //*

Stn. 538. [싸비야]

"사변적 논쟁에
의존하고
일반적 명칭에
의존하고
개념적 지각에
의존하는
수행자들의
예순 세 가지 이설을
제압하시고,
광대한 지혜를 갖춘 님께서는
거센 흐름을 건넜습니다.538)

---

538) Stn. 538. yāni ca tīṇi yāni ca saṭṭhi / samaṇappavādasitāni bhuripañña / saññakkharasaññanissitāni / osaraṇāni vineyya oghatam agā // 예순 세 가지 이설(異說)이란 예순두 가지의 잘못된 견해(DN. 1)와 존재의 무리가 실체가 있다는 잘못된 견해(有身見)를 합해서 지칭한 것이다. 거센 흐름에 대해서는 Stn. 21의 주석을 보라.

Stn. 539. [싸비야]

괴로움의 종극에 도달한 님,
피안에 이른 님,
거룩한 님,
올바로 원만히 깨달은 님입니다.
당신은 번뇌를 부순 님이라고
저는 생각합니다.
찬란히 빛나고,
생각이 깊고,
풍요로운 지혜를 지닌
괴로움을 종식시키는 님이시여,
저를 구원하여 주셨습니다.539)

---

539) *Stn. 539. antagū'si pāragū dukkhassa / arahāsi sammāsambuddho khiṇāsavaṃ taṃ maññe / jutimā mutimā pahūtapañño / dukkhass'antakara atāresi maṃ //*

Stn. 540. [싸비야]

의심이 있는 것을 아시고,
저를 의혹에서 건져 주셨으니
당신께 예배드립니다.
성자시여,
해탈의 길을 성취한 님이시여,
황무지가 없는 태양의 후예이시여,
당신은 온화하십니다.540)

Stn. 541. [싸비야]

제가 예전에 품었던 의문을
눈을 갖춘 님께서 제게 밝혀주셨습니다.
당신은 올바로 깨달은 성자이십니다.
당신에게는 장애가 되는 것이 없습니다.541)

---

540) Stn. 540. yaṃ me kaṃkhitam aññāsi / vicikicchā maṃ atāresi namo te / muni monapathesu pattipatta / akhila ādiccabandhu sorato si // 황무지에 대해서는 *Stn. 19의 주석을 보라.*

541) Stn. 541. yā me kaṅkhā pure āsi / taṃ me vyākāsi cak-

Stn. 542. [싸비야]

모든 번뇌가 실로 당신에게는
부수어지고 소멸되었습니다.
청량하고 자제를 성취하셨으니
용기 있는, 참으로 정진하는 님이십니다.542)

Stn. 543. [싸비야]

허물없는 님 가운데 허물없는 님이시니,
위대한 영웅이신 당신께서 말씀하실 때에는
두 신들 나라다와 빱바따,
뿐만 아니라 모든 신들이 함께 기뻐합니다.543)

---

khumā / addhā munī si sambuddho / natthi nīvaraṇā tava //

542) *Stn. 542. upāyāsā ca te sabbe / viddhastā vinaḷīkatā / sītibhūto damappatto / dhitimā saccanikkamo //*

543) *Stn. 543. tassa te nāganāgassa / mahāvīrassa bhāsato / sabbe devā'numodanti / ubho nāradapabbatā // 허물없는 님 가운데 허물없는 님은 '코끼리 가운데 코끼리' 또는 '용 가운데 용'이라고 번역할 수도 있다.*

Stn. 544. [싸비야]

인간 가운데 준마이시여,
당신께 예배드립니다.
사람 가운데 위없는 님이시여,
당신께 예배드립니다.
신들을 포함한 온 세상에서
당신에게 견줄 만한 님은 없습니다.544)

Stn. 545. [싸비야]

당신은 깨달은 님, 스승이십니다.
당신은 악마를 정복한 성자이십니다.
당신은 잠재적인 경향들을 끊고,
스스로 피안으로 건너가셨고,
또 사람들을 건너가게 해 주십니다.545)

---

544) Stn. 544. namo te purisājañña / nāmo te purisuttama / sadevakasmiṃ lokasmiṃ / n'atthi te paṭipuggalo //

545) Stn. 545. tuvaṃ buddho tuvaṃ satthā / tuvaṃ mārābhibhū muni / tuvaṃ anusaye chetvā / tiṇṇo tāres' imaṃ pajaṃ //

Stn. 546. [싸비야]

당신은 집착을 넘어섰고,
모든 번뇌를 부수었습니다.
당신은 집착을 여읜 사자입니다.
두려움과 공포를 모두 버리신 분입니다.546)

Stn. 547. [싸비야]

아름다운 흰 연꽃이 물에 오염되지 않듯,
당신은 공덕과 죄악, 둘 다에 물들지 않습니다.
영웅이시여, 두 발을 뻗으십시오.
싸비야는 스승께 예배드립니다."547)

그리고 유행자 싸비야는 거룩하신 세존의 두 발에 머리를 조아리고 세존께 이와 같이 말씀드렸다.

---

546) *Stn. 546. upadhī te samatikkantā / āsavā te padāḷitā / sīho si anupādāno / pahīnabhayabheravo //*

547) *Stn. 547. puṇḍarīkaṃ yathā vaggu / toye na upalippati / evaṃ puññe ca pāpe ca / ubhaye tvaṃ na lippasi / pāde vīra pasārehi / sabhiyo vandati satthuno //*

[싸비야] "존자 고따마시여, 훌륭하십니다. 존자 고따마시여, 훌륭하십니다. 존자 고따마시여, 마치 넘어진 것을 일으켜 세우듯이 가려진 것을 열어 보이듯, 어리석은 자에게 길을 가리켜주듯, 눈을 갖춘 자는 형상을 보라고 어둠 속에 등불을 가져오듯, 존자 고따마께서는 이와 같이 여러 가지 방법으로 진리를 밝혀주셨습니다. 그러므로 이제 세존이신 고따마께 귀의합니다. 또한 그 가르침에 귀의합니다. 또한 그 수행승의 참모임에 귀의합니다. 세존이시여, 저는 세존께 출가하여 구족계를 받겠습니다."

[세존] "싸비야여, 예전에 이교도였던 사람이 이 가르침과 계율에 출가하여 구족계를 받기 원하면, 그는 넉 달 동안 시험 삼아 머물러야 합니다. 넉 달이 지나 수행승들이 만족하면, 그들은 그에게 출가를 허락하고 수행승임을 인정하는 구족계를 줍니다. 그러나 나는 이 일에서 개인 간의 차별을 인정합니다."

[싸비야] "세존이시여, 예전에 이교도였던 사람이 이 가르침과 계율에 출가하여 구족계를 받기 원하면, 그는 넉 달 동안 시험 삼아 머물러야 하고, 넉 달이 지나 수행승들이 만족하면, 그들은 그에게 출가를 허락하고 수행승임을 인정하는 구족계를 준다고 한다면, 저는 넉 달 동안 시험 삼아 머물 것입니다. 넉 달이 지나 수행승들이 제게 만족하면, 그들이 저에게 출가를 허락하고 구족계

를 주도록 하여주십시오."

마침내 유행자 싸비야는 세존께 출가하여 구족계를 받았다. 구족계를 받은 지 얼마 되지 않아 홀로 떨어져서 게으르지 않고 열심히 정진하였다. 그는 오래지 않아 훌륭한 가문의 자제들이 그러기 위해 올바로 집에서 집 없는 곳으로 출가했듯이 위없이 청정한 삶을 지금 여기에서 스스로 곧바로 알고 깨달아 성취했다. 그는 '태어남은 부수어졌고 청정한 삶은 이루어졌고, 해야 할 일을 다 마쳤고, 더 이상 윤회하지 않는다.'고 분명히 알았다.

마침내 존자 싸비야는 거룩한 님 가운데 한 분이 되었다.

7. 쎌라의 경[Selasutta]

이와 같이 나는 들었다.

한 때 세존께서는 천 이백 오십 명의 수행승들과 함께 앙굿따라빠 지방에서 유행하시다가 아빠나라고 하는 앙굿따라빠 지방의 한 마을에 도착하셨다. 이 때 상투를 튼 고행자 께니야는 이와 같은 소문을 들었다.

[아빠나의 군중] "싸끼야 족의 아들로서 싸끼야 족에서 출가한 수행자 고따마가 천 이백 오십 명의 수행승들과 함께 앙굿따라빠 지방에서 유행하시다가 아빠나라고 하는 앙굿따라빠 지방의 한 마을에 도착하셨다. 그 세존이신 고따마께서는 이와 같이 '거룩한 님, 올바로 원만히 깨달은 님, 명지와 덕행을 갖춘 님, 올바른 길로 잘 가신 님, 세상을 아는 님, 위없이 높으신 님, 사람을 길들이는 님, 하늘사람과 인간의 스승이신 님, 깨달은 님, 세상의 존귀한 님이다.'라고 명성을 드날리고 있다. 그는 이 신들의 세계, 악마들의 세계, 하느님들의 세계, 성직자들과 수행자들, 그리고 왕들과 백성들과 그 후예들의 세계에 관해 스스로 곧바로 알고 깨달아 가르친다. 그는 처음도 훌륭하고 중간도 훌륭하고 마지막도 훌륭한, 내용을 갖추고 형식이 완성된 가르침을 설하고, 지극히 원만하고 오로지 청정한 거룩한 삶을 가르친다. 이와 같은 거룩한

분을 만나 뵙는 것은 행복한 일이다."

그리고 상투를 튼 고행자 께니야는 세존께서 계신 곳을 찾았다. 가까이 다가가서 세존과 함께 인사를 하고 안부를 서로 주고 받은 뒤에 한 쪽으로 물러 앉았다. 한 쪽으로 물러 앉은 상투를 튼 고행자 께니야를 세존께서는 가르침으로 훈계하고 교화하고 격려하고 기쁘게 했다.

상투를 튼 고행자 께니야는 존자 고따마의 가르침으로 훈계받고 교화되고 격려받고 기뻐하면서 세존께 말씀드렸다.

[께니야] "세존이신 고따마께서는 수행승의 무리와 함께 내일 저의 식사를 받아주십시오."

[세존] "께니야여, 수행승의 무리는 많아서 천 이백 오십 인이나 됩니다. 또한 당신은 바라문들을 섬기고 있지 않습니까?"

상투를 튼 고행자 께니야는 세존께 다시 말씀드렸다.

[께니야] " 비록 수행승의 무리가 많아서 천 이백 오십 인이나 되고 또한 제가 바라문들을 섬기고 있습니다만, 세존이신 고따마께서는 수행승의 참모임과 함께 내일 저의 식사를 받아주십시오."

[세존] "께니야여, 수행승의 무리는 많아서 천 이백 오십 인이나 됩니다. 또한 당신은 바라문들을 섬기고 있지 않습니까?"

상투를 튼 고행자 께니야는 세존께 세 번째로 말씀드렸다.

[께니야] "비록 수행승의 무리가 많아서 천 이백 오십 인이나 되고 또한 제가 바라문들을 섬기고 있습니다만, 세존이신 고따마께서는 수행승의 참모임과 함께 내일 저의 식사를 받아주십시오."

세존께서는 침묵으로 허락하셨다.

그러자 상투를 튼 고행자 께니야는 세존께서 허락하신 것을 알고, 자리에서 일어나 자기의 아슈람이 있는 곳으로 가서 친구와 동료, 친지와 친척들에게 말했다.

[께니야] "친구와 동료, 친지와 친척 여러분, 내 말을 들으십시오. 나는 수행자 고따마를 그 수행승의 무리와 함께 내일 식사에 초대했습니다. 그러니 여러분은 나를 위해 필요한 준비와 작업을 해주십시오."

[친구와 동료, 친지와 친척들] "존자여, 그렇게 하겠습니다."

친구와 동료, 친지와 친척들은 상투를 튼 고행자 께니야에게 대답하고 어떤 이들은 화덕을 파고, 어떤 이들은 장작을 패고, 어떤 이들은 그릇을 씻고 어떤 이들은 옹기에 물을 길어다 붓고, 어떤 이들은 자리를 준비했다. 그리고 상투를 튼 고행자 께니야 자신은 흰 천을 씌운 둥근 천막을 만들었다.

이 때에 아빠나에 쎌라라는 바라문이 살고 있었는데, 그는 어휘론, 의궤론, 음운론, 어원론 그리고 다섯 번째로 고전설에 통달했으며, 관용구에 능하고, 문법에 밝고, 세간의 철학과 위대한 사람의 특징에 숙달했고, 삼백 명의 바라문 학인들에게 베다를 가르치고 있었다.

그 무렵 상투를 튼 고행자 께니야는 바라문 쎌라를 신봉하고 있었다. 마침 그때 바라문 쎌라는 삼백 명의 학인들에게 둘러 싸여 거닐며 이리저리 유행하다가 상투를 튼 고행자 께니야의 아슈람이 있는 곳을 찾았다. 바라문 쎌라는 께니야의 아슈람에 사는 상투를 튼 고행자들이, 어떤 이들은 화덕을 파고, 어떤 이들은 장작을 패고, 어떤 이들은 그릇을 씻고, 어떤 이들은 옹기에 물을 길어다 붓고, 어떤 이들은 자리를 준비하고, 상투를 튼 고행자 께니야 자신은 흰 천을 씌운 둥근 천막을 만드는 것을 보았다.

보고 나서 그는 상투를 튼 고행자 께니야에게 물었다.

[쎌라] "존자 께니야가 누구를 장가보내는 것입니까? 혹은 시집보내는 것입니까? 아니면, 큰 제사가 있습니까? 또는 마가다 국왕 쎄니야 빔비싸라가 군대를 이끌고 내일 식사하러 오게 돼 있습니까?"

[께니야] "쎌라여, 저는 장가보내지도 않고 시집보내지도 않으며, 또 마가다 국왕 쎄니야 빔비싸라를 초대하지

도 않았습니다. 다름이 아니라, 제게는 큰 축제가 있습니다. 싸끼야 족의 아들로서 싸끼야 족에서 출가한 수행자 고따마가 천 이백 오십 명의 수행승들과 함께 앙굿따라빠 지방에서 유행하시다가 아빠나라고 하는 앙굿따라빠 지방의 한 마을에 도착하셨습니다. 그 세존이신 고따마께서는 이와 같이 '거룩한 님, 올바로 원만히 깨달은 님, 명지와 덕행을 갖춘 님, 바른 길로 잘 가신 님, 세상을 이해하는 님, 가장 높은 자리에 오르신 님, 사람들을 길들이시는 님, 신들과 인간의 스승이신 님, 부처님이신 세존이다.'라고 명성을 드날리고 있습니다. 저는 그 님을 수행승들의 참모임과 함께 내일 식사에 초대했습니다."

[쎌라] "그런데 존자 께니야여, 당신은 그를 깨달은 님이라 말했습니까?"

[께니야] "존자 쎌라여, 나는 그를 깨달은 님이라 말했습니다."

[쎌라] "존자 께니야여, 당신은 그를 깨달은 님이라 말했습니까?"

[께니야] "존자 쎌라여, 나는 그를 깨달은 님이라 말했습니다."

그러자 바라문 쎌라에게 이와 같은 생각이 떠올랐다.

[쎌라] '깨달은 님이라니, 이 세상에서 그 목소리를 듣기조차 힘든 일이다. 그런데 우리들의 성전에는 서른두

가지의 위대한 사람의 특징이 전수되고 있다. 그러한 모든 특징을 성취한 위대한 사람에게는 두 가지 운명 밖에는 다른 것이 주어지지 않는다. 만약 재가에 있다면, 전륜왕으로서, 정의로운 법왕으로서 사방을 정복하여 나라에 평화를 가져오고 일곱 가지 보물을 성취한다. 그에게는 이와 같은 일곱 가지 보물, 즉 수레바퀴의 보물, 코끼리의 보물, 말의 보물, 구슬의 보물, 여자의 보물, 장자의 보물, 일곱 번째로 대신의 보물이 생긴다. 또한 그에게는 용맹하고 영웅적이어서 적군을 부수는 천명 이상의 자녀가 생긴다. 그는 대륙을 큰 바다에 이르기까지 폭력을 사용하지 않고 칼을 사용하지 않고 정법으로서 정복한다. 그러나 만약 집에서 집없는 곳으로 출가하면, 이 세상에서의 모든 덮개를 제거하는 거룩한 님, 올바로 원만히 깨달은 님이 된다.'

그래서 바라문 쎌라는 상투를 튼 고행자 께니야에게 물었다.

[쎌라] "존자 께니야여, 그럼 그 거룩한 님, 올바로 원만히 깨달은 님인 고따마께서는 어디에 지금 계십니까?"

그러자 상투를 튼 고행자 께니야는 오른 팔을 들어 바라문 쎌라에게 말했다.

[께니야] "존자 쎌라여, 저쪽으로 가면 푸른 숲이 있습니다. 그 곳에 부처님이 계십니다."

그래서 바라문 쎌라는 삼백 명의 바라문 학인들과 함께 세존께서 계신 곳을 찾았다. 그 때 바라문 쎌라는 그들 바라문 학인들에게 말했다.

[쎌라] "그대들은 소리를 내지 말고 와서, 주의 깊게 걸어라. 모든 세존들은 사자처럼 홀로 거니는 분으로 가까이 하기 어렵기 때문이다. 그리고 내가 수행자 고따마와 이야기를 나누고 있는 한, 그대들은 중간에 참견을 해서는 안 된다. 내 말이 끝날 때까지 기다려야 한다."

그리고 바라문 쎌라는 세존께서 계신 곳을 찾았다. 다가가서 세존과 함께 인사를 하고 서로 안부를 주고 받은 뒤에 한 쪽으로 물러 앉았다. 그리고 한 쪽으로 물러 앉은 바라문 쎌라는 세존의 몸에서 서른두 가지 위대한 사람의 특징을 살폈다. 이 때에 바라문 쎌라는 세존의 몸에서 서른두 가지 위대한 사람의 특징의 대부분을 보았으나 오직 두 가지를 찾지 못했다. 그 두 가지 위대한 사람의 특징에 대하여 그가 의심스러워하고 의혹을 가지자 마음이 불안해지고 믿음을 상실했는데, 그 두 가지 특징은 몸 속에 감추어진 성기의 특징과 긴 혓바닥의 특징이었다.

마침 세존께 이와 같은 생각이 떠올랐다.

[세존] '이 바라문 쎌라는 나에게서 서른두 가지 위대한 사람의 특징의 대부분을 보았으나 오직 두 가지를 찾지

못했다. 그 두 가지 위대한 사람의 특징에 대하여 그가 의심스러워하고 의혹을 가지자 마음이 불안해지고 믿음을 상실했는데, 그 두 가지 특징은 몸 속에 감추어진 성기의 특징과 긴 혓바닥의 특징이다.'

그래서 세존께서는 바라문 쎌라가 세존의 감추어진 성기의 특징을 볼 수 있도록 신통력을 발휘했다. 또한 세존께서는 혓바닥을 내어 양 쪽 귀의 구멍에 닿게 하고, 양 쪽 콧구멍에 닿게 하고, 앞 이마를 혓바닥으로 덮었다.

그러자 바라문 쎌라는 이렇게 생각했다.

[쎌라] '수행자 고따마는 서른두 가지 위대한 사람의 특징을 불완전한 것이 아니라 완전히 갖추고 계시다. 그러나 나는 그가 깨달은 님인지 아닌지는 아직 모르겠다. 다만 나는 늙고 나이가 많아, 스승이나 또는 스승의 스승들이 '거룩한 님 · 올바로 원만히 깨달은 님들이 있다면, 그들은 자신들이 칭찬받을 때 스스로를 드러낸다.'고 말하는 것을 들은 적이 있다. 그렇다면, 내가 적당한 시로써 수행자 고따마를 그 앞에서 찬탄하면 어떨까?'

그래서 바라문 쎌라는 세존의 면전에서 적당한 시로써 찬탄하였다.

Stn. 548. [쎌라]

"당신은 몸이 완전하고 탁월하게 빛나며,
훌륭하게 태어나, 보기에도 아름답고,
용모는 금빛으로 빛나며, 치아는 아주 흽니다.
스승이여, 당신은 정진력을 갖춘 님입니다.548)

Stn. 549. [쎌라]

참으로 위대한 사람의 특징으로서
태생이 좋은 사람이 갖추는
모든 상호들이
당신의 몸에 갖추어져 있습니다.549)

---

548) Stn. 548. paripuṇṇakāyo suruci / sujāto cārudasasano / suvaṇṇavaṇṇo si bhagavā / susukkadāṭho si viriyavā //
549) Stn. 549. narassa hi sujātassa / ye bhavanti viyañajanā / sabbe te tava kāyasmiṃ / mahāpurisalakkhaṇā //

Stn. 550. [쎌라]

맑은 눈, 잘 생긴 얼굴
훤칠하고 단정하고 위엄있어
수행자들 속에서도
마치 태양처럼 빛납니다.550)

Stn. 551. [쎌라]

보기에도 선한, 수행승이
황금빛 같은 피부와
이렇듯 빼어난 용모를 지니셨는데,
수행자의 삶에 만족하십니까?551)

---

550) Stn. 550. pasannanetto sumukho / brahā uju patāpavā / majjhe samaṇasaṅghassa / ādicco'va virocasi //

551) Stn. 551. kalyāṇadassano bhikkhu / kañcanasannibhattaco / kin te samaṇabhāvena / evaṃ uttamavaṇṇino //

Stn. 552. [쎌라]

전륜왕이 되시어
전차 위의 정복자,
사방에 승리하는
세계의 지배자가 되셔야 합니다.552)

Stn. 553. [쎌라]

왕족이나 지방의 왕들은
당신께 충성을 맹세할 것입니다.
고따마시여, 왕 중의 왕으로서,
인간의 제왕으로서 통치를 하십시오."553)

---

552) Stn. 552. rājā arahasi bhavituṃ / cakkavatti rathesabho / cāturanto vijitāvī / jambusaṇḍassa issaro // 고대인도에서는 전 세계를 통일하는 이상적인 왕을 전륜왕이라고 칭했다.

553) Stn. 553. khattiyā bhojarājāno / anuyuttā bhavatti te / rājābhirājā manujindo / rajjaṃ kārehi gotama //

Stn. 554. [세존]

"쩰라여, 왕이지만
나는 위없는 가르침의 왕으로
진리의 바퀴를 굴립니다.
결코 거꾸로 돌릴 수 없는 바퀴를 굴립니다."554)

Stn. 555. [쩰라]

"올바로 깨달은 자라고 선언하시니
'위없는 가르침의 왕으로
진리의 바퀴를 굴린다.'라고
고따마시여, 당신은 말씀하십니다.555)

---

554) Stn. 554. rājāhamasmi selā ti / (bhagavā) dhammarājā anuttaro / dhammena cakkaṃ vattemi / cakkaṃ appativattiyaṃ //

555) Stn. 555. sambuddho paṭijānāsi / (iti selo brāhmaṇo) dhammarājā anuttaro / dhammena cakkaṃ vattemi / iti bhāsasi gotama //

Stn. 556. [쎌라]

그렇다면 누가 당신의 장군입니까?
스승을 따르는 제자는 누구입니까?
이미 굴려진 가르침의 바퀴를
누가 당신을 따라서 굴립니까?"556)

Stn. 557. [세존]

"쎌라여, 내가 굴린 위없는 바퀴,
위없는 가르침의 바퀴를
싸리뿟따가 따라서 굴립니다.
그가 곧, 여래를 닮은 자입니다.557)

---

556) *Stn. 556. ko nu senāpatī bhoto / sāvako satthu-d-anvayo / ko te imaṃ anuvatteti / dhammacakkaṃ pavattitaṃ //*

557) *Stn. 557. mayā pavattitaṃ cakkaṃ / (selāti bhagavā) dhammacakkaṃ anuttaraṃ / sāriputto anuvatteti / anujāto tathāgataṃ // 싸리뿟따는 부처님의 제자 가운데 지혜제일이었다.*

Stn. 558. [세존]

나는 곧바로 알아야 할 것을 곧바로 알았고,
닦아야 할 것을 이미 닦았으며,
버려야 할 것을 이미 버렸습니다.
그래서 바라문이여, 나는 깨달은 님입니다.558)

Stn. 559. [세존]

바라문이여. 나에 대한 의혹을 없애고,
나에 대하여 믿음을 가지십시오.
올바로 깨달은 님들을 만나기란
언제나 아주 어려운 일입니다.559)

---

558) *Stn. 558. abhiññeyyaṃ abhiññātaṃ / bhāvetabbañ ca bhāvitaṃ / pahātabbaṃ pahīnaṃ me tasmā buddho'smi brāhmaṇa //*

559) *Stn. 559. vinayassu mayī kaṅkhaṃ / adhimuccassu brāhmaṇa / dullabhaṃ dassanaṃ hoti / sambuddhānaṃ abhiṇhaso //*

Stn. 560. [세존]

나는 이 세상에서 그 존재를
결코 만나보기 어려운 사람입니다.
바라문이여, 나는 올바로 깨달은 님,
위없는 님, 화살을 뽑아버린 님입니다.560)

Stn. 561. [세존]

나는 비길 데 없는 하느님으로서,
악마의 군대를 부수었으며,
모든 적을 항복시켰으므로
어떠한 곳에서도 두려움 없이 기뻐합니다."561)

---

560) Stn. 560. yesaṃ vo dullabho loke / pātubhāvo abhiṇahaso / so'haṃ brāhmaṇa sambuddhā / sallakatto anuttaro // 화살에는 다섯 가지 화살이란 탐욕·성냄·어리석음·자만·사견을 말한다.

561) Stn. 561. brahmabhūto atitulo / mārasenappamaddano / sabbāmitte vasīkatvā / modāmi akutobhayo //

Stn. 562. [쎌라]

"그대들이여, 눈을 갖춘 님께서
말씀하시는 대로 경청하라.
화살을 뽑아버린 위대한 영웅은
사자처럼 숲 속에서 포효한다.562)

Stn. 563. [쎌라]

그는 하느님으로서 비길 데 없고,
악마의 군대를 부수었으니,
누가 보고 믿지 않을 것인가.
천한 신분의 출신이라도 믿으리라.563)

---

562) Stn. 562. imaṃ bhonto nisāmetha / yathā bhāsati cakkhumā / sallakatto mahāvīro / sīho va nadatī vane //

563) Stn. 563. brahmabhūtaṃ atitulaṃ / mārasenappamaddanaṃ / ko disvā nappasideyya / api kaṇhābhijātiko //

Stn. 564. [쎌라]

원하는 자는 나를 따르고
원하지 않은 자는 가거라.
나는 탁월한 지혜를 지닌 님께
이 자리에서 출가하겠다."[564)]

Stn. 565. [쎌라의 제자들]

"올바로 깨달은 님의 가르침을
만일 존자께서 기뻐하신다면,
그 탁월한 지혜를 지닌 님께
저희들도 이 자리에서 출가하겠습니다."[565)]

---

564) Stn. 564. yo maṃ icchati anvetu / yo vā n'icchati gacchatu / idhāhaṃ pabbajissāmi / varapaññassa santike //

565) Stn. 565. etañ ce ruccatī bhoto / sammāsambuddhasāsanaṃ / mayam pi pabbajissāma / varapaññassa santike //

Stn. 566. [쎌라와 제자들]

"저희들 삼백 명의 바라문은
합장하고 청합니다.
세존이시여, 우리들은 당신 곁에서
청정한 삶을 닦겠습니다."566)

Stn. 567. [세존]

"쎌라여, 지금 여기에 효과가 있을 뿐만 아니라,
시간을 뛰어넘는 청정한 삶은 잘 설해져 있으니,
그것을 위해 출가하여 방일하지 않고
배우는 것은 헛된 일이 아닙니다."567)

바라문 쎌라는 대중들과 함께 스승 앞에서 출가하여 구족계를 받았다. 그 때 상투를 튼 고행자 께니야는 그날

566) *Stn. 566. brāhmaṇā tisatā ime / yācanti pañajalīkatā / brahmacariyaṃ carissāma / bhagavā tava santike //*

567) *Stn. 567. svākkhātaṃ brahmacariyaṃ / (selāti bhagavā) sandiṭṭhikam akālikaṃ / yattha amoghā pabbajjā appamattassa sikkhato ti //*

밤이 지나자 자기의 수행처에 여러 가지 맛있는 단단하거나 부드러운 음식을 차려 놓고 세존께 시간이 된 것을 알렸다.

[께니야] "고따마시여, 때가 되었습니다. 식사 준비가 되었습니다."

그러자 세존께서는 아침 일찍 옷을 입고 발우와 가사를 들고 상투를 튼 고행자 께니야의 수행처가 있는 곳을 찾았다. 그리고 수행승의 무리와 함께 미리 마련된 자리에 앉으셨다. 께니야는 부처님을 비롯한 수행승들에게 단단하거나 부드러운 여러 가지 훌륭한 음식을 몸소 대접하여 그들을 기쁘게 해드렸다. 그리고 상투를 튼 고행자 께니야는 세존께서 식사를 마치고 발우에서 손을 떼자, 다른 낮은 자리를 취해서 한 쪽으로 물러 앉았다. 한 쪽으로 물러 앉은 상투를 튼 고행자 께니야를 세존께서는 이와 같은 시로써 기쁘게 하셨다.

Stn. 568. [세존]

"불의 헌공은 제사 가운데 으뜸이고,
싸비뜨리는 베다의 운율 가운데 으뜸이고,
왕은 사람들 가운데 으뜸이며,
바다는 모든 강 가운데 으뜸입니다.[568)]

Stn. 569. [세존]

달은 뭇별 중에서 으뜸이며,
태양은 빛나는 것 중에서 으뜸이고,
공덕을 바라고 공양하는 사람들에게
참모임이 가장 으뜸입니다."569)

세존께서는 상투를 튼 고행자 께니야에게 이러한 시를 읊어 기쁘게 하고 자리에서 일어나 떠나셨다. 대중들을 거느리고 있던 존자 쎌라는 홀로 떨어져서 게으르지 않고 열심히 정진하였다. 그는 오래지 않아 훌륭한 가문의 자제들이 그러기 위해 올바로 집에서 집 없는 곳으로 출가했듯이 위없이 청정한 삶을 지금 여기에서 스스로 곧 바로 알고 깨달아 성취했다. 그는 '태어남은 부수어졌고 청정한 삶은 이루어졌고, 해야 할 일을 다 마쳤고, 더 이상 윤회하지 않는다.'고 분명히 알았다. 마침내 존자 쎌라는 거룩한 님 가운데 한 분이 되었다.

---

568) Stn. 568. aggihuttamukhā yaññā / sāvitti chandaso mukhaṃ / rājā mukhaṃ manussānaṃ / nadinaṃ sāgaro mukhaṃ //

569) Stn. 569. nakkhattānaṃ mukhaṃ cando / ādicco tapatam mukhaṃ / puññaṃ ākaṅkhamānānaṃ / saṅgho ce yajataṃ mukhatti //

그 후 존자 쎌라는 대중들과 함께 세존께서 계신 곳을 찾았다. 가까이 다가가서 한 쪽 어깨에 옷을 걸치고, 세존께 합장하여 이와 같은 시로써 여쭈었다.

Stn. 570. [쎌라]

"눈을 갖춘 님이시여, 당신께 귀의한지
오늘로써 여드레 되었습니다만,
세존이시여, 이레가 지나서
당신의 가르침에 길들여졌습니다.570)

Stn. 571. [쎌라]

당신은 깨달으신 분이고, 스승이고,
악마의 정복자이며, 성자이십니다.
당신은 모든 악한 경향을 끊고,
몸소 건너시고, 사람들을 건네주십니다.571)

---

570) Stn. 570. yaṃ taṃ saraṇam āgamma / ito aṭṭhami cakkhumā / sattarattena bhagavā / dant'amha tava sāsane //

571) Stn. 571. tuvaṃ buddho tuvaṃ satthā / tuvaṃ mārābhābhū muni / tuvaṃ anusaye chetvā / tiṇṇo tāres'imaṃ pajaṃ //

Stn. 572. [쎌라]

당신은 집착의 대상을 뛰어넘고,
모든 번뇌를 부수어 버렸습니다.
두려움을 버리고, 공포를 여의어,
집착할 만한 것이 없는 사자이십니다.572)

Stn. 573. [쎌라]

이들 삼백 명의 수행승은
합장하고 서 있습니다.
영웅이여, 발을 뻗쳐 주십시오.
저 코끼리들이 스승께 예배드리려 합니다."573)

---

572) *Stn. 572. upadhī te samatikkantā / āsavā te padālitā / sīho si anupādāno / pahīṇabhayabheravo //*

573) *Stn. 573. bhikkhavo tisatā ime / tiṭṭhanti pañajalikatā / pāde cira pasārehi / nāgā vandantu satthuno ti //*

8. 화살의 경[Sallasutta]

Stn. 574. [세존]

“세상에서 결국 죽어야만 하는
사람의 목숨은 정해져 있지 않아
알 수 없고, 애처롭고 짧아
고통으로 엉켜 있습니다.574)

Stn. 575. [세존]

태어나 죽지 않고자 하나,
그 방도가 결코 없습니다.
늙으면 반드시 죽음이 닥치는 것입니다.
뭇삶의 운명은 이러한 것입니다.575)

---

574) Stn. 574. animittam anaññātaṃ / maccānaṃ idha jīvitaṃ / kasirañ ca parittañ ca / tañ ca dukkhena saññutaṃ // 장소는 알 수 없으나 한 재가신자가 아들이 죽어서 슬픈 나머지 일주일간이나 음식을 먹지 않고 있었다. 세존께서 그를 불쌍히 여겨 이하의 시로 이 경을 설한 것이다.

575) Stn. 575. na hi so upakkamo atthi / yena jātā na miyyare / jaram pi patvā maraṇaṃ / evaṃdhammā pāṇino //

Stn. 576. [세존]

결국 익은 과일처럼,
떨어져야 하는 두려움에 처합니다.
이처럼 태어난 자들은 죽어야 하고
항상 죽음의 두려움에 떨어집니다.576)

Stn. 577. [세존]

이를테면, 옹기장이가 빚어낸
질그릇이 마침내
모두 깨어지고 말듯,
사람의 목숨도 또한 그렇습니다.577)

---

576) Stn. 576. phalānam iva pakkānaṃ / pāto papatanā bhayaṃ / evaṃ jatānaṃ maccanaṃ / niccaṃ maraṇto bhayaṃ //
577) Stn. 577. yathā pi kumbhakārassa / katā mattikabhājanā / sabbe bhedanapariyantā / evam maccāna jīvitaṃ //

Stn. 578. [세존]

젊은이도 장년도
어리석은 이도 현명한 이도
모두 죽음에는 굴복해 버립니다.
모든 사람은 반드시 죽습니다.578)

Stn. 579. [세존]

죽음에 패배 당하여
저 세상으로 가지만,
아비도 그 자식을 구하지 못하고
친지들도 친지들을 구하지 못합니다.579)

---

578) Stn. 578. daharā ca mahantā ca / ye bālā ye ca paṇḍitā / sabbe maccuvasaṃ yanti / sabbe maccuparāyanā //

579) Stn. 579. tesaṃ maccuparetānaṃ / gacchataṃ paralokato / na pitā tāyate puttaṃ / ñātī vā pana ñātake //

Stn. 580. [세존]

친지들이 지켜보지만,
보라 매우 애통해하는 자들을!
죽어야 하는 자들은 하나씩
도살장으로 끌려가는 소처럼 끌려갑니다.580)

Stn. 581. [세존]

이렇듯 세상 사람은
죽음과 늙음에 삼켜져버립니다.
그러므로 현명한 사람들은
세상의 이치를 알아 슬퍼하지 않습니다.581)

---

580) Stn. 580. pekkhataṃ yeva ñātīnaṃ / passa lālapataṃ puthu / ekam eko va maccānaṃ / go vajjho viya niyyati //

581) Stn. 581. evam abbhāhato loko / maccunā ca jarāya ca / tasmā dhīrā na socanti / viditvā lokapariyāyaṃ. //

Stn. 582. [세존]

그대는 오거나 가는 사람의
그 길을 알지 못합니다.
그대는 그 양 끝을 통찰해 보지 않고
부질없이 슬피 웁니다.582)

Stn. 583. [세존]

미혹한 자가 자기를 해치며,
비탄해한다고 해서
무슨 이익이라도 생긴다면,
현명한 자도 그렇게 할 것입니다.583)

---

582) Stn. 582. yassa maggaṃ na jānāsi / āgatassa gatassa vā / ubho ante asampassaṃ / niratthaṃ paridevasi //

583) Stn. 583. paridevayamāno ce / kañcid atthaṃ udabbahe / sammūḷho hiṃsam attānaṃ / kayira c'enaṃ vicakkhaṇo //

Stn. 584. [세존]

울고 슬퍼하는 것으로서는
평안을 얻을 수 없습니다.
다만 더욱더 괴로움이 생겨나고
몸만 여윌 따름입니다.584)

Stn. 585. [세존]

자신을 해치면서
몸은 여위고 추하게 됩니다.
그렇다고 망자를 수호할 수 있는 것도 아니니,
비탄해 한들 아무 이익이 없습니다.585)

---

584) Stn. 584. na hi ruṇṇena sokena / santiṃ pappoti cetaso / bhiyy'ass'uppajjate dukkhaṃ / sarīraṃ upahaññati //
585) Stn. 585. kiso vivaṇṇo bhavati / hiṃsam attānam attatā / na tena petā pālenti / niratthā paridevanā //

Stn. 586. [세존]

사람이 슬픔을 버리지 않으면,
점점 더 고통에 빠져듭니다.
죽은 사람 때문에 울부짖는 자들은
슬픔에 정복당한 것입니다.586)

Stn. 587. [세존]

스스로 지은 업으로 인해
다시 태어날 운명에 처한 다른 사람들,
죽음에 정복당해 전율하는
세상의 뭇삶들을 보십시오.587)

---

586) *Stn. 586. sokam appajahaṃ jantu / bhiyyo dukkhaṃ nigacchati / anutthuṇanto kālakataṃ / sokassa vasam anvagū //*

587) *Stn. 587. aññepi passa gamine / yathākammūpage nare / maccuno vasam āgamma / phandante v'idha pāṇine //*

Stn. 588. [세존]

어떻게 생각할지라도,
그것은 생각처럼 되지 않습니다.
세상을 떠남도 이와 같으니,
저 세상의 이치를 보십시오.588)

Stn. 589. [세존]

가령 사람이 백 년을 살거나
그 이상을 산다고 할지라도
마침내는 친족들을 떠나
이 세상의 목숨을 버리게 됩니다.589)

---

588) Stn. 588. *yena yena hi maññanti / tato taṃ hoti aññathā / etādiso vinābhāvo / passa lokassa pariyāyaṃ //*
589) Stn. 589. *api ce vassasataṃ jīve / bhiyyo vā pana māṇavo / ñātisaṅghā vinā hoti / jahāti idha jīvitaṃ //*

Stn. 590. [세존]

거룩한 님께 배워,
죽은 망자를 보고서는
'나는 그를 더 이상 보지 못한다.'라고
비탄해 하는 것을 그쳐야 합니다.590)

Stn. 591. [세존]

단호하고 지혜롭고 잘 닦인
현명한 님이라면,
불난 보금자리 물로 끄듯, 바람이 솜을 날리듯,
생겨난 슬픔을 없애야 합니다.591)

---

590) Stn. 590. tasmā arahato sutvā / vineyya paridevitaṃ / petaṃ kālakataṃ disvā / na so labbhā mayā iti //

591) Stn. 591. yathā saraṇam ādittaṃ / vārinā parinibbaye / evam pi dhīro sappañño / paṇḍito kusalo naro / khippam uppatitaṃ sokaṃ / vāto tūlaṃ va dhaṃsaye //

Stn. 592. [세존]

자신을 위해 행복을 구하는 님이라면,
자신에게 있는
비탄과 애착과 근심과
자기 번뇌의 화살을 뽑아버려야 합니다.592)

Stn. 593. [세존]

번뇌의 화살을 뽑아,
집착 없이 마음의 평안을 얻는다면,
모든 슬픔을 뛰어넘어
슬픔 없는 님으로 열반에 들 것입니다."593)

---

592) Stn. 592. paridevaṃ pajappañ ca / domanassañ ca attano / attano sukham esāno / abbahe sallam attano // 화살에 대해서는 Stn. 560의 주석을 참조하라.

593) Stn. 593. abbūḷhasallo asito / santiṃ pappuyya cetaso / sabbasokaṃ atikkanto / asoko hoti nibbuto ti //

9. 바쎗타의 경[Vāseṭṭhasutta]

이와 같이 내가 들었다.

한 때 세존께서는 잇차낭갈라 마을에 있는 잇차낭갈라 총림에 계셨다. 그 때 명망있고 아주 부유한 많은 바라문들이 잇차낭갈라 마을에 있었다. 즉, 바라문 짱끼, 바라문 따룩카, 바라문 뽁카라싸띠, 바라문 자눗쏘니, 바라문 또데이야, 이 밖에 명망있고 아주 부유한 바라문들이 있었다. 그 때 바쎗타와 바라드와자라는 바라문 학인이 산책하며 여기저기 거닐다가 '도대체 고귀한 님이란 어떠한 사람인가?'라고 논쟁을 벌였다.

바라문 학인 바라드와자는 이와 같이 말했다.

[바라드와자] "혈통이 청정하여 칠대의 조부대에 이르기까지 출생에 관해 논란되거나 비난받지 않은, 양 쪽이 모두 훌륭한 부모에게서 태어났다면, 그를 두고 고귀한 님이라고 한다."

그러자 바라문 학인 바쎗타는 말했다.

[바쎗타] "계행을 지키며 덕행을 갖춘 사람이 있다면, 바로 그 사람이 고귀한 님이다."

그러나 바라문 학인 바라드와자는 바라문 학인 바쎗타를 설득시킬 수 없었고, 바라문 학인 바쎗타도 바라문 학인 바라드와자를 설득시킬 수가 없었다. 그래서 바라문 학인 바쎗타는 바라문 학인 바라드와자에게 말했다.

[바쎗타] "바라드와자여, 싸끼야 가문의 출신자로 싸끼야 족의 아들인 수행자 고따마가 출가하여 이곳 잇차낭갈라 총림에 계시다. 그 존자 고따마께서는 이와 같이 '거룩한 님, 올바로 원만히 깨달은 님, 명지와 덕행을 갖춘 님, 올바른 길로 잘 가신 님, 세상을 아는 님, 위없이 높으신 님, 사람을 길들이는 님, 하늘사람과 인간의 스승이신 님, 깨달은 님, 세상의 존귀한 님이다.'라고 명성을 드날리고 있다. 바라드와자여, 수행자 고따마가 계신 곳을 찾아보자. 거기 가서 수행자 고따마께 그 뜻을 여쭈어 보자. 수행자 고따마가 설명하는 대로 그 뜻을 새기도록 하자."

[바라드와자] "그렇게 하자."

이와 같이 바라문 학인 바라드와자는 바라문 학인 바쎗타에게 대답했다.

그래서 바라문 학인 바쎗타와 바라드와자는 세존께서 계신 곳을 찾았다. 가까이 다가가서 세존께 인사를 드리고 나서 서로 안부를 주고 받은 뒤에 한 쪽으로 물러 앉았다. 한 쪽으로 물러 앉은 바라문 학인 바쎗타는 세존께 이와 같은 시로써 여쭈었다.

Stn. 594. [바쎗타]

"세 가지 베다에 정통한 자들로
저희들은 인정받고 스스로도 그렇게 압니다.
저는 바로 뽁카라싸띠의 제자이고
이 사람은 따룩카의 제자입니다. 594)

Stn. 595. [바쎗타]

세 가지 베다가 가르치는 것을
저희들은 완전히 통달하고 있습니다.
어원학과 문법학에 통달했고,
논쟁에도 스승에게 견줄만합니다. 595)

---

594) *Stn. 594. anuññātapaṭiññātā / tevijjā mayaṃ asm'ubho / ahaṃ pokkharasātissa / tarrukkhassāyaṃ māṇavo //*

595) *Stn. 595. tevijjānaṃ yad akkhātaṃ / tatra kevalino smase / padaka'smā veyyākaraṇā / jape ācariyasādisā //* *세 가지 베다는 인도고대의 천계서로서 리그-베다, 야주르-베다, 싸마-베다를 말한다.*

Stn. 596. [바셋타]

고따마여, 출생에 대한 논쟁을 했는데,
'태생에 따라 고귀한 님이 된다.'라고
바라드와자는 말하지만,
'행위에 따라 고귀한 님이 된다.'라고
저는 주장합니다. 눈을 갖춘 님이여,
이것이 저희들의 논쟁임을 알아주십시오.596)

Stn. 597. [바셋타]

저희들 두 사람은 서로 상대방을
설득시킬 수가 없습니다.
그래서 올바로 깨달은 님으로 널리 알려진
세존께 여쭈어보려고 온 것입니다.597)

---

596) Stn. 596. tesaṃ no jātivādasmiṃ / vivādo atthi gotama / jātiyā brāhmaṇo hoti / bhāradvājo iti bhāsati / ahañ ca jammaunā brūmi / evaṃ jānāhi cakkhuma // 이 경에서 역자는 바라문이 계급 보다는 성직자로서의 본래 의미가 문제가 되므로 바라문을 '고귀한 님'이라고 번역한다.

597) 597. te na sakkoma saññattuṃ / aññamaññaṃ mayaṃ ubho / bhavantaṃ puṭṭhum āgamhā / sambuddhaṃ iti vissutaṃ //

Stn. 598. [바셋타]

달이 차기 시작할 때면,
사람들이 달에 두 손 모아 절하듯이,
세상 사람들은
고따마께 예배하고 공경합니다.598)

Stn. 599. [바셋타]

세상의 눈으로 출현하신
고따마께 묻습니다.
출생에 따라 고귀한 님이 됩니까?
행위에 따라 고귀한 님이 됩니까?
어떻게 고귀한 님을 알아보는지,
무지한 저희들에게 말씀해 주십시오."599)

---

598) *Stn. 598. candaṃ yathā khayātītaṃ / pecca pañjalikā janā / vandamānā namassanti / evaṃ lokasmiṃ gotamaṃ //*

599) *Stn. 599. cakkhuṃ loke samuppannaṃ / mayaṃ pucchāma gotamaṃ / jātiyā brāhmaṇo hoti / udāhu bhavati kammanā / ajānataṃ no pabrūhi / yathā jānemu brāhmaṇaṃ //*

Stn. 600. [세존]

"바쎗타여, 그대들을 위해
모든 생물에 대한 출생의 차이를 차례로,
있는 그대로 설명해 주겠습니다.
그들에게 출생은 서로 다르기 때문입니다.600)

Stn. 601. [세존]

풀이나 나무에 대해서도 알아야 합니다.
비록 스스로 의식하지 못하더라도
그들은 출생에 따른 특징을 갖고 있습니다.
그들에게 출생은 서로 다르기 때문입니다.601)

---

600) Stn. 600. tesaṃ vo'haṃ vyakkhissaṃ / (vaseṭṭhā ti bhagavā) anupubbaṃ yathātathaṃ / jātivibhaṅgaṃ pāṇānam / aññmaññā hi jatiyo //

601) Stn. 601. tiṇarukkhe pi jānātha / na cāpi paṭijānare / liṅgaṃ jātimayaṃ tesaṃ / aññamaññā hi jātiyo //

Stn. 602. [세존]

또한 벌레나 나비로부터 개미에 이르기까지
그대들은 알아야 합니다.
그들은 출생에 따른 특징을 갖고 있습니다.
그들에게 출생은 서로 다르기 때문입니다.602)

Stn. 603. [세존]

작은 것이나 큰 것이나 네발 달린 짐승들도
그대들은 알아야 합니다.
그들은 출생에 따른 특징을 갖고 있습니다.
그들에게 출생은 서로 다르기 때문입니다.603)

---

602) Stn. 602. tato kīṭe paṭaṅge ca / yāca kuntakipillike / liṅgaṃ jātimayaṃ tesaṃ / aññamaññā hi jātiyo //
603) Stn. 603. catuppade pi jānātha / khuddake ca mahallake / liṅgaṃ jātimayaṃ tesaṃ / aññamaññā hi jātiyo //

Stn. 604. [세존]

배로 기어 다니는 길이가 긴 것들도
그대들은 알아야 합니다.
그들은 출생에 따른 특징을 갖고 있습니다.
그들에게 출생은 서로 다르기 때문입니다.604)

Stn. 605. [세존]

물 속에 태어나 물에서 사는 물고기들도
그대들은 알아야 합니다.
그들은 출생에 따른 특징을 갖고 있습니다.
그들에게 출생은 서로 다르기 때문입니다.605)

---

604) Stn. 604. pādūdare pi jānātha / urage dīghapiṭṭhike / liṅgaṃ jatimayaṃ tesaṃ / aññamaññā hi jātiyo //

605) Stn. 605. tato macche'pi jānātha / odake vārigocare / liṅgaṃ jātimayaṃ tesaṃ / aññamaññā hi jātiyo //

Stn. 606. [세존]

또한 날개를 펴 하늘을 나는 새들도
그대들은 알아야 합니다.
그들은 출생에 따른 특징을 갖고 있습니다.
그들에게 출생은 서로 다르기 때문입니다.606)

Stn. 607. [세존]

이와 같은 출생에서 출생에 기인한
특징은 다양하지만,
인간들에게는 출생에 기인한
이와 같은 특징의 다양성이 없습니다.607)

---

606) Stn. 606. tato pakkhī pi jānātha / pattayāne vibhaṅgame / liṅgaṃ jātimayaṃ tesaṃ / aññamaññā hi jātiyo //

607) Stn. 607. yathā etāsu jātisu / liṅgaṃ jātimayaṃ puthu / evaṃ natthi manussesu / liṅgaṃ jātimayaṃ puthu //

Stn. 608. [세존]

머리카락이나 머리에도 없고
귀에도 눈에도
입에도 코에도 없고
입술에도 없고 눈썹에도 없습니다.[608)]

Stn. 609. [세존]

목이나 어깨에도 없고
배나 등에도 엉덩이에도
가슴이나 음부에도 없고
성적 교섭의 방식에도 없습니다.[609)]

---

608) *Stn. 608. na kesehi na sisena na kaṇṇehi na akkhihi / na mukhena na nāsāya na oṭṭhehi hamuhi ca //*
609) *Stn. 609. na givāya na aṃsehi / na udarena na piṭṭhiyā / na soṇiyā na urasā / na sambādhe na methune //*

Stn. 610. [세존]

손이나 발에도 없고 손가락이나
손톱이나 종아리에도 허벅지나
얼굴에도 피부색이나 음성에도 없고,
인간에게는 다른 종처럼,
종에 따른 특징의 다양성은 없습니다. 610)

Stn. 611. [세존]

각기 인간의 몸 자체에는
그런 구별이 없습니다.
인간 가운데 있는 구별은
단지 명칭일 뿐입니다. 611)

---

610) *Stn. 610. na hatthehi na pādehi / na aṅgulīhi nakhehi vā / na jaṅghāhi na ūruhi / na vaṇṇana sarena vā / liṅgaṃ jātimayaṃ n'eva / yathā aññāsu jātisu //*

611) *Stn. 611. paccattaṃ sasarīresu / manussesv'etaṃ na vijjati / vohārañ ca manussesu / samaññāya pavuccati //*

Stn. 612. [세존]

인간 가운데서 소를 치며
살아가는 사람이 있다면,
바쎗타여, 그는 농부이지
고귀한 님이 아님을 알아야 합니다.612)

Stn. 613. [세존]

인간 가운데서 여러 기술로 살아가는
사람이 있다면,
바쎗타여, 그는 기술자이지
고귀한 님이 아님을 알아야 합니다.613)

612) *Stn. 612. yo hi koci manussesu / gorakkhaṃ upajīvati / evaṃ vāseṭṭha jānāhi / kassako so na brāhmaṇo //*

613) *Stn. 613. yo hi koci manussesu / puthu sippena jīvati / evaṃ vāseṭṭha jānāhi / sippiko so na brāhmaṇo //*

Stn. 614. [세존]

인간 가운데서 사고 파는 것으로
살아가는 사람이 있다면,
바쎗타여, 그는 상인이지
고귀한 님이 아님을 알아야 합니다.614)

Stn. 615. [세존]

인간 가운데서 남의 일을 해주고
살아가는 사람이 있다면,
바쎗타여, 그는 일꾼이지
고귀한 님이 아님을 알아야 합니다.615)

---

614) Stn. 614. yo hi koci manussesu / vohāraṃ upajīvati / evaṃ vāseṭṭha jānāhi / vāṇijo so na brāhmaṇo //

615) Stn. 615. yo hi koci manussesu / parapessena jīvati / evaṃ vāseṭṭha jānāhi / pessiko so na brāhmaṇo //

Stn. 616. [세존]

인간 가운데서 주지 않는 것을
빼앗아 살아가는 사람이 있다면,
바쎗타여, 그는 도둑이지
고귀한 님이 아님을 알아야 합니다.616)

Stn. 617. [세존]

인간 가운데서 활쏘기에 의해
살아가는 사람이 있다면,
바쎗타여, 그는 전사이지
고귀한 님이 아님을 알아야 합니다.617)

---

616) *Stn. 616. yo hi koci manussesu / adinnaṃ upajīvati / evaṃ vāseṭṭha jānāhi / coro eso na brāhmaṇo //*

617) *Stn. 617. yo hi koci manussesu / issatthaṃ upajīvati / evaṃ vāseṭṭha jānāhi / yodhājīvo na brāhmaṇo //*

Stn. 618. [세존]

인간 가운데서 제사지내는 것으로
살아가는 사람이 있다면,
바쎗타여, 그는 제관이지
고귀한 님이 아님을 알아야 합니다.618)

Stn. 619. [세존]

인간 가운데서 고을이나
나라를 다스리는 사람이 있다면,
바쎗타여, 그는 왕이지
고귀한 님이 아님을 알아야 합니다.619)

---

618) Stn. 618. yo hi koci manussesu / porohiccena jīvati / evaṃ vāseṭṭha jānāhi / yājako so na brāhmaṇo //

619) Stn. 619. yo hi koci manussesu / gāmaṃ raṭṭhañca bhuñjati / evaṃ vāseṭṭha jānāhi / rājā eso na brāhmaṇo //

Stn. 620. [세존]

나는 출생과 가계 때문에
그를 고귀한 님이라고 하지 않습니다.
무엇인가에 매어 있다면,
'존자여'라고 불리는 자일뿐입니다.
아무 것에도 집착하지 않는 자를
나는 고귀한 님이라고 부릅니다.620)

Stn. 621. [세존]

모든 장애를 극복하고
두려워하지 않으며,
집착에 묶여있지 않은 님,
그를 나는 고귀한 님이라고 부릅니다.621)

---

620) Stn. 620. na cā'haṃ brāhmaṇaṃ brūmi / yonijaṃ matti-sambhavaṃ / bhovādi nāma so hoti / sa ve hoti sakiñcano / akiñcanaṃ anādānaṃ / tam ahaṃ brūmi brāhmaṇaṃ //

621) Stn. 621. sabbasaṃyojanaṃ jetvā / yo ve na paritassati / saṅgātigaṃ visaṃyuttaṃ / tam ahaṃ brūmi brāhmaṇaṃ //

Stn. 622. [세존]

가죽 끈과 가죽 줄을 족쇄와
고삐와 함께 끊어 버리고
빗장을 밀어 올린 깨달은 님,
그를 나는 고귀한 님이라고 부릅니다.[622)]

Stn. 623. [세존]

비난이나 폭력이나 구속을
성냄 없이 참고 견디는
인내력이 있고 용맹한 님,
그를 나는 고귀한 님이라고 부릅니다.[623)]

---

622) Stn. 622. chetvā naddhiṃ varattañ ca / sandānaṃ sahanukkamaṃ / ukkhittapalighaṃ buddhaṃ / tamahaṃ brūmi brāhmaṇaṃ //

623) Stn. 623. akkosaṃ vadhabandhañ ca / aduṭṭho yo titikkhati / khantībalaṃ balānikaṃ / tam ahaṃ brūmi brāhmaṇaṃ //

Stn. 624. [세존]

분노하지 않고 의무를 다하며
계행을 지키고 파도를 일으키지 않고
잘 다스려진 궁극의 몸에 이른 님,
그를 나는 고귀한 님이라고 부릅니다.[624)]

Stn. 625. [세존]

연꽃잎 위의 물방울처럼,
바늘 끝의 겨자씨처럼,
감각적 쾌락에 더럽혀지지 않는 님,
그를 나는 고귀한 님이라고 부릅니다.[625)]

---

624) *Stn. 624. akkodhanaṃ vatavannaṃ / silavannaṃ anussadaṃ / dannaṃ antimasārīraṃ / tamahaṃ brūmi brāhmaṇaṃ //*

625) *Stn. 625. vāri pokkharapatte va / āragge-r-iva sāsapo / yo na lippatikāmesu / tamahaṃ brūmi brāhmaṇaṃ //*

Stn. 626. [세존]

이 세상에서 자기의 괴로움이
소멸된 것을 알고,
짐을 내려놓고 장애가 없는 님,
그를 나는 고귀한 님이라고 부릅니다.626)

Stn. 627. [세존]

지혜가 깊고 총명하며,
바른 길과 삿된 길을 잘 알아,
최상의 이익을 성취한 님,
그를 나는 고귀한 님이라고 부릅니다.627)

---

626) *Stn. 626. yo dukkhassa pajānāti / idhe'va khayam attano / pannabhāraṃ visaṃyuttaṃ / tam ahaṃ brūmi brāhmaṇaṃ //*

627) *Stn. 627. gambhīrapaññaṃ medhāviṃ / maggāmaggassa kovidaṃ / uttamatthaṃ anuppattaṃ / tam ahaṃ brūmi brāhmaṇaṃ //*

Stn. 628. [세존]

집 있는 자이건 집 없는 자이건,
어느 누구하고도 멀리하며,
집 없이 유행하며 욕망을 여읜 님,
그를 나는 고귀한 님이라고 부릅니다.628)

Stn. 629. [세존]

동물이건 식물이건 어떠한 뭇삶에게도
폭력을 쓰지 않고,
또한 죽이거나 죽이도록 하지 않는 님,
그를 나는 고귀한 님이라고 부릅니다.629)

---

628) Stn. 628. asaṃsaṭṭhaṃ gahaṭṭhehi / anāgārehi cūbhayaṃ / anokasāriṃ appicchaṃ / tam ahaṃ brūmi brāhmaṇaṃ //

629) Stn. 629. nidhāya daṇḍaṃ bhūtesu / tasesu thāvaresu ca / yo na hanti na ghāteti / tam ahaṃ brūmi brāhmaṇaṃ //

Stn. 630. [세존]

적의 있는 자들 가운데 적의가 없고,
폭력을 휘두르는 자 가운데 평화롭고,
집착하는 자들 가운데 집착을 여읜 님,
그를 나는 고귀한 님이라고 부릅니다.630)

Stn. 631. [세존]

바늘 끝에서 겨자씨가 떨어져 나간 것처럼,
탐욕과 성냄뿐만 아니라
자만과 거짓이 떨어진 님,
그를 나는 고귀한 님이라고 부릅니다.631)

---

630) Stn. 630. aviruddhaṃ viruddhesu / attadaṇḍesu nibbutaṃ / sādānesu anādānaṃ / tam ahaṃ brūmi brahmaṇaṃ //

631) Stn. 631. yassa rāgo ca doso ca / māno makkho ca pātito / sāsapo-r-iva āraggā / tam ahaṃ brūmi brāhmaṇaṃ //

Stn. 632. [세존]

거친 말을 하지 않고,
의미 있고, 진실한 말을 하며,
아무도 해치지 않는 님,
그를 나는 고귀한 님이라고 부릅니다.632)

Stn. 633. [세존]

이 세상에서 길거나, 짧거나,
아주 작거나 크고 거칠거나,
아름답거나 추한 것을 막론하고,
주지 않은 것을 빼앗지 않는 님,
그를 나는 고귀한 님이라고 부릅니다.633)

---

632) Stn. 632. akakkasaṃ viññapaniṃ / giraṃ saccaṃ udīraye / yāya nābhisaje kañci / tam ahaṃ brūmi brāhmaṇaṃ //

633) Stn. 633. yo'dha dīghaṃ va rassaṃ vā / aṇuṃ thulaṃ subhāsubhaṃ / loke adinnaṃ nādiyati / tam ahaṃ brūmi brāhmaṇaṃ //

Stn. 634. [세존]

이 세상이나 저 세상에 대해
더 이상 바램이 없어,
욕망을 여의고 속박 없이 사는 님,
그를 나는 고귀한 님이라고 부릅니다.634)

Stn. 635. [세존]

무릇 집착하는 바가 없고,
완전히 깨달아, 의혹 없이
불사의 경지에 도달한 님,
그를 나는 고귀한 님이라고 부릅니다.635)

---

634) Stn. 634. āsā yassa na vijjanti / asmiṃ loke paramhi ca / nirāsayaṃ visaṃyuttaṃ / tam ahaṃ brūmi brāhmaṇaṃ //
635) Stn. 635. yass'ālayā na vijjanti / aññāya akathaṃkathī / amatogadhaṃ anuppattaṃ / tam ahaṃ brūmi brāhmaṇaṃ //

Stn. 636. [세존]

세상의 공덕이나 악한 행위
어느 것에 대한 집착도 버리고,
근심 없고 티끌 없고 청정한 님,
그를 나는 고귀한 님이라고 부릅니다.636)

Stn. 637. [세존]

구름을 벗어난 달이 깨끗하듯,
청정하고 오염이 없어
환락과 윤회를 버린 사람,
그를 나는 고귀한 님이라고 부릅니다.637)

---

636) *Stn. 636. yo'dha puññaṃ ca pāpāñ ca / ubho saṅgaṃ upaccagā / asokaṃ virajaṃ suddhaṃ / tam ahaṃ brūmi brāhmaṇaṃ //*

637) *Stn. 637. candaṃ ca vimalaṃ suddhaṃ / vippasannam anāvilaṃ / nandībhavaparikkhīṇaṃ / tam ahaṃ brūmi brāhmaṇaṃ //*

Stn. 638. [세존]

이 진흙탕 길과 험로를 지나고
윤회와 미혹을 넘어서
피안에 이르러 선정에 들어,
동요 없이 의혹 없이
집착 없이 고요한 님,
그를 나는 고귀한 님이라고 부릅니다.638)

Stn. 639. [세존]

이 세상의 욕망을 끊고
집을 떠나 유행하며,
욕망과 윤회를 버린 님,
그를 나는 고귀한 님이라고 부릅니다.639)

---

638) *Stn. 638. yo imaṃ palipathaṃ duggaṃ / saṃsāraṃ moham accagā / tiṇṇo pāragato jhāyī / anejo akathaṃkathi / anupādāya nibbuto / tam ahaṃ brūmi brāhmaṇaṃ //*

639) *Stn. 639. yo'dha kāme pahatvāna / anāgāro paribbaje / kāmabhavaparikkhīṇaṃ / tam ahaṃ brūmi brāhmaṇaṃ //*

Stn. 640. [세존]

이 세상에 대한 집착을 끊고
집을 떠나 유행하며
갈애와 윤회를 버린 님,
그를 나는 고귀한 님이라고 부릅니다.640)

Stn. 641. [세존]

인간의 멍에를 버리고
천상의 멍에도 벗어나
모든 굴레를 벗어난 님,
그를 나는 고귀한 님이라고 부릅니다.641)

---

640) Stn. 640. yo'dha taṇhaṃ pahatvāna / anāgāro paribbaje / taṇhābhavaparikkhiṇaṃ / tam ahaṃ brūmi brāhmaṇaṃ //

641) Stn. 641. hitvā mānussakaṃ yogaṃ / dibbaṃ yogaṃ upaccagā / sabbayogavisaṃyuttaṃ / tam ahaṃ brūmi brāhmaṇaṃ //

Stn. 642. [세존]

쾌락과 불쾌를 버리고,
청량하여 집착 없이
온 세상을 이겨낸 영웅,
그를 나는 고귀한 님이라고 부릅니다.642)

Stn. 643. [세존]

뭇삶의 죽음과 태어남을 모두 알고,
집착 없이 바른 길로 잘 가신 님,
깨달은 님,
그를 나는 고귀한 님이라고 부릅니다.643)

---

642) Stn. 642. hitvā ratiñ ca aratiñ ca / sītibhūtaṃ nirūpadhiṃ / sabbalokābhibhuṃ vīraṃ / tam ahaṃ brūmi brāhmaṇaṃ //

643) Stn. 643. cutiṃ yo vedi sattānaṃ / upapattiñ ca sabbaso / asattaṃ sugataṃ buddhaṃ / tam ahaṃ brūmi brāhmaṇaṃ //

Stn. 644. [세존]

신들도 건달바들도 인간도
그의 행방을 알 수 없는 님,
번뇌를 부수어 버린 거룩한 님,
그를 나는 고귀한 님이라고 부릅니다.644)

Stn. 645. [세존]

앞에도 뒤에도 중간에도
어떠한 것도 없어,
아무 것도 없는 집착을 여윈 님,
그를 나는 고귀한 님이라고 부릅니다.645)

---

644) Stn. 644. yassa gatiṃ na jānanti / devā gandhabbamānusā / khiṇāsavaṃ arahantaṃ / tam ahaṃ brūmi brāhmaṇaṃ //

645) Stn. 645. yassa pure ca pacchā ca / majjhe ca n'atthi kiñcanaṃ / akiñcanaṃ anādānaṃ / tam ahaṃ brūmi brāhmaṇaṃ //

Stn. 646. [세존]

황소처럼 늠름하고 기품 있는 영웅,
위대한 선인, 승리자,
동요 없는 님, 목욕재계한 님, 깨달은 님,
그를 나는 고귀한 님이라고 부릅니다. 646)

Stn. 647. [세존]

전생의 삶을 알고,
하늘과 지옥을 보며,
태어남을 부수어 버린 님,
그를 나는 고귀한 님이라고 부릅니다. 647)

---

646) *Stn. 646. usabhaṃ pavaraṃ vīraṃ / mahesiṃ vijitāvinaṃ / anejaṃ nahātakaṃ buddhaṃ / tam ahaṃ brūmi brāhmaṇaṃ //*

647) *Stn. 647. pubbenivāsaṃ yo vedi / saggāpāyañ ca passati / atho jātikkhayaṃ patto / tam ahaṃ brūmi brāhmaṇaṃ //*

Stn. 648. [세존]

세상의 이름이나 성은
명칭에 의해 시설된 것에 지나지 않으니,
그 때마다 통하는 명칭으로 생겨나
여기 저기 시설되는 것입니다.648)

Stn. 649. [세존]

무지한 사람에게는
그릇된 견해가 오랜 세월 잠재됩니다.
'태생에 의해서 고귀한 님이 된다.'라고
무지한 사람은 말합니다.649)

---

648) Stn. 648. samaññā h'esā lokasmiṃ / nāmagottaṃ pakappitaṃ / sammuccā samudāgataṃ / tattha tattha pakappitaṃ //

649) Stn. 649. dīgharattam anusayitaṃ / diṭṭhigatam ajānataṃ / ajānantā no pabruvanti / jātiyā hoti brāhmaṇo //

Stn. 650. [세존]

태생에 의해 고귀한 님이 되거나,
고귀한 님이 아닌 자가 되는 것이 아니라
행위로 인해 고귀한 님이 되기도 하고,
고귀한 님이 아닌 자도 되는 것입니다.650)

Stn. 651. [세존]

행위에 의해 농부가 되고,
행위에 의해 기능인이 되며,
행위로 인해 상인이 되고,
또한 행위로 인해 일꾼이 됩니다.651)

---

650) *Stn. 650. na jaccā brāhmaṇo hoti / na jaccā hoti abrāhmaṇo / kammanā brāhmaṇo hoti / kammanā hoti abrāhmaṇo //*

651) *Stn. 651. kassako kammanā hoti / sippiko hoti kammanā / vāṇijo kammanā hoti / pessiko hoti kammanā //*

Stn. 652. [세존]

행위에 의해 도둑이 되고,
행위에 의해 전사가 되며,
행위로 인해 제관이 되고,
또한 행위로 인해 왕이 됩니다.652)

Stn. 653. [세존]

현자들은 이와 같이,
있는 그대로 그 행위를 봅니다.
그들은 연기(緣起)를 보는 님으로서,
행위와 그 과보에 대하여 잘 알고 있습니다.653)

---

652) *Stn. 652. coro pi kammanā hoti / yodhājivopi kammanā / yājako kammanā hoti / rājā pi hoti kammanā //*
653) *Stn. 653. evam etaṃ yathābhūtaṃ / kammaṃ passanti paṇḍitā / paṭiccasamuppādadasā / kammavipākakovidā //*

Stn. 654. [세존]

세상은 행위로 말미암아 존재하며,
사람들도 행위로 인해서 존재합니다.
달리는 수레가 축에 연결되어 있듯이,
사람들은 행위에 매어 있습니다.654)

Stn. 655. [세존]

감관의 수호와 청정한 삶과
감관의 제어와 자제,
이것으로 고귀한 님이 됩니다.
이것이 으뜸가는 고귀한 님입니다.655)

---

654) *Stn. 654. kammānā vattatī loko / kammanā vattatī pajā / kammanibandhanā sattā / rathassāṇiva yāyato //*

655) *Stn. 655. tapena brahmacariyena / saṃyamena damena ca / etena brāhmaṇo hoti / etaṃ brāhmaṇam uttamaṃ //*

Stn. 656. [세존]

세 가지 명지를 성취하고,
적멸에 들어 다시 태어나지 않는 님이
하느님이며 제석천입니다.
바쎗타여, 이처럼 알아야 합니다."656)

이처럼 말씀하자 바라문 학인 바쎗타와 바라문 학인 바라드와자는 세존께 이와 같이 말씀드렸다.

[바쎗타와 바라드와자] "세존이신 고따마시여, 훌륭하십니다. 세존이신 고따마시여, 훌륭하십니다. 세존이신 고따마시여, 마치 넘어진 것을 일으켜 세우듯이, 가려진 것을 열어 보이듯이, 어리석은 자에게 길을 가리켜주듯이, 눈을 갖춘 자는 형상을 보라고 어둠 속에 등불을 들어 올리듯이, 세존이신 고따마께서는 이와 같이 여러 가지 방법으로 진리를 밝혀주셨습니다. 그러므로 이제 세존이신 고따마께 귀의합니다. 또한 그 가르침에 귀의합

---

656) Stn. 656. tīhi vijjāhi sampanno / santo khiṇāpunabbhavo / evaṃ vāseṭṭha jānāhi / brahmā sakko vijānatan ti // 취지는 불명확하다. 세 가지 명지는 원래 세 가지 베다를 의미했는데, 초기불교에서도 나중에 삼명(三明)이라고 하여 숙명통, 천안통, 누진통으로 그 취지를 사용하였다.

니다. 또한 그 수행승의 참모임에 귀의합니다. 오늘부터 목숨 받쳐 귀의하오니 세존이신 고따마께서는 재가의 신자로서 받아 주십시오."

10. 꼬깔리야의 경[Kokāliyasutta]

이와 같이 나는 들었다.

한때 세존께서 싸밧티 시의 제따 숲에 있는 아나타삔디까 승원에 계셨다. 그때 수행승 꼬깔리야가 세존께서 계신 곳으로 찾아왔다. 가까이 다가와서 세존께 인사를 드리고 한 쪽으로 물러 앉았다. 한 쪽으로 물러 앉아 수행승 꼬깔리야는 세존께 이와 같이 말씀드렸다.

[꼬깔리야] "세존이시여, 싸리뿟따와 목갈라나는 나쁜 마음을 품은 자로서 나쁜 욕망의 지배를 받고 있습니다."

이렇게 말했을 때 세존께서는 수행승 꼬깔리야에게 이와 같이 말씀하셨다.

[세존] "꼬깔리야여, 그렇게 말하지 말라. 꼬깔리야여, 그렇게 말하지 말라. 꼬깔리야여, 싸리뿟따와 목갈라나에게 청정한 믿음을 가져라. 싸리뿟따와 목갈라나는 자애롭다."

다시 수행승 꼬깔리야가 세존께 이와 같이 말씀드렸다.

[꼬깔리야] "세존께서는 도대체 저를 신뢰하고 믿습니까? 세존이시여, 싸리뿟따와 목갈라나는 나쁜 마음을 품은 자로서 나쁜 욕망의 지배를 받고 있습니다."

다시 세존께서는 수행승 꼬깔리야에게 이와 같이 말씀

하셨다.

[세존] "꼬깔리야여, 그렇게 말하지 말라. 꼬깔리야여, 그렇게 말하지 말라. 꼬깔리야여, 싸리뿟따와 목갈라나에게 청정한 믿음을 가져라. 싸리뿟따와 목갈라나는 자애롭다."

세 번째로 수행승 꼬깔리야는 세존께 이와 같이 말씀드렸다.

[꼬깔리야] "세존이시여, 싸리뿟따와 목갈라나는 나쁜 마음을 품은 자로서 나쁜 욕망의 지배를 받고 있습니다."

세 번째로 세존께서 수행승 꼬깔리야에게 이와 같이 말씀하셨다.

[세존] "꼬깔리야여, 그렇게 말하지 말라. 꼬깔리야여, 그렇게 말하지 말라. 꼬깔리야여, 싸리뿟따와 목갈라나에게 청정한 믿음을 가져라. 싸리뿟따와 목갈라나는 자애롭다."

그때 수행승 꼬깔리야는 자리에서 일어나 세존께 인사를 드리고 오른쪽으로 돌고 나서 나가버렸다. 수행승 꼬깔리야는 나간 뒤 얼마 되지 않아 온몸에 겨자씨만한 크기의 종기가 생겼다. 겨자씨만했던 것이 콩알만한 크기가 되고 콩알만했던 것이 대두콩만한 크기가 되었으며, 대두콩만했던 것이 대추씨만한 크기가 되고, 대추씨만했던 것이 대추만한 크기가 되었으며, 대추만했던 것이 아말라까만한 크기가 되고, 아말라까만했던 것이 아직 익지 않은 칠엽수의 열매만한 크기가 되었으며, 아직 익지 않은 칠엽수의 열매만했던 것이 칠엽수의 열매만한 크기가 되어 터져서 피와 고름이 흘렀다. 그래서 수행승 꼬깔리야는 그 병으로 죽었다. 수행승 꼬깔리야는 싸리뿟따와 목갈라나에게 적의를 품었기 때문에 죽어서 홍련지옥에 떨어졌다.

그때 하느님 싸함빠띠가 밤이 깊어서 아름다운 빛으로 제따 숲를 두루 밝히며 세존께서 계신 곳으로 찾아왔다. 가까이 다가와서 세존께 인사를 드리고 한 쪽으로 물러섰다. 한 쪽으로 물러선 하느님 싸함빠띠는 세존께 이와 같이 말씀드렸다.

[싸함빠띠] "세존이시여, 수행승 꼬깔리야는 죽었습니다. 싸리뿟따와 목갈라나에게 적의를 품었기 때문에 죽어서 홍련지옥에 떨어졌습니다."

이와 같이 하느님 싸함빠띠는 세존께 이야기했다. 이와 같이 이야기한 뒤 세존께 인사를 드리고 오른쪽으로 돌고 나서 그곳에서 곧바로 사라졌다. 그러자 세존께서는 그날 밤이 지났을 때 수행승들을 불렀다.

[세존] "수행승들이여, 어제 밤 하느님 싸함빠띠가 밤이 깊어서 아름다운 빛으로 제따 숲를 두루 밝히며 내가 있는 곳으로 가까이 왔다. 가까이 다가와서 나에게 인사

를 하고 한 쪽으로 물러섰다. 한 쪽으로 물러선 하느님 싸함빠띠는 나에게 이와 같이 말했다. '세존이시여, 수행승 꼬깔리야는 죽었습니다. 싸리뿟따와 목갈라나에게 적의를 품었기 때문에 죽어서 홍련지옥에 떨어졌습니다.' 수행승들이여, 이와 같이 하느님 싸함빠띠는 이야기했다. 이와 같이 이야기한 뒤 나에게 인사를 하고 오른쪽으로 돌고 나서, 그곳에서 곧바로 사라졌다."

이와 같이 말씀하셨을 때 어떤 수행승이 세존께 이와 같이 여쭈어보았다.

[수행승] "세존이시여, 홍련지옥에서의 수명은 얼마나 됩니까?"

[세존] "수행승들이여, 홍련지옥에서의 수명은 참으로 길다. 그것은 몇 년, 몇백 년, 몇천 년, 몇십만 년이라고 헤아리기 어렵다."

[수행승] "세존이시여, 그러면 비유로써 말씀해주실 수 있겠습니까?"

세존께서는 말씀하셨다.

[세존] "수행승들이여, 그렇게 할 수 있다. 수행승들이여, 예를 들어 꼬쌀라 국에 20카리의 채소 씨앗이 있어 사람이 백 년이 지날 때마다 한 알의 채소 씨앗을 줍는다고 하자. 그러나 그렇게 해서 꼬쌀라 국에 있는 20카리의 채소씨앗이 다 없어져도 1압부다의 지옥의 기간이 다

하지 않는다. 그러나 거기에는 단지 1압부다의 지옥만이 있는 것이 아니다. 수행승들이여, 20압부다 지옥이 1니랍부다의 지옥의 기간이고, 수행승들이여, 20니랍부다 지옥이 1아바바 지옥의 기간이고, 수행승들이여, 20아바바 지옥이 1아하하 지옥의 기간이고, 수행승들이여, 20아하하 지옥이 1아따따 지옥의 기간이고 수행승들이여, 20아따따 지옥이 1황련지옥이고, 수행승들이여, 20황련지옥이 1백수련지옥의 기간이고, 수행승들이여, 20백수련지옥이 1청련지옥의 기간이고, 수행승들이여, 20청련지옥이 1백련지옥의 기간이고, 수행승들이여, 20백련지옥이 1홍련지옥의 기간이다. 수행승들이여, 수행승 꼬깔리야는 싸리뿟따와 목갈라나에게 적의를 품어서 홍련지옥에 떨어진 것이다."

세존께서는 이와 같이 말씀하셨다. 이처럼 말씀하시고 올바른 길로 잘 가신 님께서는 스승으로서 이와 같이 시로써 말씀하셨다.

Stn. 657. [세존]

"사람이 태어날 때 참으로
입에 도끼가 생겨난다.
어리석은 이는 나쁜 말을 하여
그것으로 자신을 찍는다.657)

Stn. 658. [세존]

비난받아야 할 것을 찬탄하고
찬탄해야 할 것을 비난하니,
입으로써 불운을 쌓고
그 불운으로 안락을 얻지 못한다.658)

---

657) *Stn. 657. purisassa hi jātassa / kuṭhāri jāyate mukhe / yāya chindati attānaṃ / bālo dubbhāsitaṃ bhaṇaṃ // 서설에서의 카리는 용량의 단위이다.*

658) *Stn. 658. yo nindiyaṃ pasaṃsati / taṃ vā nindati yo pasaṃsiyo / vicināti mukhena so kaliṃ / kalinā tena sukhaṃ na vindati //*

Stn. 659. [세존]

도박으로 돈을 잃거나,
모든 재산과 함께 자기 자신마저 잃어도,
그 불운은 오히려 작은 것이다.
바른 길을 가신 님에게 적의를 품는다면,
그 불운이야말로 참으로 큰 것이다.659)

Stn. 660. [세존]

입으로 마음으로 악한 뜻을 담아,
거룩한 님을 비난하는 사람은
십만삼천 니랍부다와 오 압부다를
지옥에 떨어져 고통을 받는다.660)

---

659) Stn. 659. appamatto ayaṃ kali / yo akkhesu dhana parājayo / sabbassāpi sahāpi attanā / ayam eva mahantataro kali / yo sugatesu manaṃ padosaye //

660) Stn. 660. sataṃ sahassānaṃ nirabbudānaṃ / chattiṃsati pañca ca abbudāni / yamariyagarahi nirayaṃ upeti / vācaṃ manañca paṇidhāya pāpakaṃ //

Stn. 661. [세존]

거짓을 말하는 자는 지옥에 떨어진다.
또한 했으면서 안 했다고 하는 자도 마찬가지다.
둘 다 똑같이 행동이 비열한 사람들이라
사후 내세에 동일한 업보를 받는 자들이 된다.661)

Stn. 662. [세존]

청정하고 더러움이 없고
죄악 없는 사람을 미워하는 자,
그 어리석은 자에게,
바람을 거슬러서 미세한 먼지가 불어오듯,
반드시 그 악함은 되돌아온다.662)

---

661) *Stn. 661. abhūtavādī nirayaṃ upeti / yo vā pi katvā na karomī ti cāha / ubho pi te pecca samā bhavanti / nihīnakammā manujā parattha //*

662) *Stn. 662. yo appaduṭṭhassa narassa dussati / suddhassa posassa anaṅgaṇassa / tam eva bālaṃ pacceti pāpaṃ / sukhumo rājo paṭivātaṃ va khitto //*

Stn. 663. [세존]

갖가지 탐욕의 대상들에 빠져,
믿음도 없고 이기적이고 불친절하고,
인색하고 중상을 일삼는다면,
그 자는 말로써 남들을 매도하는 것이다.663)

Stn. 664. [세존]

입이 험하고 진실하지 못한 천한 자여,
산 것을 죽이고 사특하며 악행을 일삼는 자여,
비루하고 불행하고 비천한 자여,
이 세상에서 말을 너무 많이 하지 말라.
그대는 지옥에 떨어진 자이다.664)

---

663) *Stn. 663. yo lobhaguṇe anuyutto / so vacasā paribhāsati aññe / assaddho kadariyo avadaññu / macchari pesuṇiyasmiṃ anuyutto //*

664) *Stn. 664. mukhadugga vibhūta-m-anariya / bhūnahu pāpaka dukkatakāri / purisanta kali avajāta / mā bahu bhāṇ'idha nerayiko si //*

Stn. 665. [세존]

죄악을 짓는 자여,
그대는 불익을 위해 먼지를 뿌리고,
참사람들을 비난한다.
온갖 나쁜 일을 하고 나서,
오랜 세월 깊은 구렁텅이에 빠진다.665)

Stn. 666. [세존]

결코 어떠한 행위도 없어지지 않는다.
때가 되면 그 임자가 그것을 받는다.
죄악을 짓는 어리석은 자는
내세에 자신 안에서 그 괴로움을 발견한다.666)

---

665) *Stn. 665. rajam ākirasi ahitāya / sante garahasi kibbisakārī / bahuni ca duccaritāni caritvā / gañchisi kho papatam cirarattam //*

666) *Stn. 666. na hi nassati kassaci kammaṃ / eti ha taṃ labhat'eva suvāmi / dukkhaṃ mando paraloke / attani passati kibbisakāri //*

Stn. 667. [세존]

그는 쇠꼬챙이로 꿰이는 곳에서
날카로운 날이 달린 쇠창에 찔린다.
그곳에서 거기에 알맞은 불에 달군
쇳덩이 같은 음식이 주어진다.667)

Stn. 668. [세존]

말 건네는 자들은 상냥하지 않고,
서둘러 그를 구해주지 않고,
안전한 곳으로 이끌지 않는다.
그는 숯불이 뿌려진 곳에 눕혀
불붙는 화염 속에 끌려 들어간다.668)

---

667) Stn. 667. ayosaṅkusamāhataṭṭhānaṃ / tiṇhadhāraṃ ayasūlam upeti / atha tatta ayo guḷasannibhaṃ / bhojanam atthi tathā patirūpaṃ //

668) Stn. 668. na hi vaggu vadanti vadantā / nābhijavanti na tāṇam upenti / aṅgāre santhate senti / agginisamaṃ jalitaṃ pavisanti //

Stn. 669. [세존]

그들은 그곳에서 그를 그물로 덮어서
쇠로 만든 망치로 내려친다.
그리고 어둠이 안개처럼 펼쳐져 있는
칠흑 같은 암흑 속으로 그를 이끈다.[669)]

Stn. 670. [세존]

그리고 화염처럼 불타오르는
구리로 만들어진 가마솥에 들어간다.
오랜 세월 그 화염처럼 불타오르는
가마솥에서 오르락내리락 괴롭힘을 당한다.[670)]

---

669) *Stn. 669. jālena ca onahiyānā / tattha hananti ayomayakūṭehi / andhaṃ va timisam āyanti / taṃ vitataṃ hi yathā mahikāyo //*

670) *Stn. 670. atha lohamayaṃ pana kumbhiṃ / agginisamaṃ jalitaṃ pavisanti / paccanti hi tāsu cirarattaṃ / agginisamāsu samuppilavāso //*

Stn. 671. [세존]

또한 고름과 피로 섞인 가마솥이 있어,
죄악을 지은 자는 그 속에 괴롭힘을 당한다.
어느 쪽으로 피신하든
거기에 닿아서 염증이 생겨난다.671)

Stn. 672. [세존]

해충들이 사는 물이 있는 가마솥이 있어,
죄악을 지은 자는 그 안에서 괴롭힘을 당한다.
나오려 해도 언덕이 없다.
가마솥의 둘레가 모두 한결같기 때문이다.672)

---

671) Stn. 671. atha pubbalohitamisse / tattha kiṃ paccati kibbisakārī / yañ ñaṃ disataṃ adhiseti / tattha kilijjati samphusamāno //

672) Stn. 672. puḷavāvasathe salilasmiṃ / tattha kiṃ paccati kibbisakāri / gantuṃ na hi tīram apatthi / sabbasamā hi samantakapallā //

Stn. 673. [세존]

날카로운 칼잎으로 이루어진 숲이 있어,
팔다리가 잘린 채 그곳에 끌려들어간다.
낚싯바늘로 혀가 꿰어
찌르고 또 찔리면서 괴롭힘을 당한다.673)

Stn. 674. [세존]

또한 예리한 면도칼이 있는
건너기 어려운 베따라니 강으로 끌려가
악을 행한 어리석은 무리들은
죄악을 범한 댓가로 그곳에 떨어진다.674)

---

673) *Stn. 673. asipattavanaṃ pana tiṇhaṃ / taṃ pavisanti samacchidagattā / jivhaṃ baḷisena gahetvā / āracayāra-cayā vihananti //*

674) *Stn. 674. atha vetaraṇiṃ pana duggaṃ / tiṇhadhāra khuradhāram upenti / tattha mandā papatanti / pāpakarā pāpāni karitvā //*

Stn. 675. [세존]

그곳에는 갈가마귀, 검은 개,
점박이 개, 승냥이 떼들이 있어,
울부짖는 사람들을 뜯어먹는다.
또 독수리와 까마귀들도 살을 쪼아 먹는다.675)

Stn. 676. [세존]

죄악을 지은 자가 만나는
이 세상의 삶은 실로 비참하기 이를 데 없다.
그러므로 이 세상에 목숨이 붙어 있는 동안
사람은 해야 할 일을 하고 방일하지 말라.676)

---

675) Stn 675. khādanti hi tattha rudante / sāmā sabalā kākoḷagaṇā ca / soṇā sigālā paṭigijjhā / kulalā vāyasā ca vitudanti //

676) Stn. 676. kicchā vatāyaṃ idha vutti / yaṃ jano passati kibbisakāri / tasmā idha jīvitasese / kiccakaro siyā naro na ca majje //

Stn. 677. [세존]

홍련지옥에 끌려와 사는 기간은
깨알더미 만큼 많다고
현자들은 헤아렸으니 실로
오 나유따 꼬띠하고도 천 이백 꼬띠나 된다.677)

Stn. 678. [세존]

여기서 말한 지옥의 고통이
아무리 오래 지속하더라도,
뭇삶들은 그곳에서 살아야 한다.
그러므로 사람은 청정하고 어질고
착한 성품의 사람들 사이에서
항상 언어와 정신을 수호해야 하리라."678)

---

677) Stn. 677. te gaṇitā vidūhi tilavāhā / ye padume niraye upanītā / nahutāni hi koṭiyo pañca bhavanti / dvādasa koṭisatāni pun'aññā //

678) Stn. 678. yāva dukkhā nirayā idha vuttā / tatthā pi tāvaciraṃ vasitabbaṃ / tasmā sucipesalasādhuguṇesu / vācaṃ manaṃ satataṃ parirakkhe ti //

11. 날라까의 경[Nālakasutta]

Stn. 679. [송출자]

아씨따 선인은 한 낮의 휴식처에서
깨끗한 옷을 입은 도리천의 신들이
윗옷을 들고 기뻐하고 환희하면서
공손히 제석천을 극구 찬탄하는 것을 보았다.679)

---

679) Stn. 679. ānandajāte tidasagaṇe patīte / sakkacca indaṃ sucivasane ca deve / dussaṃ gahetvā atiriva thomayante / asito isi addasa divāvihāre // 한 재가 신자가 아씨따 선인의 조카인 날라까라는 고행자로 태어났다. 그러나 이 경 안에서는 아씨따 선인이 부처님을 살아서 볼 수 없을 것을 알고 자신의 조카인 날라까에게 즉시 출가하여 유행자가 되어 나중에 부처님을 뵐 것을 유언으로 남겼다. 날라까는 엄청난 부를 버리고 출가하여 히말라야에서 보냈다. 부처님께서 출현하여 초전법륜을 굴린지 칠일 만에 그가 부처님을 찾아뵙고, 날라까의 실천으로 알려진 '성자의 삶의 실천'에 대하여 부처님께 질문하면서 성립한 것이 이 경이다.

Stn. 680. [송출자]

기쁨에 넘쳐있는 신들을 보고
선인은 존경을 표하며 물었다.
[아씨따] "왜 신들은 기쁨에 넘쳐 있습니까?
무슨 이유로 윗옷을 들고 흔드는 것입니까?680)

Stn. 681. [아씨따]

만일 아수라들과의 싸움에서 신들이 이기고
아수라가 졌다 할지라도
몸의 털이 곤두설 수는 없을 터인데,
어떤 희귀한 일을 보고 그처럼 기뻐합니까?681)

---

680) *Stn. 680. disvāna deve muditamane udagge / cittiṃ karitvā idam avocāsi tattha / kiṃ devasaṅgho atiriva kalyarūpo / dussaṃ gahetvā bhamayatha kiṃ paṭicca //*
681) *Stn. 681. yadā pi āsi asurehi saṅgamo / jayo surānaṃ asurā parājitā / tadā pi n'etādiso lomahaṃsano / kiṃ abbhutaṃ daṭṭhu marū pamoditā //*

Stn. 682. [아씨따]

그들은 소리치고 노래하며
악기를 연주하고 손뼉을 치면서 춤을 춥니다.
수미산 꼭대기에 살고 있는
그대들에게 저는 묻습니다.
존자들이여, 제 의혹을 어서 풀어 주십시오."682)

Stn. 683. [하늘사람]

"비할 데 없이 승묘한 보배인
저 보살은 세상 사람들의 이익과 안락을 위해
인간세계에, 싸끼야 족 마을
룸비니 동산에 태어났습니다.
그래서 우리는 환희하여 기뻐하는 것입니다.683)

---

682) Stn. 682. seḷenti gāyanti ca vādayanti ca / bhujāni poṭhenti ca naccayanti ca / pucchāmi vo'haṃ merumuddhavāsine / dhunātha me saṃsayaṃ khippa mārisā //

683) Stn. 683. so bodhisatto ratanavaro atulyo / manusseloke hitasukhatāya jāto / sakyānaṃ game janapade lumbineyye / ten'ambha tuṭṭhā atiriva kalyarūpā //

Stn. 684. [하늘사람]

모든 뭇삶 가운데 가장 위없는 님,
가장 높으신 님, 인간 가운데 우두머리,
모든 생류 가운데 위없는 님께서
뭇 짐승의 왕인 용맹스런 사자가 포효를 하듯,
'선인'의 숲에서 수레바퀴를 굴릴 것입니다."684)

Stn. 685. [송출자]

그는 그 말을 듣자 서둘러 하강했다.
그리고 쑷도다나 왕의 궁전을 방문해서
자리에 앉아서 싸끼야 족에게 이렇게 말했다.
[아씨따] "왕자는 어디에 있습니까?
저도 왕자를 뵙고 싶습니다."685)

---

684) Stn. 684. so sabbasattuttamo aggapuggalo / narāsabho sabbapajānam uttamo / vattessati cakkaṃ isivhaye vane / nadaṃ va sīho balavā migābhibhū //

685) Stn. 685. taṃ saddaṃ sutvā turitam avaṃsarī so / suddhodanassa tada bhavanaṃ upāgami / nisajja tattha idam avocāsi sakye / kuhiṃ kumāro ahamapi daṭṭhukāmo //

Stn. 686. [송출자]

그리하여 싸끼야 족들은
훌륭한 금세공사가 만든 화로에서
정련된 빛나는 황금처럼,
영광으로 반짝이며 찬연하게 빛나는
왕자 아이를 아씨따 선인에게 보였다.686)

Stn. 687. [송출자]

불꽃처럼 찬란하게 빛나고,
하늘을 가로지르는 천체처럼 맑고,
구름 한 점 없는 가을의 태양처럼 밝은 왕자를
보자, 환희가 솟아나고 큰 기쁨이 생겼다.687)

---

686) Stn. 686. tato kumāraṃ jalitam iva suvaṇṇaṃ / ukkāmukhe va sukusalasampahaṭṭhaṃ / daddallamānaṃ siriyā anomavaṇṇaṃ / dassesu puttaṃ asitavhayassa sakyā //

687) Stn. 687. disvā kumāraṃ sikhim iva pajjalantaṃ / tārāsabhaṃ va nabhasigamaṃ visuddhaṃ / suriyan tapantaṃ sarada-r-iv'abbhamuttaṃ / ānandajato vipulam alattha pītiṃ //

Stn. 688. [송출자]

천상의 신들은 수많은 뼈대가 있고,
천 개의 테가 달린 양산을 공중에 펼쳤다.
또 황금 자루가 달린 총채를 위 아래로 흔들었다.
총채나 양산을 든 자는 가려서 보이지 않았다.688)

Stn. 689. [송출자]

깐하 씨리라고도 불리는 상투를 튼 선인은
머리 위에 흰 양산을 가리고
빨간 모포에 싸여 있는 황금 패물 같은
그 님을 보고 기뻐서 가슴에 안았다.689)

---

688) Stn. 688. anekasākhañ ca sahassamaṇḍalaṃ / chattaṃ marū dhārayum antalikkhe / suvaṇṇadaṇḍā vītipatanti cāmarā / na dissare cāmarachattagāhakā //

689) Stn. 689. disvā jaṭi kaṇhasirivhayo isi / suvaṇṇanekkhaṃ viya paṇḍukambale / setañ ca chattaṃ dhariyanta muddhani / udaggacitto sumano paṭiggahe // 아씨따 선인은 검은 피부를 가지고 있었기 때문에 깐하 씨리라고도 불렸다.

Stn. 690. [송출자]

지혜에 능통한 그가 싸끼야 족의
황소를 안고 인상을 살피더니,
[아씨따] "이 분은 위없는 님,
인간 중에서 가장 뛰어났습니다!"라고
기쁜 마음으로 환성을 질렀다.690)

Stn. 691. [송출자]

그런데 자기가 머지않아 죽을 것을 생각하고,
하염없이 눈물을 흘리니,
선인이 우는 것을 보고 싸끼야 족들은 물었다.
[싸끼야 족] "우리 왕자에게
무슨 위험이라도 닥칩니까?"691)

---

690) Stn. 690. paṭiggahetvā pana sakyapuṅgavaṃ / jigiṃsako lakkhaṇam antapāragū / pasannacitto giram abbhudīrayi / anuttar'āyaṃ dipadānam uttamo //

691) Stn. 691. ath'attano gamanam anussaranto / akalyarūpo gaḷayati assukāni / disvāna sakyā isim avocuṃ rudantaṃ / no ce kumāre bhavissati antarāyo //

Stn. 692. [송출자]

싸끼야 족들이 걱정하자 선인은 말했다.
[아씨따] '왕자에게서
어떤 불길한 것을 본 것도 아니고,
왕자에게 위험이 닥치는 것도 아닙니다.
그는 열등한 자가 아니니 걱정하지 마십시오.692)

Stn. 693. [아씨따]

이 왕자는 최상의 깨달음을 얻어,
가장 으뜸가는 청정을 보고,
많은 사람들의 안녕을 위하고
많은 사람들을 애민히 여겨,
진리의 바퀴를 굴릴 것입니다.
그의 청정한 삶은 널리 펼쳐질 것입니다.693)

---

692) Stn. 692. disvāna sakye isi-m-avoca akalye / n'āhaṃ kumāre ahitam anussarāmi / na cāpi-m-assa bhavissati antarāyo / na orak'āyaṃ adhimanasā bhavātha //

693) Stn. 693. sambodhiyaggaṃ phusissat'āyaṃ kumāro / so dhammacakkaṃ paramavisuddhadassī / vattessat'āyaṃ bahujanahitānukampī / vitthārik'assa bhavissati brahma-cariyaṃ //

Stn. 694. [아씨따]

이 세상에 내 목숨은 얼마 남지 않았습니다.
그 사이에 내게는 죽음이 찾아올 것입니다.
견줄 데 없는 님의 가르침을 듣지 못하리니,
너무나 불행하여 나는 슬퍼하는 것입니다."694)

Stn. 695. [송출자]

싸끼야 족에게 크나큰 기쁨을 안겨 주고,
그 청정한 수행자는 궁중을 떠나갔다.
그는 자기의 조카를 불러
견줄 데 없는 님의 가르침을 따르게 하였다.695)

---

694) *Stn. 694. mamañ ca āyu na ciram idhāvaseso / ath'antarā me bhavissati kālakiriyā / so 'haṃ na sussaṃ asamadhurassa / dhammaṃ ten'amhi aṭṭo vyasanagato aghāvī //*

695) *Stn. 695. so sākiyānaṃ vipulaṃ janetva pītiṃ / antepuramhā niragama brahmacārī / so bhāgineyyaṃ sayam anukampamāno / samādapesi asamadhurassa dhamme //*

Stn. 696. [아씨따]

"만일 네가 나중에
다른 사람이 '세존'이라는 말하는 것과
'올바른 깨달음을 얻어 진리의 길을 간다.'고
말하는 것을 듣거든,
그 때 그곳으로 가서 그에게 가르침을 묻고
그 세존의 밑에서 청정한 삶을 닦아라."696)

Stn. 697. [송출자]

그러한 유익한 생각을 지니고,
미래에 최상의
청정한 삶을 보는 자의 가르침을 받아,
날라까는 온갖 공덕을 쌓으며
승리자를 기다리면서
감각능력을 수호하며 살아갔다. 697)

---

696) *Stn. 696. buddho ti ghosaṃ yada parato suṇāsi / sambodhipatto vicarati dhammamaggaṃ / gantvāna tattha samayaṃ paripucchiyāno / carassu tasmiṃ bhagavati brahamacariyaṃ //*

Stn. 698. [송출자]

'최상의 승리자가 진리의 수레바퀴를 굴린다.'
라는 소문을 듣고, 그에게 가서
선인 가운데 으뜸가는 선인을 보고 기뻐하며,
아씨따 선인의 말이 실제로 이루어지자,
뛰어난 지혜, 최상의 해탈에 대하여 물었다.698)

Stn. 699. [날라까]

"아씨따가 알려 준 말을
잘 듣고 찾아왔습니다.
고따마시여, 모든 사실의
피안에 도달하신 바로 당신께 묻겠습니다.699)

---

697) Stn. 697. tenānusiṭṭho hitamanasena tādinā / anāgate paramavisuddhadassinā / so nālako upacitapuññasañcayo / jinaṃ patikkhaṃ parivasi rakkhit'indriyo //

698) Stn. 698. sutvāna ghosaṃ jinavaracakkavattane / gantvāna disvā isinisabhaṃ pasanno / moneyyaseṭṭhaṃ munipavaraṃ apucchi / samāgate asitavhayassa sāsane ti //

699) Stn. 699. aññātam etaṃ vacanaṃ / asitassa yathātathaṃ / taṃ taṃ gotama pucchāma / sabbadhammāna pāraguṃ //

Stn. 700. [날라까]

저는 집 없는 삶을 찾아
탁발의 삶을 추구하오니,
성자시여, 성자들의 최상의 삶에 대하여
제가 여쭈오니 말씀해 주십시오."700)

Stn. 701. [세존]

"그대에게 성자들의 삶에 관해 알려 주겠소.
그것은 성취하기 어렵고 도달하기 힘듭니다.
이제 그대에게 그것을 알려 주겠으니,
굳건히 하여 확고하게 새기십시오.701)

---

700) Stn. 700. anagāriy'upetassa / bhikkhācariyaṃ jigiṃsato / muni pabrūhi me puṭṭho / moneyyaṃ uttamaṃ padaṃ //

701) Stn. 701. moneyyan te upaññissaṃ / (iti bhagavā) dukkaraṃ durabhisambhavaṃ / handa te naṃ pavakkhāmi / santhambhassu daḷho bhava //

Stn. 702. [세존]

마을에서 거친 욕을 먹든지
예배를 받든지 한결 같은 태도로 대하고,
정신의 혼란을 수습하여 고요히 하고,
교만을 떨쳐버리고 유행하십시오.702)

Stn. 703. [세존]

가령 숲 속에 있더라도
불의 화염 같은 높고 낮은 것들이 나타나고,
아낙네는 해탈자를 유혹합니다.
아낙네로 하여금 유혹하도록 하지 마십시오.703)

---

702) Stn. 702. samānabhāvaṃ kubbetha / gāme akkuṭṭha-vanditaṃ / manopadosaṃ rakkheyya / santo anunnato care //

703) Stn. 703. uccāvacā niccharanti / dāye aggisikhūpamā / nāriyo muniṃ palobhenti / tā su taṃ mā palobhayuṃ //

Stn. 704. [세존]

성적 교섭에서 떠나
온갖 감각적 쾌락의 욕망을 버리고,
동물이든 식물이든 모든 생명 있는 것에 대해
적대하지 말고, 애착하지도 마십시오.704)

Stn. 705. [세존]

내가 그런 것처럼 그들도 그렇고,
그들이 그런 것처럼 나도 그러하니,
스스로 자신과 비교하여
그들을 죽여서도 죽이게 해서도 안 됩니다.705)

---

704) *Stn. 704. virato methunā dhammā / hitvā kāme parocare / aviruddho asāratto / pāṇesu tasathāvare //*

705) *Stn. 705. yathā ahaṃ tathā ete / yathā ete tathā ahaṃ / attānaṃ upamaṃ katvā / na haneyya na ghātaye //*

Stn. 706. [세존]

일반 사람들이 집착하는
욕망과 탐욕을 떠나 눈을 갖춘 님이 된다면,
바른 길을 갈 수 있고,
이 지옥을 벗어날 수 있습니다.706)

Stn. 707. [세존]

배를 가득 채우지 말고 음식을 절제하고,
욕심을 적게 하고 탐욕을 일으키지 마십시오.
욕망이 없어지고 버려져서,
욕망을 여읜 것이 적멸입니다.707)

---

706) *Stn. 706. hitvā icchañ ca lobhañ ca / yattha satto puthujjano / cakkhumā paṭipajjeyya / tareyya narakaṃ imaṃ //*
707) *Stn. 707. ūnūdaro mitāhāro / appicch'assa alolupo / sa ve icchāya nicchāto / aniccho hoti nibbuto //*

Stn. 708. [세존]

성자의 삶을 사는 님은
탁발을 하고 나서,
나무 아래로 가까이 가서 자리를 잡고,
숲 속의 빈터에 머무는 것이 좋습니다.708)

Stn. 709. [세존]

슬기롭게 선정에 전념하고,
숲 속에서 즐기며,
스스로 만족해하며,
나무 아래서 선정을 닦으십시오.709)

---

708) Stn. 708. sa piṇḍacāraṃ caritvā / vanantam abhihāraye / upaṭṭhito rukkhamūlasmiṃ / āsan'upagato muni //

709) Stn. 709. sa jhānapasuto dhīro / vanante ramito siyā / jhāyetha rukkhamūlasmiṃ / attānam abhitosayaṃ //

Stn. 710. [세존]

밤이 지나 새벽이 밝아오면,
마을 어귀로 가는 것이 좋지만,
마을에서의 초대나 가져온 것에
너무 반겨서도 안 됩니다. 710)

Stn. 711. [세존]

성자의 삶을 사는 님은 마을에 이르러
가정집에서 조급하게 행동해서는 안 되고,
음식을 얻고자 하는 이야기를 끊고,
암시적인 말조차 꺼내지 말아야 합니다. 711)

---

710) Stn. 710. tato ratyā vivasane / gāmantam abhihāraye / avhānaṃ nābhinandeyya / abhihārañ ca gāmato //
711) Stn. 711. na munī gāmam āgamma / kulesu sahasā care / ghāsesanaṃ chinnakatho / na vācaṃ payutaṃ bhaṇe //

Stn. 712. [세존]

얻은 것이 있다면 좋고,
그러나 얻지 못한 것도 잘 된 것이니,
어떤 경우에라도 나무로 되돌아오듯,
그와 같아야 합니다.712)

Stn. 713. [세존]

손에 발우를 들고 돌아다니면,
사람들은 그를 벙어리는 아니지만
벙어리 같이 생각하니,
시물이 적다고 꾸짖지 말고,
시주를 경멸하지도 말아야 합니다.713)

---

712) Stn. 712. alatthaṃ yad idaṃ sādhu / nālatthaṃ kusalaṃ iti / ubhayen'eva so tādī / rukkhaṃ va upanivattati //

713) Stn. 713. sa pattapāṇī vicaranto / amūgo mūgasammato / appaṃ dānaṃ na hīḷeyya / dātāraṃ n'āvajāniya //

Stn. 714. [세존]

수행자로서 높고 낮은
여러 가지 길에 대해서 나는 말했습니다.
거듭 피안에 이르는 것은 아니지만,
생각건대 단번에 이르지도 못합니다.714)

Stn. 715. [세존]

윤회의 흐름을 끊은 수행승,
그에게는 집착이 없고,
선하거나 악한 모든 일이 끊어졌기 때문에
타오르는 번뇌가 없습니다.715)

---

714) Stn. 714. uccāvacā hi paṭipadā / samaṇena pakāsitā / na pāraṃ diguṇaṃ yanti / na idaṃ ekaguṇaṃ mutaṃ //
715) Stn. 715. yassa ca visatā natthi / chinnasotassa bhikkhuno / kiccākiccappahīnassa pariḷāho na vijjati //

Stn. 716. [세존]

해탈의 길에 대하여 말하겠으니,
혀를 입천장에 붙이고 면도날처럼 하십시오.
그리고 나서 배에 집중하여
자신을 다스려야 합니다.716)

Stn. 717. [세존]

마음이 침체되어서는 안 되고,
많은 것을 생각해서도 안 됩니다.
비린내가 없이, 집착이 없이,
청정한 삶을 궁극으로 삼으십시오.717)

716) *Stn. 716. moneyyaṃ te upaññissaṃ / (iti bhagavā) khuradhār'ūpamo bhava / jivhāya tāluṃ āhacca / udare saññato siyā //*

717) *Stn. 717. alīnacitto ca siyā / na cāpi bahu cintaye / nirāmagandho asito / brahmacariyaparāyano //*

Stn. 718. [세존]

홀로 앉아 명상을 닦고
수행자로서의 수행을 배우십시오.
홀로 있는데서 기쁨을 찾아십시오.
홀로 있는 것이 해탈의 길이라 불립니다.[718)]

Stn. 719. [세존]

그렇게 하면 시방을 비출 것입니다.
그러나 감각적 쾌락의 욕망을 버리고,
선정에 드는, 현자들의 칭찬의 소리를 들으면,
나의 제자는 더욱 부끄러워하고
청정한 믿음을 일으켜야 합니다.[719)]

---

718) Stn. 718. ekāsanassa sikkhetha / samaṇopāsanassa ca / ekattaṃ monam akkhātaṃ / eko ve abhiramissati //

719) Stn. 719. atha bhāsihi dasa disā / sutvā dhīrānaṃ nigghosaṃ / jhāyīnaṃ kāmacāginaṃ / tato hiriñca saddhañ ca / bhiyyo kubbeta māmako //

Stn. 720. [세존]

여울들이나 골짜기들과
흐르는 강에 대하여 알아야 합니다.
작은 여울들은 소리를 내며 흐르지만,
큰 강물은 소리 없이 흐릅니다.720)

Stn. 721. [세존]

모자라는 것은 소리를 내지만,
가득 찬 것은 아주 조용합니다.
어리석은 자는 반쯤 물을 채운 항아리 같고,
지혜로운 님은 가득 찬 연못과 같습니다.721)

---

720) Stn. 720. taṃ nadīhi vijānātha / sobbhesu padaresu ca / saṇantā yanti kussobbhā / tuṇhī yāti mahodadhi //

721) Stn. 721. yad ūnakaṃ taṃ saṇati / yaṃ pūraṃ santam eva taṃ / aḍḍhakumbhūpamo bālo / rahado pūro'va paṇḍito //

Stn. 722. [세존]

수행자가 많은 말을 한다면,
그것은 상대적인 것으로
이익에 도움이 되는 것을 말하는 것입니다.
그는 자각적으로 가르침을 설하며,
자각적으로 많이 말하는 것입니다.[722)]

Stn. 723. [세존]

그리고 자각적으로 자제해서
자각적으로 많이 말하지 않는다면,
그는 성자로서 성자의 삶을 누릴 만하며,
성자로서 성자의 삶을 성취한 것입니다."[723)]

---

722) Stn. 722. yaṃ samaṇo bahu bhāsati / upetaṃ atthasaṃhitaṃ / jānaṃ so dhammaṃ deseti / jānaṃ so bahu bhāsati //

723) Stn. 723. yo ca jānaṃ yatatto / jānaṃ na bahu bhāsati / sa munī monam arahati / sa munī monam ajjhagā ti //

12. 두 가지 관찰의 경[Dvayatānupassanāsutta]

이와 같이 나는 들었다.

한때 세존께서 싸밧티 시의 뿝빠라마 승원에 있는 미가라마뚜 강당에 계셨다. 그때 세존께서는 보름날의 포살일에 수행승들의 무리에 둘러싸여 바깥의 한가한 곳에 앉아 계셨다. 세존께서는 조용히 침묵하고 있는 수행승들을 돌아보시고 그들에게 말씀하시었다.

[세존] "수행승들이여, 고귀하여 세속을 떠나며, 바르고 원만한 깨달음으로 이끄는, 착하고 건전한 가르침이 있는데, 수행승들이여, '그대들이 고귀하여 세속을 떠나며, 바르고 원만한 깨달음으로 이끄는, 착하고 건전한 가르침을 배우는 것은 무슨 까닭인가'라고 수행승들이여, 그대들에게 묻는 자들이 있거든, 그들에게 이와 같이 '두 가지 원리를 있는 그대로 알기 위해서'라고 말하라. 그렇다면 '그대들이 말하는 두 가지란 무엇이냐.'라고 묻는다면, '이것은 괴로움이다. 이것은 괴로움의 발생이다.'하는 것이 관찰의 한 원리이고, '이것은 괴로움의 소멸이다. 이것은 괴로움의 소멸에 이르는 길이다.'라고 하는 것이 관찰의 두 번째 원리이다. 수행승들이여, 이렇게 두 가지 관찰의 원리에 올바로 방일하지 않고 정진하는 수행승에게는 두 가지 과보 중에서 어느 하나를 기대할 수 있

다. 즉, 현세에서 궁극적 앎을 증득하든가, 집착이 남아 있더라도 하느님 세계에서 열반에 들어 다시 돌아오지 않는 님이 되는 것이다."

이처럼 세상에서 존귀한 님께서는 말씀하시고, 바른 길로 잘 가신 님께서는 또한 이와 같이 말씀하셨다.

Stn. 724. [세존]

"괴로움을 분명히 알지 못하고,
또한 괴로움의 발생을 모르며,
괴로움이 일체 남김없이 그쳐버린 상태도,
괴로움을 그치게 하는 길도 모르니,[724]

---

724) Stn. 724. ye dukkhaṃ nappajānanti / atho dukkhassa sambhavaṃ / yattha ca sabbaso dukkhaṃ / asesaṃ uparujjhati / tañca maggaṃ na jānanti / dukkhūpasamagāminaṃ //

Stn. 725. [세존]

마음에 의한 해탈뿐만 아니라,
지혜에 의한 해탈도 얻지 못한다.
윤회를 끝낼 수가 없는 그들은
참으로 나고 늙음을 받는다.725)

Stn. 726. [세존]

괴로움을 분명히 알고,
또한 괴로움의 발생을 분명히 알며,
괴로움이 일체 남김없이 그쳐버린 상태도,
괴로움을 그치게 하는 길도 분명히 아니,726)

---

725) Stn. 725. cetovimuttihīnā te / atho paññāvimuttiyā / abhabbā te antakiriyāya / te ve jātijar'ūpagā //

726) Stn. 726. ye ca dukkhaṃ pajānanti / atho dukkhassa sambhavaṃ / yattha ca sabbaso dukkhaṃ / asesaṃ uparujjhati / tañ ca maggaṃ pajānanti / dukkhupasamagāminaṃ //

Stn. 727. [세존]

마음에 의한 해탈뿐만 아니라,
지혜에 의한 해탈도 구현한다.
윤회를 끝내 버릴 수가 있는 그들은
참으로 나고 늙음을 받지 않는다."727)

[세존] "수행승들이여, '또 다른 방법에 의해서도 두 가지 원리의 관찰이 있을 수가 있는가?'라고 묻는 자들이 있거든, '있을 수 있다.'고 대답해도 좋다. 어떻게 그럴 수 있는가? 어떤 괴로움이 생겨나더라도 모두 집착을 조건으로 한다는 것이 관찰의 한 원리이고, 그러나 집착을 남김없이 사라지게 하여 소멸시켜 버린다면, 괴로움이 발생하지 않는다고 하는 것이 관찰의 두 번째 원리이다. 수행승들이여, 이렇게 두 가지 관찰의 원리에 올바로 방일하지 않고 정진하는 수행승에게는 두 가지 과보 중에서 어느 하나를 기대할 수 있다. 즉, 현세에서 궁극적 앎을 증득하든가, 집착이 남아 있더라도 하느님 세계에서 열반에 들어 다시 돌아오지 않는 님이 되는 것이다."

이처럼 세상에서 존귀한 님께서는 말씀하시고, 바른 길로 잘 가신 님께서는 또한 이와 같이 말씀하셨다.

---

727) Stn. 727. cetovimuttisampannā / atho paññāvimuttiyā / bhabbā te antakiriyāya / na te jātijar'ūpagā ti //

Stn. 728. [세존]

"세상에서 갖가지 형태를 지닌
어떠한 괴로움도 집착을 원인으로 생겨난다.
참으로 알지 못하고 집착을 만들어 내는
어리석은 자는 되풀이해서 괴로움을 받는다.
그러므로 괴로움의 생성과 발생을 관찰하여
분명히 알아 집착을 만들지 말아야 한다."728)

[세존] "수행승들이여, '또 다른 방법에 의해서도 두 가지 원리의 관찰이 있을 수가 있는가?'라고 묻는 자들이 있거든, '있을 수 있다.'고 대답해도 좋다. 어떻게 그럴 수 있는가? 어떤 괴로움이 생겨나더라도 모두 무명을 조건으로 한다는 것이 관찰의 한 원리이고, 그러나 무명을 남김없이 사라지게 하여 소멸시켜 버린다면, 괴로움이 발생하지 않는다고 하는 것이 관찰의 두 번째 원리이다. 수행승들이여, 이렇게 두 가지 관찰의 원리에 올바로 방일하지 않고 정진하는 수행승에게는 두 가지 과보 중에서

---

728) Stn. 728. upadhīnidhānā pabhavanti dukkhā / yekeci lokasmiṃ anekarūpā / yo ve avidvā upadhiṃ karoti / punappunaṃ dukkhamupeti mando / tasmā pajānaṃ upadhiṃ na kayirā / dukkhassa jātippabhavānupassi'ti //

어느 하나를 기대할 수 있다. 즉, 현세에서 궁극적 앎을 증득하든가, 집착이 남아 있더라도 하느님 세계에서 열반에 들어 다시 돌아오지 않는 님이 되는 것이다."

이처럼 세상에서 존귀한 님께서는 말씀하시고, 바른 길로 잘 가신 님께서는 또한 이와 같이 말씀하셨다.

Stn. 729. [세존]

"이 상태에서 다른 상태로
거듭하여 나가며
나고 죽는 윤회를 받는다면
그 근본 원인은 무명에 있다.[729)]

---

729) Stn. 729. jātimaraṇasaṃsāraṃ / ye vajanti punappunaṃ / itthabhāvaññathābhāvaṃ / avijjāy'eva sā gati //

Stn. 730. [세존]

이 무명이란 크나큰 어리석음인데,
이로 말미암아 오래도록 윤회하는 것이다.
그러나 명지에 이른 뭇삶들은
다시는 존재에 도달하지 않는다."730)

[세존] "수행승들이여, '또 다른 방법에 의해서도 두 가지 원리의 관찰이 있을 수가 있는가?'라고 묻는 자들이 있거든, '있을 수 있다.'고 대답해도 좋다. 어떻게 그럴 수 있는가? 어떤 괴로움이 생겨나더라도 모두 형성을 조건으로 한다는 것이 관찰의 한 원리이고, 그러나 형성을 남김없이 사라지게 하여 소멸시켜 버린다면, 괴로움이 발생하지 않는다고 하는 것이 관찰의 두 번째 원리이다. 수행승들이여, 이렇게 두 가지 관찰의 원리에 올바로 방일하지 않고 정진하는 수행승에게는 두 가지 과보 중에서 어느 하나를 기대할 수 있다. 즉, 현세에서 궁극적 앎을 증득하든가, 집착이 남아 있더라도 하느님 세계에서 열반에 들어 다시 돌아오지 않는 님이 되는 것이다."

이처럼 세상에서 존귀한 님께서는 말씀하시고, 바른 길

---

730) Stn. 730. avijjā h'ayaṃ mahāmoho / yen'idaṃ saṃsitaṃ ciraṃ / vijjāgatā ca ye sattā / n'āgacchanti punabbhavan ti //

로 잘 가신 님께서는 또한 이와 같이 말씀하셨다.

Stn. 731. [세존]

"어떠한 괴로움이 생겨나든
모두 형성을 조건으로 하는 것이다.
모든 형성이 없어진다면
괴로움이 생기지도 않는다.[731)]

Stn. 732. [세존]

괴로움은 형성을 조건으로 하므로
바로 그 재난을 알아서, 모든 형성을 그치고,
지각을 부수고, 그것을 있는 그대로 안다면,
이처럼 괴로움은 부수어지고 만다.[732)]

---

731) *Stn. 731. yaṃ kiñci dukkhaṃ sambhoti / sabbaṃ saṅkhārapaccayā / saṅkharānaṃ nirodhena / n'atthi dukkhassa sambhavo //*

732) *Stn. 732. etam ādīnavaṃ ñatvā / dukkhaṃ saṅkhārapaccayā / sabbasaṅkhārasamathā / saññāya uparodhanā / evaṃ dukkhakkhayo hoti / etaṃ ñatvā yathātathaṃ //*

Stn. 733. [세존]

올바른 봄을 지닌 지혜로운 님들,
올바른 앎을 지닌 현명한 님들은
악마의 속박에서 벗어나서
다시는 태어남을 받지 않는다."733)

[세존] "수행승들이여, '또 다른 방법에 의해서도 두 가지 원리의 관찰이 있을 수가 있는가?'라고 묻는 자들이 있거든, '있을 수 있다.'고 대답해도 좋다. 어떻게 그럴 수 있는가? 어떤 괴로움이 생겨나더라도 모두 의식을 조건으로 한다는 것이 관찰의 한 원리이고, 그러나 의식을 남김없이 사라지게 하여 소멸시켜 버린다면, 괴로움이 발생하지 않는다고 하는 것이 관찰의 두 번째 원리이다. 수행승들이여, 이렇게 두 가지 관찰의 원리에 올바로 방일하지 않고 정진하는 수행승에게는 두 가지 과보 중에서 어느 하나를 기대할 수 있다. 즉, 현세에서 궁극적 앎을 증득하든가, 집착이 남아 있더라도 하느님 세계에서 열반에 들어 다시 돌아오지 않는 님이 되는 것이다."

이처럼 세상에서 존귀한 님께서는 말씀하시고, 바른 길로 잘 가신 님께서는 또한 이와 같이 말씀하셨다.

---

733) Stn. 733. sammaddasā vedaguno / samma-d-aññāya paṇḍitā / abhibhuyya mārasaṃyogaṃ / n'āgacchanti punabbhavan ti //

Stn. 734. [세존]

"어떠한 괴로움이 생기더라도
모두 의식을 조건으로 한다.
의식이 소멸된다면
괴로움은 발생하지 않는다.734)

Stn. 735. [세존]

괴로움은 의식을 조건으로 하므로
수행승은 바로 그 재난을 알아서,
의식을 고요히 가라앉혀
바램 없이 완전히 열반에 든다."735)

[세존] "수행승들이여, '또 다른 방법에 의해서도 두 가지 원리의 관찰이 있을 수가 있는가?'라고 묻는 자들이

---

734) *Stn. 734. yaṃ kiñci dukkhaṃ sambhoti / sabbaṃ viññāṇapaccayā / viññāṇassa nirodhena / n'atthi dukkhassa sambhavo //*

735) *Stn. 735. etam ādīnavaṃ ñatvā / dukkhaṃ viññāṇapaccayā / viññāṇupasamā bhikkhu / nicchāto parinibbuto'ti //*

있거든, '있을 수 있다.'고 대답해도 좋다. 어떻게 그럴 수 있는가? 어떤 괴로움이 생겨나더라도 모두 접촉을 조건으로 한다는 것이 관찰의 한 원리이고, 그러나 접촉을 남김없이 사라지게 하여 소멸시켜 버린다면, 괴로움이 발생하지 않는다고 하는 것이 관찰의 두 번째 원리이다. 수행승들이여, 이렇게 두 가지 관찰의 원리에 올바로 방일하지 않고 정진하는 수행승에게는 두 가지 과보 중에서 어느 하나를 기대할 수 있다. 즉, 현세에서 궁극적 앎을 증득하든가, 집착이 남아 있더라도 하느님 세계에서 열반에 들어 다시 돌아오지 않는 님이 되는 것이다."

이처럼 세상에서 존귀한 님께서는 말씀하시고, 바른 길로 잘 가신 님께서는 또한 이와 같이 말씀하셨다.

Stn. 736. [세존]

"존재의 흐름을 추구하여
접촉에 패배 당한
사특한 길에 들어선 사람들은
장애를 부수기 어렵다. 736)

---

736) Stn. 736. tesaṃ phassaparetānaṃ / bhavasotānusāri-naṃ / kummaggapaṭipannānaṃ / ārā saṃyojanakkhayo //

Stn. 737. [세존]

그러나 접촉에 대하여 두루 알아
최상의 앎과 적멸을 즐기는 사람은,
접촉을 고요히 가라앉혀
바램 없이 완전히 열반에 든다."737)

[세존] "수행승들이여, '또 다른 방법에 의해서도 두 가지 원리의 관찰이 있을 수가 있는가?'라고 묻는 자들이 있거든, '있을 수 있다.'고 대답해도 좋다. 어떻게 그럴 수 있는가? 어떤 괴로움이 생겨나더라도 모두 느낌을 조건으로 한다는 것이 관찰의 한 원리이고, 그러나 느낌을 남김없이 사라지게 하여 소멸시켜 버린다면, 괴로움이 발생하지 않는다고 하는 것이 관찰의 두 번째 원리이다. 수행승들이여, 이렇게 두 가지 관찰의 원리에 올바로 방일하지 않고 정진하는 수행승에게는 두 가지 과보 중에서 어느 하나를 기대할 수 있다. 즉, 현세에서 궁극적 앎을 증득하든가, 집착이 남아 있더라도 하느님 세계에서 열반에 들어 다시 돌아오지 않는 님이 되는 것이다."

이처럼 세상에서 존귀한 님께서는 말씀하시고, 바른 길로 잘 가신 님께서는 또한 이와 같이 말씀하셨다.

---

737) Stn. 737. ye ca phassaṃ pariññāya, aññāya upasame ratā / te ve phassābhisamayā / nicchātā parinibbutā'ti //

Stn. 738. [세존]

"즐거운 것이든 괴로운 것이든
괴롭지도 않고 즐겁지도 않은 것이든
안으로나 밖으로나
어떠한 것이든 느껴진 것이다.738)

Stn. 739. [세존]

'느껴진 모든 것은 괴롭다.'고 알고,
수행승은 부서지고 마는 허망한 사실에
접촉할 때마다 그 소멸을 보아
이처럼 그곳에서 사라져 모든 느낌을 부수고
바램 없이 완전히 열반에 든다."739)

---

738) *Stn. 738. sukhaṃ vā yadi vā dukkhaṃ / adukkhamasukhaṃ saha / ajjhattañ ca bahiddhā ca / yaṃ kiñci atthi veditaṃ //*

739) *Stn. 739. evaṃ dukkhan ti ñatvāna / mosadhammaṃ palokinaṃ / phussa phussa vayaṃ passaṃ / evaṃ tattha virajjati / vedanānaṃ khayā bhikkhu / nicchāto parinibbuto //*

[세존] "수행승들이여, '또 다른 방법에 의해서도 두 가지 원리의 관찰이 있을 수가 있는가?'라고 묻는 자들이 있거든, '있을 수 있다.'고 대답해도 좋다. 어떻게 그럴 수 있는가? 어떤 괴로움이 생겨나더라도 모두 갈애를 조건으로 한다는 것이 관찰의 한 원리이고, 그러나 갈애를 남김없이 사라지게 하여 소멸시켜 버린다면, 괴로움이 발생하지 않는다고 하는 것이 관찰의 두 번째 원리이다. 수행승들이여, 이렇게 두 가지 관찰의 원리에 올바로 방일하지 않고 정진하는 수행승에게는 두 가지 과보 중에서 어느 하나를 기대할 수 있다. 즉, 현세에서 궁극적 앎을 증득하든가, 집착이 남아 있더라도 하느님 세계에서 열반에 들어 다시 돌아오지 않는 님이 되는 것이다."

이처럼 세상에서 존귀한 님께서는 말씀하시고, 바른 길로 잘 가신 님께서는 또한 이와 같이 말씀하셨다.

Stn. 740. [세존]

"갈애를 벗삼는 사람은
이 존재에서 저 존재로
오랜 세월 유전하며
윤회를 벗어나지 못한다. 740)

Stn. 741. [세존]

갈애는 괴로움의 원인이므로
바로 그 재난을 알아서
수행승은 갈애를 떠나고, 집착을 벗어나,
새김을 확립하고, 유행해야 하리라."741)

[세존] "수행승들이여, '또 다른 방법에 의해서도 두 가지 원리의 관찰이 있을 수가 있는가?'라고 묻는 자들이 있거든, '있을 수 있다.'고 대답해도 좋다. 어떻게 그럴 수 있는가? 어떤 괴로움이 생겨나더라도 모두 집착을 조건으로 한다는 것이 관찰의 한 원리이고, 그러나 집착을 남김없이 사라지게 하여 소멸시켜 버린다면, 괴로움이 발생하지 않는다고 하는 것이 관찰의 두 번째 원리이다. 수행승들이여, 이렇게 두 가지 관찰의 원리에 올바로 방일하지 않고 정진하는 수행승에게는 두 가지 과보 중에서 어느 하나를 기대할 수 있다. 즉, 현세에서 궁극적 앎을 증득하든가, 집착이 남아 있더라도 하느님 세계에서 열

---

740) Stn. 740. taṇhā dutīyo puriso / dīgham addhāna saṃsaraṃ / itthābhāvaññathābhāvaṃ / saṃsāraṃ nāti-vattati //

741) Stn. 741. etam ādīnavaṃ ñatvā / taṇhā dukkhassa samb-havaṃ / vitataṇho anādāno / sato bhikkhu paribbaje ti //

반에 들어 다시 돌아오지 않는 님이 되는 것이다."

이처럼 세상에서 존귀한 님께서는 말씀하시고, 바른 길로 잘 가신 님께서는 또한 이와 같이 말씀하셨다.

Stn. 742. [세존]

"집착을 조건으로 존재가 생긴다.
존재하는 자는 괴로움을 받는다.
태어난 자에게 죽음이 있게 된다.
이것이 괴로움의 발생이다.742)

Stn. 743. [세존]

그러므로 집착의 소멸에 대해
현명한 자들은 올바로 알고,
태어남의 소멸에 대해 잘 알아
다시는 생존을 받지 않는다."743)

---

742) *Stn. 742. upādānaṃ paccayā bhavo / bhūto dukkhaṃ nigacchati / jātassa maraṇaṃ hoti / eso dukkhassa sambhavo //*

743) *Stn. 743. tasmā upādānakkhayā / sammadaññāya paṇḍitā / jātikkhayaṃ abhiññāya / nāgacchanti punabbhavan ti //*

[세존] "수행승들이여, '또 다른 방법에 의해서도 두 가지 원리의 관찰이 있을 수가 있는가?'라고 묻는 자들이 있거든, '있을 수 있다.'고 대답해도 좋다. 어떻게 그럴 수 있는가? 어떤 괴로움이 생겨나더라도 모두 동기를 조건으로 한다는 것이 관찰의 한 원리이고, 그러나 동기를 남김없이 사라지게 하여 소멸시켜 버린다면, 괴로움이 발생하지 않는다고 하는 것이 관찰의 두 번째 원리이다. 수행승들이여, 이렇게 두 가지 관찰의 원리에 올바로 방일하지 않고 정진하는 수행승에게는 두 가지 과보 중에서 어느 하나를 기대할 수 있다. 즉, 현세에서 궁극적 앎을 증득하든가, 집착이 남아 있더라도 하느님 세계에서 열반에 들어 다시 돌아오지 않는 님이 되는 것이다."

이처럼 세상에서 존귀한 님께서는 말씀하시고, 바른 길로 잘 가신 님께서는 또한 이와 같이 말씀하셨다.

Stn. 744. [세존]

"어떠한 괴로움도
모두 동기를 조건으로 생긴다.
동기가 소멸되면
괴로움도 생기지 않는다.744)

---

744) *Stn. 744. yaṃ kiñci dukkhaṃ sambhoti / sabbaṃ ārambhapaccayā / ārambhānaṃ nirodhena / n'atthi dukkhassa sambhavo //*

Stn. 745. [세존]

괴로움은 동기를 조건으로 하므로
그 재난을 알아
모든 동기를 버리고
동기가 없는 곳에서 해탈한다.745)

Stn. 746. [세존]

존재에 대한 갈애를 끊고
마음이 고요한 수행승은
태어남으로 인한 윤회를 벗어나
다시는 존재를 받지 않는다."746)

[세존] "수행승들이여, '또 다른 방법에 의해서도 두 가지 원리의 관찰이 있을 수가 있는가?'라고 묻는 자들이 있거든, '있을 수 있다.'고 대답해도 좋다. 어떻게 그럴 수 있는가? 어떤 괴로움이 생겨나더라도 모두 자양을 조건

---

745) *Stn. 745. etam ādinavaṃ ñatvā / ārambhapaccayā / sabbārambhaṃ paṭinissajja / anārambhe vimuttino //*

746) *Stn. 746. ucchinnabhavataṇhassa / santacittassa bhikkhuno / vitiṇṇo jātisaṃsāro / n'atthi tassa punabbhavo ti //*

으로 한다는 것이 관찰의 한 원리이고, 그러나 자양을 남김없이 사라지게 하여 소멸시켜 버린다면, 괴로움이 발생하지 않는다고 하는 것이 관찰의 두 번째 원리이다. 수행승들이여, 이렇게 두 가지 관찰의 원리에 올바로 방일하지 않고 정진하는 수행승에게는 두 가지 과보 중에서 어느 하나를 기대할 수 있다. 즉, 현세에서 궁극적 앎을 증득하든가, 집착이 남아 있더라도 하느님 세계에서 열반에 들어 다시 돌아오지 않는 님이 되는 것이다."

이처럼 세상에서 존귀한 님께서는 말씀하시고, 바른 길로 잘 가신 님께서는 또한 이와 같이 말씀하셨다.

Stn. 747. [세존]

"어떠한 괴로움이 생기더라도
모두 자양을 조건으로 한다.
자양들이 소멸되면
괴로움도 생겨나지 않는다. 747)

---

747) Stn. 747. yaṃ kiñci dukkhaṃ sambhoti / sabbaṃ ārambhapaccayā / āhārānaṃ nirodhena / n'atthi dukkhassa sambhavo //

Stn. 748. [세존]

괴로움은 자양을 조건으로 한다는
그 재난을 알아서
모든 자양을 두루 알아
모든 자양에 의지하지 않는다.748)

Stn. 749. [세존]

질병을 여읜 상태를 올바로 알아서
번뇌들을 부수고
가르침에 입각하여 성찰하는
지혜에 통달한 님은 헤아림에서 벗어난다."749)

[세존] "수행승들이여, '또 다른 방법에 의해서도 두 가지 원리의 관찰이 있을 수가 있는가?'라고 묻는 자들이

748) Stn. 748. etam ādinavaṃ ñatvā / dukkhaṃ āhārapaccayā / sabbāhāraṃ pariññāya / sabbāhāram anissito //

749) Stn. 749. ārogyaṃ sammadaññāya / āsavānaṃ parikkhayā / saṅkhāya sevī dhammaṭṭho / saṅkhaṃ nopeti vedagū ti // 여기서 헤아림은 이 자는 신이다라든가 이 자는 인간이라든가 하는 명칭을 부여하는 것을 뜻한다.

있거든, '있을 수 있다.'고 대답해도 좋다. 어떻게 그럴 수 있는가? 어떤 괴로움이 생겨나더라도 모두 동요를 조건으로 한다는 것이 관찰의 한 원리이고, 그러나 동요를 남김없이 사라지게 하여 소멸시켜 버린다면, 괴로움이 발생하지 않는다고 하는 것이 관찰의 두 번째 원리이다. 수행승들이여, 이렇게 두 가지 관찰의 원리에 올바로 방일하지 않고 정진하는 수행승에게는 두 가지 과보 중에서 어느 하나를 기대할 수 있다. 즉, 현세에서 궁극적 앎을 증득하든가, 집착이 남아 있더라도 하느님 세계에서 열반에 들어 다시 돌아오지 않는 님이 되는 것이다."

이처럼 세상에서 존귀한 님께서는 말씀하시고, 바른 길로 잘 가신 님께서는 또한 이와 같이 말씀하셨다.

Stn. 750. [세존]

"어떠한 괴로움이 생겨날지라도
모두 동요를 조건으로 한다.
동요들이 그치게 되면
괴로움도 생겨나지 않는다. 750)

---

750) Stn. 750. yaṃ kiñci dukkhaṃ sambhoti / sabbaṃ iñjitapaccayā / iñjitānaṃ nirodhena / n'atthi dukkhassa sambhavo //

Stn. 751. [세존]

괴로움은 동요를 조건으로 하므로
그 재난을 알아,
동요를 버리고, 형성을 종식시켜,
수행승이라면 동요 없이 집착 없이
새김을 확립하고 유행해야 한다."751)

[세존] "수행승들이여, '또 다른 방법에 의해서도 두 가지 원리의 관찰이 있을 수가 있는가?'라고 묻는 자들이 있거든, '있을 수 있다.'고 대답해도 좋다. 어떻게 그럴 수 있는가? 의착하는 사람에게 떨림이 있다는 것이 관찰의 한 원리이고, 집착하지 않는 사람에게 떨림이 없다는 것이 관찰의 두 번째 원리이다. 수행승들이여, 이렇게 두 가지 관찰의 원리에 올바로 방일하지 않고 정진하는 수행승에게는 두 가지 과보 중에서 어느 하나를 기대할 수 있다. 즉, 현세에서 궁극적 앎을 증득하든가, 집착이 남아 있더라도 하느님 세계에서 열반에 들어 다시 돌아오지 않는 님이 되는 것이다."

이처럼 세상에서 존귀한 님께서는 말씀하시고, 바른 길로 잘 가신 님께서는 또한 이와 같이 말씀하셨다.

---

751) Stn. 751. etam ādinavaṃ ñatvā / dukkhaṃ iñajita-paccayā / tasmā ejaṃ vossajja / saṅkhāre uparundhiya / anejo anupādāno sato / bhikkhu paribbaje ti //

Stn. 752. [세존]

"의착이 없는 사람에게는 떨림이 없다.
그러나 의착이 있는 사람은
이 존재에서 저 존재로 집착하며
윤회를 벗어날 수 없다. 752)

Stn. 753. [세존]

의착 가운데 크나큰 두려움이 있으므로
그 재난을 알아,
수행승이라면, 의착 없이
애착 없이 새김을 확립하고 유행해야 한다."753)

---

752) Stn. 752. anissito na calati / nissito ca upādiyaṃ / itthabhāvaññathābhāvaṃ / saṃsāraṃ nātavattati // 의착이란 갈애·견해·자만으로 존재의 다발에 집착하는 것이다.

753) Stn. 753. etam ādinavaṃ ñatvā / nissayesu mahabbhayaṃ / anissito anupādāno / sato bhikkhu paribbaje ti //

[세존] "수행승들이여, '또 다른 방법에 의해서도 두 가지 원리의 관찰이 있을 수가 있는가?'라고 묻는 자들이 있거든, '있을 수 있다.'고 대답해도 좋다. 어떻게 그럴 수 있는가? 미세한 물질적 세계보다도 비물질적 세계가 더욱 더 고요하다고 하는 것이 관찰의 한 원리이고, 비물질적 세계보다 소멸의 편이 더욱 고요하다는 것이 관찰의 두 번째 원리이다. 수행승들이여, 이렇게 두 가지 관찰의 원리에 올바로 방일하지 않고 정진하는 수행승에게는 두 가지 과보 중에서 어느 하나를 기대할 수 있다. 즉, 현세에서 궁극적 앎을 증득하든가, 집착이 남아 있더라도 하느님 세계에서 열반에 들어 다시 돌아오지 않는 님이 되는 것이다."

이처럼 세상에서 존귀한 님께서는 말씀하시고, 바른 길로 잘 가신 님께서는 또한 이와 같이 말씀하셨다.

Stn. 754. [세존]

"미세한 물질계에 속하는
뭇삶들과 비물질계에 사는 뭇삶들은
소멸을 분명히 모르기 때문에,
다시 이 세상으로 돌아온다.[754)]

---

754) Stn. 754. ye ca rūpupagā sattā / ye va āruppavāsino /

Stn. 755. [세존]

그렇지만 미세한 물질계를 잘 알고,
비물질적 세계에도 머물지 않고,
소멸 가운데 해탈한 님들은
악마에게서 벗어난 자들이다."755)

[세존] "수행승들이여, '또 다른 방법에 의해서도 두 가지 원리의 관찰이 있을 수가 있는가?'라고 묻는 자들이 있거든, '있을 수 있다.'고 대답해도 좋다. 어떻게 그럴 수 있는가? 수행승들이여, 신들과 악마들과 하느님들과 수행자들과 성직자들과 왕들과 인간들과 그 자손들의 세계에서 그들이 '이것은 진리이다.'고 생각한 것을, 고귀한 님들은 '이것은 허망하다.'고 사실대로 바른 지혜를 가지고 본다. 이것이 관찰의 한 원리이다. 그러나 신들과 악마들과 하느님들과 수행자들과 성직자들과 왕들과 인간들과 그 자손들의 세계에서 그들이 '이것은 허망하다.'고 생각한 것을, 고귀한 님들은 '이것은 진리이다.'라고 사실대로 바른 지혜를 가지고 본다. 이것이 관찰의 두 번째 원리이다. 수행승들이여, 이렇게 두 가지 관찰의 원리에

---

nirodhaṃ appajānantā / āgantāro punabbhavaṃ //

755) *Stn. 755. ye ca rūpe pariññāya / arūpesu susaṇṭhitā / nirodhe ye vimuccanti / te janā maccuhāyino ti //*

올바로 방일하지 않고 정진하는 수행승에게는 두 가지 과보 중에서 어느 하나를 기대할 수 있다. 즉, 현세에서 궁극적 앎을 증득하든가, 집착이 남아 있더라도 하느님 세계에서 열반에 들어 다시 돌아오지 않는 님이 되는 것이다."

이처럼 세상에서 존귀한 님께서는 말씀하시고, 바른 길로 잘 가신 님께서는 또한 이와 같이 말씀하셨다.

Stn. 756. [세존]

"보라! 신들을 포함한 세상의 사람들은
내가 아닌 것을 나라고 생각하여
정신·신체적인 것에 집착해 있다.
이것이야말로 진리라고 생각한다. 756)

756) Stn. 756. anattani attamāniṃ / passa lokaṃ sadevakaṃ / niviṭṭhaṃ nāmarūpasmiṃ / idaṃ saccan ti maññati //

Stn. 757. [세존]

그들이 이렇다 저렇다고 여기더라도
그것은 생각과는 다른 것이 된다.
참으로 그것은 허망한 것이고,
허망한 것으로 변하기 때문이다. 757)

Stn. 758. [세존]

그러나 열반은 허망한 것이 아니다.
고귀한 님들은 이것을 진리로 아는 님들이다.
그들은 진리를 이해하기 때문에,
탐욕 없이 완전한 열반에 든다."758)

---

757) *Stn. 757. yena yena hi maññanti / tato taṃ hoti aññathā / taṃ hi tassa musā hoti / mosadhammaṃ hi ittaraṃ //*

758) *Stn. 758. amosadhammaṃ nibbānaṃ / tad ariyā saccato vidū / te ve saccābhisamayā / nicchātā parinibbutā ti //*

[세존] "수행승들이여, '또 다른 방법에 의해서도 두 가지 원리의 관찰이 있을 수가 있는가?'라고 묻는 자들이 있거든, '있을 수 있다.'고 대답해도 좋다. 어떻게 그럴 수 있는가? 수행승들이여, 신들과 악마들과 하느님들과 수행자들과 성직자들과 왕들과 인간들과 그 자손들의 세계에서 그들이 '이것은 즐거움이다.'고 생각한 것을, 고귀한 님들은 '이것은 괴로움이다.'고 사실대로 바른 지혜를 가지고 본다. 이것이 관찰의 한 원리이다. 그러나 신들과 악마들과 하느님들과 수행자들과 성직자들과 왕들과 인간들과 그 자손들의 세계에서 그들이 '이것은 괴로움이다.'고 생각한 것을, 고귀한 님들은 '이것은 즐거움이다.'라고 사실대로 바른 지혜를 가지고 본다. 이것이 관찰의 두 번째 원리이다. 수행승들이여, 이렇게 두 가지 관찰의 원리에 올바로 방일하지 않고 정진하는 수행승에게는 두 가지 과보 중에서 어느 하나를 기대할 수 있다. 즉, 현세에서 궁극적 앎을 증득하든가, 집착이 남아 있더라도 하느님 세계에서 열반에 들어 다시 돌아오지 않는 님이 되는 것이다."

이처럼 세상에서 존귀한 님께서는 말씀하시고, 바른 길로 잘 가신 님께서는 또한 이와 같이 말씀하셨다.

Stn. 759. [세존]

"형상, 소리, 냄새, 맛, 감촉, 사실들은
사람들이 '있다.'라고 말하는 한,
모두가 그들에게 갖고 싶고
사랑스럽고 마음에 드는 것이다.759)

Stn. 760. [세존]

그들은 신들을 포함한 이 세상에서
이것들이야말로 즐거움이라 여긴다.
그래서 그것들이 사라질 때에는
그것을 괴로움이라고 생각한다.760)

---

759) Stn. 759. rūpā saddā rasā gandhā / phassā dhammā ca kevalā / iṭṭhā kantā manāpā ca / yāvat'atthī ti vuccati //

760) Stn. 760. sadevakassa lokassa / ete vo sukhasammatā / yattha c'ete nirujjhanti / taṃ nesaṃ dukkhasammataṃ //

Stn. 761. [세존]

고귀한 님들은 존재의 다발을
소멸시키는 것을 즐거움이라고 본다.
세상의 사람들이 보는 것과
이것은 완전히 정반대가 된다. 761)

Stn. 762. [세존]

다른 사람들이 즐거움이라 하는 것을,
고귀한 님들은 괴로움이라고 말한다.
다른 사람들이 괴로움이라고 하는 것을,
고귀한 님들은 즐거움이라고 안다.
알기 어려운 진리를 보라.
무지한 사람들은 여기서 헤매게 된다. 762)

---

761) Stn. 761. sukhan ti diṭṭham ariyehi / sakkāyass'uparodhanaṃ / paccanīkam idaṃ hoti / sabbalokena passataṃ //

762) Stn. 762. yaṃ pare sukhato āhu / tad ariyā āhu dukkhato / yaṃ pare dukkhato āhu / tad ariyā sukhato vidū / passa dhammaṃ durājānaṃ / sampamūḷh'ettha aviddasū //

Stn. 763. [세존]

덮여 있는 사람에게는 어둠이 있다.
보지 못하는 사람에게는 암흑이 있다.
참사람에게는 열림이 있다.
보는 사람에게 빛이 있는 것처럼,
진리를 모르는 어리석은 자는
앞에 있어도 그것을 모른다.763)

Stn. 764. [세존]

존재에 대한 탐욕에 사로잡히고
존재의 흐름을 추구하며,
악마의 영토에 들어간 자들은
이 진리를 깨닫기 힘들다.764)

---

763) Stn. 763. nivutānaṃ tamo hoti / andhakāro apassataṃ / satañ ca vivaṭaṃ hoti / āloko passatām iva / santike na vijānanti / magā dhammass'akovidā //

764) Stn. 764. bhavarāgaparetehi / bhavasotānusāribhi / māradheyyānupattehi / nāyaṃ dhammo susambuddho //

Stn. 765. [세존]

고귀한 님들을 빼놓고
누가 이 경지를 깨달을 수 있을 것인가.
이 경지를 올바로 알면,
번뇌 없이 완전한 열반에 들리라."765)

이처럼 세존께서는 말씀하셨다. 그들 수행승들은 만족하여 세존께서 하신 말씀에 기뻐했다. 더구나 이러한 설법이 설해졌을 때, 예순 명의 수행승들의 마음은 집착 없이 번뇌에서 해탈되었다.

---

765) *Stn. 765. ko nu aññatra-m-ariyehi / padaṃ sambuddhum arahati / yaṃ padaṃ samma-d-aññaya / parinibbanti anāsavā ti //*

Ⅳ. 여덟 게송의 품

[Aṭṭhakavagga]

1. 감각적 쾌락의 욕망의 경[Kāmasutta]

Stn. 766. [세존]

"감각적 쾌락의 욕망을 원할 때에
그 감각적 쾌락의 욕망이 이루어지면,
갖고자 하는 것을 얻어서
그 사람은 참으로 기뻐합니다. 766)

Stn. 767. [세존]

감각적 쾌락의 길에 들어서
욕망이 생겨난 사람에게
만일 감각적 쾌락의 욕망이 충족되지 못하면,
그는 화살에 맞은 자처럼 괴로워합니다. 767)

---

766) Stn. 766. kāmaṃ kāmayamānassa / tassa cetaṃ samijjhati / addhā pītimano hoti / laddhā macco yad icchati // 세존께서 싸밧티 시에 계실 때에 탁발하러 나갔다가 한 바라문이 아찌라밧띠 강 언덕의 나무를 베고 옥수수 밭을 가는 것을 보고 먼저 말을 건넸고, 그는 '옥수수를 파종하는 것입니다.'라고 수확후의 공양을 약속했으나, 옥수수가 익기 전에 태풍으로 옥수수가 모두 떠내려가자, 그를 위로하여 이하의 시로 된 경을 설한 것이다.

Stn. 768. [세존]

발로 뱀의 머리를 밟지 않듯,
감각적 쾌락의 욕망을 피하는 사람은
세상에서 새김을 확립하고,
이러한 애착을 뛰어넘습니다. 768)

Stn. 769. [세존]

농토나 대지나 황금, 황소나 말,
노비나 하인, 부녀나 친척,
그 밖에 사람이 탐내는 다양한
감각적 쾌락의 욕망의 대상이 있습니다. 769)

---

767) Stn. 767. tassa ce kāmayānassa / chandajātassa jantuno / te kāmā parihāyanti / sallaviddho va ruppati // 화살에 대해서는 Stn. 560의 주석을 보라.

768) Stn. 768. yo kāme parivajjeti / sappass'eva padā siro / so imaṃ visattikaṃ / loke sato samativattati //

769) Stn. 769. khettaṃ vatthuṃ hiraññaṃ vā / gavāssaṃ dāsaporisaṃ / thiyo bandhu puthū kāme / yo naro anugijjhati //

Stn. 770. [세존]

나약한 것들이 사람을 이기고
재난이 사람을 짓밟습니다.
그러므로 파손된 배에 물이 스며들 듯,
괴로움이 그를 따릅니다.770)

Stn. 771. [세존]

그래서 사람은 항상 새김을 확립하고,
감각적 쾌락의 욕망을 피하고, 그것을 버리고,
배에 스며든 물을 퍼내 피안에 도달하듯,
거센 흐름을 건너야 합니다."771)

---

770) Stn. 770. abalā va naṃ balīyanti / maddante naṃ parissayā / tato naṃ dukkham anveti / nāvaṃ bhinnam ivodakaṃ //

771) Stn. 771. tasmā jantu sadā sato / kāmāni parivajjaye / te pahāya tare oghaṃ / nāvaṃ sitvā va pāragu ti // 거센 흐름에 대해서는 Stn. 21의 주석을 보라.

2. 동굴에 대한 여덟 게송의 경[Guhaṭṭhakasutta]

Stn. 772. [세존]

"동굴에 집착하고,
온갖 것에 덮여있고,
유혹 속에 빠져 있는 자,
이러한 사람은
멀리 여읨과는 거리가 멀다.
세상에서 실로
감각적 욕망은 버리기 어렵다.772)

---

772) Stn. 772. satto guhāyaṃ bahunābhicchanno / tiṭṭhaṃ naro mohanasmiṃ pagāḷho / dūre vivekā hi tathāvidho so / kāmā hi loke na hi suppahāyā // 삔돌라 바라드와자는 꼬쌈비 시의 우데나왕의 사제의 아들이었다. 그는 베다를 배우고 훌륭한 선생이 되었으나 만족하지 않고 라자가하 시로 갔다가 부처님의 승단이 누리는 이익과 환대를 보고 승단에 들어가 숲속에서 궁녀에 설법을 했는데, 우데나 왕에게 들켰다. 그러자 세존이 이하의 시들을 읊은 것이 이 경의 동기이다.

Stn. 773. [세존]

욕망을 조건으로 존재의 환희에 묶인 자들,
그들은 미래와 또는 과거를 생각하면서,
현재나 과거의 감각적 욕망에 탐착하므로,
스스로 해탈하기 어렵고
남에 의해 해탈을 얻기도 어렵다.773)

Stn. 774. [세존]

감각적 쾌락에 탐닉하고 열중하는,
어리석고 비열한,
바르지 못한 행위에 빠진 사람들,
'여기서 죽으면 나는 어떻게 될까.'하고
그들은 괴로움에 짓눌려 비탄해 한다.774)

---

773) Stn. 773. icchānidanā bhavasātabaddhā / te duppamuñca na hi aññamokkhā / pacchā pure vā pi apekhamānā / ime va kāme purime va jappaṃ //

774) Stn. 774. kāmesu giddhā pasutā pamūḷhā / avadāniyā te visame niviṭṭhā / dukkh'ūpanītā paridevayanti / kiṃ su bhavissāma ito cutāse //

Stn. 775. [세존]

그러므로 사람은 여기서 배워야 한다.
세상에서 부정(不正)이라고 알려진
그 어떤 일에도 그것을 위해
부정을 저질러서는 안 된다.
사람의 목숨은 짧다고 현자는 말한다.[775)]

Stn. 776. [세존]

갈애에 사로잡힌 존재들 가운데,
세상에서 떨고 있는 뭇삶을 나는 본다.
다양한 존재에 대한 갈애를 떠나지 못한 채,
못난 사람들은 죽음에 직면하여 비탄해 한다.[776)]

---

775) Stn. 775. tasmā hi sikkhetha idh'eva jantu / yaṃ kiñci jaññā visaman ti loke / na tassa hetu visamaṃ careyya / appaṃ h'idaṃ jīvitam ahu dhīrā //

776) Stn. 776. passāmi loke pariphandamānaṃ / pajaṃ imaṃ taṇhāgataṃ bhavesu / hīnā narā maccumukhe lapanti / avītataṇhāse bhavābhavesu //

Stn. 777. [세존]

내 것이라고 동요하고 있는 사람들을 보라.
잦아드는 물웅덩이의 물고기들과 같다.
이 모습을 보고, 나의 것을 떨치고
존재들에 대한 집착을 버리고 유행하라.777)

Stn. 778. [세존]

현자는 양극단에 대한 욕망을 억제하고,
접촉을 두루 알아서, 탐하지 않으며,
자신조차 비난할 나쁜 짓을 하지 않고,
보이는 것과 들리는 것에 오염되지 않는다.778)

---

777) Stn. 777. mamāyite passatha phandamāne / macche va appodake khīṇasote / etam pi disvā amamo careyya / bhavesu āsattim akubbamāno //

778) Stn. 778. ubhosu antesu vineyya chandaṃ / phassaṃ pariññāya anānugiddho / yad attagarahī tad akubbamāno / na lippatī diṭṭhasotesu dhīro //

Stn. 779. [세존]

지각에 대해 두루 알아 거센 흐름을 건너라.
성자의 삶을 사는 님은 소유에 더럽히지 않으며,
번뇌의 화살을 뽑고, 방일하지 않고,
유행하며 이 세상도 저 세상도 바라지 않는다."779)

---

779) Stn. 779. saññaṃ pariññā vitareyya oghaṃ / pariggahesu muni nopalitto / abbūḷhasallo caram appamatto / n'āsiṃsatī lokaṃ imaṃ parañ cā ti // 거센 흐름에 대해서는 Stn. 21의 주석을 보라. 화살에 대해서는 Stn. 560의 주석을 보라.

3. 사악한 생각에 대한 여덟 게송의 경[Duṭṭhaṭṭhakasutta]

Stn. 780. [세존]

"사악한 생각으로
남을 비방하는 어떤 사람들이 있다.
그들은 진실이라고 믿으며
비방하는 것이다.
그러나 성자는 비방이 생겨나더라도
관여하지 않는다.
그러므로 성자에게는
어디에도 장애가 없다. 780)

---

780) Stn. 780. vadanti ve duṭṭhamanā pi eke / atho pi ve saccamanā vadanti / vādañ ca jātaṃ muni no upeti / tasmā muni n'atthi khilo kuhiñci // 이교도의 음모로 유행녀 쑨다리는 저녁에 제따바나 숲으로 화환과 향료와 과일을 들고 드나들게 했다. 그리고는 근처의 유행자의 승원에서 잠을 자고는 아침에 제따 숲에서 나오는 것처럼 꾸몄다. 며칠 후에 이교도들은 악당을 고용하고 쑨다리를 살해해서 제따 숲 근처의 수풀더미에 버렸다. 그러자 왕의 조사가 이루어져 그녀의 시체가 부처님의 향실 근처에서 발견되자, 아난다는 다른 도시로 갈 것을 종용했다. 부처님은 다른 곳으로 피신하는 어리석음을 꾸짖고 칠일 후에는 진실이 밝혀질 것이라고 이 경을 설했다.

Stn. 781. [세존]

욕망에 끌리고
좋아하는 것에 붙들린다면,
어떻게 자기의 견해를
뛰어넘을 수 있을까.
스스로 완전한 것이라고
그가 완결지어
아는 것처럼
말할 것이기 때문이다.781)

---

781) Stn. 781. sakaṃ hi diṭṭhiṃ kathaṃ accayeyya / chandānunīto ruciyā niviṭṭho / sayaṃ samattāni pakubbamāno / yathā hi jāneyya tathā vadeyya //

Stn. 782. [세존]

사람이 묻지도 않는데,
남에게 자신의
계율과 맹세를 말하고
스스로 자신에 대해
말한다면,
선한 사람들은
그를 천한 자라고 말한다.782)

---

782) Stn. 782. yo attano sīlavatāni jantu / anānupuṭṭho ca paresa pāvā / anariyadhammaṃ kusalā tam āhu / yo ātumānaṃ sayaṃ eva pāvā //

Stn. 783. [세존]

수행승이 평안하고
완전히 고요해져서
'나는 이러하다.'고
계행에 대해서 뽐내지 않고,
이 세상 어디에서도
파도를 일으키지 않는다면,
선한 사람들은
그를 고귀한 님이라고 말한다.783)

---

783) Stn. 783. santo ca bhikkhu abhinibbutatto / iti'han ti sīlesu akatthamāno / tam ariyadhammaṃ kusalā vadanti / yass'ussadā natthi kuhiñci loke //

Stn. 784. [세존]

청정하지 못한 교리를
조작하고
구성하고
선호하면서,
자기 안에서
그 공덕을 본다면,
그야말로 불안정한 평안에
의존하는 것이다.784)

784) *Stn. 784. pakappitā saṅkhatā yassa dhammā / purakkhatā santi avivadātā / yad attanī passati ānisaṃsaṃ / taṃ nissito kuppapaṭiccasantiṃ* //

Stn. 785. [세존]

견해에 대한 집착은
참으로 뛰어넘기 어려우니,
생각을 깊이 하더라도
독단을 고집하기 마련이다.
그러므로 사람은
이러한 집착 안에서
독단을 취하기도 하고
또한 버리기도 한다.785)

---

785) Stn. 785. diṭṭhīnivesā na hi svātivattā / dhammesu niccheyya samuggahītaṃ / tasmā naro tesu nivesanesu / nirassati ādiyaticca dhammaṃ //

Stn. 786. [세존]

청정한 님에게는
이 세상 어디서든
다양한 존재의 허구로
구성된 견해가 없다.
청정한 님이
거짓과 교만을 버렸다면,
무엇으로 윤회하겠는가?
그에게 집착이 없다.786)

---

786) Stn. 786. dhonassa hī n'atthi kuhiñci loke / pakappitā diṭṭhi bhavābhavesu / māyañ ca mānañ ca pahāya dhono / sa kena gaccheyya anūpayo so //

Stn. 787. [세존]

집착이 있는 자는
교리에 따라 비난을 받는다.
집착이 없다면,
어떻게 비난할 수 있겠는가.
그는 아무 것도
취하거나 버리는 것이 없어서,
이 세상에서 그야말로
모든 견해를 떨쳐버렸기 때문이다."[787)]

---

787) Stn. 787. upayo hi dhammesu upeti vādaṃ / anūpayaṃ kena kathaṃ vadeyya / attaṃ nirattaṃ na hi tassa atthi / adhosi so diṭṭhi-m-idh'eva sabbā ti //

4. 청정에 대한 여덟 게송의 경[Suddhaṭṭhakasutta]

Stn. 788. [세존]

"'질병을 여윈
궁극적인 청정을 나는 본다.
사람의 청정은
본 것에 의해 존재하는 것이다.'라고
이해해서 그것을 최상으로 알고
청정한 것을 보는 자는
그것을 궁극의 앎이라고 생각한다.788)

---

788) Stn. 788. passāmi suddhaṃ paramaṃ arogaṃ / diṭṭhena saṃsuddhi narassa hoti / etābhijānaṃ paramaṃ ti ñātva / suddhānupassī ti pacceti ñāṇaṃ // 바라나씨 시의 짠다바는 날 때부터 배꼽 주위에 달조각 모양의 빛을 방사했는데, 바라문들은 그를 마차에 태워 돌아다니며, '위대한 하느님이다!'라고 외치면서 그를 친견하게 해서 많은 돈을 벌었다. 그러다 싸밧티 시에 도착한 짠다바는 '부처님이 출현했다.'는 소식을 듣고 부처님에게 다가가자 가슴의 광채가 사라진 것을 깨닫고는 '고따마야말로 신들과 인간의 스승입니다.'라고 고백하고 출가하여 부정관을 통해 거룩한 님이 되었다. 이를 계기로 수행승들 사이에 친견하는 것으로 천국을 얻거나 청정을 얻을 수 있는가 논쟁이 벌어지자, 세존께서는 이하의 시로 이 경을 설한 것이다.

Stn. 789. [세존]

사람이 본 것에 따라
청정해질 수 있다면,
또한 앎으로
괴로움을 버릴 수 있다면,
달리 집착의 대상이
남아 있는 그대로 청정한 것이다.
본 것이 그가 논한 대로
그를 드러내기 때문이다.789)

789) *Stn. 789. diṭṭhena ce suddhi narassa hoti / ñāṇena vā so pajahāti dukkhaṃ / aññena so sujjhati sopadhīko / diṭṭhī hi naṃ pāva tathāvadānaṃ //*

Stn. 790. [세존]

거룩한 님은
규범과 금계나 본 것이나,
들은 것이나, 감지한 것 가운데
청정함이 있다든가
다른 것으로부터
온다고도 말하지 않는다.
그는 공덕과 죄악에 물들지 않고,
얻은 것을 버리고,
이 세상에서
아무 것도 짓지 않는다.[790)]

---

790) Stn. 790. na brāhmaṇo aññato suddhim āha / diṭṭhe sute sīlavate mute vā / puññe ca pāpe ca anūpalitto / attañjaho na-y-idha pakubbamāno // 감지란 시각·청각 이외의 세 감관 즉, 후각·미각·촉각에 의한 인식을 말한다.

Stn. 791. [세존]

동요하는 자들은
옛 것을 버리고
다른 것에 의지하지만,
집착을 뛰어넘을 수 없다.
그들은 원숭이가
가지를 놓았다가
다시 붙들듯,
놓았다가도 꽉 붙잡는다.791)

791) *Stn. 791. purimaṃ pahāya aparaṃ sitāse / ejānugā te na taranti saṅgaṃ / te uggahāyanti nirassajanti / kapiva sākhaṃ pamuñcaṃ gahāya //*

Stn. 792. [세존]

감각적 지각에 묶여 사람은
스스로 원하여 높고 낮은 곳으로 간다.
그러나 광대한 지혜를 갖춘 님은
지혜로서 진리를 이해하여
높고 낮은 곳으로 가지 않는다. 792)

Stn. 793. [세존]

보거나 듣거나 감지한 것이 어떠한 것이든
그는 그 일체의 것과 관계를 맺지 않는다.
이렇게 보아서 열린 마음으로 행동하는데,
어찌 이 세상에서 그를 판단할 수 있겠는가. 793)

---

792) *Stn. 792. sayaṃ samādāya vatāni jantu / uccāvacaṃ gacchati saññasatto / vidvā ca vedehi samecca dhammaṃ / na uccāvacaṃ gacchati bhūripañño //*

793) *Stn. 793. sa sabbadhammesu visenibhūto / yaṃ kiñci diṭṭhiṃ va sutaṃ mutaṃ vā / taṃ evadassiṃ vivataṃ carantaṃ / ken'idha lokasmiṃ vikappayeyya //*

Stn. 794.

허구를 만들지 않는 님들이 있다.
그들은 그것을 선호하지도 않고,
궁극적인 청정을 선언하지도 않는다.
결박되어 있는 집착의 굴레를 놓아 버리고
세상에 어떠한 것에도 원하는 것이 없다.794)

Stn. 795.

거룩한 님은 경계들을 뛰어넘어,
알고 또한 보아서, 집착하는 일이 없다.
욕망에도 탐착하지 않고,
욕망을 떠났다는 것에도 탐착하지 않는다.
이 세상에는 최상이라 집착할 만한 것은 없다."795)

---

794) Stn. 794. na kappayanti na purekkharonti / accantasuddhī ti na te vadanti / ādānaganthaṃ gathitaṃ visajja / āsaṃ na kubbanti kuhiñci loke //

795) Stn. 795. sīmātigo brāhmaṇo tassa n'atthi / ñatvā va disvā va samuggahītaṃ / na rāgarāgī na virāgaratto / tassa'idha n'atthī param uggahītan ti //

5. 최상에 대한 여덟 게송의 경[Paramaṭṭhakasutta]

Stn. 796. [세존]

"그것이 최상이라는
견해 속에서 지내며,
그것을 이 세상에서
가장 최고로 여깁니다.
그 밖에 다른 것들은
그것보다 저열하다고 합니다.
그러므로 논쟁들에서
그는 벗어날 수가 없습니다.796)

---

796) Stn. 796. paraman ti diṭṭhīsu paribbasāno / yad uttariṃkurute jantu loke / hīnā ti aññe tato sabb-m-āhu / tasmā vivādāni avītivatto ∥ 세존께서 싸밧티 시에 계실 때에 여러 외도의 스승들이 '이것이 최고이다. 저것이 최고이다.' 라고 논쟁을 하고 있었다. 왕은 그들의 언제나 계속되는 논쟁을 듣다못해 눈먼 봉사의 무리들을 모이게 하여 코끼리 앞에 세웠다. 그들에게 코끼리를 만지게 하고 각자에게 어떻게 생겼는가를 물었다. 코를 만진 자는 코끼리가 쟁기처럼 생겼다 등의 모든 묘사를 듣고 '그대들 외도의 교의들은 이와 같다.'고 하고는 외도를 추방했다. 세존께서는 수행승들에게 '외도는 맹인이 코끼리를 만지듯 각자의 견해에 집착하여 논쟁하는 것이다.'고 가르치며 이 경을 설한 것이다.

Stn. 797. [세존]

규범과 금계나
본 것이나
들은 것이나
감지한 것 속에서
자신에게 유익한 것이
있다고 보면서,
그는 그 때에
그것에만 집착한 나머지
그 밖의 것은
모두 저열한 것으로 봅니다.797)

---

797) *Stn. 797. yad attanī passati ānisaṃsaṃ / diṭṭhe sute sīlavate mute vā / tad eva so tattha samuggahāya / nihīnato passati sabbaṃ aññaṃ //*

Stn. 798. [세존]

어떤 것에 집착하여
다른 것은 저열하다고 본다면,
착하고 건전한 님들은
그것을 속박이라고 합니다.
그러므로
본 것이나
들은 것이나
규범과 금계나
감지한 것에
수행승은 의존해서는 안 됩니다.[798)]

---

798) Stn. 798. taṃ vā pi ganthaṃ kusalā vadanti / yaṃ nissito passati hīnaṃ aññaṃ / tasmā hi diṭṭhaṃ va sutaṃ mutaṃ vā / sīlabbataṃ bhikkhu na nissayeyya //

Stn. 799. [세존]

지식에 대해서도,
규범과 금계에 대해서도
이 세상에서의
도그마를 만들어서는 안 됩니다.
자기를 남과 비교하여
동등하다거나
열등하다거나
우월하다고
생각해서는 안 됩니다.[799)]

---

799) Stn. 799. diṭṭhiṃ pi lokasmiṃ na kappayeyya / ñāṇena vā sīlavatena vā pi / samo ti attānam anūpaneyya / hīno na maññetha na visesi vā pi //

Stn. 800. [세존]

그는 얻은 것을 버리고
집착하지 않으며,
지식에도 의존하지 않습니다.
당파들 가운데 있더라도
당파에 따르지 않고,
어떤 견해에도
빠지는 일이 없습니다.[800)]

800) Stn. 800. attaṃ pahāya anupādiyāno / ñāṇe pi so nissayaṃ no karoti / sā ve viyattesu na vaggasārī / diṭṭhim pi so na pacceti kiñci //

Stn. 801. [세존]

이 세상의 양극단과
이 세상이나 저 세상의
다양한 존재에 대해서도
원하는 바가 없습니다.
가르침에 입각하여
사유한 뒤에 결정하니,
그에게 어떠한 집착도 없습니다.801)

---

801) Stn. 801. yass'ūbhayante paṇidhīdha n'atthi / bhavābhavāya idha vā huraṃ vā / nivesanā tassa na santi keci / dhammesu niccheyya samuggahītā //

Stn. 802. [세존]

그에게 이 세상에서
본 것이나
들은 것이나
감지된 것으로 만들어진,
티끌만한 지각도 없습니다.
견해에 집착하지 않는
그 거룩한 님을
이 세상에서 무엇으로
판단하겠습니까.802)

---

802) *Stn. 802. tass'īdha diṭṭhe va sute mute vā / pakappitā n'atthi aṇū pi saññā / taṃ brāhmaṇaṃ diṭṭhiṃ anādiyānaṃ / ken'īdha lokasmiṃ vikappayeyya //*

Stn. 803. [세존]

어떠한 것도 만들지 않고
선호하지 않아,
그들에게 받아들여진
도그마는 없습니다.
거룩한 님은
형식적인 계행이나 맹세에
이끌리지 않습니다.
피안에 이르러
그는 돌아오지 않습니다."803)

803) *Stn. 803. na kappayanti na purekkharonti / dhammā pi tesaṃ na paṭicchitāse / na brāhmaṇo sīlavatena neyyo / pāraṃ gato na pacceti tādī ti //*

6. 늙음의 경[Jarāsutta]

Stn. 804. [세존]

“참으로 사람의 목숨은 짧으니
백 살도 못되어 죽습니다.
아무리 더 산다 해도
결국은 늙어 죽는 것입니다.804)

---

804) Stn. 804. appaṃ vata jīvitaṃ idaṃ / oraṃ vassasatā pi miyyati / yo ve pi aticca jīvati / atha kho so jarasā pi miyyati // 한 때 부처님은 싸밧티 시에서 우기를 지내고 여러 나라를 여행하다가 싸께따에 도착하여 안자나바나 숲에 들렀다. 그 다음 날 부처님은 많은 수행승들과 함께 싸께따로 탁발하러 들어갔다. 한 부유한 바라문 노부부가 부처님을 보고 '아들아, 얼마만이냐!'하면서 울면서 다가왔다. 이 노부부는 과거 오백생의 부처님의 부모였는데, 얼마후 그들이 죽은 소식을 싸밧티 시에서 들은 부처님은 수행승들에게 이하의 시들로 이 경을 설했다.

Stn. 805. [세존]

내 것이라고 여겨 슬퍼하지만,
소유란 영원한 것이 아닙니다.
그것은 덧없는 것이라고 보고,
재가의 삶에 머물지 마십시오.[805)]

Stn. 806. [세존]

'이것이 내 것'이라고 생각하지만,
죽음으로 그것을 잃게 됩니다.
현명한 님은 이와 같이 알고
'내 것'이라는데 경도되지 말아야 합니다.[806)]

---

805) Stn. 805. socanti janā mamāyite / na hi santi niccā pariggahā / vīnābhāvasantam ev'idaṃ / iti disvā nāgāram āvase //

806) Stn. 806. maraneṇa pi taṃ pahīyati / yaṃ puriso ma-ma-y-idan ti maññati / evaṃ pi viditvā paṇḍito / na ma-mattāya nametha māmako //

Stn. 807. [세존]

꿈속에서 만난 사람을
잠에서 깨어난 사람이 다시 볼 수 없듯,
사랑하는 사람이 죽어 세상을 떠나면,
다시는 그를 볼 수 없습니다.807)

Stn. 808. [세존]

살아서 입에 올리던 사람들은
눈으로 볼 수 있고 목소리로 들을 수 있지만,
그들이 죽어버린다면,
이름만이 남아 입에 올릴 뿐입니다.808)

---

807) Stn. 807. supinena yathā pi saṅgataṃ / paṭibuddho puriso na passati / evam pi piyāyitaṃ janaṃ / petaṃ kālakataṃ na passati //

808) Stn. 808. diṭṭhā pi sutā pi te janā / yesaṃ nāmam idaṃ pavuccati / nāmam evāvasissati / akkheyyaṃ petassa jantuno //

Stn. 809. [세존]

'내 것'이라는 것에 탐욕을 부리면,
걱정과 슬픔과 인색함을 버리지 못합니다.
그러므로 안온을 보는 성자는
소유를 버리고 유행하는 것입니다.809)

Stn. 810. [세존]

홀로 명상하며 유행하는 수행승이라면,
정신적으로 멀리 여읨을 좋아하고
자신을 존재의 영역에 들어내지 않는 것이
그에게 어울리는 일입니다.810)

---

809) Stn. 809. sokaparidevamaccharaṃ / na jahanti giddhā mamāyite / tasmā munayo pariggahaṃ / hitvā acariṃsu khemadassino //

810) Stn. 810. patilīnacarassa bhikkhuno / bhajamānassa vivittamānasaṃ / sāmaggiyam āhu tassa taṃ / yo attānaṃ bhavane na dassaye //

Stn. 811. [세존]

성자의 삶을 사는 님은
어디도 머무르지 않고,
결코 사랑하거나 미워하지 않습니다.
연꽃잎 위의 물이 더럽혀지지 못하듯,
슬픔도 인색함도, 그를 더럽히지 못합니다.811)

Stn. 812.

연꽃잎 위에 물방울이 묻지 않듯,
연꽃 위의 물방울이 더럽혀지지 않듯,
본 것이나 들은 것이나 감지한 것에
성자는 더럽혀지지 않습니다.812)

---

811) Stn. 811. sabbattha muni anissito / na piyaṃ kubbati no pi appiyaṃ / tasmiṃ paridevamaccharaṃ / paṇṇe vāri yathā na lippati //

812) Stn. 812. udabindu yathā pi pokkhare / padume vāri yathā na lippati / evaṃ muni n'opalippati / yad idaṃ diṭṭhasutaṃ mutesu vā // 감지에 대해서는 Stn. 790의 주석을 보라.

Stn. 813. [세존]

청정한 님은 본 것이나 들은 것이나
감지한 것으로 청정을 생각하지 않으며,
다른 것에 의해 청정을 원하지 않습니다.
그는 욕망에 오염되지 않고,
욕망을 떠나지도 않기 때문입니다."[813)]

---

813) Stn. 813. dhono na hi tena maññati / yad idaṃ diṭṭha-sutaṃ mutesu vā / na aññena visuddhim icchati / na hi so rajjati no virajjatī ti //

7. 띳싸 멧떼이야의 경[Tissametteyyasutta]

Stn. 814. [띳싸 멧떼이야]

"존자여, 성적 교섭에 탐닉하는 자의
고뇌에 대하여 말씀해 주십시오.
당신의 가르침을 듣고
우리는 멀리 여읨을 배우겠습니다."814)

---

814) Stn. 814. methunaṃ anuyuttassa / (iccāyasmā tisso metteyyo) vighātaṃ brūhi mārisa / sutvāna tava sāsanaṃ / viveke sikkhissāmase ∥ 세존께서 싸밧티 시에 계실 때에 '띳싸'와 '멧떼이야'라는 두 친구가 싸밧티 시에 왔다가 '부처님의 출현' 소식을 듣고 출가했다. 멧떼이야는 그의 친교사와 함께 숲 속으로 들어가 부정관의 명상수행을 닦아 친교사와 함께 아라한이 되었다. 반면에 띳싸는 속가의 큰 형이 죽자 집으로 돌아갔다가 환속했다. 나중에 멧떼이야가 우안거가 지나자 부처님과 함께 긴 여행을 하다가 띳싸의 마을에 들렀다. 멧떼이야는 띳싸를 만나 그를 데리고 부처님께 다시 왔다. 이 때에 멧떼이야가 띳싸를 위해 부처님께 질문하면서 이 경이 시작된다. 이 경을 듣고 띳싸는 진리의 흐름에 든 님이 되었다가 나중에 아라한이 되었다.

Stn. 815. [세존]

"성적 교섭에 탐닉하는 자는
멧떼이야여, 가르침을 잃고,
잘못 실천합니다.
그의 안에 있는 탐닉은 천한 것입니다.[815)]

Stn. 816. [세존]

여태까지는 홀로 살다가
나중에 성적 교섭에 탐닉하는 자는,
수레가 길에서 벗어나는 것과 같습니다.
세상 사람들은 그를 비속한 자라 부릅니다.[816)]

---

815) Stn. 815. methunaṃ anuyuttassa / (metteyyā ti bhagavā) mussat'evāpi sāsanaṃ / micchā ca paṭipajjati / etaṃ tasmiṃ anāriyaṃ //

816) Stn. 816. eko pubbe caritvāna / methunaṃ yo niveseti / yānaṃ bhantaṃ va taṃ / loke hīnaṃ āhu puthujjanaṃ //

Stn. 817. [세존]

지금껏 그가 가졌던
명예와 명성을 다 잃게 됩니다.
이것을 보고
성적 교섭을 끊도록 전념해야 합니다.817)

Stn. 818. [세존]

그는 사념들에 사로잡혀
궁핍해진 사람처럼 생각에 잠기고,
남의 비판을 듣고
이런 사람은 부끄러워하게 됩니다.818)

---

817) Stn. 817. yaso kitti ca yā pubbe / hāyat'evāpi tassa sā / etam pi disvā sikkhetha / methunaṃ vippahātave // 전념한다는 것은 계・정・혜의 삼학을 배우는 것을 뜻한다.

818) Stn. 818. saṅkappehi pareto so / kapaṇo viya jhāyati / sutvā paresaṃ nigghosaṃ / maṅku hoti tathāvidho //

Stn. 819. [세존]

그는 비난에 자극을 받아
칼날을 세우고
어리석음에 뛰어들게 되는데,
참으로 이것이 그에게 크나큰 속박입니다.819)

Stn. 820. [세존]

홀로 유행하는 삶을 지키며
지혜로운 님이라고 여겨지더라도,
성적 교섭에 빠지게 되면,
어리석은 사람처럼 괴로워합니다.820)

---

819) Stn. 819. atha satthāni kurute / paravādehi codito / esa khv'assa mahāgedho / mosavajjaṃ pagāhati //

820) Stn. 820. paṇḍito ti samaññāto / ekacariyaṃ adhiṭṭhito / athāpi methune yutto / mando va parikissati //

Stn. 821. [세존]

성자의 삶을 사는 님은 여기에
앞으로나 뒤로나 이러한 재난이 있음을 알아,
굳게 홀로 유행하는 삶을 지키고
성적 교섭을 일삼지 말아야 합니다.821)

Stn. 822. [세존]

멀리 여읨을 배우시오.
이것은 고귀한 님들에게
최상의 일입니다.
그렇게 했다고
자신을 최상이라고
생각하지 않으니,
그는 참으로 열반에
가까이 있는 것입니다.822)

---

821) Stn. 821. etaṃ ādīnavaṃ ñatvā / muni pubbāpare idha / ekacariyaṃ daḷhaṃ kayirā / na nisevetha methunaṃ //
822) Stn. 822. vivekaṃ yeva sikkhetha / etad ariyānam uttamaṃ / na tena seṭṭho maññetha / sa ve nibbānasantike //

Stn. 823. [세존]

감각적 쾌락의 욕망을
거들떠보지 않고,
거센 흐름을 건너,
텅 비어 유행하는,
성자의 삶을 사는 님을
감각적 쾌락의 욕망에
매인 사람들은 부러워합니다."823)

---

823) *Stn. 823. rittassa munino carato / kāmesu anapekhino / oghatiṇṇassa pihayanti / kāmesu gathitā pajā ti // 거센 흐름에 대해서는 Stn. 21의 주석을 보라.*

8. 빠쑤라에 대한 설법의 경[Pasūrasutta]

Stn. 824. [세존]

"그들은 '이것만이 청정하다.'고 고집하며,
'다른 가르침은 청정하지 않다.'고 말합니다.
자신이 집착하는 것만이 아름답다고 하면서,
많은 사람들은 각자의 진리를 고집합니다.[824)]

---

824) Stn. 824. idh'eva suddhi iti vādiyanti / nāññesu dhammesu visuddhim āhu / yaṃ nissitā tattha subhaṃ vadānā / paccekasaccesu puthū niviṭṭhā // 세존께서 싸밧티 시에 계실 때였다. 빠쑤라라는 논쟁의 일인자가 있었다. 그가 머무는 곳에 염부수를 꽂았는데, 누군가 그에게 도전하려면, 그것을 뽑으면 되었다. 빠쑤라는 싸리뿟따와 논쟁을 하게 되었다. '빠쑤라여, 스승이 있는가?' '있다' '그는 시각에 의해 인식되는 형상이라는 대상을 보고 또는 청각으로 소리라는 대상을 듣는가?' '그렇다' '그렇다면 그대의 스승에게 그것은 무엇인가? 그는 재가의 욕망을 향수하는 자일 것이다.' 이렇게 해서 그는 논쟁에서 패하고 싸리뿟따야말로 대논사라고 인정했다. 그는 싸리뿟따에게 출가하여 논쟁술을 배우러 제따바나 숲으로 들어갔다가, 랄루다인이라는 수행승의 황금색 신체를 보고는 '이 수행승이 대논사이다.'라고 그에게 출가했는데, 그를 논쟁에서 이기고 이교도로 돌아와 기고만장하여 '고따마와 논쟁을 해보자!'고 생각했다. 실상 세존을 만나자 한 마디도 할 수 없었다. 세존은 이하의 시로서 그를 가르쳤다.

Stn. 825. [세존]

그들은 토론을 좋아하여
집회에 뛰어들어
서로 상대방을 어리석은 자라고 여기며,
칭찬을 받기 위해
자신을 유능한 자라고 하면서,
다른 전제 위에 기초해서 논쟁을 일삼습니다.[825)]

Stn. 826. [세존]

집회에서 논쟁에 참가한 사람은
칭찬을 받고자 노력합니다.
그러나 패배하면 수치스럽게 여기고,
공격을 찾다가, 비난을 받으면 화냅니다.[826)]

---

825) *Stn. 825. te vādakāmā parisaṃ vigayha / bālaṃ dahanti mithu aññamaññaṃ / vadenti te aññasitā kathojjaṃ / pasaṃsakāmā kusalā vadānā //*

826) *Stn. 826. yutto kathāyaṃ parisāya majjhe / pasaṃsaṃ icchaṃ vinighāti hoti / apāhatasmiṃ pana maṅku hoti / nindāya so kuppati randhamesī //*

Stn. 827. [세존]

논쟁의 심판자들이 그가 말한 바에 대해서
'그대는 패배했다. 논파 당했다.'고 하면,
논쟁에 패배한 자는 비탄해 하고 슬퍼하며,
'그가 나를 짓밟았다.'고 울부짖습니다.827)

Stn. 828. [세존]

이러한 논쟁이 수행자들 사이에 일어나면,
이들 가운데에 득의와 실의가 엇갈립니다.
이것을 보고 논쟁을 하지 말아야 합니다.
칭찬을 얻는 것 외에 이익 없기 때문입니다.828)

---

827) Stn. 827. yam assa vādaṃ parihīnaṃ āhu / apāhataṃ pañhavīmaṃsakāse / paridevati socati hīnavādo / upaccagā man ti anutthuṇāṭi //

828) Stn. 828. ete vivādā samaṇesu jātā / etesu ugghāti nighāti hoti / etam pi disvā virame kathojjaṃ / na h'aññadatth'atthi pasaṃsalābhā //

Stn. 829. [세존]

대중 가운데 자신의 의견을 말하여
그로 인해 칭찬을 받고,
마음속으로 기대한 바대로 이익을 얻으면,
그 때문에 우쭐하여 기뻐합니다.829)

Stn. 830. [세존]

우쭐하다면,
파멸의 장에 들어선 것입니다.
자만하고 교만한 것을 표현하기 때문입니다.
이것을 보아 논쟁을 해서는 안 됩니다.
착하고 건전한 님은
그것을 청정이라고 하지 않기 때문입니다.830)

---

829) Stn. 829. pasaṃsito vā pana tattha hoti / akkhāya vādaṃ parisāya majjhe / so hassati uṇṇamaticca tena / pappuyya tam atthaṃ yathā mano ahu //

830) Stn. 830. yā uṇṇati sā'ssa vighātabhūmi / mānātimānaṃ vadate pan'eso / etam pi disvā na vivādayetha / na hi tena suddhiṃ kusalā vadanti //

Stn. 831. [세존]

용사여, 국왕의 녹을 먹는 용사가
적의 용사를 찾아 표효하듯,
그가 어디에 있건 그곳으로 가도 좋습니다.
그러나 이전처럼 싸울 만한 것은 없습니다.831)

Stn. 832. [세존]

견해를 가지고 논쟁하여
'이것이야말로 진리다.'고
말하는 사람들이 있거든,
그대는 그들에게 '논쟁이 일어나면,
그대와 상대해 줄 사람은
이 세상에 없다.'라고 말하십시오.832)

---

831) Stn. 831. sūro yathā rājakhādāya puṭṭho / abhigajjam eti paṭisūraṃ icchaṃ / yen'eva so tena palehi sūra / pubbe va natthi yad idaṃ yudhāya //

832) Stn. 832. ye diṭṭham uggayha vivādiyanti / idam eva saccan ti ca vādiyanti / te tvaṃ vadassu na hi te'dha atthi / vādamhi jāte paṭisenikattā //

Stn. 833. [세존]

그러나 한 견해로
다른 견해와 싸우지 않으며,
적의를 없애고 유행한다면,
빠쑤라여, 그들에게는
이 세상에서
최상의 것이라고
집착하는 것이 없는데,
그들에게서 그대는
무엇을 얻으려 합니까. 833)

---

833) *Stn. 833. visenikatvā pana ye caranti / diṭṭhīhi diṭṭhiṃ avirujjhamānā / tesu tvaṃ kiṃ labhetho pasūra / yes'īdha n'atthi param uggahītaṃ //*

Stn. 834. [세존]

그런데 그대가 정신적으로
견해들을 고집하며
논쟁하고 있으니,
청정한 님과 어깨를 겨누지만,
그대는 앞으로
나아갈 수 가 없습니다."834)

834) *Stn. 834. atha tvaṃ pavitakkaṃ āgamā / manasā diṭṭhigatāni cintayanto / dhonena yugaṃ samāgamā / na hi tvaṃ sagghasi sampayātave //*

9. 마간디야에 대한 설법의 경[Māgandiyasutta]

Stn. 835. [세존]

"딴하와 아라띠와 라가를 보고
성적 교섭에 대한 욕망이
결코 일어나지 않았습니다.
그 오줌과 똥으로 가득 찬 존재가
도대체 무엇이란 말입니까.
두 발조차 건드리길 원하지 않습니다."835)

---

835) Stn. 835. disvāna taṇhaṃ aratiṃ ragañ ca / nāhosi chando api methunasmiṃ / kiṃ ev'idaṃ muttakarīsapuṇṇaṃ / pādā pi naṃ samphusituṃ na icche // 딴하와 아라띠와 라가는 각각의 악마의 아름다운 딸의 이름으로 '갈애와 혐오와 탐욕'을 의미한다. 꾸루 국의 바라문인 마간디야는 마간디야라는 황금색 피부를 가진 아름다운 딸을 갖고 있었다. 그는 딸을 황금색 피부를 가진 배우자와 혼인시키려 하였다. 많은 귀족들이 그녀에게 손을 내밀었으나 바라문은 그들을 탐탁하지 않게 여겼다. 어느 날 부처님의 금색광명을 보고는 자신의 딸과 동일한 피부를 지닌 부처님에게 자신의 딸을 주려고 생각했다. 마간디야의 아내는 부처님의 발자국을 보고 그 발자국의 주인은 욕망에 묶여있지 않은 분이라고 말했으나 바라문은 부처님에게 딸을 바치자, 부처님과의 대화가 시로서 성립한 것이 이 경이다.

Stn. 836. [마간디야]

"만약 당신이 인간의 왕들이 원했던 여자,
그와 같은 보배를 원하는 것이 아니라면,
당신은 어떠한 견해, 계율, 습관, 생활과
어떠한 존재로의 재생을 주장합니까?"836)

Stn. 837. [세존]

"'이와 같이 나는 말한다.'라고 진술할 뿐,
마간디야여, 내게 사실에 대한 집착은 없습니다.
나는 관찰하면서 견해에 집착하지 않고,
성찰하면서 내면의 적멸을 본 것입니다."837)

---

836) *Stn. 836. etādisañ ce ratanaṃ na icchasi / nāriṃ narindehi bahūni patthitaṃ / diṭṭhigataṃ sīlavatānujīvitaṃ / bhavūpapattiñ ca vadesi kīdisaṃ //*

837) *Stn. 837. idaṃ vadāmī ti na tassa hoti / (māgandiyā ti bhagavā) dhammesu niccheyya samuggahītaṃ / passañ ca diṭṭhīsu anuggahāya / ajjhattasantiṃ pavicinaṃ adassaṃ //*

Stn. 838. [마간디야]

"성자시여,
사변적 이론들이 있는데,
그것들을 인정하지 않고,
내면의 적멸을 강조하고
그 의미를 설하는데,
어떻게 현자들에 의해
그것이 설해집니까?"838)

---

838) Stn. 838. vinicchayā yāni pakappitāni / (iti māgandiyo) te ve muni brūsi anuggahāya / ajjhattasantī ti yam etam atthaṃ / kathan nu dhīrehi paveditaṃ taṃ //

Stn. 839. [세존]

"마간디야여,
견해나 배움에 의한,
또는 규범과 금계에 의한
청정을 나는 말하지 않습니다.
마간디야여,
견해가 없고 배움이 없고
규범과 금계가 없는 청정도
나는 말하지 않습니다.
그것들을 버리고,
고집하지 않고, 집착하지 않으며,
집착 없이 고요하여,
존재를 갈구하지 말아야 합니다."839)

---

839) *Stn. 839. na diṭṭhiyā na sutiyā na ñāṇena / (māgandiyā ti bhagavā) sīlabbatenā pi na suddhim āha / adiṭṭhiyā assutiyā aññāṇā / asīlatā abbatā no pi tena / ete ca nissajja anuggahāya / santo anissāya bhavaṃ na jappe //*

Stn. 840. [마간디야]

"견해나 배움이나,
또는 규범과 금계에 의한 청정을
말씀하시지 않고,
견해가 없고 배움이 없고
규범과 금계가 없는 청정도
말씀하시지 않는다면,
그것은 사람을 혼미케 하는
가르침이라고 저는 생각합니다.
어떤 사람들은 보는 것에 의해
청정해질 수 있습니다."840)

---

840) *Stn. 840. no ce kira diṭṭhiyā na sutiyā na ñāṇena / (iti māgandiyo) sīlabbatenāpi visuddhim āha / adiṭṭhiyā assutiyā aññāṇā / asīlatā abbatā no pi tena / maññe-m-ahaṃ momuham eva dhammaṃ / diṭṭhiyā eke paccenti suddhiṃ //*

Stn. 841. [세존]

"마간디야여, 견해에 집착하여 자꾸 묻는데,
그러한 사유 때문에 혼란에 빠진 것입니다.
내가 말한 것을 조금도 알아차리지 못했습니다.
그래서 혼란스럽다고 여기는 것입니다.[841)]

Stn. 842. [세존]

사람이 '동등하다'든가 '우월하다'든가
혹은 '열등하다.'고 생각한다면,
그는 그 때문에 다툴 것입니다.
그러나 이 세 가지에 대해서 흔들리지 않는
그에게 '동등'이라든가 '우월'은 없습니다.[842)]

---

841) Stn. 841. diṭṭhiñ ca nissāya anupucchamāno / (māgandiyā ti bhagavā) samuggahītesu pamoham āgā / ito ca nāddakkhi aṇum pi saññaṃ / tasmā tuvaṃ momuhato dahāsi //

842) Stn. 842. samo visesī uda vā nihīno / yo maññatī so vivadetha tena / tīsu vidhāsu avikampamāno / samo visesī ti na tassa hoti //

Stn. 843. [세존]

그 거룩한 님이 '진실하다.'고 하고,
또는 '거짓이다.'라고
누구와 무슨 까닭으로 논쟁하겠습니까.
'동등하다'든가 '동등하지 않다.'는 것이 없다면,
그가 누구와 왜 논쟁을 벌이겠습니까.843)

Stn. 844. [세존]

집을 버리고 주처를 여읜 유행을 하며,
마을에서 친교를 갖지 않는
성자의 삶을 사는 님은 감각적 쾌락의 욕망을 떠나
선호를 두지 않으며,
또한 사람들과 논란을 벌여서도 안 됩니다.844)

---

843) Stn. 843. saccan ti kho brāhmaṇo kiṃ vadeyya / musā ti vā so vivadetha kena / yasmiṃ samaṃ visamañ cāpi n'atthi / sa kena vādaṃ paṭisaṃyujeyya //

844) Stn. 844. okaṃ pahāya aniketasārī / gāme akubbaṃ muni santhavāni / kāmehi ritto apurekkharāno / kathaṃ na viggayha janena kayirā //

Stn. 845. [세존]

이러한 것을 멀리 떠나
세상을 거니는, 용은
고집부려 논쟁하지 않습니다.
물위로 솟아
가시줄기에 핀 연꽃이
물이나 진흙에 더럽혀지지 않듯,
성자의 삶을 사는 님은
적멸에 관해 말할 뿐,
탐욕을 여의어,
감각적 쾌락의 욕망에도
세상에도 더럽혀지지 않습니다.845)

---

845) Stn. 845. yehi vivitto vicareyya loke / na tāni uggayha vadeyya nāgo / elambujaṃ kaṇṭakaṃ vārijaṃ yathā / jalena paṅkena c'anūpalitaṃ / evaṃ munī santivādo agiddho / kāme ca loke ca anūpalitto //

Stn. 846. [세존]

지혜를 성취한 님은
견해나 사변으로
판단하지 않으니,
그에게 그와 같은 것이
없기 때문입니다.
행위나 학식에
영향 받지 않고,
견해에의 집착에도
이끌리지 않습니다.846)

---

846) Stn. 846. na vedagu diṭṭhiyā na mutiyā / sa mānam eti na hi tammayo so / na kammunā no pi sutena neyyo / anūpanīto so nivesanesu //

Stn. 847. [세존]

여러 지각에서 떠나면
속박이 없고,
지혜로서 해탈하면,
미혹이 없습니다.
지각과 견해를
고집한다면,
그들은 남과 충돌하면서
세상을 방황하는 것입니다."[847]

---

847) Stn. 847. *saññāvirattassa na santi ganthā / paññāvimuttassa na santi mohā / saññañ ca diṭṭhiñ ca aggahesuṃ / te ghaṭṭayantā vicaranti loke ti //*

10. 몸이 부서지기 전에의 경[Purābhedasutta]

Stn. 848. [질문자]

"어떻게 관찰을 하고,
어떻게 계행을 지니면,
그를 적멸에 이른 님이라고 합니까?
위없는 님께 묻사오니
고따마시여, 제게 말씀해주십시오."848)

Stn. 849. [세존]

"몸이 부수어지기 전에
갈애를 떠나
과거의 시간에 집착하지 않고,
눈앞의 현재에도 기대하지 않아,
그는 선호하는 바가 없습니다.849)

---

848) Stn. 848. kathaṃdassī kathaṃsīlo / upasanto ti vuccati / taṃ me gotama pabrūhi / pucchito uttamaṃ naraṃ // 이하의 시들은 부처님이 오백 명의 아라한과 함께 까삘라밧투 시의 마하바나 숲에 머물고 있을 때에 삼천대천세계의 신들이 함께 모였을 때, 탐욕스러운 자들에게 설법한 경인데, 이 시는 그 도입부의 질문이다.

Stn. 850. [세존]

화내지 않고, 두려워 떨지 않고,
교만하지 않고, 악한 행위를 하지 않으며,
깊이 생각하여 말하고, 거만하지 않으니,
참으로 성자는 말을 삼갑니다.850)

Stn. 851. [세존]

그는 미래를 원하지도 않고,
과거를 애달파 하지도 않고,
모든 접촉으로부터의 멀리 여읨을 관찰하여,
견해들에 이끌리지 않습니다.851)

---

849) Stn. 849. vītataṇho purā bhedā / (ti bhagavā) pubbam antaṃ anissito / vemajjhe n'ūpasaṅkheyyo / tassa n'atthi purekkhataṃ //

850) Stn. 850. akkodhano asantāsi / avikatthi akukkuco / mantabhāṇī anuddhato / sa ve vācāyato muni //

851) Stn. 851. nirāsatti anāgate / atītaṃ nānusocati / vivekadassī phassesu / diṭṭhīsu ca na niyyati //

Stn. 852. [세존]

홀로 지내며, 거짓이 없고,
탐욕스럽지 않으며, 인색하지 않고,
무모하지 않고, 미움을 야기하지 않고,
중상에 관계하지 않습니다.852)

Stn. 853. [세존]

감각적 쾌락에 빠지지 않고
거만하지도 않으며, 유연하고 명석하고,
맹신에 빠져들지 않고,
욕망을 떠남에도 탐착하지 않습니다.853)

---

852) Stn. 852. patilīno akuhako / apihālu amacchāri / appagabbho ajeguccho / pesuṇeyye ca no yuto //

853) Stn. 853. sātiyesu anassāvi / atimāne ca no yuto / saṇho ca paṭibhānavā / na saddho na virajjati //

Stn. 854. [세존]

이익을 바라고 배우지 않는 사람은
이익이 없을지라도 성내지 않습니다.
갈애 때문에 방해받지 않고,
음식의 맛에 탐닉하지도 않습니다.854)

Stn. 855. [세존]

평정하여 항상 새김을 확립하고,
세상에서 동등하다거나 우월하다거나
또는 열등하다고 생각하지 않습니다.
그에게는 일체의 파도가 없습니다.855)

---

854) Stn. 854. lābhakamyā na sikkhati / alābhe ca na kuppati / aviruddho ca taṇhāya rase ca nānugijjhati //
855) Stn. 855. upekkhako sadā sato / na loke maññate samaṃ / na visesī na nīcceyo / tassa no santi ussadā //

Stn. 856. [세존]

집착하지 않는다면, 가르침을 알아
가르침에도 집착하지 않습니다.
그에게는 존재에 대한 갈애도,
비존재에 대한 갈애도 없습니다.856)

Stn. 857. [세존]

감각적 쾌락의 욕망을 원하지 않는다면,
그야말로 고요한 님이라고 나는 말합니다.
그에게는 매듭이 존재하지 않고,
이미 모든 애착을 뛰어넘었습니다.857)

---

856) Stn. 856. yassa nissayatā n'atthi / ñatvā dhammaṃ anissito / bhavāya vibhavāya vā / taṇhā yassa na vijjati //

857) Stn. 857. taṃ brūmi upasanto ti / kāmesu anapekhinaṃ / ganthā tassa na vijjanti / atāri so visattikaṃ //

Stn. 858. [세존]

그에게는 자식도 가축도 논밭도
재산도 없을 뿐만 아니라,
이미 얻은 것도,
아직 얻지 못한 것도 찾아볼 수 없습니다.858)

Stn. 859. [세존]

일반 사람들과 수행자들
또는 성직자들이 뭐라고 비난하더라도,
그에게는 선호가 없을 뿐입니다.
그는 말 많은 것 속에서 동요하지 않습니다.859)

---

858) Stn. 858. na tassa puttā pasavo vā / khettaṃ vatthuṃ na vijjati / attaṃ vā pi nirattaṃ vā / na tasmiṃ upalabbhati //

859) Stn. 859. yena naṃ vajju puthujjanā / atho samaṇabrāhmaṇā / taṃ tassa apurekkhataṃ / tasmā vādesu n'ejati //

Stn. 860. [세존]

성자는 탐욕을 떠나 인색하지 않으며,
'우월하다'든가 '동등하다'든가
'열등하다.'고 말하지 않습니다.
잣대를 걷어내 허구에 떨어지지 않습니다.860)

Stn. 861. [세존]

세상에서 자기의 것이 없고,
자기 것이 없다고 슬퍼하지도 않습니다.
그는 모든 현상에 이끌리지 않으니
그야말로 고요한 님이라 불립니다."861)

---

860) Stn. 860. vītagedho amacchari / na ussesu vadate muni / na samesu na omesu / kappaṃ n'eti akappiyo //

861) Stn. 861. yassa loke sakaṃ n'atthi / asatā ca na socati / dhammesu ca na gacchati / sa ve santo ti vuccatī ti //

11. 투쟁과 논쟁의 경[Kalahavivādasutta]

Stn. 862. [질문자]

"투쟁, 논쟁은 어디서 일어난 것인지,
비탄과 슬픔 그리고 인색,
자만과 오만, 그리고 중상은
어디서 생겨난 것인지 말씀해 주십시오."862)

Stn. 863. [세존]

"투쟁, 논쟁, 비탄, 슬픔,
인색, 자만, 오만, 그리고 중상은
좋아하는 것들에서 일어납니다.
투쟁과 논쟁에는 인색이 따르고,
논쟁이 생겨나면 중상이 따릅니다."863)

---

862) Stn. 862. kuto pahūtā kalahā vivādā / paridevasokā sahamaccharā ca / mānātimānā sahapesuṇā ca / kuto pahutā te tad iṅgha brūhi // 이하의 시들은 부처님이 오백 명의 아라한과 함께 까삘라밧투 시의 마하바나 숲에 머물고 있을 때에 삼천대천세계의 신들이 함께 모였을 때, 분노가 많은 자들에게 설법한 경인데, 이 시는 그 도입부의 질문이다.

Stn. 864. [질문자]

"세상에서 좋아하는 것들은
무엇을 인연으로 하고,
또 세상에 무슨 인연으로 탐욕이 일어납니까?
사람이 내세에 대해서 가지는
소망과 그 성취는 무엇을 인연으로 합니까?"864)

Stn. 865. [세존]

"세상에서 좋아하는 것들은
욕망을 인연으로 하고,
또 세상에서 탐욕도 욕망을 인연으로 일어납니다.
사람이 내세에 대해서 가지는
소망과 그 성취는 이것을 인연으로 합니다."865)

---

863) Stn. 863. piyā pahūtā kalahā vivādā / paridevasokā sahamaccharā ca / mānātimānā sahapesuṇā ca / macchariyayuttā kalahā vivādā / vivādajātesu ca pesuṇāni //

864) Stn. 864. piyā su lokasmiṃ kutonidānā / ye vā pi lobhā vicaranti loke / āsā ca niṭṭhā ca kutonidānā / ye samparāyāya narassa honti //

865) Stn. 865. chandanidānāni piyāni loke / ye vā pi lobhā

Stn. 866. [질문자]

"그러면 세상에서 욕망은
무엇을 인연으로 하고
또한 독단은 왜 생깁니까?
분노와 거짓말과 의혹,
수행자가 말하는 현상들은
어디에서 일어납니까?"866)

Stn. 867. [세존]

"세상에서 쾌락과 불쾌라고 부르는 것,
그것에 의해서 욕망이 일어납니다.
형상들 가운데 존재와 비존재를 보고,
이 세상에서 사람은 독단을 일으킵니다.867)

---

vicaranti loke / āsā ca niṭṭhā ca itonidānā / ye samparāyāya narassa honti //

866) *Stn. 866. chando nu lokasmiṃ kutonidāno / vinicchayā vā pi kuto pahutā / kodho mosavajjañ ca kathaṃkathā ca / ye vā pi dhammā samaṇena vuttā //*

867) *Stn. 867. sātaṃ asātan ti yam āhu loke / tam ūpanissāya pahoti chando / rūpesu disvā vibhavaṃ bha-*

Stn. 868. [세존]

분노와 거짓말과 의혹,
이러한 것들은
두 가지 현상이 있을 때
나타납니다.
의혹이 있는 자는
궁극적인 앎으로 가는 길을 닦아야 합니다.
수행자는 알고 나서
현상들을 말한 것입니다."868)

---

vañ ca / vinicchayaṃ kurute jantu loke //

868) *Stn. 868. kodho mosavajjañ ca kathaṃkathā ca / ete pi dhammā dvaya-m-eva sante / kathaṃkathī ñāṇa-pathāya sikkhe / ñatvā pavuttā samaṇena dhammā //* 두 가지 현상이란 앞 시의 쾌락과 불쾌를 말한다.

Stn. 869. [질문자]

"쾌락과 불쾌는
무엇을 인연으로
일어납니까?
또 무엇이 없을 때,
이것들이 일어나지 않습니까?
존재와 비존재라는 바로
그 현상도 무엇을 인연으로 하는지
제게 말씀해 주십시오."869)

---

869) Stn. 869. sātaṃ asatañ ca kutonidānā / kismiṃ asante na bhavanti h'ete / vibhavaṃ bhavañ cāpi'yam etam attham / etaṃ me pabrūhi yatonidānaṃ //

Stn. 870. [세존]

"쾌락과 불쾌는
접촉을 인연으로
일어납니다.
접촉이 없을 때에는
이것도 일어나지 않습니다.
존재와 비존재라는 바로 그 현상도
바로 이것을 인연으로 한다고
나는 그대에게 말합니다."870)

---

870) *Stn. 870. phassanidānaṃ sātaṃ asātaṃ / phasse asante na bhavanti h'ete / vibhavaṃ bhavañ cāpi yam etam attham / etaṃ te pabrūmi itonidānaṃ //*

Stn. 871. [질문자]

"세상에서 접촉은
무엇을 인연으로 일어납니까?
소유는 무엇에서 생깁니까?
무엇이 없을 때
'나의 것'이 없어집니까?
또 무엇이 소멸했을 때
접촉을 없앨 수 있습니까?"871)

871) Stn. 871. phasso nu lokasmiṃ kutonidāno / pariggahā vā pi kuto pahūtā / kismiṃ asante na mamattam atthi / kismiṃ vibhūte na phussanti phassā //

Stn. 872. [세존]

"명색(정신·신체적 과정)을 조건으로
접촉이 일어납니다.
소유는
욕망에 의해서 생깁니다.
욕망이 없을 때는
'나의 것'도 없으며,
물질적 형상이 소멸했을 때는
접촉도 없어지고 맙니다."872)

---

872) Stn. 872. nāmañ ca rūpañ ca paṭicca phassā / icchānidānāni pariggahāni / icchā na santyā na mamattam atthi / rūpe vibhūte na phusanti phassā //

Stn. 873. [질문자]

"어떠한 상태에 이른 자에게
물질적 형상이 소멸됩니까?
즐거움과 괴로움이
어떻게 소멸되는지
제게 그 소멸에 대하여 말씀해 주십시오.
저희가 그것을 알아야 한다고
마음먹었기 때문입니다."[873)]

---

873) Stn. 873. kathaṃsametassa vibhoti rūpaṃ / sukhaṃ dukhaṃ vā pi kathaṃ vibhoti / etam me pabrūhi yathā vibhoti / taṃ jāniyāma iti me mano ahū //

Stn. 874. [세존]

"지각에 대한 지각도 여의고,
지각에 대한 잘못된 지각도 여의고,
지각이 없는 것도 아니고
지각이 소멸된 것도 아닌,
이러한 상태에 도달한 님에게
물질적 형상이 소멸합니다.
왜냐하면, 지각을 조건으로
희론적 개념이 성립하기 때문입니다.[874)]

---

874) Stn. 874. na saññasaññī na visaññasaññī / no pi asaññī na vibhūtasaññī / evaṃsametassa vibhoti rūpaṃ / saññanidānā hi papañcasaṅkhā // 세존께서는 '나는 생각하는 자이다.'라는 희론적 개념의 뿌리를 완전히 잘라버리라고 말씀하셨다. 희론적 개념의 뿌리에는 '나는 생각하는 자이다.'라는 자의식이 있으며, 그것이 조건이 되어 오히려 인식적인 지각이나 개념적인 지각에서 실체적 관점을 불러와서 지각을 설립시키고 형상을 성립시킨다. 그래서 그러한 지각을 조건으로 하는 희론적인 개념이 사라지면, 그러한 모든 지각이 사라지고 궁극적으로 모든 형상도 사라진다고 볼 수 있다. 희론적인 개념에는 세 가지가 있다. 즉, 갈애에 의한 희론적 개념, 견해에 의한 희론적 개념, 아만에 의한 희론적 개념이 있다.

Stn. 875. [질문자]

"우리가 물은 것을 당신께서는
잘 설명해 주셨습니다.
또 다른 것을 당신께 묻겠으니
그것을 말씀해 주십시오.
이 세상에서 몇몇 현자들은
존재의 위없는 청정한 경지가
이 정도까지라고 말합니까?
또는 다르게도 말합니까?"875)

---

875) Stn. 875. yaṃ taṃ apucchimha akittayī no / aññaṃ taṃ pucchāma tad iṅgha brūhi / ettāvat'aggaṃ no vadanti h'eke / yakkhassa suddhiṃ idha paṇḍitāse / udāhu aññaṃ pi vadanti etto //

Stn. 876. [세존]

"이 세상에서 어떤 자들은
존재의 최고 청정한 경지가
이 정도까지라고 말합니다.
그러나 그들 가운데 어떤 현자들은
밝은 시설자로서
물질적인 질료가 남김없이 소멸할 때에
최상의 청정이 있다고 말합니다.876)

Stn. 877. [세존]

그러나 이러한 것이 집착인 것을 알고,
성찰하는 성자는 그것이 집착인 것을 알아서,
자각적으로 해탈하여 논쟁에 끼어들지 않습니다.
현자는 존재나 비존재에 접근하지 않습니다."877)

---

876) Stn. 876. ettāvat'aggam pi vadanti h'eke / yakkhassa suddhiṃ idha paṇḍitāse / tesaṃ pun'eke samayaṃ vadanti / anupādisese kusalā vadānā //

877) Stn. 877. ete ca ñatvā upanissitā ti / ñatvā munī nissaye so vimaṃsī / ñatvā vimutto na vivādam eti / bhavābhavāya na sameti dhīro ti //

12. 작은 전열의 경[Cūḷaviyūhasutta]

Stn. 878. [질문자]

"저마다 자기의 견해를 가지고 살며,
논쟁하면서, 유능하다고 하는 자들은
'이렇게 안다면 진리를 아는 것이다.
이것에 반대하면, 그는 불완전한 것이다.'라고
여러 방식으로 주장합니다.878)

Stn. 879. [질문자]

'저 사람은 어리석어 현명하지 못하다.'고
그들은 이렇듯 다투고 논쟁하며 말합니다.
이러한 모든 사람이 현명한 자들이라면,
그들 가운데 누구의 말이 진실한 것입니까?"879)

---

878) Stn. 878. sakaṃ sakaṃ diṭṭhi paribbasānā / viggayha nānā kusalā vadanti / yo evaṃ jānāti sa vedi dhammaṃ / idaṃ paṭikkosaṃ akevalī so // 이하의 시들은 부처님이 오백 명의 아라한과 함께 까삘라밧투 시의 마하바나 숲에 머물고 있을 때에 삼천대천세계의 신들이 함께 모였을 때, 어리석은 자들에게 설법한 경인데, 이 시는 그 도입부의 질문이다.

Stn. 880. [세존]

"만약 남의 가르침을 인정하지 않는다면,
어리석고 야비하며 지혜가 뒤떨어지게 됩니다.
모두 이러한 견해만을 고집하고 있기 때문에,
모두가 어리석고 지혜가 뒤떨어집니다.[880)]

Stn. 881. [세존]

그러나 자기의 견해로 인해 깨끗해지고,
완전히 청정한 지혜를 가진 자,
현명한 자, 슬기로운 자가 된다면,
그들의 견해는 그처럼 똑같기 때문에,
지혜가 모자란 자는 아무도 없을 것입니다.[881)]

---

879) *Stn. 879. evam pi viggayha vivādiyanti / bālo paro akusalo ti c'āhu / sacco nu vādo katamo imesaṃ / sabbe va h'ime kusalā vadānā //*

880) *Stn. 880. parassa ce dhammaṃ anānujānaṃ / bālo mago hoti nihīnapañño / sabbe va bālā sunihīnapaññā / sabbe v'me diṭṭhi paribbasānā //*

881) *Stn. 881. sandiṭṭhiyā ce pana vīvadātā / saṃsuddhapaññā kusalā mutīmā / na tesaṃ koci parihīnapañño / diṭṭhi hi tesaṃ pi tathā samattā //*

Stn. 882. [세존]

그들은 서로가 서로를
어리석은 자라고 말하는 까닭에,
나는 그것을 두고
'이것은 진리이다.'라고 말하지 않습니다.
그들은 저마다의 견해를
진리라고 생각합니다.
그러므로 남을 어리석은 자라고
취급하는 것입니다."[882)]

---

882) Stn. 882. na v'āham etaṃ tathiyan ti brūmi / yam āhu bālā mithu aññamaññaṃ / sakaṃ sakaṃ diṭṭhiṃ akaṃsu saccaṃ / tasmā hi bālo ti paraṃ dahanti //

Stn. 883. [질문자]

"어떤 사람들은
'진리이다, 진실하다.'라고 말하는데,
다른 사람들은 그것을 두고
'공허하다, 허망하다.'라고 말합니다.
이와 같이 그들은 다투며 논쟁합니다.
왜 수행자들은 동일하게 말하지 않습니까?"[883)]

Stn. 884. [세존]

"진리는 하나일 뿐, 두 번째 것은 없습니다.
아는 자 아는 자와 다투는 일이 없습니다.
각기 다른 진리를 찬탄하므로,
수행자들이 동일한 것을 말하지 않습니다."[884)]

---

883) Stn. 883. yam āhu saccaṃ tathiyan ti eke / tam āhu aññe tucchaṃ musā ti / evam pi viggayha vivādiyanti / kasmā na ekaṃ samaṇā vadanti //

884) Stn. 884. ekaṃ hi saccaṃ na dutīyaṃ atthi / yasmiṃ pajāno vivade pajānaṃ / nānā te saccāni sayaṃ thunanti / tasmā na ekaṃ samaṇā vadanti //

Stn. 885. [질문자]

"현명하다고 일컬어지는
논쟁을 좋아하는 사람들은,
어째서 진리를
여러 가지로 내세우는 것입니까?
그들은 여러 가지 다른 진리가 있는 것입니까?
아니면, 그들의 사유만을
따르고 있는 것입니까?"885)

---

885) Stn. 885. kasmā nu saccāni vadanti nānā / pavādiyāse kusalā vadānā / saccāni su tāni bahūni nānā / udāhu te takkam anussaranti //

Stn. 886. [세존]

"지각에 의해
영원한 것들을 제외하고는
세상에 많은
다양한 진리들은 없습니다.
여러 가지 견해의 관점에서
사유를 조작하여,
'이것은 진리이다. 이것은 허망하다.'라고
두 가지로 말하는 것입니다.886)

---

886) Stn. 886. na h'eva saccāni bahūni nānā / aññatra saññāya niccāni loke / takkañ ca diṭṭhīsu pakappayitvā / saccaṃ musā ti dvayadhammam āhu //

Stn. 887. [세존]

규범과 금계,
본 것이나 들은 것, 감지한 것,
이와 같은 것들에 의존하여
기뻐하면서, 상대를 경멸하고
'상대는 어리석고 현명하지 못하다.'라고
단정하여 말합니다.887)

Stn. 888. [세존]

상대를 어리석은 자라고 취급하고
동시에, 자기는 현명하다고 생각합니다.
스스로 자기는 현명하다고 하면서
다른 사람을 경멸할 뿐만 아니라
그러한 방식으로 말합니다.888)

---

887) Stn. 887. diṭṭhe sute sīlavate mute vā / ete ca nissāya vimānadassī / vinicchaye ṭhatva pahassamāno / bālo paro akusalo ti c'āha // 감지에 대해서는 Stn. 790의 주석을 보라.

888) Stn. 888. yen'eva bālo ti paraṃ dahāti / ten'ātumānaṃ kusalo ti c'āha / sayam attanā so kusalo vadāno / aññaṃ

Stn. 889. [세존]

그는 과도한 견해로 완결되어 있고,
교만으로 미쳐있고, 자만으로 넘쳐있습니다.
자기 스스로 정신적으로 옳다고 인정한 것이니,
그의 견해는 그처럼 완결되어 있습니다.889)

Stn. 890. [세존]

상대의 말에 따라 열등한 자가 된다면,
자신도 그와 함께 지혜가 열등한 자가 됩니다.
또한 스스로 지혜에 통달한, 슬기로운 자라면,
수행자 가운데 어리석은 자는 아무도 없습니다.890)

---

vimāneti tath'eva pāvā //

889) *Stn. 889. atīsaraṃdiṭṭhiyā so samatto / mānena matto paripuṇṇamānī / sayam eva sāmaṃ manasābhisitto / diṭṭhī hi sā tattha tathā samattā* //

890) *Stn. 890. parassa ce hi vacasā nihīno / tumo sahā hoti nihīnapañño / atha ce sayaṃ vedagu hoti dhīro / na koci bālo samaṇesu atthi* //

Stn. 891. [세존]

'만약 그것과는 다른 가르침을 설한다면,
청정을 등진 것이며 불완전한 것이다.'라고
외도들은 말합니다. 그들은 참으로,
자기의 견해에 탐닉하여 흥분하고 있습니다.[891)]

Stn. 892. [세존]

'여기에만 청정이 있다고 말하고,
남의 가르침에는 청정이 없다.'고 그들은 말합니다.
이와 같이 이교의 무리들은 각각 그 속에서
자기의 길만 집착하여 완고하게 내세웁니다.[892)]

---

891) Stn. 891. aññaṃ ito y'ābhivadanti dhammaṃ / aparaddhā suddhim akevalīno / evaṃ hi tithyā puthuso vadanti / sandiṭṭhirāgena hi te 'bhirattā //

892) Stn. 892. idh'eva suddhi iti vādiyanti / n'āññesu dhammesu visuddhim āhu / evam pi tithyā puthuso niviṭṭhā / sakāyane tattha daḷhaṃ vadānā //

Stn. 893. [세존]

자기의 길을 완고하게 내세우고 있지만,
어느 누구를 어리석은 자라고 취급하겠습니까.
상대의 말을 우매하다거나 부정하다고 한다면,
그는 스스로 다툼을 초래하고야 말 것입니다.[893)]

Stn. 894. [세존]

독단에 입각하여 자신을 평가한다면,
그는 다시 세상에서 논쟁하게 됩니다.
모든 독단을 버리고 나서야,
세상에서 사람들은 다투지 않을 것입니다."[894)]

---

893) Stn. 893. sakāyane c'āpi daḷhaṃ vadāno / kam ettha bālo ti paraṃ daheyya / sayam eva so medhagam āvaheyya / paraṃ vadaṃ bālam asuddhidhammaṃ //

894) Stn. 894. vinicchaye ṭhatvā sayaṃ pamāya / uddhaṃ so lokasmiṃ vivādam eti / hitvāna sabbāni vinicchayāni / na medhakaṃ kurute jantu loke ti //

13. 큰 전열의 경[Mahāviyūhasutta]

Stn. 895. [질문자]

"누구든지 자신의 견해를 고집하면서,
'이것만이 진리이다.'라고 주장한다면,
그들은 모두 비난을 받습니까?
또는 그 때문에 칭찬도 받습니까?"895)

Stn. 896. [세존]

"보잘 것 없어 평안의 가치가 없으니,
논쟁의 결과는 단지 그 둘이라 나는 말합니다.
이것을 보더라도 논쟁이 없는 상태가
안온하다고 알아 논쟁하지 말아야 합니다.896)

---

895) Stn. 895. ye kec'ime diṭṭhi paribbasānā / idaṃ eva saccan ti ca vādiyanti / sabbe va te nindam anvānayanti / atho pasaṃsam pi labhanti tattha // 이하의 시들은 부처님이 오백 명의 아라한과 함께 까삘라밧투 시의 마하바나 숲에 머물고 있을 때에 삼천대천세계의 신들이 함께 모였을 때, 사유하는 자들에게 설법한 경인데, 이 시는 그 도입부의 질문이다.

896) Stn. 896. appaṃ hi etaṃ na alaṃ samāya / duve

Stn. 897. [세존]

일반 사람들이 갖는
세속적인 것이 어떠한 것이든,
현명한 님은
그 모든 것을
가까이 하지 않습니다.
그는 보이는 것과 들리는 것에
환호하지 않아
집착하는 일이 없는데,
무엇을 집착할 것입니까?897)

---

vivādassa phalāni brūmi / etam pi disvā na vivādiyetha / khemābhipassaṃ avivādabhūmiṃ // 둘이라는 것은 '칭찬과 비난, 승리와 패배'를 말한다.

897) Stn. 897. yā kāc'imā sammutiyo puthujjā / sabbā va etā na upeti vidvā / anūpayo so upayaṃ kim eyya / diṭṭhe sute khantim akubbamāno //

Stn. 898. [세존]

규범을 최상으로 삼아
제어하면
청정해진다고 말하며,
스스로 금계를 세워
거기에 집착하는,
소위 현명하다고 하는 자들은
'이것만을 공부하자.
그러면 아마도 청정해질 것이다.'라고
존재에 이끌리고 있습니다.[898)]

---

898) Stn. 898. sīluttamā saññamenāhu suddhiṃ / vataṃ samādāya upaṭṭhitāse / idh'eva sikkhema ath'assa suddhiṃ / bhav'ūpanītā kusalā vadānā //

Stn. 899. [세존]

그러나 그들은
규범이나 금계를 어겨서
일에 실패하면,
크게 동요합니다.
집을 떠났는데
카라반마저 잃은 자처럼,
'여기에 청정이 있으리라.'고
열망하고 갈망합니다.899)

---

899) Stn. 899. sace cuto sīlavatāto hoti / sa vedhati kammaṃ virādhayitvā / sa jappati patthayatīdha suddhiṃ / satthā va hīno pavasaṃ gharamhā //

Stn. 900. [세존]

규범이나 금계도 여의고,
죄악이 있든 없든
이 모든 행위를 버리고,
청정이나 부정도
구하는 바도 없이,
적멸을 수호하며,
욕망을 여의고 유행하십시오.[900)]

---

900) Stn. 900. sīlabbataṃ vāpi pahāya sabbaṃ / kammañ ca sāvajjanavajjaṃ etaṃ / suddhī asuddhī ti apatthayāno / virato care santiṃ anuggahāya //

Stn. 901. [세존]

혐오스러운 고행에 의존하거나
혹은 본 것이나
들은 것이나
감지한 것에 의존하여,
존재와 비존재에 대한 갈애를
극복하지 못하고,
그들은 날아오름에 의해
청정을 부르짖습니다.[901)]

---

901) *Stn. 901. tam ūpanissāya jigucchitaṃ vā / athavā pi diṭṭhiṃ va sutaṃ mutaṃ vā / uddhaṃsarā suddhiṃ anutthuṇanti / avītataṇhāse bhavābhavesu* //

Stn. 902. [세존]

구하는 바가 있다면
실로 욕망하고,
도모하는 바가 있을 때
실로 두려워합니다.
여기 죽음도
태어남도 없는 자가 있으니,
그는 무엇을 두려워하며,
어떤 곳을 바라겠습니까?"902)

---

902) *Stn. 902. patthayamānassa hi jappitāni / samvedhitañ c'āpi pakappitesu / cut'ūpapāto idha yassa n'atthi / sa kena vedheyya kuhiñ ca jappe //*

Stn. 903. [질문자]

"어떤 사람들은 최상의 가르침이라 하지만,
다른 사람들은 그것을 천한 것이라 말합니다.
이들 모두가 현명한 사람들이라 불리는데,
이것들 가운데 어느 것이 참다운 주장입니까?"903)

Stn. 904. [세존]

"자기의 가르침을 완전하다 말하고,
그러나 남의 가르침은 천박하다고 말합니다.
그들은 이렇게 다투며 논쟁합니다.
저마다 자기 의견이 진리라고 말합니다.904)

---

903) *Stn. 903. yam āhu dhammaṃ paraman ti eke / tam eva hīnan ti panāhu aññe / sacco nu vādo katamo imesaṃ / sabbe va h'īme kusalā vadāna //*

904) *Stn. 904. sakaṃ hi dhammaṃ paripuṇṇam āhu / aññassa dhammaṃ pana hīnam āhu / evam pi viggayha vivādiyanti / sakaṃ sakaṃ sammutim āhu saccaṃ //*

Stn. 905. [세존]

남에게 비난받고 있기에 천박하다면,
가르침 가운데 어느 것도
훌륭한 것이 없을 것입니다.
세상 사람들은 자기 주장만을 고집하고,
남의 가르침은 저열하다고 하기 때문입니다.905)

Stn. 906. [세존]

그러나 자기가 걷는 길을 스스로 칭찬하듯,
그들은 자기의 가르침을 기립니다.
그들에게 각자의 이론이 청정하기 때문에,
모든 이론이 진리가 되어야 할 것입니다.906)

---

905) Stn. 905. *parassa ce vambhayitena hīno / na koci dhammesu visesi assa / puthū hi aññassa vadanti dhammaṃ / nihīnato samhi daḷhaṃ vadānā //*

906) Stn. 906. *sadhammapūjā ca panā tath'eva / yathā pasaṃsanti sakāyanāni / sabbe va vādā tathivā bhaveyyuṃ / suddhī hi nesaṃ paccattam eva //*

Stn. 907. [세존]

거룩한 님들에게는
타인에 의해
이끌리는 것이 없을 뿐만 아니라
모든 가르침에
독단적으로 집착하는 것도 없고,
다른 가르침을
최상이라고 보는 것도 없기 때문에,
그들은 논쟁들을
초월해 있습니다.907)

---

907) Stn. 907. na brāhmaṇassa paraneyyam atthi / dhammesu niccheyya samuggahītaṃ / tasmā vivādāni upātivatto / na hi seṭṭhato passati dhammam aññaṃ //

Stn. 908. [세존]

'나는 안다. 나는 본다.
이것은 이렇다.'라고
어떤 사람들은
견해를 통한 청정에 빠집니다.
비록 그가 그렇게 보았으나
그것이 그에게 무슨 소용입니까.
그들은 한계를 넘어
다른 수단을 통해
청정을 주장합니다.908)

---

908) Stn. 908. jānāmi passāmi tath'eva etaṃ / diṭṭhiyā eke paccenti suddhiṃ / addakkhi ce kiṃ hi tumassa tena / atisitvā aññena vadanti suddhiṃ // '한계를 넘어'라는 것은 '고귀한 길을 벗어나서'라는 뜻이다.

Stn. 909. [세존]

보는 사람은
명색(정신·신체적 과정)만을
보는 것인데,
보고 나서는
바로 그것들만을 알게 될 것입니다.
많든 적든 원하는 대로
보아도 좋지만,
현명한 사람들이라면,
그것을 통해서 청정해진다고
주장하지 않습니다.909)

---

909) Stn. 909. passaṃ naro dakkhiti nāmarūpaṃ / disvāna vā'ññassati tāni-m-eva / kāmaṃ bahuṃ passatu appakaṃ va / na hi tena suddhiṃ kusalā vadanti //

Stn. 910. [세존]

참으로 완고한 사람은
이끌기가 쉽지 않습니다.
이미 자신이 지어낸 견해를
선호하기 때문입니다.
자신이 의존하는 것만이
청정하다고 말하는 자는
거기에서 진리를 보았고
그것을 통해서
청정해진다고 말합니다.910)

---

910) Stn. 910. nivissavādī na hi suddhināyo / pakappitaṃ diṭṭhi purekkharāno / yaṃ nissito tattha subhaṃ vadāno / suddhiṃvado tattha tath'addasā so //

Stn. 911. [세존]

거룩한 님은 성찰하여,
허구에 이르지 않습니다.
견해에 휩쓸리지 않고
지식에도 묶이지 않습니다.
범속한 세속적인
진리가 알려지면,
다른 사람은 그것에 집착하지만,
그는 그것을 벗어나
평정을 누립니다.911)

---

911) Stn. 911. na brāhmaṇo kappam upeti saṅkhaṃ / na diṭṭhisārī na ñāṇabandhu / ñātvā ca so sammutiyo puthujjā / upekhati uggahaṇanta-m-aññe //

Stn. 912. [세존]

성자의 삶을 사는 님은
이 세상에서
결박을 풀고,
논쟁이 벌어지더라도
한 쪽에 가담하지 않습니다.
다른 사람들은 그것에 집착하지만,
그는 불안한 자들 가운데서도
고요하며,
평정을 누립니다.912)

---

912) Stn. 912. visajja ganthāni munīdha loke / vivādajātesu na vaggasārī / santo asantesu upekkhako so / anuggaho uggahaṇanta-m-aññe //

Stn. 913. [세존]

지나간 번뇌는
끊어버리고,
새로운 것은 만들지 않으며,
욕망을 추구하지 않고
독단을 주장하지도 않습니다.
현명한 님은
모든 견해를 벗어나
세상에 물들지 않으며,
자신을 꾸짖는 일도 없습니다.[913)]

---

913) Stn. 913. pubbāsave hitvā nave akubbaṃ / na chandagū no pi nivissavādo / sa vippamutto diṭṭhigatehi dhīro / na limpati loke anattagarahī //

Stn. 914. [세존]

그는 본 것이나
들은 것이나
감지한 것이 어떠한 것이든
모든 현상에 사로잡히지 않습니다.
성자는 짐을 내려놓아
완전히 해탈했습니다.
그는 분별이 없고,
혐오가 없고,
원하는 바가 없습니다."914)

---

914) *Stn. 914. sa sabbadhammesu visenibhūto / yaṃ kiñci diṭṭhaṃ va sutaṃ mutaṃ vā / sa pannabhāro muni vippamutto / na kappiyo n'ūparato na patthiyo ti bhagavā ti //*

14. 서두름의 경[Tuvaṭakasutta]

Stn. 915. [질문자]

"그대 태양 족의 후예이신 위대한 선인께
멀리 여읨과 적멸의 경지에 대해서 여쭙니다.
수행승은 어떻게 보아야 세상의
어떤 것에도 집착하지 않고 열반에 듭니까?"915)

Stn. 916. [세존]

"현명한 자라면 '내가 있다.'고 생각하는
희론적 개념의 뿌리를 모두 제거하십시오.
어떠한 갈애가 안에 있더라도 새김을 확립하여
그것들을 제거하도록 공부하십시오. 916)

---

915) Stn. 915. pucchāmi taṃ ādiccabandhuṃ / vivekaṃ santipadañ ca mahesiṃ / kathaṃ disvā nibbāti bhikkhu / anupādiyāno lokasmiṃ kiñci // 이하의 시들은 부처님이 오백 명의 아라한과 함께 까삘라밧투 시의 마하바나 숲에 머물고 있을 때에 삼천대천세계의 신들이 함께 모였을 때, 믿음이 있는 자들에게 설법한 경인데, 이 시는 그 도입부의 질문이다.

916) Stn. 916. mūlaṃ papañcasaṅkhāyā / (ti bhagavā) mantā asmī ti sabbam uparundhe / yā kāci taṇhā ajjhat-

Stn. 917. [세존]

안으로 뿐만 아니라 밖으로
어떠한 현상이든 잘 알 수 있더라도,
그러나 그것을 고집하지 말아야 합니다.
참사람은 소멸이라고 하지 않기 때문입니다.917)

Stn. 918. [세존]

그 때문에 '우월하다'든가 '열등하다'든가
혹은 '동등하다.'라고도 생각해서는 안 됩니다.
여러 가지 형태로 영향을 받더라도,
자기를 내세우는 허구를 만들지 말아야 합니다.918)

---

taṃ / tāsaṃ vinayā sadā sato sikkhe //

917) *Stn. 917. yaṃ kiñci dhammaṃ abhijaññā / ajjhattaṃ atha vā pi bahiddhā / na tena thāmaṃ kubbetha / na hi sā nibbuti sataṃ vuttā //*

918) *Stn. 918. seyyo na tena maññeyya / nīceyyo atha vā pi sarikkho / phuṭṭho anekarūpehi / n'ātumanaṃ vikappayaṃ tiṭṭhe //*

Stn. 919. [세존]

수행승은 안으로 평안해야 합니다.
밖에서 평안을 찾아서는 안 됩니다.
안으로 평안하게 된 사람에게 어찌
취하는 것이 없는데, 버리는 것이 있겠습니까?[919]

Stn. 920. [세존]

바다 한 가운데 파도가 일지 않고 멈추듯,
멈추어서 결코 움직이지 말아야 합니다.
수행자는 어떤 경우에든
파도를 일으켜서는 안 됩니다."[920]

---

919) Stn. 919. ajjhattaṃ eva upasame / nāññato bhikkhu santiṃ eseyya / ajjhattaṃ upasantassa / n'atthi attā kuto nirattaṃ vā //

920) Stn. 920. majjhe yathā samuddassa / ūmi no jāyatī ṭhito hoti / evaṃ ṭhito anej'assa / ussadaṃ bhikkhu na kareyya kuhiñci //

Stn. 921. [질문자]

"눈을 갖춘 님이여,
몸소 체험하신
재난을 극복할 수 있는
가르침을 설하셨습니다.
당신에게 행운이 있기를!
바른 길을 일러 주시고
계율의 규정들이나
삼매에 대하여도 말씀해 주십시오."[921)]

---

921) Stn. 921. akittayi vivaṭacakkhu / sakkhi dhammaṃ parissayavinayaṃ / paṭipadaṃ vadehi bhaddaṃ te / pātimokkhaṃ atha vā pi samādhiṃ //

Stn. 922. [세존]

"눈으로 탐내지 말아야 하고,
저속한 이야기에서 귀를 멀리 해야 하고,
맛에 탐착하지 말아야 하고,
또한 세상의 어떤 것이라도
내 것이라고 여기지 말아야 합니다.922)

Stn. 923. [세존]

괴로운 일을 만나 고통을 겪을 지라도,
수행승은 어떠한 경우이든
비탄에 빠져서는 안 되고,
존재에 탐착해서도 안 되고,
두려운 것을 만나도 전율해서는 안 됩니다.923)

---

922) *Stn. 922. cakkhūhi n'eva lol'assa / gāmakathāya āvaraye sotaṃ / rase ca nānugijjheyya / na ca mamāyetha kiñci lokasmiṃ //*

923) *Stn. 923. phassena yadā phuṭṭh'assa / paridevaṃ bhikkhu na kareyya kuhiñci / bhavañ ca nābhijappeyya / bheravesu ca na sampavedheyya //*

Stn. 924. [세존]

음식이나 음료나 먹을 만한 것이나
또는 옷을 얻더라도 쌓아 두어서는 안 되며,
그것들을 얻을 수 없다고 하더라도
두려워해서도 안 됩니다.924)

Stn. 925. [세존]

선정에 드는 님은 방황해서는 안 되며,
나쁜 일을 삼가고 방일하지 말아야 합니다.
또한 조용히 앉을 자리와 누울 자리가
마련된 곳에서 수행승은 지내야 합니다.925)

---

924) Stn. 924. annānaṃ atho pānānaṃ / khādanīyānaṃ atho pi vatthānaṃ / laddhā na sannidhiṃ kayirā / na ca parittase tāni alabhamāno //

925) Stn. 925. jhāyī na pādalol'assa / virame kukkuccaṃ nappamajjeyya / atha āsanesu sayanesu / appasaddesu bhikkhu vihareyya //

Stn. 926. [세존]

잠을 많이 자서는 안 됩니다.
부지런하고 깨어 있어야 합니다.
나태와 환상과 웃음과 유희와 성적 교섭과
거기에 필요한 장식물도 함께 버려야 합니다.926)

Stn. 927. [세존]

주술적인 주문이나 해몽이나
또한 징조나 점성술에 종사해서는 안 되고,
나의 제자는 새나 짐승의 소리로 점을 치거나,
회임술나 치병술을 행해서도 안 됩니다.927)

---

926) *Stn. 926. niddaṃ na bahulīkareyya / jāgariyaṃ bhajeyya ātāpī / tandiṃ māyaṃ hassaṃ khiḍḍaṃ / methunaṃ vippajahe savibhūsaṃ //*

927) *Stn. 927. āthabbanaṃ supinaṃ lakkhaṇaṃ / no vidahe atho pi nakkhattaṃ / virutañ ca gabbhakaraṇaṃ / tikicchaṃ māmako na seveyya //*

Stn. 928. [세존]

수행승은 비난받더라도 두려워하지 말고,
칭찬을 받더라도 우쭐거리지 말아야 합니다.
탐욕과 더불어 인색한 것과 성내는 것과
그리고 중상하는 것을 제거해야 합니다.928)

Stn. 929. [세존]

수행승은 사고 파는 일을 하지 말고,
어떠한 경우도 비난받을 일을 해서는 안되고,
마을의 일에 휩쓸려서도 안 되며,
이익을 동기로 사람에게 말을 걸어도 안 됩니다.929)

---

928) *Stn. 928. nindāya nappavedheyya / na uṇṇameyya pasaṃsito bhikkhu / lobhaṃ saha macchariyena / kodhaṃ pesuṇiyañ ca panudeyya //*

929) *Stn. 929. kayavikkye na tiṭṭheyya / upavādaṃ bhikkhu na kareyya kuhiñci / gāme ca nābhisajjeyya / lābhakamyā janaṃ na lāpayeyya //*

Stn. 930. [세존]

또한 수행승은 허풍을 떨어서는 안되고,
동기를 숨기고 말하지도 말아야 합니다.
뻔뻔스러운 행위를 배워서도 안 되고,
불화를 가져 올 이야기를 해서도 안 됩니다. 930)

Stn. 931. [세존]

거짓 속에서 방황하지 말아야 하고,
알면서 부정한 일들을 저지르지 말아야 하고,
생활과 지혜와 규범과 금계를 자랑하여
다른 사람을 멸시해서도 안 됩니다. 931)

---

930) Stn. 930. na ca katthitā siyā bhikkhu / na ca vācaṃ payuttaṃ bhāseyya / pāgabbhiyaṃ na sikkheyya / kathaṃ viggāhikaṃ na kathayeyya //

931) Stn. 931. mosavajje na niyyetha / sampajāno saṭḥāni na kayirā / atha jīvitena paññāya / sīlavatena nāññam atimaññe //

Stn. 932. [세존]

수행자들이나 일반 사람들한테서
많은 비난의 말을 듣고 괴롭더라도,
거친 말로 대꾸해서는 안 됩니다.
참사람은 보복을 꾀하지 않기 때문입니다.[932)]

Stn. 933. [세존]

이러한 가르침을 잘 알아 잘 분석하며,
수행승은 항상 새김을 확립하고 배워야 하고,
적멸이 평안임을 알고,
고따마의 가르침에 방일하지 말아야 합니다.[933)]

---

932) *Stn. 932. sutvā rusito bahuṃ vācaṃ / samaṇānaṃ puthuvacanānaṃ / pharusena ne na paṭivajjā, / na hi santo paṭisenikaronti //*

933) *Stn. 933. etañ ca dhammam aññāya / vicinaṃ bhikkhu sadā sato sikkhe / santī ti nibbutiṃ ñatvā / sāsane gotamassa nappamajjeyya //*

Stn. 934. [세존]

참으로 패한 일이 없는 승리자로서
전해들은 것이 아니고
스스로 깨우친 진리를 보았으니,
그 세존의 가르침에 방일하지 말고,
항상 새김을 확립하여
그 가르침을 따라 배워야 합니다."[934)]

---

934) Stn. 934. abhibhū hi so anabhibhūto / sakkhi dhammaṃ anītiham adassī / tasmā hi tassa bhagavato / sāsane appamatto sadā sato anusikkhe ti (bhagavā ti) //

15. 폭력을 휘두르는 자에 대한 경[Attadaṇḍasutta]

Stn. 935. [세존]

"폭력을 휘두르는 자에게서 공포가 생깁니다.
싸움하는 사람들을 보십시오.
내가 어떻게 두려워했는지,
그 두려움에 대해서 설명하겠습니다. 935)

---

935) Stn. 935. attadaṇḍā bhayam jātaṃ / janaṃ passatha medhakaṃ / saṃvegaṃ kittayussāmi / yathā saṃvijitaṃ mayā ∥ 로히니 강은 싸끼야국과 꼴리야국을 나누는 작은 강이었다. 이 강을 따라 댐을 막아서 양국에서 물을 관개용수로 이용하고 있었다. 가뭄이 들어 양국의 주민들이 이 물을 이용하기 위해 분쟁을 일으켰다. 부처님은 그들 양 쪽의 씨족들이 같은 부족에서 유래한 같은 종족임을 설득시키고, 얼마 남지 않은 물을 가지고 서로 살상하는 것이 얼마나 어리석은 짓인가를 말씀하면서 사람들에게 설한 이하의 시들이 이 경이다.

Stn. 936. [세존]

잦아드는 물에 있는 물고기처럼
전율하고 있는 사람들을 보십시오.
서로 반목하는 사람들을 보고,
나에게 두려움이 생겨났습니다. 936)

Stn. 937. [세존]

이 세상 어디나 견고한 것은 없습니다.
어느 방향이든 흔들리고 있습니다.
내가 있을 곳을 찾지만,
폭력에 점령되지 않는 곳을 보지 못했습니다. 937)

---

936) Stn. 936. phandamānaṃ pajaṃ disvā / macche appodake yathā / aññamaññehi vyāruddhe / disvā maṃ bhayaṃ āvisi //

937) Stn. 937. samantaṃ asaro loko / disā sabbā sameritā / icchaṃ bhavanam attano / n'āddsāsiṃ anositaṃ //

Stn. 938. [세존]

그들이 끝까지 반목하는 것을 보고
나에게 혐오가 생겨났습니다.
그리고 나는 보기 어려운 것을 보았습니다.
그들의 심장에 박힌 화살을 보았습니다.938)

Stn. 939. [세존]

어떠한 화살이든 맞은 자는
모든 방향으로 내닫지만,
그 화살을 뽑아 버리면,
내닫지도 않고 주저앉지도 않습니다.939)

---

938) Stn. 938. osāne tv'eva vyāruddhe / disvā me aratī ahu / ath'ettha sallaṃ addakkhiṃ / duddasaṃ hadayanissitaṃ //

939) Stn. 939. yena sallena otiṇṇo / disā sabbā vidhāvati / tam eva sallaṃ abbuyha / na dhāvati na sīdati //

Stn. 940. [세존]

그래서 이러한 배움의 이치를 암송합니다.
'세상에는 족쇄들이 있는데,
그것들에 걸려들어서는 안 되니,
그 감각적 쾌락의 욕망들을 모두 꿰뚫어 보고,
자신을 위해 열반을 배우라.'940)

Stn. 934. [세존]

성자의 삶을 사는 님은 성실해야 하며
오만하지 않고 거짓이 없고
중상하지 않고 분노하지 않고,
탐욕과 인색의 악함을 건너야 합니다.941)

---

940) Stn. 940. tattha sikkhānugīyanti / yāni loke gathitāni na tesu pasuto siyā / nibbijjha sabbaso kāme / sikkhe nibbānam attano // 족쇄는 다섯 가지 감각적 쾌락의 족쇄를 말한다.

941) Stn. 941. sacco siyā appagabbho / amāyo rittapesuṇo / akkodhano lobhapāpaṃ / veviccham vitare muni //

Stn. 934. [세존]

정신적으로 열반을 지향한다면
졸음과 해태와 혼침을 극복하고,
방일을 일삼아서도 안 되고,
결코 교만해서도 안 됩니다.942)

Stn. 934. [세존]

거짓말을 하지 말고,
물질에 애착을 갖지 말고,
교만을 두루 알아서,
폭력을 삼가며, 유행해야 합니다.943)

---

942) Stn. 942. niddaṃ tandiṃ sahe thīnaṃ / pamādena na saṃvase / atimāne na tiṭṭheyya / nibbānamanaso naro //

943) Stn. 943. mosavajje na niyyetha / rūpe snehaṃ na kubbaye / mānañ ca parijāneyya / sāhasā virato care //

Stn. 944. [세존]

지나간 것을 즐기지 말고,
새로운 것을 환영하지도 마십시오.
사라져 갈 때에 슬퍼하지 말고,
끌어당기는 것에 붙잡히지 말아야 합니다.[944)]

Stn. 945. [세존]

탐욕은 크나큰 거센 흐름이라고,
열망은 그 흡인력이라고,
집착은 그 혼란이라고,
감각적 쾌락에 대한 욕망은
그 넘기 어려운 수렁이라고 나는 말합니다.[945)]

---

944) *Stn. 944. purāṇaṃ nābhinandeyya / nave khantiṃ na kubbaye / hīyamāne na soceyya / ākāsaṃ na sito sīya //* *끌어당기는 것은 갈애를 의미한다.*

945) *Stn. 945. gedhaṃ brūmi mahogho ti / ājavaṃ brūmi jappanaṃ / ārammaṇaṃ pakampanam / kāmapaṅko duraccayo //*

Stn. 946. [세존]

성자의 삶을 사는 님은
진실을 떠나지 않고,
거룩한 님은 단단한 땅 위에 서 있습니다.
그는 모든 것을 버리고
참으로 고요한 님이라 불립니다.946)

Stn. 947. [세존]

그는 현명한 자로서 지혜에 통달하고,
가르침을 알아, 집착이 없으니,
세상에서 바르게 행동하고,
이 세상에 아무 것도 부러워하지 않습니다.947)

---

946) *Stn. 946. saccā avokkamma muni / thale tiṭṭhati brāhmaṇo / sabbaṃ so paṭinissajja / sa ve santo ti vuccati //*

947) *Stn. 947. sa ve vidvā sa vedagū / ñatvā dhammaṃ anissito / sammā so loke iriyāno / na pihet'īdha kassaci //*

Stn. 948. [세존]

이 세상에서 감각적 욕망을 뛰어넘어,
극복하기 어려운 집착을 넘어선 님은
흐름을 끊어, 묶임이 없고,
슬퍼하지 않고, 걱정하지도 않습니다.[948)]

Stn. 949. [세존]

과거에 있었던 것을 완전히 말려버리고,
미래에 아무 것도 생겨나지 않게 하십시오.
그리고 현재에 집착하지 않는다면,
그대는 평안하게 유행할 것입니다.[949)]

---

948) *Stn. 948. yo'dha kāme accatari / saṅghaṃ loke duraccayaṃ / na so socati nājjheti / chinnasoto abandhano //*

949) *Stn. 949. yaṃ pubbe taṃ visosehi / pacchā te mā'hu kiñcanaṃ / majjhe ce no gahessasi / upasanto carissasi //*

Stn. 950. [세존]

명색(정신·신체적 과정)에 대해서
내 것이라는 것이 전혀 없고,
없다고 해서 슬퍼하지 않는다면,
그는 참으로 세상에서 잃을 것이 없습니다.950)

Stn. 951. [세존]

'이것은 내 것이다' 또는
'이것은 다른 자의 것이다'라는 생각이 없다면,
'내 것이라는 것'이 없으므로,
'나에게 없다.'고 해서 슬퍼하지 않습니다.951)

---

950) *Stn. 950. sabbaso nāmarūpasmiṃ / yassa n'atthi mamāyitaṃ / asatā ca na socati / sa ve loke na jiyyati //*

951) *Stn. 951. yassa n'atthi idaṃ me ti / paresaṃ vā pi kiñcanaṃ / mamattaṃ so asaṃvindaṃ / n'atthi me ti na socati //*

Stn. 952. [세존]

질투하지 않고, 탐내지 않으며,
동요하지 않고, 모든 면에서 공평하고,
두려움이 없는 님에 대해 묻는다면,
그의 공덕에 관하여 이렇게 말하겠습니다. 952)

Stn. 953. [세존]

동요 없는 지혜로운 님에게는
어떠한 유위적 조작도 없으니,
그는 유위적인 조작의 노력에서 벗어나
모든 곳에서 안온을 봅니다. 953)

---

952) Stn. 952. aniṭṭhurī ananugiddho / anejo sabbadhī samo / tam ānisaṃsaṃ pabrūmi / pucchito avikampinaṃ //
953) Stn. 953. anejassa vijānato / n'atthi kāci nisaṅkhiti / virato so viriyārambhā / khemaṃ passati sabbadhi //

Stn. 954. [세존]

성자의 삶을 사는 님은 자신이
동등자 가운데, 열등자 가운데,
또는 우월자 가운데 있다고 말하지 않습니다.
그는 고요하고, 관대하고,
얻거나 잃어버리거나 하지 않습니다."
[이와 같이 세존께서는 말씀하셨다.][954]

---

954) Stn. 954. na samesu na omesu / na uccesu vadate muni / santo so vītamaccharo / n'ādeti na nirassatī'ti (bhagavā ti) //

16. 싸리뿟따의 경[Sāriputtasutta]

Stn. 955. [싸리뿟따]

"도솔천에서 무리의 지도자로 오신 스승,
그와 같이 아름다운 설화를
저는 일찍이 본 일도 없고
누구에게서 들은 일도 없습니다. 955)

---

955) *Stn. 955. na me diṭṭho ito pubbe / (icc-āyasmā sāriputto) na-ssuto uda kassaci / evaṃ vagguvado satthā / tusitā gaṇi-m-āgato* // *이 시로 시작하는 이 경은 다른 이름으로 '장로의 질문의 경'이란 이름을 갖고 있다. 그 장로는 싸리뿟따의 속명인 우빠띳싸를 말한다. 아쇼카 왕도 비문에서 이 경에 '우빠띳싸의 질문'이란 이름으로 부르고 있다. 부처님이 도솔천에서 천상 세계의 신들에게 아비달마를 설하고 지상에 내려올 때, 싸밧티 시에서 30요자나 떨어진 쌍깟싸나가라 지방에 내려오셨을 때에, 수많은 환영인파 가운데 싸리뿟따가 제일먼저 인사하자 그가 지혜제일인 것을 알리고자 그의 전생담을 이야기했고 그 이야기가 끝나자 싸리뿟따는 이 시로써 이 경의 도입부의 질문을 하면서 이 경이 성립한다.*

Stn. 956. [싸리뿟따]

눈을 갖춘 님께서는
신들과 더불어 세상 사람들이 보듯,
모든 암흑을 벗겨 버리고
홀로 기쁨을 성취하셨습니다.956)

Stn. 957. [싸리뿟따]

집착 없이, 거짓 없이,
무리의 지도자로 오신 깨달은 님께,
묶여 있는 많은 자들을 위하여
질문을 가지고 이곳에 왔습니다.957)

---

956) *Stn. 956. sadevakassa lokassa / yathā dissati cakkhumā / sabbaṃ tamaṃ vinodetvā / eko va ratim ajjhagā //*

957) *Stn. 957. tam buddhaṃ asitaṃ tādiṃ / akuhaṃ gaṇim āgataṃ / bahunnaṃ idha baddhānaṃ / atthi pañhena agamaṃ //*

Stn. 958. [싸리뿟따]

수행승은 싫어하여 떠나서
나무 아래, 혹은 묘지나
산골짜기의 동굴 속에
아무도 없는 곳에 자리를 잡습니다.958)

Stn. 959. [싸리뿟따]

높고 낮은 잠자리가 있는
고요한 곳에서 지내더라도,
수행승이 두려워하지 말아야 할 그곳에
얼마나 두려운 일이 벌어집니까?959)

---

958) *Stn. 958. bhikkhuno vijigucchato / bhajato rittam āsanaṃ / rukkhamūlaṃ susānaṃ vā / pabbatānaṃ guhāsu vā //*

959) *Stn. 959. uccāvaccesu sayanesu / kīvanto tattha bher-avā / yehi bhikkhu na vedheyya / nigghose sayanāsane //*

Stn. 960. [싸리뿟따]

아무도 가보지 않는 곳으로 가는,
수행승이 외딴 곳에 기거하면서
이겨내야 하는
얼마나 많은 위험들이 있습니까?960)

Stn. 961. [싸리뿟따]

수행승이 정진한다면,
그의 언어 행태는 어떠해야 하고,
세상에서 그의 행경은 어떠해야 하고,
규범과 금계는 어떠해야 하는 것입니까?961)

---

960) *Stn. 960. kati parissayā loke / gacchato agataṃ disaṃ / ye bhikkhu abhisambhave / pantamhi sayanāsane //*

961) *Stn. 961. ky'āssa vyappathayo assu / ky'āss'assu idha gocarā / kāni sīlabbatañ'assu / pahitattassa bhikkhuno //*

Stn. 962. [싸리뿟따]

마음을 통일시키고, 현명하고,
새김을 확립하고 어떤 공부를 해야
마치 금세공사가 은의 때를 벗기듯,
자기에게 묻은 때를 씻어 버리는 것입니까?"962)

Stn. 963. [세존]

"싸리뿟따여, 싫어하여 떠남을 닦는 자에게,
깨달음을 구하여 외딴 곳에 기거하는 자에게,
다름 아닌 안락한 경지를 내가 아는 대로
가르침에 따라 그대에게 설명하리라.963)

---

962) Stn. 962. kaṃ so sikkhaṃ samādāya / ekodi nipako sato / kammāro rajatass'eva / niddhame malam attano //

963) Stn. 963. vijigucchamānassa yad idaṃ phāsu / (sāriputtā ti bhagavā) rittāsanaṃ sayanaṃ sevato ce / sambodhikāmassa yathānudhammaṃ / taṃ te pavakkhāmi yathā pajānaṃ //

Stn. 964. [세존]

슬기로운 수행승은 새김을 확립하고,
한계를 알아 유행하며,
다섯 가지 위험한 것들
즉, 공격하는 곤충, 기어가는 뱀,
약탈하는 사람들과 야생의 동물들을
두려워해서는 안 된다.964)

Stn. 965. [세존]

다른 종교의 가르침을 두려워해서는 안 된다.
그들에게 두려워할 만한 것들이 있을지라도,
착하고 건전한 것을 추구하여,
다른 두려움들도 이겨내어야 한다.965)

---

964) Stn. 964. pañcannaṃ dhīro bhayānaṃ na bhāye / bhikkhu sato sa pariyantacārī / ḍaṃsādhipātānaṃ siriṃsapānaṃ / manussaphassānaṃ catuppadānaṃ //

965) Stn. 965. paradhammikānam pi na santaseyya / disvā pi tesaṃ bahubheravāni / athāparāni abhisambhaveyya / parissayāni kusalānuesī //

Stn. 966. [세존]

질병을 만나고, 굶주림에 처해도 참아내고
추위와 무더위도 참아내야 하리라.
여러 가지로 집 없이 그러한 것들을 만나더라도
정진하며 굳세게 노력해야 한다.966)

Stn. 967. [세존]

도둑질을 하지 말고,
거짓말을 하지 말고,
식물이나 동물이나 모든 생물에게
자애를 베풀어야 하리라.
마음의 혼란을 알아차린다면,
악마의 동반자라 생각하여
바로 그것을 제거해야 한다.967)

---

966) Stn. 966. ātaṅkaphassena khudāya phuṭṭho / sītaṃ accuṇhaṃ adhivāsayeyya / sa tehi phuṭṭho bahudhā anoko / viriyaṃ parakkamma daḷhaṃ kareyya //

967) Stn. 967. theyyaṃ na kareyya na musā bhaṇeyya / mettāya phasse tasathāvarāni / yad āvilattaṃ manaso vijaññā / kaṇhassa pakkho ti vinodayeyya //

Stn. 968. [세존]

분노와 교만에 사로잡히지 말고,
그것들의 뿌리를 뽑아버리고,
자신을 확립하여야 한다. 또한,
사랑스러운 것이나 사랑스럽지 않은 것이나
참으로 모두 극복해서 이겨내야 한다.968)

Stn. 969. [세존]

지혜를 앞세우고 선한 것을 기뻐하며
위험을 제거하고,
외딴 곳에 거처하더라도 불만을 참고,
네 가지 비탄의 현상을 견디어 내야 한다.969)

---

968) *Stn. 968. kodhātimānassa vasaṃ na gacche / mūlaṃ pi tesaṃ palikhañña tiṭṭhe / atha-ppiyaṃ vā pana appiyaṃ vā / addhābhavanto abhisambhaveyya //*

969) *Stn. 969. paññaṃ purakkhatvā kalyāṇapīti / vikkhambhaye tāni parissayāni / aratiṃ sahetha sayanamhi pante / caturo sahetha paridevadhamme //*

Stn. 970. [세존]

'무엇을 먹을까?', '어디서 먹을까?',
'잠을 실로 못 잤다', '오늘 어디서 잘 것인가?'
집 없이 유행하는 학인은, 이러한
비탄을 야기하는 걱정을 제거하여야 한다.[970)]

Stn. 971. [세존]

세상에서 만족을 위해, 분량을 알아,
적당한 때 음식과 옷을 얻고,
그것들 가운데 몸을 수호하고,
마을에서 조심해 거닐고,
괴롭더라도 거친 말로 대꾸해서는 안 된다.[971)]

---

970) Stn. 970. kiṃ su asissāmi kuvaṃ vā asissaṃ / dukkhaṃ vata settha kuv'ajja sessaṃ / ete vitakke paridevaneyye / vinayetha sekho aniketasārī //

971) Stn. 971. annañ ca laddhā vasanañ ca kāle / mattaṃ so jaññā idha tosanatthaṃ / so tesu gutto yatacāri gāme / rusito pi vācaṃ pharusaṃ na vajjā //

Stn. 972. [세존]

눈을 아래로 뜨고, 기웃거리지 않으며,
선정에 들어 확연히 깨어 있어야 하고,
삼매에 들어 평정을 닦아
사념의 경향과 악행을 끊어버려야 한다.972)

Stn. 973. [세존]

새김을 확립한 님은 충고를 들었다면,
기뻐하고 청정한 삶을 사는 동료들을 위해
마음의 황무지를 버려야 하리라.
때에 맞는 착하고 건전한 말을 하고,
사람들이 뒷공론하듯 사유해서는 안 된다.973)

---

972) Stn. 972. okkhittacakkhu na ca pādalolo / jhānānuyutto bahujāgar'assa / upekham ārabbha samāhitatto / takkāsayaṃ kukkuciy'ūpacchindhe //

973) Stn. 973. cutito vacīhi satimābhinande / sabrahmacārīsu khilaṃ pabhinde / vācaṃ pamuñce kusalaṃ nātivelaṃ / janavādadhammāya na cetayeyya // 황무지에 대해서는 Stn. 19의 주석을 보라.

Stn. 974. [세존]

세상에는 다섯 가지 티끌이 있으니,
새김을 확립하고, 그 제어를 배워야 하니,
즉, 형상, 소리, 냄새, 맛,
그리고 감촉에 대한 탐욕을 이겨내야 한다.974)

Stn. 975. [세존]

새김을 확립하고 마음을 잘 해탈시켜,
수행승은 이런 것들에 대한 욕심을 제거하고,
적당한 때 올바로 가르침을 바르게 살피고,
마음을 통일하여 암흑을 제거해야 하리라."975)

---

974) Stn. 974. athāparaṃ pañca rajāni loke / yesaṃ satīmā vinayāya sikkhe / rūpesu saddesu atho rasesu / gandhesu phassesu sahetha rāgaṃ //

975) Stn. 975. etesu dhammesu vineyya chandaṃ / bhikkhu satīmā suvimuttacitto / kālena so sammā dhammaṃ parivīmaṃsamāno / ekodibhūto vihane tamaṃ so ti bhagavā ti //

V. 피안가는 길의 품

[Pārāyanavagga]

1. 서시의 경[Vatthugāthā]

Stn. 976. [송출자]

베다의 성전에 통달한 한 바라문이
아무 것도 없는 상태에 도달하고자,
꼬쌀라 국의 아름다운
도시에서 남쪽 지방으로 내려 왔다. 976)

---

976) Stn. 976. kosalānaṃ purā rammā / agamā dakkhiṇāpathaṃ / ākiñcaññaṃ patthayāno / brāhmaṇo mantapāragū // 성전에 통달한 바라문 바바린이 어느 날 유행자인 손님을 맞았는데, 그가 500금의 보시를 요구하는 것을 거절하자 그 유행자는 무서운 저주를 퍼부었다. 바라문 바바린은 그 때문에 괴로워하다가 어떤 하늘 사람의 도움으로 부처님에 대하여 알게 되었다. 그래서 자신의 열 여섯 제자를 부처님에게 보내서 질문을 하게 유도한 것이 이 시로 시작되는 이 피안의 길에 대한 품이 생겨나게 된 동기이다.

Stn. 977. [송출자]

그는 앗싸까 지방과
알라까 지방의 경계에 있는
고다바리의 강변에서 이삭을 줍고,
열매를 거두며 살았다.977)

Stn. 978. [송출자]

그 강변 가까이
커다란 마을이 하나 있었다.
그런 일로 생겨난 수입을 가지고
그는 큰 제사를 지냈다.978)

---

977) Stn. 977. so assakassa visaye / aḷakassa samāsane / vasī godhāvarīkūle / uñchena ca phalena ca //
978) Stn. 978. tass'eva upanissāya / gāmo ca vipulo ahū / tato jātena āyena / mahāyaññam akappayi //

Stn. 979. [송출자]

그는 제사를 끝내고
자기 아슈람으로 돌아왔다.
그가 다시 돌아오자
마침 어떤 바라문이 찾아왔다.979)

Stn. 980. [송출자]

발은 붓고 목은 타며, 치아는 불결하고,
머리는 먼지로 뒤집어쓴 채
그는 그에게 가까이 와서
오백 금을 구걸하는 것이었다.980)

---

979) *Stn. 979. mahayaññaṃ yajitvāna / puna pāvisi assamaṃ / tasmim patipaviṭṭhamhi / añño āgañchi brāhmaṇo //*
980) *Stn. 980. ugghaṭṭapādo tasito / paṅkadanto rajassiro / so ca naṃ upasaṅkamma / satāni pañca yācati //*

Stn. 981. [송출자]

바바린은 그를 보자
앉을 자리를 권하고,
그의 건강과 안부를 묻고는
이와 같이 말하였다.[981)]

Stn. 982. [존자 바바린]

"내가 보시할 수 있는 것은
모두 이미 베풀었습니다.
바라문이여, 이해해 주시기 바랍니다.
내게는 오백 금이 없습니다."[982)]

---

981) Stn. 981. tam enaṃ bhāvarī disvā / āsanena nimantayi / sukhañ ca kusalaṃ pucchi / idaṃ vacanam abravi //

982) Stn. 982. yaṃ kho mamaṃ deyyadhammaṃ / sabbaṃ vissajjitaṃ mayā / anujānāhi me brahme / n'atthi pañca satāni me //

Stn. 983. [손님]

"내가 청원하는 데도
당신이 베풀어주지 않는다면,
지금부터 이레 후에
당신의 머리가 일곱 조각으로 터질 것이오". 983)

Stn. 984. [송출자]

간교한 자는 주문을 외며
무서운 저주를 하였다.
그 말을 듣고
바바린은 괴로워했다. 984)

---

983) *Stn. 983. sace me yācamānassa / bhavaṃ n'ānupadassati / sattame divase tuyhaṃ / muddhā phalatu sattadhā //*

984) *Stn. 984. abhisaṅkharitvā kuhako / bheravaṃ so akittayi / tassa taṃ vacanaṃ sutvā / bhāvarī dukkhito ahū //*

Stn. 985. [송출자]

그는 근심의 화살에 맞아,
풀이 죽어 음식도 먹지 않았다.
더욱이 이런 마음을 지닌
그의 정신은 선정을 누리지 못했다.985)

Stn. 986. [송출자]

그가 두려워하고
고통스러워하는 것을 보자,
남을 돕는 하늘사람이
바바린의 곁에 와서 이와 같은 말을 했다.986)

---

985) *Stn. 985. ussussati anāhāro / sokasallasamappito / atho pi evaṃcittassa / jhāne na ramatī mano //*

986) *Stn. 986. utrastaṃ dukkhitaṃ disvā / devatā atthakāminī / bhāvariṃ upasaṅkamma / idaṃ vacanaṃ abravi //*

Stn. 987. [하늘사람]

"그는 머리를 알지 못합니다.
재물을 탐내는 사기꾼입니다.
그는 머리도 알지 못하고,
머리를 떨어뜨리는 것도 알지 못합니다."987)

Stn. 988. [존자 바바린]

"그렇다면 당신은 알고 있겠군요.
묻건대, 머리와 머리를 떨어뜨리는 것을
내게 가르쳐 주십시오.
나는 당신의 말을 듣고 싶습니다."988)

---

987) Stn. 987. na so muddhaṃ pajānāti / kuhako so dhanatthiko / muddhani muddhapāte vā / ñāṇaṃ tassa na vijjati //

988) Stn. 988. bhotī carahi janāti / taṃ me akkhāhi pucchitā / muddhaṃ muddhādhipātañ ca / taṃ suṇoma vaco tava. //

Stn. 989. [하늘사람]

"나는 그것을 모릅니다.
그것에 대한 앎은 내게는 없습니다.
머리와 머리를 떨어뜨리는 것,
그것은 승리자의 통찰입니다."989)

Stn. 990. [존자 바바린]

"그렇다면 이제 이 지상에서
머리와 머리를 떨어뜨리는 것에 대해
도대체 누가 알고 있습니까?
하늘사람이여, 그것을 내게 말해주십시오."990)

---

989) *Stn. 989. aham p'etaṃ na jānāmi / ñāṇaṃ m'ettha na vijjati / muddhaṃ muddhātipāto ca / jinānaṃ h'eta dassanaṃ //*

990) *Stn. 990. atha ko carahi jānāti / asmiṃ puthavimaṇḍale / muddhaṃ muddhātipātañ ca / taṃ me akkhāhi devate //*

Stn. 991. [하늘사람]

"옛날 까삘라 성 출신의
세계의 지도자가 계십니다.
그는 옥까까 왕의 후예이고
싸끼야 족의 아들이며, 빛나는 존재입니다.991)

Stn. 992. [하늘사람]

바라문이여, 그는 참으로 깨달은 님이고,
모든 사실에 통달했습니다.
모든 신통력을 가지고 있으며,
모든 것에 대한 눈을 가졌습니다.
모든 것이 소멸된 경지에 이르렀고,
집착이 부수어져 해탈하였습니다.992)

---

991) *Stn. 991. purā kapilavatthumhā / nikkhanto lokāyako / apacco okkākarājassa / sakyaputto pabhaṅkaro //*

992) *Stn. 992. so hi brāhmaṇa sambuddho / sabbadhammāna pāragū / sabbābhiññābalappatto / sabbadhammesu cakkhumā / sabbadhammakkhayaṃ patto / vimutto upadhisaṅkhaye //*

Stn. 993. [하늘사람]

그 깨달은 님, 세상에서 존귀한 님,
눈을 갖춘 님께서 세상에서 진리를 설하십니다.
당신은 그 님께 가서 물으십시오.
그가 대답해 주실 것입니다."993)

Stn. 994. [송출자]

올바로 깨달은 님이란 말을 듣고
바바린은 무척 고무되었다.
그의 근심은 가벼워졌고,
그에게 넘치는 기쁨이 생겨났다.994)

---

993) *Stn. 993. buddho so bhagavā loke / dhammaṃ deseti cakkhumā / taṃ tvaṃ gantvāna pucchassu / so te taṃ vyākarissati //*

994) *Stn. 994. sambuddho ti vaco sutvā / udaggo bāvarī ahū / sok'assa tanuko āsi / pītiñ ca vipulaṃ labhi //*

Stn. 995. [송출자]

바바린은 만족하고 고무되고
감동하여 하늘사람에게 물었다.
[존자 바바린]
"세상의 구원자는 어느 마을,
어느 도시, 어느 나라에 계십니까?
그곳에 가서 인간 가운데 위없는 님,
원만히 깨달은 님께 저는 예배드리겠습니다."[995)]

Stn. 996. [하늘사람]

"승리하시는 님, 광대한 지혜를 갖춘 님,
광대한 명지를 갖춘 님,
머리를 떨어뜨리는 것에 대해 알고 있는 사람,
무리의 우두머리이신 그 싸끼야 족의 아들은
싸밧티 시의 꼬쌀라 국에 계십니다."[996)]

---

995) Stn. 995. so bāvarī attamano udaggo / taṃ devataṃ pucchati vedajāto / katamamhi gāme nigamamhi vā puna / katamamhi vā janapade lokanātho / yattha gantvā namassemu / sambuddhaṃ dipaduttamaṃ //

Stn. 997. [송출자]

그래서 그는 베다에 통달한 제자인
바라문 학인들에게 말했다.
[존자 바바린] "학인들이여. 오라.
그대들에게 알리니, 나의 말을 들어 보라.997)

Stn. 998. [존자 바바린]

세상에서 보기 어려운 님이 출현했으니,
올바로 깨달은 님이라고 널리 알려진
그가 지금 세상에 나타나셨다.
너희들은 어서 싸밧티 시로 가서
그 인간 가운데 위없는 님을 뵈어라."998)

---

996) Stn. 996. sāvatthiyaṃ kosalamandire jino / pahūtapañño varabhūrimedhaso / so sakyaputto vidhuro anāsavo / muddhādhipātassa vidū narāsabho //

997) Stn. 997. tato āmantayī sisse / brāhmaṇe mantapārage / etha māṇavā akkhisaṃ / suṇotha vacanaṃ mama //

998) Stn. 998. yass'eso dullabho loke / pātubhāvo abiṅhaso / svājja lokamhi uppanno / sambuddho iti vissuto / khippaṃ gantvāna sāvatthiṃ / passavho dipaduttamam. //

Stn. 999. [바바린의 제자들]

"그렇다면, 바라문이여,
깨달은 님이라고 우리가 그 님을 보고
어떻게 알아볼 수 있는지요.
우리가 그를 알아 볼 수 있는 방법을
알 수가 없사오니 우리에게 말해 주십시오."999)

Stn. 1000. [존자 바바린]

"전해 내려오는 모든 성전에
위대한 사람의
서른두 가지 특징들이
올바로 순서에 맞게 설명되어 있다. 1000)

---

999) Stn. 999. kathaṃ carahi jānemu / disvā buddho ti brāhmaṇa / ajānataṃ no pabrūhi / yathā jānemu taṃ mayaṃ //

1000) Stn. 1000. āgatāni hi mantesu / mahāpurisalakkhaṇā / dvattiṃsā ca vyākhyātā / samattā anupubbaso //

Stn. 1001. [존자 바바린]

몸에 이런 서른두 가지
위대한 사람의 특징이 있다면,
그에게는 두 가지 운명이 있을 뿐,
세 번째의 운명은 없다.1001)

Stn. 1002. [존자 바바린]

만약 그가 재가에 산다면
이 대지를 정복하리라.
형벌이나 무기에 의하지 않고
법으로써 통치하리라.1002)

1001) Stn. 1001. yass'ete honti gattesu / mahāpurisalakkhaṇā / dve va tassa gatiyo / tatiyā hi na vijjati //

1002) Stn. 1002. sace agāraṃ ajjhāvasati / vijeyya paṭhaviṃ imaṃ / adaṇḍena asatthena / dhammena-m-anusāsati //

Stn. 1003. [존자 바바린]

집에서 집 없는 곳으로,
만약에 그가 출가한다면,
가리어진 것을 여는 님, 원만히 깨달은 님,
거룩한 님, 위없는 님이 된다.1003)

Stn. 1004. [존자 바바린]

나의 태생과 성씨, 몸의 특징과
진언, 제자들과 그리고 또한
머리와 머리를 떨어뜨리는 것에 대해
마음 속으로 그에게 물어라.1004)

1003) Stn. 1003. sace ca so pabbajati / agārā anagāriyaṃ / vivattacchaddo sambuddho / arahā bhavati anuttaro //

1004) Stn. 1004. jātiṃ gottañ ca lakkhaṇaṃ / mante sisse punāpare / muddhaṃ muddhātipātañ ca / manasā yeva pucchatha //

Stn. 1005. [존자 바바린]

만약 장애 없이 통찰하는
깨달은 님이라면,
마음속으로 물은 질문에
말로써 대답할 것이다."1005)

Stn. 1006. [송출자]

바바린의 말을 듣고
제자인 열 여섯 명의 바라문들,
아지따와 띳싸, 멧떼이야,
뿐나까, 그리고 멧따구.1006)

1005) Stn. 1005. anāvaraṇadassāvī / yadi buddho bhavissati / manasā pucchite pañhe / vācāya vissajessati //
1006) Stn. 1006. bāvarissa vaco sutvā / sissā soḷosa brāhmaṇā / ajito tissametteyyo / puṇṇako atha mattagū //

Stn. 1007. [송출자]

도따까, 우빠씨바,
난다와 그리고 헤마까,
또데이야, 깝빠,
현명한 자인 자뚜깐닌.[1007)]

Stn. 1008. [송출자]

바드라부다, 우다야,
뽀쌀라 바라문과
또한 슬기로운 자인 모가라자와
위대한 선인인 삥기야.[1008)]

1007) Stn. 1007. dhotako upasīvo ca / nando ca atha hemako / todeyyakappā dubhayo / jatukaṇṇī ca paṇḍito //

1008) Stn. 1008. bhadrāvudho udayo ca / posālo cāpi brāhmaṇo / mogharājā ca medhāvī / piṅgiyo ca mahā isi //

Stn. 1009. [송출자]

그들은 각자 무리들을 이끌고 있었으며,
온 세상에 잘 알려져 있고,
선정에 들고, 선정을 즐기는, 슬기로운 자들로,
전생의 삶에서 향기를 내는 사람들이었다. 1009)

Stn. 1010. [송출자]

모두 결발을 하고 사슴가죽을 걸친
그들은 모두 바바린에게 절하고,
그를 오른 쪽으로 돌아
북쪽을 향해서 그곳을 떠났다. 1010)

1009) Stn. 1009. paccekagaṇino sabbe / sabbalokassa vissutā / jhāyī jhānaratā dhīrā / pubbavāsanavāsitā //

1010) Stn. 1010. bāvariṃ abhivādetvā / katvā ca naṃ padakkhinaṃ / jaṭājinadharā sabbe / pakkāmuṃ uttarāmukhā //

Stn. 1011. [송출자]

알라까 국의 수도 빠띳타나로,
그리고 마힛싸띠를 비롯해서
또한 웃제니, 고낫다,
베디싸, 바나싸라는 도시로,[1011)]

Stn. 1012. [송출자]

꼬쌈비, 또한 싸께따,
그리고 가장 큰 도시인
싸밧티, 쎄따비야, 까삘라밧투,
꾸씨나라 공국으로 들어갔다.[1012)]

1011) Stn. 1011. aḷakassa patiṭṭhānaṃ / purimaṃ māhissatiṃ tadā / ujjeniṃ cāpi gonaddhaṃ / vedisaṃ vanasavhayaṃ //

1012) Stn. 1012. kosambiṃ cāpi sāketaṃ / sāvatthiñ ca puruttamaṃ / setavyaṃ kapilavatthuṃ / kusinārañ ca mandiraṃ //

Stn. 1013. [송출자]

그리고 빠바, 보가나가라,
베쌀리, 마가다의 도시로,
아름답고 마음에 드는
돌로 만든 탑묘에 이르렀다.1013)

Stn. 1014. [송출자]

목마른 자가 시원한 물을 찾거나
장사아치가 큰 이익을 구하듯,
더위에 지친 자가 그늘을 찾듯,
그들은 서둘러 산으로 올라갔다.1014)

1013) Stn. 1013. pāvañ ca bhoganagaraṃ / vesāliṃ māgadhaṃ puraṃ / pāsāṇakañ cetiyañ ca / ramaṇīyaṃ manoramaṃ //

1014) Stn. 1014. tasito v'udakaṃ sītaṃ / mahālābhaṃ va vāṇijo / chāyaṃ ghammābhitatto va / turitā pabbatam āruhuṃ //

Stn. 1015. [송출자]

세존께서는 그 때
수행승들의 무리 앞에서
사자가 숲 속에서 외치듯이,
가르침을 설하고 계셨다.[1015)]

Stn. 1016. [송출자]

빛을 비추는 태양 같은,
가득 찬 보름달과 같은,
올바로 원만히 깨달은 님을
아지따는 보았다.[1016)]

1015) Stn. 1015. bhagavā ca tamhi samaye / bhikkhusaṅghapurakkhato / bhikkhūnaṃ dhammaṃ deseti / sīho va nadatī vane //

1016) Stn. 1016. ajito addasa sambuddhaṃ vītaraṃsi va bhāṇumaṃ / candaṃ yathā paṇṇarase pāripūriṃ upāgataṃ //

Stn. 1017. [송출자]

그 때 그는 그의 몸에
원만한 특징들이 있는 것을 보고
한 쪽에 서서 기뻐하여
마음속으로 이렇게 물었다.1017)

Stn. 1018. [존자 아지따]

'그의 태생에 대하여 말해보시오.
성씨와 특징을 말해보시오.
성전의 통달에 대하여 말해보시오.
그 바라문이 몇 명이나 가르치고 있습니까?'1018)

1017) Stn. 1017. ath'assa gatte disvāna / paripūrañ ca vyañjanaṃ / ekamantaṃ ṭhito haṭṭho / manopañhe apucchatha //

1018) Stn. 1018. ādissa jammanaṃ brūhi / gottaṃ brūhi salakkhaṇaṃ / mantesu pāramiṃ brūhi / kati vāceti brāhmaṇo //

Stn. 1019. [세존]

"나이는 백 스무살이고,
성은 바바린이고,
몸에는 세 가지 특징이 있으며,
세 가지 성전에 통달해 있습니다."1019)

Stn. 1020. [세존]

위대한 사람의 특징과 고전설과 어휘론과
의궤론에 통달했을 뿐만 아니라,
오백 명의 제자를 가르치며, 자기가
가르치는 진리의 극치에 도달해 있습니다."1020)

1019) *Stn. 1019. vīsaṃvassasataṃ āyu / so ca gottena bhāvari / tīṇ'assa lakkhaṇā gatte / tiṇṇaṃ vedāna pāragū //*

1020) *Stn. 1020. lakkhaṇe itihāse ca / sanighaṇḍusakeṭubhe / pañca satāni vāceti / sadhamme pāramiṃ gato //*

Stn. 1021. [존자 아지따]

'갈애를 여읜 님, 사람 가운데 위없는 님이여,
바바린이 가진 특징들에 대하여
자세히 말씀해 주시어,
저희에게 의심이 일어나지 않게 해 주십시오.'1021)

Stn. 1022. [세존]

"그는 혀로 얼굴을 덮고
그의 양미간에는 곱슬털이 있고,
음부는 말처럼 감추어져 있습니다.
학인이여, 세 가지 특징은 이러합니다."1022)

1021) Stn. 1021. lakkhaṇānaṃ pavicayaṃ / bhāvarissa naruttama / taṇhacchida pakāsehi / mā no kaṅkhāyitaṃ ahū //

1022) Stn. 1022. mukhaṃ jivhāya chādeti / uṇṇ'assa bhamukantare / kosohitaṃ vatthaguhyaṃ / evaṃ jānāhi māṇava //

Stn. 1023. [세존]

질문한 자는 아무 것도 묻지 않았는데,
그것을 듣고 이렇게 대답하시는 것을 보고,
모든 사람이 감동하여
이와 같이 생각하면서 두 손을 모았다.[1023)]

Stn. 1024. [세존]

'그는 누구일까? 신일까, 하느님일까?
혹은 쑤자의 남편인 제석천일까?
도대체 그는 누구에게 대답을 한 것일까?'라고
그들은 마음 속으로 생각했다.[1024)]

1023) Stn. 1023. puccham hi kiñci asuṇanto / sutvā pañhe viyākate / vicinteti jano sabbo / vedajāto katañjali //

1024) Stn. 1024. ko nu devo va brahmā vā / indo vā pi sujampati / manasā pucchi te pañhe / kam etaṃ paṭibhāsati //

Stn. 1025. [존자 아지따]

"머리와 머리를 떨어뜨리는 것에 대해서
바바린은 물었습니다.
스승이시여. 그것을 설명해 주십시오.
선인이시여, 저희 의혹을 풀어 주십시오."1025)

Stn. 1026. [세존]

"무명이 머리인 줄 알아야 합니다.
믿음과 새김과 삼매와 더불어,
의욕과 정진을 갖춘 지혜가
머리를 떨어뜨리는 것입니다."1026)

1025) Stn. 1025. muddhaṃ muddhādhipatañ ca / bhāvarī paripucchati / taṃ vyākarohi bhagavā / kaṅkhaṃ vinaya no ise //

1026) Stn. 1026. avijjā muddhā ti jānāhi / vijjā muddhādhipātinī / saddhāsatisamādhīhi / chandaviriyena saṃyutā //

Stn. 1027. [송출자]

그래서 크게 감동하여
그 학인은 압도된 나머지
사슴가죽을 한 쪽 어깨에 걸치고,
두 발에 머리를 조아리며 절하였다.1027)

Stn. 1028. [존자 아지따]

"존자여, 눈을 갖춘 님이여,
바라문 존자 바바린이 그의 제자들과 함께
마음이 고양되어 환희하며
그대의 두 발에 예배드립니다."1028)

1027) Stn. 1027. tato vedena mahatā / santhambhitvāna māṇavo / ekaṃsaṃ ajinaṃ katvā / pādesu sirasā pati //
1028) Stn. 1028. bāvarī brāhmaṇo bhoto / saha sissehi mārisa / udaggacitto sumano / pāde vandati cakkuma //

Stn. 1029. [세존]

"바라문 바바린은 제자들과 함께
행복하길 바라며,
학인이여, 그대도 행복하길 바라며,
오래도록 살기를 바랍니다.[1029)]

Stn. 1030. [세존]

바바린이나 그대들이나
모든 사람들에게 기회가 주어졌으니
갖가지 의문과 마음 속으로
원하는 것에 대하여 물으십시오."[1030)]

1029) *Stn. 1029. sukhito bhāvarī hotu / saha sissehi brāhmaṇo / tvañ c'āpi sukhito hohi / ciraṃ jīvāhi māṇava //*

1030) *Stn. 1030. bāvarissa ca tuyhaṃ vā / sabbesaṃ sabba-saṃsayaṃ / katāvakāsā pucchavho / yaṃ kiñci man-as'icchatha //*

Stn. 1031. [송출자]

올바로 원만히 깨달은 님께
허락을 받았으므로
아지따는 앉아서 두 손을 모아
이렇게 오신 님께 첫 질문을 하였다."[1031)]

1031) Stn. 1031. sambuddhena kat'okāso / nisīditvāna pañjali / ajito paṭhamaṃ pañhaṃ / tattha pucchi tathāgataṃ //

2. 학인 아지따의 질문의 경[Ajitamāṇavapucchā]

Stn. 1032. [존자 아지따]

"세상은 무엇으로 덮여 있습니까?
무엇 때문에 빛나지 않습니까?
세상을 더럽히는 것은 무엇입니까?
크나큰 공포는 무엇인지 말해주십시오."1032)

Stn. 1033. [세존]

"아지따여, 세상은 무명에 덮여 있습니다.
세상은 탐욕과 방일 때문에 빛나지 않습니다.
갈망이 세상을 더럽히는 것이며,
괴로움이 크나큰 공포라고 나는 말합니다."1033)

1032) Stn. 1032. kena'ssu nivuto loko / (icc-āyasmā ajito) kena'ssu nappakāsati / ki'ssābhilepanaṃ brūsi / kiṃ su tassa mahabbhayaṃ //

1033) Stn. 1033. avijjāya nivuto loko / (ajitā ti bhagavā) vevicchā pamādā nappakāsati / jappābhilepanaṃ brūmi / dukkham assa mahabbhayaṃ. //

Stn. 1034. [존자 아지따]

"흐름은 어느 곳에나 흐르고 있습니다.
흐름을 막는 것은 무엇입니까?
흐름을 제어하는 것은 무엇입니까?
흐름은 어떻게 그쳐집니까?"1034)

Stn. 1035. [세존]

"아지따여, 세상에서 어떠한 흐름이든지
새김을 확립하는 것이 흐름을 막는 것이고,
그것을 제어하는 것이라고 나는 말합니다.
흐름은 지혜로 인해 그쳐지는 것입니다."1035)

1034) Stn. 1034. savanti sabbadhī sotā / (icc-āyasmā ajito) / sotānaṃ kiṃ nivāraṇaṃ / sotānaṃ saṃvaraṃ brūhi / kena sotā pithiyyare // 여기서 흐름은 '모든 형상 등의 감각의 장 가운데 갈애 등의 흐름'을 말한다.

1035) Stn. 1035. yāni sotāni lokasmiṃ / (ajitā ti bhagavā) sati tesaṃ nivāraṇam / sotānam saṃvaraṃ brūmi / paññāy'ete pithiyyare //

Stn. 1036. [존자 아지따]

"존자여, 지혜와 새김을 통해서
명색(정신·신체적 과정)은
어떠한 경우에 소멸하는 것입니까?
제가 이와 같이 여쭈니 말씀해주십시오."[1036)]

Stn. 1037. [세존]

"아지따여, 그렇게 질문한다면,
그대에게 명색(정신·신체적 과정)이
남김없이 소멸하는 것에 대해 말하겠습니다.
의식이 없어지면, 그때 그것이 소멸합니다."[1037)]

1036) Stn. 1036. paññā c'eva satī ca / (icc-āyasmā ajito) nāmarūpañ ca mārisa / etaṃ me puṭṭho pabrūhi / katth'etaṃ uparujjhati //

1037) Stn. 1037. yaṃ etaṃ pañhaṃ apucchi / ajita taṃ vadāmi te / yattha nāmañ ca rūpañ ca / asesaṃ uparujjhati / viññāṇassa nirodhena / etth'etaṃ uparujjhati //

Stn. 1038. [존자 아지따]

"이 세상에는 진리를 헤아린 자들도 있고,
여러 학인들도 있습니다.
존자여, 그들의 행동양식에 관해 여쭈오니
현명한 님으로서 말씀해 주십시오."1038)

Stn. 1039. [세존]

"감각적 쾌락의 욕망을 탐해서는 안 되며,
정신이 혼란되어서도 안 됩니다.
수행승은 모든 가르침에 숙달하여
새김을 확립하고 유행하여야 합니다."1039)

1038) Stn. 1038. ye ca saṅkhātadhammāse / ye ca sekhā puthū idha / tesaṃ me nipako iriyaṃ / puṭṭho pabrūhi mārisa //

1039) Stn. 1039. kāmesu nābhigijjheyya / manasānāvilo siyā / kusalo sabbadhammānaṃ / sato bhikkhu paribbaje ti //

3. 학인 띳싸 멧떼이야의 질문의 경 [Tissametteyyamāṇavapucchā]

Stn. 1040. [존자 띳싸멧떼이야]

"이 세상에서 누가 만족합니까?
누가 동요를 여윈 자입니까?
누가 양극단을 곧바로 알아,
지혜롭게 중간에도 때 묻지 않는 자입니까?
누구를 위대한 님이라고 부릅니까?
이 세상에서 누가
욕망의 피륙을 뛰어넘습니까?"1040)

1040) Stn. 1040. ko'dha santusito loke / (icc-āyasmā tisso metteyyo) / kassa no santi iñjitā / ko ubh'anta-m-abhiññaya / majjhe mantā na lippati / kaṃ brūsi mahāpuriso ti / ko idha sibbanim accagā // 욕망의 피륙이란 갈애에 의해 짜여진 피륙을 뜻한다.

Stn. 1041. [세존]

"멧떼이야여, 감각적 쾌락의 세계에서도
청정한 삶을 영위하며, 갈애를 떠나,
항상 새김을 확립하고 성찰하여
적멸에 드는 수행승, 그가 동요를 여읩니다.1041)

Stn. 1042. [세존]

그가 양극단을 곧바로 알아,
지혜롭게 중간에도 더럽혀지지 않습니다.
그를 나는 위대한 님이라고 부릅니다.
이 세상에서 그가
욕망의 피륙을 뛰어넘습니다."1042)

1041) Stn. 1041. kāmesu brahmacariyavā / (metteyyā ti bhagavā) vītataṇho sadā sato / saṅkhāya nibbuto bhikkhu / tassa no santi iñjitā //

1042) Stn. 1042. so ubh'anta-m-abhiññāya / majjhe mantā na lippati / taṃ brūmi mahāpuriso ti / so idha sibbanim accagā ti //

4. 학인 뿐나까의 질문의 경[Puṇṇakamāṇavapucchā]

Stn. 1043. [존자 뿐나까]

"동요를 여의고
근본을 통찰하는 님께
여쭙고자 이렇게 왔습니다.
이 세상에서 선인들과
평민들과 왕족들과 바라문들은
무엇 때문에 널리 신들에게 제사를 지냅니까?
세존이시여, 당신께 묻사오니
제게 말씀을 하여 주십시오."1043)

1043) Stn. 1043. anejaṃ mūladassāviṃ / (icc-āyamsā puṇṇako) atthi pañhena āgamaṃ / kinnissitā isayo manujā khattiyā brāhmaṇā / devatānaṃ yaññam akappayiṃsu puthū idha loke / pucchāmi taṃ bhagavā brūhi me taṃ //

Stn. 1044. [세존]

"이 세상에서 어떠한 선인들과
평민들과 왕족들과 바라문들이
널리 신들에게 제사를 지내더라도,
뿐나까여, 그들은 이 세상에서
늙어 가는 것에 걸리어
존재를 갈구하면서,
제사를 지내는 것입니다."1044)

1044) Stn. 1044. *ye kec'ime isayo manujā / (puṇṇakā ti bhagavā) khattiyā brāmaṇā devatānaṃ / yaññam akappayiṃsu puthū idha loke / āsiṃsamānā puṇṇaka itthabhāvaṃ / jaraṃ sitā yaññam akappayiṃsu //*

Stn. 1045. [존자 뿐나까]

"이 세상에서 선인들과
평민들과 왕족들과 바라문들은
널리 신들에게 제사를 지내더라도,
세존이시여, 제사에 방일하지 않았다면,
존자여, 그들은 태어남과 늙음을
뛰어넘은 것입니까?
세존이시여, 당신께 여쭈니
제게 말씀하여 주십시오."1045)

1045) Stn. 1045. ye kec'ime isayo manujā / (icc-āyasmā puṇṇako) khattiyā brāhmaṇā devatānaṃ / yaññam akappayiṃsu puthū idha loke / kacciṃ su te bhagavā yaññapathe appamattā / atāru jātiñ ca jarañ ca mārisa / pucchāmi taṃ bhagavā brūhi me taṃ //

Stn. 1046. [세존]

"뿐나까여,
그들은 갈구하고,
찬탄하고, 탐착하여,
공물을 바칩니다.
이득을 토대로
감각적 쾌락의 욕망을 갈구하는 것입니다.
제사에 헌신하는 자들은
존재의 탐욕에 집착하여,
태어남과 늙음을 뛰어넘지 못했다고
나는 말합니다."1046)

1046) Stn. 1046. āsiṃsanti thomayanti / abhijappanti juhaṃ ti(puṇṇakā ti bhagavā) / kāmābhijappanti paṭicca lābhaṃ / te yājayogā bhavarāgarattā / nātariṃsu jātijaran ti brūmi //

Stn. 1047. [존자 뿐나까]

"제사에 헌신하는 자들이
제사로써 태어남과 늙음을
뛰어넘지 못했다면,
존자여, 그렇다면
신들과 인간의 세계에서
태어남과 늙음을
뛰어넘은 사람은 누구입니까?
세존이시여, 묻사오니
제게 말씀해주십시오."1047)

1047) Stn. 1047. te ce nātariṃsu yājayogā / (icc'āyasmā puṇṇako) yaññehi jātiñ ca jarañ ca mārisa / atha ko carahi devamanussaloke / atāri jātiñ ca jarañ ca mārisa / pucchāmi taṃ bhagavā brūhi me taṃ //

Stn. 1048. [세존]

"뿐나까여, 세상에서
높고 낮은 것을 성찰하여
어디에도 동요하지 않고,
적멸에 들어, 연기(煙氣)를 여의고,
고뇌도 없고, 탐욕도 없다면,
그가 태어남과 늙음을 뛰어넘었다고
나는 말합니다."1048)

1048) Stn. 1048. saṅkhāya lokasmiṃ parovarāni / (puṇṇakā ti bhagavā) yass'iñjitaṃ natthi kuhiñci loke / santo vidhūmo anigho nirāso / atāri so jātijaran ti brūmī ti //

5. 학인 멧따구의 질문의 경[Mettagumāṇavapucchā]

Stn. 1049. [학인 멧따구]

"세존이시여, 묻사오니
제게 말씀해 주십시오.
그대는 지혜를 통달하신 님,
자신을 다스린 님이라고 저는 생각합니다.
이 세상에는
갖가지 괴로움이 있는데,
그것들은 도대체
어디서 나타난 것입니까?"1049)

1049) Stn. 1049. pucchāmi taṃ bhagavā brūhi me taṃ / (icc-āyasmā) maññāmi taṃ vedaguṃ bhāvitattaṃ / kuto nu dukkhā samudāgatā ime / ye kecci lokasmiṃ anekarūpā //

Stn. 1050. [세존]

"멧따구여, 그대는 내게
괴로움의 원인에 대하여 물었습니다.
내가 알고 있는 것을 그대에게 말하겠습니다.
이 세상에 있는 갖가지 괴로움이 있는데,
그것들은 집착을 인연으로 생겨납니다.[1050)]

Stn. 1051. [세존]

알지 못해서 집착의 대상을 만들어 낸다면,
어리석은 자에게 되풀이해 괴로움이 다가옵니다.
그러므로 괴로움의 원인을 본다면, 자각하여,
집착의 대상을 만들어 내서는 안 됩니다."[1051)]

1050) Stn. 1050. dukkhassa ve maṃ pabhavaṃ apucchasi / (mettagū ti bhagavā) taṃ te pavakkhāmi yathā pajānaṃ / upadhīnidānā pabhavanti dukkhā / ye keci lokasmiṃ anekarūpā //

1051) Stn. 1051. yo ve avidvā upadhiṃ karoti / punappunaṃ dukkham upeti mando / tasmā hi jānaṃ upadhiṃ na kayirā / dukkhassa jātippabhavānupassī //

Stn. 1052. [존자 멧따구]

"제가 물은 바를 당신께서 설명해 주셨습니다.
다른 것을 또 묻사오니 또한 말씀해 주십시오.
어떻게 현자들은 거센 흐름, 태어남과 늙음,
슬픔과 비탄을 뛰어넘을 수 있습니까?
성자시여, 제게 설명해 주시면 감사하겠습니다.
그대 가르침은 이처럼 분명하기 때문입니다."1052)

Stn. 1053. [세존]

"멧따구여, 현세에 전해 내려온 것이 아닌
이 원리를 나는 그대에게 말하겠습니다.
그 원리를 듣고 새김을 확립하여 유행하며
세상의 집착을 뛰어넘으십시오."1053)

1052) Stn. 1052. yaṃ taṃ apucchimha akittayī no / aññaṃ taṃ pucchāmi tad iṅgha brūhi / kathan nu dhīrā vitaranti oghaṃ / jātijaraṃ sokapariddavañ ca / tam me munī sādhu viyākarohi / tathā hi vidito esa dhammo. // 거센 흐름에 대해서는 Stn. 21의 주석을 보라.

1053) Stn. 1053. kittayissāmi te dhammaṃ / (mettagū ti bhagavā) diṭṭhe dhamme anītihaṃ / yaṃ viditvā sato caraṃ / tare loke visattikaṃ //

Stn. 1054. [존자 멧따구]

"위대한 선인이시여, 저는 그 으뜸가는 원리를 받는 것에 대해 그지없이 기쁩니다.
그 원리대로 행하여
세상의 집착을 넘어서겠습니다."1054)

Stn. 1055. [세존]

"멧따구여, 시간적으로나,
위로 아래로 옆으로 가운데로,
그대가 인식하는 어떤 것이라도,
그것에 대한 환락과 집착과
그 유위적 의식을 제거하고,
존재에 머물러서는 안 됩니다. 1055)

1054) Stn. 1054. tañ cāhaṃ abhinandāmi / mahesi dhammam uttamaṃ / yaṃ viditvā sato caraṃ / tare loke visattikaṃ //

1055) 1055. yaṃ kiñci sampajānāsi / (mettagū ti bhagavā) uddhaṃ adho tiriyaṇ cāpi majjhe / etesu nandiñ ca nivesanañ ca / panujja viññāṇaṃ bhave na tiṭṭhe //

Stn. 1056. [세존]

이렇게 새김을 확립하고,
방일하지 않는
수행승은 내 것이라는
집착했던 것을 버리고,
태어남과 늙음,
슬픔과 비탄을 버리고,
여기서 자각적으로
괴로움을 여읠 것입니다."[1056)]

1056) Stn. 1056. evaṃvihārī sato appamatto / bhikkhu caraṃ hitvā mamāyitāni / jātijaraṃ sokapariddavañ ca / idh'eva vidvā pajaheyya dukkhaṃ //

Stn. 1057. [존자 멧따구]

"위대한 선인의 말씀을 듣고 저는 기쁩니다.
고따마시여, 집착 없는 경지를 잘 밝혔습니다.
세존께서는 괴로움을 여의였기 때문입니다.
이처럼 당신의 가르침은 자명해졌습니다.1057)

Stn. 1058. [존자 멧따구]

성자시여, 당신께서 끊임 없이 가르치시면,
그들은 이제 틀림없이 괴로움을 버릴 것입니다.
코끼리시여, 그래서 당신께 다가가
예배드리오니, 아무쪼록 세존께서는
저를 언제나 가르쳐주시기 바랍니다."1058)

1057) Stn. 1057. etābhinandāmi vaco mahesino / sukittitaṃ gotam'anūpadhīkaṃ / addhā hi bhagavā pahāsi dukkhaṃ / tathā hi te vidito esa dhammo //

1058) Stn. 1058. te cāpi nūna pajaheyyu dukkhaṃ / ye tvam munī aṭṭhitam ovadeyya / taṃ taṃ namassāmi samecca nāga / app'eva maṃ bhagavā aṭṭhitam ovadeyya //

Stn. 1059. [세존]

"지혜에 통달한 님이라고 알려지고,
아무 것도 소유하지 않고,
감각적 쾌락의 존재에
집착 없는 거룩한 님이라면,
그는 확실히 이 거센 흐름을 건넜습니다.
그는 피안에 이르러,
황무지가 없고, 의혹도 없습니다.[1059]

1059) Stn. 1059. yaṃ brāhmaṇaṃ vedaguṃ ābhijaññā / akiñcanaṃ kāmabhave asattaṃ / addhā hi so oghaṃ imaṃ atāri / tiṇṇo ca pāraṃ akhilo akaṅkho // 거센 흐름에 대해서는 Stn. 21의 주석을 보라. 황무지에 대해서는 Stn. 19의 주석을 보라.

Stn. 1060. [세존]

또한 그는 이 세상에서는 현자이고,
지혜에 통달한 자이고
이러한 다양한 존재에 대한 집착을 버리고,
갈애를 떠나,
고뇌도 없고 바램도 없습니다.
그는 태어남과 늙음을 뛰어넘었다고
나는 말합니다."[1060)]

1060) Stn. 1060. vidvā ca so vedagu naro idha / havābhave saṅgham imaṃ visajja / so vītataṇho anigho nirāso / atāri so jātijaran ti brūmī ti //

6. 학인 도따까의 질문의 경[Dhotakamāṇavapucchā]

Stn. 1061. [존자 도따까]

"세존이시여, 묻건대 말씀해 주십시오.
당신의 말씀을 듣고 싶습니다.
위대하신 선인이여, 당신의 목소리를 듣고
열반을 배우겠습니다."1061)

Stn. 1062. [세존]

"도따까여, 그러면 이 세상에서
신중하게 새김을 확립하고 정진하십시오.
여기서 나의 목소리를 듣고,
자기 자신을 위해 열반을 배우십시오."1062)

1061) Stn. 1061. pucchāmi taṃ bhagavā brūhi me taṃ / (icc'āyasmā dhotako) vācābhikaṅkhāmi mahesi tuyhaṃ / tava sutvāna nigghosaṃ / sikkhe nibbānam attano //

1062) Stn. 1062. tena h'ātappaṃ karohi / (dhotakā ti bhagavā) idh'eva nipako sato / ito sutvāna nigghosaṃ / sikkhe nibbānam attano //

Stn. 1063. [존자 도따까]

"저는 신들과 인간의 세계에서
아무 것도 없이 유행하는 바라문을 봅니다.
널리 보는 눈을 지닌 님,
싸끼야여, 저는 당신께 예배드립니다.
저로 하여금 의혹에서 해탈시켜 주십시오."1063)

Stn. 1064. [세존]

"도따까여, 나는 이 세상에서
어떠한 의혹을 가진 자라 할지라도
해탈을 시켜 주지는 못합니다.
다만 으뜸가는 가르침을 안다면,
스스로 거센 흐름을 건너게 될 것입니다."1064)

1063) Stn. 1063. passām'ahaṃ devamanussaloke / akiñcanaṃ brāhmaṇaṃ iriyamānaṃ / taṃ taṃ namassāmi samantacakkhu / pumuñca maṃ sakka kathaṃkathāhi //

1064) Stn. 1064. n'āhaṃ gamissāmi pamocanāya / kathaṃkathiṃ dhotaka kañci loke / dhammañ ca seṭṭhaṃ ājānamāno / evaṃ tuvaṃ ogham imaṃ taresi //

Stn. 1065. [존자 도따까]

"거룩한 님이여, 자비를 베풀어
알고 싶은 멀리 여읨의 원리를 가르쳐 주십시오.
저는 마치 허공처럼 평화롭게, 세상에서
고요하게 집착 없이 유행하겠습니다."1065)

Stn. 1065. [세존]

"도따까여, 현세에 전해진 바가 없는
적멸에 관해 그대에게 말하겠습니다.
그것을 알아 새김을 확립하고 유행하며,
세상의 집착을 뛰어넘으십시오."1066)

1065) Stn. 1065. anusāsa brahme karuṇāyamāno / vivekadhammaṃ yam ahaṃ vijaññaṃ / yath'āhaṃ ākāso va avyāpajjamāno / idh'eva santo asito careyyaṃ //

1066) Stn. 1066. kittayissāmi te santiṃ / (dhotakā ti bhagavā) diṭṭhe dhamme anītihaṃ / yaṃ viditvā sato caraṃ / tare loke visattikaṃ //

Stn. 1065. [존자 도따까]

"위대한 선인이여, 그 위없는 적멸에 대하여
말씀하신다니 저는 대단히 기쁩니다.
그것을 알아 새김을 확립하여 유행하며
세상에서의 집착을 끊겠습니다."1067)

Stn. 1065. [세존]

"시간적으로나 위로 아래로 옆으로 가운데로나,
그대가 인식하는 어떤 것이라도,
그것을 세상에서의 집착이라 알아서,
존재와 비존재에의 갈애를 일으키지 마십시오."1068)

1067) Stn. 1067. tañ cāhaṃ abhinandāmi / mahesi santim uttamaṃ / yaṃ viditvā sato caraṃ / tare loke visattikaṃ //

1068) Stn. 1068. yaṃ kiñci sampajānāsi / (dhotakā ti bhagavā) uddhaṃ adho tiriyañ cāpi majjhe / etaṃ viditvā saṅgo ti loke / bhavābhavāya mā kāsi taṇhan ti //

7. 학인 우빠씨바의 질문의 경[Upasīvamāṇavapucchā]

Stn. 1069. [존자 우빠씨바]

"싸끼야시여, 아무 것에도
의존하지 않고
혼자서 크나큰
거센 흐름을 건널 수 없습니다.
제가 의지해
이 거센 흐름을 건널 수 있도록,
의지처를 가르쳐 주십시오.
널리 보는 눈을 지닌 님이여."1069)

1069) Stn. 1069. eko ahaṃ sakka mahantam oghaṃ / (icc-āyasmā upasīvo) anissito no visahāmi tarituṃ / ārammaṇaṃ brūhi samantacakkhu / yaṃ nissito ogham imaṃ tareyya // 거센 흐름에 대해서는 Stn. 21의 주석을 보라.

Stn. 1070. [세존]

"우빠씨바여, 새김을 확립하여
아무 것도 없는 경지를
지각하며 나아가,
'없다'에 의지하여
거센 흐름을 건너십시오.
감각적 쾌락의 욕망을 버리고
의혹에서 벗어나
갈애의 소멸에 대해
밤낮으로 살피시오."1070)

1070) Stn. 1070. ākiñcaññaṃ pekkhamāno satīmā / (upasīvā ti bhagavā) n'atthī ti nissāya tarassu oghaṃ / kāme pahāya virato kathāhi / taṅhakkhayaṃ nattamahābhipassa //

Stn. 1071. [존자 우빠씨바]

"모든 감각적 쾌락에 대한 탐착에서 벗어나,
아무 것도 없는 것에 의지해 다른 것을 버리고,
최상의 지각이 있는 해탈 가운데 해탈한 자,
그가 그것에 종속되지 않을 수 있겠습니까?"1071)

Stn. 1072. [세존]

"모든 감각적 쾌락에 대한 탐착에서 벗어나
아무 것도 없는 것에 의지해 일체를 버리고
최상의 지각이 있는 해탈에 도달한 자,
우빠씨바여, 거기에 종속되지 않을 것입니다."1072)

1071) Stn. 1071. sabbesu kāmesu yo vītarāgo / (icc-āyasmā upasīvo) ākiñcaññaṃ nissito hitva-m-aññaṃ / saññāvimokhe parame vimutto / tiṭṭheyya so tattha anānuyāyī //

1072) Stn. 1072. sabbesu kāmesu yo vītarāgo / (upasīvā ti bhagavā) ākiñcaññaṃ nissito hitva-m-aññaṃ / saññāvimokkhe parame vimutto / tiṭṭheyya so tattha anānuyāyī //

Stn. 1073. [존자 우빠씨바]

"널리 보시는 눈을 지닌 님이여,
거기에 종속되지 않고 여러 해 동안 지낸다면,
그는 거기서 해탈하여 청량하게 되겠습니까?
그러한 그에게도 의식은 있는 것입니까?"1073)

Stn. 1074. [세존]

"가령 바람의 힘에 꺼진 불꽃은
우빠씨바여, 소멸되어 헤아려지지 못하듯,
정신적인 것들에서 해탈한 성자는
소멸되어 헤아려질 수 없게 됩니다."1074)

1073) Stn. 1073. tiṭṭhe ce tattha anānuyāyī / pūgam pi vassānaṃ samantacakkhu / tatth'eva so sītisiyā vimutto / cavetha viññāṇaṃ tathāvidhassa //

1074) Stn. 1074. accī yathā vātavegena khitto / (upasīvā ti bhagavā) atthaṃ paleti na upeti saṅkhaṃ / evaṃ munī nāmakāyā vimutto / atthaṃ paleti na upeti saṅkhaṃ //

Stn. 1075. [존자 우빠씨바]

"소멸해버린 것입니까, 존재하지 않는 것입니까,
혹은 영원한, 질병을 여읜 상태입니까?
성자시여, 그것을 제게 말씀해 주십시오.
당신이 깨우친 것은 이것이기 때문입니다."[1075)]

Stn. 1076. [세존]

"소멸해 버린 자는 헤아려질 기준이 없습니다.
언명할 수 있는 것이 그에게는 없는 것입니다.
우빠씨바여, 모든 현상들이 깨끗이 끊어지면,
언어의 길도 완전히 끊어지는 것입니다."[1076)]

1075) Stn. 1075. atthaṃ gato so uda vā so n'atthi / udāhu ve sassatiyā arogo / taṃ me munī sādhu viyākarohi / tathā hi te vidito esa dhammo //

1076) Stn. 1076. atthaṃ gatassa na pamāṇaṃ atthi / (upasīvā ti bhagavā) yena naṃ vajju taṃ tassa n'atthi / sabbesu dhammesu samūhatesu / samūhatā vādapathā pi sabbe ti //

8. 학인 난다의 질문의 경[Nandamāṇavapucchā]

Stn. 1077. [존자 난다]

"'세상에는 성자들이 있다.'라고
사람들은 말하는데, 어째서 그렇습니까?
지혜를 갖춘 님을 성자라고 부릅니까,
생활을 갖춘 님을 성자라고 부릅니까?"[1077)]

Stn. 1078. [세존]

"난다여, 착하고 건전한 사람은
견해나 학문나 지식을 가지고
이 세상에서 성자라고 하지는 않습니다.
적의 없이, 고뇌 없이, 욕망 없이 유행한다면,
그들이야말로 성자라고 나는 말합니다."[1078)]

1077) *Stn. 1077. santi loke munayo / (icc'āyasmā nando) janā vadanti ta-y-idaṃ kathaṃ su / ñāṇ'ūpapannaṃ no muniṃ vadanti / udāhu ve jīviten'ūpapannaṃ. //*

1078) *Stn. 1078. na diṭṭhiyā na sutiyā na ñāṇena / munīdha nanda kusalā vadanti / visenikatvā anighā nirāsā / caranti ye te munayo ti brūmi //*

Stn. 1079. [존자 난다]

"어떠한 수행자나 성직자들이라도
견해나 학식으로 청정을 주장하고
규범과 금계로 청정을 주장하며,
이와 같이 여러 형태로 청정을 주장합니다만,
존자여, 그들은 그렇게 유행하는 동안,
과연 태어남과 늙음을 뛰어넘는 것입니까?
세존이시여, 묻건대 말씀해 주십시오."1079)

1079) Stn. 1079. ye kec'ime samaṇabrāhmaṇāse / (icc'āyasmā nando) diṭṭhe sutenāpi vadanti suddhiṃ / sīlabbatenāpi vadanti suddhiṃ / anekarūpena vadanti suddhiṃ / kacciṃ su te bhagavā tattha yathā carantā / atāru jātiñ ca jarañ ca mārisa / pucchāmi taṃ bhagavā brūhi me taṃ. //

Stn. 1080. [세존]

"어떠한 수행자나 성직자들이라도
견해나 학식으로 청정을 주장하고
규범이나 금계로 청정을 말하며,
이와 같이 여러 형태로 청정을 주장하지만,
그들이 그렇게 유행하더라도
결코 태어남과 늙음을 뛰어넘지 못한다고
난다여, 나는 말합니다. 1080)

1080) Stn. 1080. ye kec'ime sammaṇabrāhmaṇāse / (nandā ti bhagavā) diṭṭhe sutenāpi vadanti suddhiṃ / sīlabbatenāpi vadanti suddhiṃ / anekarūpena vadanti suddhiṃ / kiñc'āpi te tattha yathā caranti / nātariṃsu jātijaran ti brūmi //

Stn. 1081. [존자 난다]

"어떠한 수행자나 성직자들이라도
견해나 학식으로 청정을 주장하고
규범이나 금계로 청정을 말하며,
이와 같이 여러 형태로 청정을 주장하지만,
성자시여, 당신이
'그들은 거센 흐름을 건너지 못했다.'고 하신다면,
존자여, 신들과 인간의 세계에서
태어남과 늙음을 뛰어넘은 사람은 누구입니까?
세존이시여, 묻건대 말씀해 주십시오."1081)

1081) Stn. 1081. ye kec'ime sammaṇabrāhmaṇāse / (icc'āyasmā nando) diṭṭhe sutenāpi vadanti suddhiṃ / sīlabbatenāpi vadanti suddhiṃ / anekarūpena vadanti suddhiṃ / sace muni brūsi anoghatiṇṇe / atha ko carahi devamaussaloke / atāri jātiñ ca jarañ ca mārisa / pucchāmi taṃ bhagavā brūhi me taṃ // 거센 흐름에 대해서는 Stn. 21의 주석을 보라.

Stn. 1082. [세존]

"모든 수행자, 성직자들이
태어남과 늙음에 갇혀있다고
난다여, 말하는 것이 아닙니다.
이 세상에서
본 것이나 들은 것이나 감지한 것이나
규범과 금계나 모두 여의고,
다양한 모든 것을 여의고,
갈애를 두루 알아
일체의 번뇌를 여의었다면,
그들이야말로 참으로 거센 흐름을 건넜다고
나는 말합니다."1082)

1082) Stn. 1082. nāhaṃ sabbe samaṇabrāhmanāse / (nandā ti bhagavā) jātijarāya nivutā ti brūmi / yes'īdha diṭṭhiṃ va sutaṃ mutaṃ vā / sīlabbataṃ vā pi pahāya sabbaṃ / anekarūpam pi pahāya sabbaṃ / taṇhaṃ pariññāya anāsavāse / te ve narā oghatiṇṇā ti brūmi // 감지에 대해서는 Stn. 790의 주석을 보라.

Stn. 1083. [존자 난다]

"저는 위대한 선인의
말씀에 기뻐합니다.
고따마시여, 의착 없는 상태를
훌륭하게 밝혀 주셨습니다.
이 세상에서
본 것이나 들은 것이나 감지한 것이나
규범과 금계나 모두 여의고,
다양한 모든 것을 여의고,
갈애를 두루 알아
일체의 번뇌를 여의었다면,
그 사람들은 참으로 거센 흐름을 건넜다고
저도 생각합니다."[1083)]

1083) *Stn. 1083. et'ābhinandāmi vaco mahesino / sukittitaṃ gotam'anūpadhīkaṃ / yes'īdha diṭṭhaṃ va sutaṃ mutaṃ vā / sīlabbataṃ vā pi pahāya sabbaṃ / anekarūpam pi pahāya sabbaṃ / taṇhaṃ pariññāya anāsavāse / aham pi te oghatiṇṇā ti brūmī ti // 거센 흐름에 대해서는 Stn. 21의 주석을 보라.*

9. 학인 헤마까의 질문의 경[Hemakamāṇavapucchā]

Stn. 1084. [존자 헤마까]

"고따마의 가르침이 있기 전에 어떤 자라도
'이전에는 이러했지만 이렇게 될 것이다.'라고
설명해 준 것 그 모두 전설에 불과했습니다.
그 모두는 사유의 혼란을 더할 뿐이었습니다.1084)

Stn. 1085. [존자 헤마까]

그래서 저는 그것에 기뻐하지 않았습니다.
성자시여, 갈애를 끊는 원리를 말해주십시오.
그것을 알아, 새김을 확립하고, 유행하면서
세상의 여러 가지 집착을 뛰어넘겠습니다."1085)

1084) Stn. 1084. ye me pubbe viyākaṃsu / (icc'āyasmā hemako) huraṃ gotamasāsanā / icc'āsi iti bhavissati / sabban taṃ itihītihaṃ / sabban taṃ takkavaḍḍhanaṃ //

1085) Stn. 1085. n'āhaṃ tattha abhiramiṃ / tvañ ca me dhammam akkhāhi / taṇhānigghātanaṃ muni / yam viditvā sato caraṃ / tare loke visattikaṃ //

Stn. 1086. [세존]

"헤마까여, 이 세상에서
보거나, 듣거나, 감지하거나, 인식한
사랑스런 대상에 대한 욕망과 탐욕을 여의면,
그것이 흔들리지 않는 열반의 토대입니다.[1086]

Stn. 1087. [세존]

이것을 잘 알아, 새김을 확립하여,
현세에서 완전히 소멸하여
항상 적멸에 들면,
그들이 세상에서 집착을 뛰어넘은 것입니다."[1087]

1086) Stn. 1086. idha diṭṭhasutamutaviññātesu / piyarūpesu hemaka / chandarāgavinodanaṃ / nibbānapadam accutaṃ //

1087) Stn. 1087. etad aññāya ye satā / diṭṭhadhammābhinibbutā / upasantā ca te sadā / tiṇṇā loke visattikan ti //

10. 학인 또데이야의 질문의 경[Todeyyamāṇavapucchā]

Stn. 1088. [존자 또데이야]

"모든 감각적 쾌락의 욕망을 여의고,
갈애가 없어
온갖 의혹을 뛰어넘은 님이 있다면,
그는 어떤 해탈을 구하면 좋겠습니까?"[1088)]

Stn. 1089. [세존]

"모든 감각적 쾌락의 욕망을 여의고,
또데이야여, 갈애가 없어
온갖 의혹을 뛰어넘은 님이 있다면,
그에게는 따로 해탈이 없습니다."[1089)]

1088) Stn. 1088. yasmiṃ kāmā na vasanti / (icc'āyasmā todeyya) taṇhā yassa na vijjati / kathaṃkathā ca yo tiṇṇo / vimokho tassa kīdiso //

1089) Stn. 1089. yasmiṃ kāmā na vasanti (todeyyā ti bhagavā) taṇhā yassa na vijjati / kathaṃkathā ca tiṇṇo / vimokho tassa nāparo //

Stn. 1090. [존자 또데이야]

"그에게 원하는 바가 없습니까?
아니면, 아직 원하는 바가 있습니까?
지혜가 있는 것입니까?
또는 지혜로운 체하는 것입니까?
싸끼야시여, 그가 성자임을
제가 알 수 있도록
널리 보는 눈을 지닌 님이여, 밝혀주십시오.[1090)]

1090) Stn. 1090. nirasāyo so uda āsasāno / paññāṇavā so uda paññakappī / muniṃ ahaṃ sakka yathā vijaññaṃ / taṃ me viyācikkha samantacakkhu //

Stn. 1091. [세존]

"그에게는 원하는 바가 없지,
원하는 바가 있는 것이 아닙니다.
지혜가 있는 것이지,
지혜로운 체하는 것이 아닙니다.
또데이야여, 성자의 삶을 사는 님은
이와 같다고 알아야 합니다.
아무 것도 없어,
감각적 쾌락에의 욕망의 존재에
집착하지 않습니다."1091)

1091) Stn. 1091. nirāsayo so na so āsasāno / paññāṇavā so uda paññakappī / evam pi todeyya muniṃ vijāna / akiñcanaṃ kāmabhave asattan ti //

11. 학인 깝빠의 질문의 경[Kappamāṇavapucchā]

Stn. 1092. [존자 깝빠]

"거센 흐름이
크나큰 공포를 불러일으키는
바다의 한 가운데 있으면서,
늙음과 죽음에
짓눌려 있는 자들을 위하여
존자여, 섬에 대하여 말씀해 주십시오.
그와 같은 일이 다시 없도록
섬을 제게 보여 주십시오."1092)

1092) Stn. 1092. majjhe sarasmiṃ tiṭṭhataṃ / (icc'āyasmā kappo) oghe jāte mahabbhaye / jarāmaccuparetānaṃ / dīpaṃ pabrūhi mārisa / tvañ ca me dīpam akkhāhi / yatha-y-idaṃ nāparaṃ siyā // 거센 흐름에 대해서는 Stn. 21의 주석을 보라.

Stn. 1093. [세존]

"거센 흐름이 크나큰 공포를 불러일으키는
바다의 한 가운데 있으면서
늙음과 죽음에 짓눌려 있는 자들을 위하여
깝빠여, 그대에게 섬에 대해 말하겠습니다.[1093)]

Stn. 1094. [세존]

어떠한 것도 없고, 집착 없는 것,
이것이 다름 아닌 피난처입니다.
그것을 열반이라고 나는 부릅니다.
그것이 노쇠와 죽음의 소멸인 것입니다.[1094)]

1093) Stn. 1093. majjhe sarasmiṃ tiṭṭhataṃ / (kappā ti bhagavā) oghe jāte mahabbhaye / jarāmaccuparetānaṃ / dīpaṃ pabrūmi kappa te //

1094) Stn. 1094. akiñcanaṃ anādānaṃ / etaṃ dīpaṃ anāparaṃ / nibbānaṃ iti naṃ brūmi / jarāmaccuparikkhayaṃ //

Stn. 1095. [세존]

이렇게 알아, 새김을 확립하고
현세에서 완전히 소멸하여 적멸에 들면,
그들은 악마에게 종속되지 않습니다.
악마의 노예가 되지 않습니다."[1095)]

1095) Stn. 1095. etad aññāya ye satā / diṭṭhidhammābhinibbutā / na te māravasānugā / na te mārassa paddhagū ti //

12. 학인 자뚜깐닌의 질문의 경[Jatukaṇṇimāṇavapucchā]

Stn. 1096. [존자 자뚜깐닌]

"감각적 쾌락에의 욕망이 없는
영웅에 대하여 듣고자,
거센 흐름을 건너
욕망을 뛰어넘은 님에 대해 묻고자,
이곳에 왔습니다.
적멸의 경지를 말씀해 주십시오.
일체를 아는 눈을 지닌 세존이시여,
사실대로 말씀해 주십시오.[1096]

1096) Stn. 1096. sutvāna 'haṃ vīram akāmakāmiṃ / (icc'āyasmā Jatukaṇṇī) oghātiṇṇaṃ puṭṭhuṃ akāmam āgamaṃ / santīpadaṃ brūhi sahājanetta / yathātacchaṃ bhagavā brūhi me taṃ // 거센 흐름에 대해서는 Stn. 21의 주석을 보라.

Stn. 1097. [존자 자뚜깐닌]

빛나는 태양이
빛으로 인해 대지를 이기듯,
세존께서는 감각적 쾌락에의 욕망을
극복하고 유행합니다.
광대한 지혜를 갖춘 님이시여,
지혜가 적은 제가 알고자 하오니,
이 세상에서 태어남과 늙음을 극복하는
원리에 대해 밝혀 주십시오."[1097)]

1097) Stn. 1097. bhagavā hi kāme abhibhuyya iriyati / ādicco va paṭhaviṃ teji tejasā / parittapaññassa me bhūripañña / ācikkha dhammaṃ yam ahaṃ vijaññaṃ / jātijarāya idha vippahānaṃ //

Stn. 1098. [세존]

"모든 감각적 쾌락에의 탐욕을 억제하십시오.
자뚜깐닌이여, 그것을 여의는 것이야말로
안온이라고 통찰하여, 그대는
어떠한 것도 취하거나 버려서는 안 됩니다.[1098)]

Stn. 1099. [세존]

과거에 있었던 것을 말려 버리고,
미래에는 그대에게 아무 것도 없게 하십시오.
현재에 대해서도 집착하지 않는다면,
그대는 적멸을 이룰 것입니다.[1099)]

1098) Stn. 1098. kāmesu vinaya gedhaṃ / (jatukaṇṇī ti bhagavā) nekkhammaṃ daṭṭhu khemato / uggahītaṃ nirattaṃ vā / mā te vijjittha kiñcanaṃ //

1099) Stn. 1099. yaṃ pubbe taṃ visosehi / pacchā te mā'hu kiñcanaṃ / majjhe ce no gahessasi / upasanto carissasi //

Stn. 1100. [세존]

명색(정신적·신체적 과정)에 대하여
바라문이여, 일체 탐욕을 떠난 님에게,
죽음에 지배되어야만 하는
번뇌는 결코 존재하지 않습니다."1100)

1100) *Stn. 1100. sabbaso nāmarūpasmiṃ / vītagedhassa brāhmaṇa / āsavā'ssa na vijjanti / yehi maccuvasaṃ vaje ti //*

13. 학인 바드라부다의 질문의 경[Bhadrāvudhamāṇavapucchā]

Stn. 1101. [존자 바드라부다]

"집을 버리고,
갈애를 끊어,
동요 없이,
쾌락을 버리고,
거센 흐름을 건너,
해탈하고,
허구를 버린,
현명한 님께 저는 원합니다.
티끌 없는 님의 말씀을 듣고
사람들은 이곳에서 물러날 것입니다.[1101]

1101) Stn. 1101. okaṃjahaṃ taṇhacchidaṃ anejaṃ / (icc'āyasmā bhadrāvudho) nandiṃjahaṃ oghatiṇṇaṃ vimuttaṃ / kappaṃjahaṃ abhiyāce sumedhaṃ / sutvāna nāgassa apanamissanti ito // 거센 흐름에 대해서는 Stn. 21의 주석을 보라.

Stn. 1102. [존자 바드라부다]

영웅이시여, 당신의 말씀을 듣고자
많은 사람이
여러 나라에서 모여들었습니다.
그들을 위해 잘 설명해 주십시오.
당신에게 이러한 진리는
여실하게 밝혀져 있기 때문입니다."1102)

1102) Stn. 1102. nānā janā janapadehi saṅgatā / tava vīra vākyaṃ abhikaṅkhamānā / tesaṃ tuvaṃ sādhu viyākarohi / tathā hi te vidito esa dhammo //

Stn. 1103. [세존]

"바드라부다여, 시간적으로나,
위로 아래로 옆으로 가운데로나,
얻은 것에 대한 갈애를
모조리 없애버리십시오.
세상에 있는 어느 것에라도 집착하면,
그것 때문에 악마가
그 사람을 따라 다니게 됩니다.1103)

1103) Stn. 1103. ādānataṅhaṃ vinayetha sabbaṃ / (bhadrāvudhā ti bhagavā) uddhaṃ adho tiriyañ cāpi majjhe / yaṃ yaṃ hi lokasmiṃ upādiyanti / ten'eva māro anveti jantuṃ //

Stn. 1104. [세존]

그러므로 수행승은
악마의 영역에 집착하는 이런 자들을
'얻은 것에 집착하는 자들이다.'라고
관찰하면서, 새김을 확립하고,
분명히 알아차려서,
일체의 세계에서
어느 것에도 집착해서는 안 됩니다."[1104)]

1104) Stn. 1104. tasmā pajānaṃ na upādiyetha / bhikkhu sato kiñcanam sabbaloke / ādānasatte iti pekkhamāno / pajaṃ imaṃ maccudheyye visattan ti //

14. 학인 우다야의 질문의 경[Udayamāṇavapucchā]

Stn. 1105. [존자 우다야]

"선정에 들어,
욕망을 떠나 앉아 계신 님께,
해야 할 일을 마치고
번뇌를 여읜 님께,
모든 현상의 궁극에 도달한 님께
묻고자 왔습니다.
무명을 부수는
궁극의 앎에 의한 해탈에 대해
말씀해주십시오."[1105]

1105) Stn. 1105. jhāyiṃ virajam āsīnaṃ / (icc'āyasmā udayo) katakiccaṃ anāsavaṃ / pāraguṃ sabbadhammānaṃ / atthi pañhena āgamaṃ / aññāvimokhaṃ pabrūhi / avijjāya pabhedanaṃ //

Stn. 1106. [세존]

"우다야여, 감각적 쾌락에 대한 욕망과,
그것이 충족되지 못했을 경우의 불만,
그 두 가지를 버리고
해태를 없애고 회한을 품지 마십시오."1106)

Stn. 1107. [세존]

평정과 새김으로 청정을 확보하고
가르침에 대한 탐구가 앞서가면,
이것이 무명을 부수는
궁극의 앎에 의한 해탈이라고 나는 말합니다."1107)

1106) Stn. 1106. pahānaṃ kāmacchandānaṃ (udayā ti bhagavā) domanassāna c'ūbhayaṃ / thīnassa ca panūdanaṃ kukkuccānaṃ nivāraṇaṃ //

1107) Stn. 1107. upakhāsatisaṃsuddhaṃ / dhammatakkapurejavaṃ / aññāvimokhaṃ pabrūmi / avijjāya pabhedanaṃ //

Stn. 1108. [존자 우다야]

"세상은 무엇에 속박되어 있는 것입니까?
그것을 추진하는 것은 무엇입니까?
무엇을 끊어 버린다면,
열반이 있다고 말합니까?"1108)

Stn. 1109. [세존]

"세상은 환희에 속박되어 있습니다.
사유가 그것을 추진하는 것입니다.
그러므로 갈애를 완전히 끊어 버린다면,
열반이 있다고 말합니다."1109)

1108) Stn. 1108. kiṃ su saṃyojano loko / kiṃ su tassa vicāraṇaṃ / kiss'assa vippahānena / nibbānam iti vuccati //

1109) Stn. 1109. nandīsaṃyojano loko / vitakk'assa vicāraṇā / taṇhāya vippahānena / nibbānaṃ iti vuccati //

Stn. 1110. [존자 우다야]

"어떻게 새김을 확립하고 유행하면
의식이 소멸하는 것입니까?
그것을 스승께 묻고자 저는 온 것입니다.
당신의 그 말씀을 저는 듣고자 합니다."1110)

Stn. 1111. [세존]

"안으로나 밖으로나 느낌에
환희하지 않는 것입니다.
이와 같이 새김을 확립하여
유행하는 님에게 의식이 소멸합니다."1111)

1110) Stn. 1110. *kathaṃ satassa carato / viññāṇam uparujjhati / bhagavantaṃ puṭṭhum āgamma / taṃ suṇoma vaco tava //*

1111) Stn. 1111. *ajjhattañ ca bahiddhā ca / vedanaṃ nābhinandato / evaṃ satassa carato viññāṇaṃ uparujjhatī ti //*

15. 학인 뽀쌀라의 질문의 경[Posālamāṇavapucchā]

Stn. 1112. [존자 뽀쌀라]

"과거에 관하여 설명하는 님,
동요가 없는 님, 의혹을 끊은 님,
모든 현상의 궁극에 이른 님께
저는 묻고자 왔습니다.[1112)]

Stn. 1113. [존자 뽀쌀라]

물질에 대한 지각을 사라지게 하고,
모든 물질적인 요소들을 버리고,
안으로나 밖으로나 아무 것도 없다고
보는 님의 앎에 관하여,
또한 그러한 님은 어떻게 이끌어져야 하는지,
싸끼야시여, 저는 묻고 싶습니다."[1113)]

1112) *Stn. 1112. yo atītaṃ ādisati / (icc'āyasmā posālo) anejo chinnasaṅsayo / pāraguṃ sabbadhammānaṃ / atthi pañhena āgamaṃ //*

1113) *Stn. 1113. vibhūtarūpasaññissa / sabbakāyappahāyino / ajjhattañ ca bahiddhā ca / n'atthi kiñci ti passato / ñāṇaṃ sakkānupucchāmi / kathaṃ neyyo tathāvidho //*

Stn. 1114. [세존]

"모든 의식이 머무는 곳을 잘 아는
뽀쌀라여, 이렇게 오신 님은,
그러한 님이 존재하는 것도, 해탈된 것도,
그렇게 결정되는 것도 잘 압니다.1114)

Stn. 1115. [세존]

그리고 아무 것도 없는 상태가
생겨나는 것을 알고 나서,
'그것에 대한 환희는 속박이다.'라고
이와 같이 그것을 곧바로 알아서,
그것을 뛰어넘어 통찰한다면,
그것이야말로 완성에 도달한
거룩한 님의 참다운 앎입니다."1115)

1114) Stn. 1114. viññāṇaṭṭhiyo sabbā / (posālā ti bhagavā) abhijānaṃ tathāgato / tiṭṭhantaṃ enaṃ jānāti / vimuttaṃ tapparāyanaṃ //

1115) Stn. 1115. ākiñcaññasambhavaṃ ñatvā / nandī saṃyojanaṃ iti / evam etaṃ abhiññāya / tato tattha vipassati / etaṃ ñaṇaṃ tathaṃ / brahmaṇassa vusīmato ti //

16. 학인 모가라자의 질문의 경[Mogharājamāṇavapucchā]

Stn. 1116. [존자 모가라자]

"저는 지난 날 두 번이나
싸끼야 님께 여쭈었습니다만,
눈을 갖춘 님께서는 대답하지 않았습니다.
그러나, 거룩한 신선께서는
세 번째에는, 설명하신다고 들었습니다. 1116)

Stn. 1117. [존자 모가라자]

이 세상도 다른 세상도,
신들의 세상도, 하느님들의 세상도,
명성이 드높은 고따마 님의
견해를 잘 모르고 있습니다. 1117)

1116) Stn. 1116. dvāhaṃ sakkaṃ apucchissaṃ / (iccāyasmā mogharājā) na me vyākāsi cakkhumā / yāvatatiyañ ca de-v'isi / vyākarotī me sutaṃ //

1117) Stn. 1117. ayaṃ loko paro loko / brahmaloko sadevako / diṭṭhiṃ te nābhijānāmi / gotamassa yasassino //

Stn. 1118. [존자 모가라자]

이렇듯 놀라운 통찰을 지닌 님께
묻고자 왔습니다.
어떻게 세상을 관찰하는 님을
죽음의 왕은 보지 못합니까?"1118)

Stn. 1119. [세존]

"모가라자여, 항상 새김을 확립하고
실체를 고집하는 편견을 버리고,
세상을 공(空)으로 관찰하십시오.
그러면 죽음을 넘어설 수가 있습니다.
이와 같이 세상을 관찰하는 님을
죽음의 왕은 보지 못합니다."1119)

1118) Stn. 1118. evaṃ abhikkantadassāviṃ / atthi pañhena āgamaṃ / kathaṃ lokaṃ avekkhantaṃ / maccurājā na passati //

1119) Stn. 1119. suññato lokaṃ avekkhassu / mogharāja sadā sato / attānudiṭṭhṃ ūhacca / evaṃ maccutaro siyā / evaṃ lokaṃ avekkhantaṃ maccurājā na passatī ti. //

17. 학인 삥기야의 질문의 경[Piṅgiyamāṇavapucchā]

Stn. 1120. [존자 삥기야]

"저는 나이를 먹어서
기력도 없고 용모도 바랬습니다.
눈도 잘 보이지 않고,
귀도 잘 들리지 않습니다.
제가 헤매다가 삶을 끝내지 않도록 해주십시오.
제가 알고자 하오니,
이 세상에서 태어남과 늙음을 버리는
원리에 대해 밝혀 주십시오."1120)

1120) Stn. 1120. jiṇṇo'haṃ asmi abalo vītavaṇṇo / (icc'āyasmā piṅgiyo) nettā na suddhā savanaṃ na phāsu / mā'haṃ nassaṃ momuho antarāya / ācikkha dhammaṃ yam ahaṃ vijaññaṃ / jātijarāya idha vippahānaṃ //

Stn. 1121. [세존]

"뻥기야여, 방일한 사람들은
물질적 형상을 원인으로 괴로워하면서
물질적 형상을 원인으로
죽어 가는 것을 보는데,
뻥기야여, 그러므로
다시는 존재로 돌아오지 않도록
그대는 방일하지 말고
물질적 형상을 버리십시오."1121)

1121) *Stn. 1121. disvāna rūpesu vihaññamāne / (piṅgiyā ti bhagavā) ruppanti rūpesu janā pamattā / tasmā tuvaṃ piṅgiya appamatto / jahassu rūpaṃ apunabbhavāya //*

Stn. 1122. [존자 삥기야]

"네 갈래 방향과 그 사이 방향과
그리고 위, 아래의
이 시방 세계에서
당신에 의해서
보이지 않고, 들리지 않고, 감지되지 않고,
또 의식되지 않은 것은
이 세상에 하나도 없습니다.
이 세상에서 태어남과 늙음을 버리는 길을
제가 알 수 있도록
원컨대 제게 가르침을 설해 주십시오."1122)

1122) Stn. 1122. disā catasso vidisā catasso / uddhaṃ adho dasa disā imāyo / na tuyhaṃ adiṭṭhaṃ asutaṃ-mutaṃ vā / atho aviññātaṃ kiñcanam atthi loke / ācikkha dhammaṃ yam ahaṃ vijaññaṃ / jātijarāya idha vippahānaṃ //

Stn. 1123. [세존]

"삥기야여, 갈애에 빠진 사람들,
괴로워하며 늙음에 쫓기는 사람들을 보는데,
그러므로 삥기야여, 그대는 방일하지 말고
다시 윤회하지 않도록 갈애를 끊으십시오."1123)

1123) Stn. 1123. taṇhādhipanne manuje pekkhamāno / (piṅgiyā ti bhagavā) santāpajāte jarasā parete / tasmā tuvaṃ appamatto / jahassu taṇhaṃ apunabbhavāyā ti //

18. 피안가는 길에 대한 마무리의 경[Pārāyanakasamitisutta]

세존께서는 마가다 국의 빠싸나까 탑묘에 계실 때에 이와 같이 말씀하셨다.

[세존] "열여섯 명의 바라문들이 요청한 각각의 물음에 따라 그 물음에 대답하였습니다. 그 각각의 질문의 의미와 이치를 알고, 가르침에 따라 실천한다면, 늙음과 죽음을 벗어나 피안에 이를 것입니다. 이 가르침은 피안에 이르게 하는 것이므로, 이 법문을 피안가는 길이라 부르십시오."

Stn. 1124. [송출자]

아지따와 띳싸 멧떼이야,
뿐나까, 그리고 멧타구,
도따까와 우빠씨바,
난다와 그리고 헤마까,[1124)]

1124) *Stn. 1124. ajito tissametteyyo puṇṇako atha mettagū / dhotako upasīvo ca nando ca atha hemako //*

Stn. 1125. [송출자]

또데이야와 깝빠 두 사람과,
현명한 자뚜깐닌, 바드라부다와 우다야,
뽀쌀라와 바라문과 슬기로운 모가라자,
위대한 선인 삥기야 등. 1125)

Stn. 1126. [송출자]

이들은 덕행을 갖춘 선인이신
깨달은 님께 가까이 갔다.
미묘한 질문을 하면서
최상의 깨달은 님께 다가갔다. 1126)

1125) Stn. 1125. todeyya-kappā dubhayo / jatukaṇṇī ca paṇḍito / bhadrāvudho udayo ca / posālo cā pi brāhmaṇo / mogharājā ca medhāvī / piṅgiyo ca mahā isi //

1126) Stn. 1126. ete buddhaṃ upāgañchuṃ / sampanna-caraṇaṃ isiṃ / pucchantā nipuṇe / pañhe buddhaseṭṭhaṃ upāgamuṃ //

Stn. 1127. [송출자]

그들의 질문에 따라 깨달은 님께서는
있는 그대로 답변을 하셨다.
성자께서는 모든 질문에 대해 대답했기 때문에,
바라문들은 만족하였다. 1127)

Stn. 1128. [송출자]

그들은 태양의 후예,
눈을 갖춘 님에게 만족하였고,
뛰어난 지혜를 지닌 님 곁에서
청정한 삶을 살았다. 1128)

1127) Stn. 1127. tesaṃ buddho vyākāsi / pañhe puṭṭho yathātathaṃ / pañhānaṃ veyyākaraṇena / tosesi brāhmaṇe muni //

1128) Stn. 1128. te tositā cakkhumatā / buddhen'ādiccabandhunā / brāhmacariyaṃ acariṃsu / varapaññassa santike //

Stn. 1129. [송출자]

낱낱의 질문에 대해서
깨달은 님께서 말씀하신
그대로 실천하는 사람은,
차안에서 피안에 이를 것이다.[1129)]

Stn. 1130. [송출자]

으뜸가는 길을 닦는 사람은
차안에서 피안으로 갈 수 있을 것이다.
그것이 피안으로 가기 위한 길이다.
그러므로 피안가는 길이라고 한 것이다.[1130)]

1129) Stn. 1129. eka-m-ekassa pañhassa / yathā buddhena desitaṃ / tathā yo paṭipajjeyya / gacche pāraṃ apārato //

1130) Stn. 1130. apārā pāraṃ gaccheyya / bhāvento maggam uttamaṃ / maggo so pāraṅgamanāya / tasmā pārāyanaṃ iti //

Stn. 1131. [존자 삥기야]

"제가 '피안가는 길'을 외우겠습니다.
티끌이 없고 광대한 이해를 갖춘 님께서는
스스로 본 대로 말씀하셨습니다.
욕심이 없고, 숲도 없는 구원자께서
어찌 허망한 말을 하시겠습니까?[1131)]

Stn. 1132. [존자 삥기야]

티끌과 미혹을 버리고,
교만과 거짓을 버린 사람에 대하여
찬탄을 갖춘 게송을
저는 기꺼이 노래하겠습니다.[1132)]

1131) Stn. 1131. pārāyanaṃ anugāyissaṃ / (icc'āyasmā piṅgiyo) yathā addakkhi tathā akkhāsi / vimalo bhūri-medhaso / nikkāmo nibbano nātho / kissa hetu musā bhaṇe //

1132) Stn. 1132. pāhīnamalamohassa / mānamakkhappahā-yino / handāhaṃ kittayissāmi / giraṃ vaṇṇ'ūpasaṃhitaṃ //

Stn. 1133. [존자 삥기야]

암흑을 몰아내는, 널리 보는 눈을 지닌 님,
세상의 궁극에 이르러,
모든 존재를 뛰어넘은 님,
번뇌 없어, 모든 괴로움을 버린 님,
깨달은 님이라 불리기에 마땅한 님입니다.
거룩한 님이여, 그 님을 모셨습니다.1133)

Stn. 1134. [존자 삥기야]

이를테면, 새가 엉성한 덤불을 떠나
열매가 많은 숲에 깃들 듯,
저도 또한 소견이 좁은 자들을 떠나,
백조처럼 큰 바다에 이르렀습니다.1134)

1133) Stn. 1133. tamonudo buddho samantacakkhu / lokantagū sabbabhavātivatto / anāsavo sabbadukkhappahīno / saccavhayo brahme upāsito me //

1134) Stn. 1134. dijo yathā kubbanakaṃ pahāya / bahupphalaṃ kānanam āvaseyya / evam p'ahaṃ appadasse pahāya / mahodadhiṃ haṃsa-r-iv'ajjhapatto //

Stn. 1135. [존자 삥기야]

고따마의 가르침을 듣기 이전에 어떤 자가
'이전에는 이러했고, 앞으로 이렇게 될 것이다.'
라고 설명해 준 그 모두는 전설에 불과하고,
그 모두는 사유의 혼란을 더할 뿐이었습니다. 1135)

Stn. 1136. [존자 삥기야]

고따마는 홀로 암흑을 떨쳐내고 앉아,
고귀한 자로서 빛을 비춥니다.
고따마께서는 광대한 지혜를 갖춘 님입니다.
고따마는 광대한 명지를 갖춘 님입니다. 1136)

Stn. 1137. [존자 삥기야]

1135) Stn. 1135. ye 'me pubbe viyākaṃsu / huraṃ gotamasāsanā / icc'āsi iti bhavissati / sabbaṃ taṃ itihītihaṃ / sabbaṃ taṃ takkavaḍḍhanaṃ //

1136) Stn. 1136. eko tamanud'āsino / jātimā so pabhaṅkaro / gotamo bhūripaññāṇo / gotamo bhūrimedhaso //

지금 여기에 효과가 있고,
시간을 뛰어넘고,
갈애를 소멸하고, 고뇌가 없는
가르침을 제게 말씀해 주셨으니,
그에게 견줄 자는 아무 데도 없습니다."1137)

Stn. 1138. [존자 바바린]

"광대한 지혜를 갖춘 고따마 님,
광대한 명지를 갖춘 고따마 님과
삥기야여, 그대는 잠시라도
그와 떨어져 살 수 있겠는가?1138)

1137) Stn. 1137. yo me dhammam adesesi / sandiṭṭhikam akālikaṃ / taṇhakkhayam anītikaṃ / yassa n'atthi upamā kvaci //

1138) Stn. 1138. kin nu tamhā vippavasassi / muhuttam api piṅgiya / gotamā bhūripaññāṇā / gotamā bhūrimedhasā // *이 시와 다음 시의 저자가 존자 바바린인 이유는 이 경이 이 품의 마무리의 경으로 서시의 경에 등장하는 대화의 주인공인 학인들의 스승 바바린과 관련된 까닭이다.*

Stn. 1139. [존자 바바린]

지금 여기에 효과가 있고,
시간을 뛰어넘고,
갈애를 소멸하고, 고뇌가 없는 가르침을
내게 말씀해 주셨으니,
그 님께 견줄 자는 아무데도 없다."1139)

Stn. 1140. [삥기야]

"저 광대한 지혜를 갖춘 고따마 님,
광대한 명지를 갖춘 고따마 님과
바라문이여, 잠시라도
저는 떨어져 살 수 없습니다. 1140)

1139) *Stn. 1139. yo te dhammaṃ adesesi / sandiṭṭhikam akālikaṃ / taṇhakkhayam anītikam / yassa n'atthi upamā kvaci //*

1140) *Stn. 1140. nāhaṃ tamhā vippavasāmi / muhuttam api brāhmaṇa / gotamā bhūripaññāṇā / gotamā bhūri-medhasā //*

Stn. 1141. [삥기야]

지금 여기에 효과가 있고,
시간을 뛰어넘고,
갈애를 소멸하고 고뇌가 없는
가르침을 제게 말씀해 주셨으니,
그 님께 견줄 자는 아무 데도 없습니다.1141)

Stn. 1142. [삥기야]

바라문여, 나는 방일함이 없이 밤낮으로,
마음으로나 육안으로나 그를 봅니다.
그 님께 예배드리면서 밤을 보냅니다.
생각건대 그 님을 떠나 사는 것이 아닙니다.1142)

1141) Stn. 1141. yo te dhammaṃ adesesi / sandiṭṭhikam akālikaṃ / taṇhakkhayam anītikam / yassa n'atthi upamā kvaci //

1142) Stn. 1142. passāmi naṃ manasā cakkhunā va / rattindivaṃ brāhmaṇa appamatto / namassamāno vivasemi rattiṃ / ten'eva maññāmi avippavāsaṃ //

Stn. 1143. [삥기야]

믿음과 희열과 정신적 새김은
고따마의 가르침에서 떠나지 않습니다.
광대한 지혜를 갖춘 님께서
어느 쪽으로 가시거나, 그 가시는 곳마다
그 곳을 향해 나는 기울고 있습니다.1143)

Stn. 1144. [삥기야]

나는 이제 늙어서 기력도 없습니다.
그러므로 내 몸은 그곳으로 갈 수가 없습니다.
그러나 생각으로는 항상 그곳으로 거닙니다.
바라문이여, 나의 정신은 그와 맺어있습니다.1144)

1143) Stn. 1143. saddhā ca pītī ca mano satī ca / nāpenti me gotamasāsanamhā / yaṃ yaṃ disaṃ vajati bhūripañño / sa tena ten'eva nato'haṃ asmi //

1144) Stn. 1144. jiṇṇassa me dubbalathāmakassa / ten'eva kāyo na paleti tattha / saṅkappayattāya vajāmi niccaṃ / mano hi me brāhmaṇa tena yutto //

Stn. 1145. [삥기야]

진흙탕에 누워 여기 저기 떠다니면서,
이 섬에서 저 섬으로 표류하다가
마침내 거센 흐름을 건너 번뇌 없는,
올바로 원만히 깨달은 님을 만났습니다."[1145]

Stn. 1146. [세존]

"박깔리와 바드라부다, 또는
알라비고따마가 확신을 선언한 것처럼,
삥기야여, 그대도 확신으로 선언하니,
죽음의 영역에서 피안으로 갈 것입니다."[1146]

1145) Stn. 1145. paṅke sayāno pariphandamāno / dīpā dīpaṃ upaplaviṃ / ath'addasāsiṃ sambuddhaṃ / oghatiṇṇam anāsavaṃ // 거센 흐름에 대해서는 Stn. 21의 주석을 보라.

1146) Stn. 1146. yathā ahū vakkali muttasaddho / bhadrāvudho āḷavigotamo ca / evam eva tvam pi pamuñcassu saddhaṃ / gamissasi tvaṃ piṅgiya maccudheyyapāraṃ //

Stn. 1147. [삥기야]

"저는 성자의 말씀을 듣고
더욱 더 확신을 갖게 되었습니다.
올바로 깨달은 님께서는 덮개를 걷어내었고,
황무지가 없고, 설득력을 갖추었습니다.1147)

Stn. 1148. [삥기야]

보다 높은 신들의 세계까지 잘 알고,
높고 낮은 모든 것을 다 아시니,
스승께서는 의심을 가진 채 주장하는
사람들의 질문에 그 끝을 보여주셨습니다.1148)

1147) Stn. 1147. esa bhiyyo pasīdāmi / sutvāna munino vaco / vivattacchaddo sambuddho / akhilo paṭibhānavā // 황무지에 대해서는 Stn. 19의 주석을 보라.

1148) Stn. 1148. adhideve abhiññāya / sabbaṃ vedi parovaraṃ / pañhān'antakaro satthā / kaṅkhīnaṃ paṭijānataṃ //

Stn. 1149. [삥기야]

아무 데도 비할 바 없는, 빼앗기지 않으며,
흔들리지 않는 경지에 분명히 도달할 것이니,
이것에 대해 저는 결코 의심하지 않습니다.
이처럼 확신하오니 제 마음을 알아주십시오."[1149)]

1149) *Stn. 1149. asaṃhīraṃ asaṃkuppaṃ / yassa n'atthi upamā kvaci / addhā gamissāmi na m'ettha kaṅkhā / evaṃ maṃ dhārehi adhimuttacittan ti //*

숫타니파타 - 붓다의 말씀

부 록

참 고 문 헌

● 숫타니파타 원전류

『Suttanipāta』, edited by Dines Andersen& Helmer Smith. first published in 1913. published for PTS. by Routledge & Kegan Paul. 1965. London.

『Suttanipāta』, edited by Ven. Suriya Sumangala P. V. Bapat, Devanagari characters. Bibliotheca Indo Buddhica 75, Sri Satguru Publications, Poona 1924, Delhi, 1990.

『Suttanipāta』 Pali Text with Translation into English and notes by N. A. Jayawickrama Post-Graduate Institute of Pali & Buddhist Studies. University of Kelaniya, Srilanka. 2001.

『The Suttanipāta』 = Sutanipāto : one of the oldest canonical books of the Buddhism for the first time edited in Devanagari Characters; Bibliotheca Indo-Buddhica ; no. 75 / editor, P. V. Bapat. Delhi, India : Sri Satguru Publications, 1990.

『Paramatthajotikā I.(= The Khuddakapāṭha)』 ed. by Helmer Smith (London : PTS, 1978)

『Paramatthajotika II.』 ed. by Helmer Smith vols. I. II. III(London : PTS, 1989)

● 숫타니파타외 원전류

『Niddesa I = Mahāniddesa I. II』 ed. by De La Vallée Poussin and E. J. Thomas (London : PTS, 1916, 1917)

『Niddesa II = Cullaniddesa』 ed. by W. Stede (London : PTS, 1918)

『Dīgha Nikāya』 ed. by T. W. Rhys Davids & J. E. Carpenter,

3vols(London : PTS, 1890~1911) tr. by T. W. & C. A. F. Rhys Davids, 『Dialogues of the Buddha』 3vols(London : PTS, 1899~1921)

『Majjhima Nikāya』 ed. by V. Trenckner & R. Chalmers, 3vols(London : PTS, 1887~1901) tr. I. B. Homer, 『Middle Length Sayings』 3vols(London : PTS, 1954~1959)

『Mahābhāratam』 with commentary of Nīlakaṇtha, pub. by Shankar Narhar Joshi, at Chitra Press. Poona 1929.

『Saṁyutta Nikāya』 ed. by L. Feer, 6vols(London : PTS, 1884~1904) tr. by C. A. F. Rhys Davids & F. L. Woodward, 『The Book of the Kindered Sayings』 5vols(London : PTS, 1917~1930)

『Aṅguttara Nikāya』 ed. by R. Moms & E. Hardy, 5vols(London : PTS, 1885~1900) tr. by F. L. Woodward & E. M. Hare, 『The Book of the Gradual Sayings』 5vols(London : PTS, 1932~1936)

『Vinaya Piṭakaṁ』 ed. by Oldenberg, H., 5vols(London : PTS, 1984) tr. by Horner, I. B., 『The Book of the Discipline』 5vols(London : PTS, 1986)

『Vimānavatthu』 ed. by N. A. Jayawickrama. (London : PTS, 1977) tr. by Horner, I. B., 『Stories of Mansions』 (London : PTS, 1979)

『Thera-Theri-Gathā』 tr. by A. F. Rhys Davids, 『Psalms of the Early Buddhists』 2vols(London : PTS, 1903~1913)

『Suttanipāta』 ed. by Andersen, D. & Smith, H.(London : PTS, 1984)

『Udāna』 ed. by Steinthal, P.(London : PTS, 1982) tr. by Masefield, P.(London : PTS, 1994)

『Dhammapada』 ed. by S. Sumangala(London : PTS, 1914)

『Itivuttaka』 ed. by E. Windish(London : PTS, 1889)

『長阿含經』 22권 大正新修大藏經 一卷

『中阿含經』 60권 大正新修大藏經 一卷
『雜阿含經』 50권 大正新修大藏經 二卷
『增一阿含經』 51권 大正新修大藏經 二卷
『別譯雜阿含經』 16권 大正新修大藏經 二卷
『Visuddhimagga of Buddhaghosa』 ed. by Rhcys Davids, C. A. F.(London : PTS, 1975)
『Sāratthappakāsinī : Saṁyuttanikāyaṭṭhakathā』 ed. by Woodward, F. L.(London : PTS, 1977)
『Manorathapūraṇī』 ed. by M. Walleser & H. Kopp, 5vols(London : PTS, 1924~1926)
『Milindapañha』 ed. by V. Trenckner(London : PTS, 1928) tr. by I. B. Horner, 『Milinda's Questions』 2vols(London : PTS, 1963~1964)
『Papañcasūdanī』 ed. by J. H. Woods, D. Kosambi & I. B. Horner, 5vols (London : PTS, 1922~1938)
『Sumaṅgalavilāsini』 ed. by T. W. Rhys Davids, J. E. Carpenter & W. Stede, 3vols (London : PTS, 1886~1932)
『Suttanipāta-Aṭṭhakathā』 ed. by H. Smith, 2vols(London : PTS, 1916~1917)
『Abhisamayālaṅkara(現觀莊嚴論)』 ed. F. I. Th. Stscherbatsky. Bibl. Bud. 23, 1929
『The Bhagavad Gita』 by Swami Chidbhavananda, Sri Ramakrishna Tapovanam, (Tamil Nadu 1977)
『Mahābhārata』 ed. by V. S. Sukthankar and others. Poona 1927. ed. by T. R. Vyāsācārya. Kumbhakonam edition, 6 vols. Bombay, 1906. 2vols. Calcutta, 1834-39.
『Upanisads』 ed. & tr. by S. Radhakrishnan, 『The Principal

Upaniṣads』 2nd ed.(London : George Allen & Unwin, 1953) ; tr. by R. E. Hume, 『The Thirteen Principal Upaniṣads』 2nd ed.(London : Oxford University Press, 1934)

『The Uttarādhyayanasūtra』 ed. by Jarl Charpentier, Upsala 1922, Paṃnyāsa-Buddhi-vijayagaṇi-saṇkalita-chāyā-sahitāni Śrīmaty-Uttarādhyayana-sūtrāṇi, Rājanagara 1932.

● 일반단행본(동서양서)

Lord Chalmer: 『Buddha's Teachings』 - Sutta Nipāta Text and Translation into Verse in Facing Pages. Cambrige, Mass. 1932.

Coomaraswamy, Sir Muttu: 『Suttanipāta』, Dialogues and Discourses of Gotama Buddha. London 1874

E. M. Hare: 『Woven Cadences of Early Buddhists (Suttanipāta)』, Oxford University Press. 1945. Reprinted 1947.

Fausböll, V. 『Suttanipāta』, SBE Vol. X. II. Oxford 1881.

Fausböll, V. 『Suttanipāta, Suttanipāta』(part I. text) PTS. London 1884

Fausböll, V. 』『Suttanipāta, Suttanipāta』(part II. glossary) PTS. London 1893

Arthur Pfungst, 『Suttanipāta』, Aus der eunglischen Übersetzung von Prof. Fausböll, ins Deutsche Übertragung. Strassburg, Karl J. Trübner. 1889.

Neumann, Karl Eugen: 『Die Reden Gotamo Buddho's aus der Bruchstücke Suttanipāto』. Müchen. 1924.

Jazawickrama, N. A. 『Critical Analysis of Pali Sutta Nipāta』, University of London Ph. D. Thesis 1947. Pali Buddhist Review London 1948.

Norman, K. R., 『The Group of Discourses II.』 - Revised Translation with Introduction and Notes. PTS. London. 1992

Nyanaponika, Ven., : 『Der Suttanipāta』. (tranl.), Constance 1955.

Oldenberg, H., Zu Suttanipāta 440 ZDMG 593-594, 1908. The Ākhyāna type and Jātakas, JPTS, 19-50.

Saddhatissa Ven. H., 『The Suttanipāta』. (tranl.), Curzon Press Ltd. London 1985.

立花俊道,『 諸經要集』, 國譯大藏經 經部 13

荻原雲來, 『釋迦牟尼聖訓集』, 大東出版社 昭和10年

水野弘原,『 經集』, 南傳大藏經 24卷 小部2, 大藏出版株式會社 昭和 14年

水野弘原, 『大義釋』, 南傳大藏經 42, 43卷 大藏出版株式會社 昭和 14年

水野弘原, 『大義釋』, 南傳大藏經 44卷 大藏出版株式會社 昭和 15年

中村元, 『ブッダの ことば』, 東京 岩波書店, 1981年

村上眞完, 及川眞介, 『佛のごとば註』 I, II, III. IV. 東京, 春秋社 1988年

荒牧典俊, ゴータマ·ブッダの 根本思想, 岩波講座東洋思想8卷『 インド佛教』 東京, 春秋社 1988年

법정, 『숫타니파타』, 이레 1992, 2003년 1판 6쇄

김운학, 『숫타니파타』, 불전간행화편, 민족사. 1992년 2001 2판 2쇄

석지현, 『숫타니파타』, 불전간행화편, 민족사. 1993년 1997년 초판 3쇄

이기영, 「부처님 말씀(『숫타니파타』)」, 『불교성전』 명문당, 1974

김영길, 「불타의 말씀(『숫타니파타』)」, 『현대인교양선서5』 금성출판사 1987

Bodhi Bhikkhu, 『The Noble Eightfold Path』(Kandy : Buddhist Publication Society, 1984)

Bodhi Bhikkhu, 『Transcendental Dependent Arising』(Kandy : Buddhist Publication Society, 1980)

Bunge, M., 『Causality and Modern Science』(New York : Dover

Publications Inc., 1986)
Fahs, A., 『Grammatik des Pali』(Leipzig : Verlag Enzyklopädie, 1989)
Frauwallner, E., 『Die Philosophie des Buddhismus』(Berlin : Akademie Verlag, 1958)
Glasenapp, H. V., 『Pfad zur Erleuchtung(Das Kleine, das Grosse und das Diamant-Fahrzeug)』(Köln : Eugen Diederichs Verlag, 1956)
Goleman, D., 『The Buddha on Meditation and Higher States of Consciousness』 『The Wheel』 Publication no.189/190(Kandy : Buddhist Publication Society, 1980)
Hiriyanna, M., 『Outlines of Indian Philosophy』(London : George Allen &Unwin, 1932)
Hoffman, F. J., 『Rationality and Mind in Early Buddhism』(Delhi : Motilal Banarsidass, 1987)
Htoon, U. C., 『Buddhism and the Age of Science』 『The Wheel』 Publication no.36/37 (Kandy : Buddhist Publication Society, 1981)
Jayatilleke, K. N., 『Early Buddhist Theory of Knowlege』(Delhi : Motilal Banarsidass, 1963)
Jayatilleke, K. N. etc, 『Buddhism and Science』 『The Wheel』 Publication no.3 (Kandy : Buddhist Publication Society, 1980)
Johansson, R. E. A., 『The Dynamic Psychology of Early Buddhism』 (London : Curzon Press Ltd., 1979)
Johansson, R. E. A., 『The Psychology of Nirvana』(London : George Allen & Unwin Ltd., 1969)
Kalupahana, D. J., 『Causality : The Central philosophy of Buddhism

』(Honolulu : The University Press of Hawai, 1975)
Kalupahana, D. J., 『Buddhist Philosophy, A Historical Analysis』 (Honolulu : The University Press of Hawaii, 1976)
Karunaratne, W. S., 『The Theory of Causality in Early Buddhism』 (Colombo : Indumati Karunaratne, 1988)
Kim, Jaegwon., 『Supervenience and Mind』(New York : Cambridge Press, 1933)
Kirfel, W., 『Die Kosmographie der Inder』(Bonn : Schroeder, 1920)
Knight, C. F. etc, 『Concept and Meaning』 『The Wheel』 Publication no.250 (Kandy : Buddhist Publication Society, 1977)
Malalasekera, G. P. & Jayatilleke, K. N., 『Buddhism and Race Question』 (Paris : UNESCO, 1958)
Macdonell, A. A., 『A Vedic Reader for Students』(Oxford : Oxford University Press, 1917)
Macy, J., 『Mutual Causality in Buddhism and General Systems Theory』(New York : State University of New York Press, 1992)
Murti, T. R. V., 『The Central Philosophy of Buddhism』(London : George Allen & Unwin Ltd., 1955)
Nyanoponika Thera, 『The Heart of Buddhist Meditation』(London : Rider, 1962)
Oldenberg, H., 『Buddha : sein Leben, seine Lehre, seine Gemeinde』 (Stuttgart : Magnus Verlag, 1881)
Chakravarti, U., 『The Social Dimensions of Early Buddhism』 (Oxford : Oxford University Press, 1987)
Nyanaponika, 『The Five Mental Hindrances and their Conquest』 (Kandy : Buddhist Publication Society, 재연스님 옮김, 서울 : 고요한 소리, 1989)

Ñāṇananda Bhikkhu, 『Concept and Reality in Early Buddhist Thought』(Kandy : Buddhist Publication Society, 1971)

Pande, G. C., 『Studies in the Origins of Buddhism』(Allahabad : University of Allahabad, 1957)

Piyananda, D., 『The Concept of Mind in Early Buddhism』 (Cathoric University of America, 1974)

Rahula, W. S., 『What the Buddha Taught』(London & Bedford : Gardon Fraser, 1978)

Sayādaw, Mahāsi, 『The Great Discourse on the Wheel of Dhamma』 tr. by U Ko Lay(Rangoon : Buddhasāsana Nuggaha Organization, 1981)

Schumann, H. W., 『The Historical Buddha』 tr. by M. O'C Walshe Arkana (London : Penguin Group, 1989)

Stebbing, L. S., 『A Modern Introduction to Logic』(London : Metuen & Co, 1962)

Stebbing, L. S., 『A Modern Introduction to Logic』(London : Metuen & Co, 1962)

Story, F., 『Dimensions of Buddhist Thought』, 『The Wheel』 Publication no.212/ 213/214 (Kandy : Buddhist Publication Society)

Varma, V. P., 『Early Buddhism and It's Origin』(Delhi : Munshiram Monoharlal, 1973)

Watanabe, F., 『Philosophy and Its Development in the Nikāyas and Abhidhamma』(Delhi : Motilal Banarsidass, 1983)

Wettimuny, R. G. de S., 『The Buddha's Teaching』(Colombo : M. D. Gunasena & Co. Ltd., 1977)

Wettimuny, R. G. de S., 『The Buddha's Teaching and the Ambiguity

of Existence』(Colombo : M. D. Gunasena & Co. Ltd., 1977)
Wijesekera, 『Knowledge & Conduct : Buddhist Contributions to Philosophy and Ethics』(Kandy : Buddhist Publication Society, 1977)
Wittgenstein, L., 『Philosophische Untersuchungen』 『Ludwig Wittgenstein Werkausgabe』 Band,I (Frankfurt am Main, 1984)
Winternitz, M., 『History of Indian Literature』 vol.2(Dheli : Motilal Banarsidass, 1963)

● 일반단행본(한국, 일본)

김동화, 『원시불교사상』(서울 : 보련각, 1988)
원의범, 『인도철학사상』(서울 : 집문당, 1980)
이중표, 『아함의 중도체계』(서울 : 불광출판부, 1991)
전재성, 『범어문법학』(서울 : 조계종 교육원, 한국빠알리성전협회, 1998)
정태혁, 『인도철학』(서울 : 학연사, 1988)
한국불교환경교육원 엮음, 『동양사상과 환경문제』(서울 : 도서출판 모색, 1996)
中村元, 『原始佛教の思想』上,下(東京 : 春秋社, 昭和45)
中村元, 『原始佛教の生活倫理』(東京 : 春秋社, 昭和47)
和什哲郎, 『原始佛教の實踐哲學』(東京 : 岩波書店, 昭和15)
木村泰賢, 『原始佛教思想論』(東京 : 大法倫閣, 昭和43)
木村泰賢, 『印度六派哲學』 『木村泰賢全集』第2卷(昭和43)
舟橋一哉, 『原始佛教思想の研究』(京都 : 法藏館, 昭和27)
水野弘元, 『原始佛教』(京都 : 平樂寺書店, 1956)

● 논문류(동서양)

Hoerner, A. F. R., 1916A, 「The Sutta Nipāta in Sanskrit version from Estern Turkestan」 JRAS, 709-732. 1916B, 「Manuscript remains of Buddhist Literature Founded in Estern Turkistan」.

Karl Seidenstücker, 「Suttanipāta in deutscher Übersetzung」 Zeitschrift für Buddhismus, 1931.

Chatallian, G., 「Early Buddhism and the Nature of Philosophy」 『Journal of Indian philosophy』 vol.11 no.2(1983)

Franke, R. Otto: Die Suttanipāta Gāthās mit ihren Parallelen, ZDMG. (part I. text) PTS. London 1910-1912.

Franke, R. Otto: Majjhimanikāya und Suttanipāta WZKM. 1914.

Franke, R. O., 「Das einheitliche Thema des Dighanikāya : Gotama Buddha ist ein Tathāgata」 「Die Verknüpfung der Dīghanikāya-Suttas untereinander」 「Majjhimanikāya und Suttanipāta, Die Zusammenhänge der Majjhimanikāyasuttas」 「Der einheitliche Grundgedanke des Majjhimanikāya : Die Erziehung gemass der Lehre(DhammaVinaya)」 「Der Dogmatische Buddha nach dem Dīghanikāya」 「Die Buddhalehre in ihrer erreichbarältesten Gestalt im Dīghanikāya」 「Die Buddhalehre in ihrer erreichbarältesten Gestalt」 『Kleine Schliften』(Wiesbaden : Franz Steiner Verlag, 1978)

Fryba, M., 「Suññatā : Experience of Void in Buddhist Mind Training」 SJBS. vol.11(1988)

Geiger, W., 「Pāli Dhamma」 『Kleine Schriften』(Wiesbaden : Franz Steiner Verlag, 1973)

Gethin, R., 「The Five Khandhas : Their Treatment in the Nikāyas and Early Abhidhamma」 『Journal of Indian Philosophy』 vol.14 no.1(1986)

Heimann, B., 「The Significance of Prefixes in Sanskrit Philosophical Terminology」 RASM vol.25(1951)

Hoffman, E. J., 「Rationablity in Early Buddhist Four Fold Logic」 『Journal of Indian Philosophy』 vol.10 no.4(1982)

Karunadasa, Y., 「Buddhist Doctrine of Anicca」 『The Basic Facts of Existence』(Kandy : Buddhist Publication Society, 1981)

Premasiri, P. D., 「Early Buddhist Analysis of Varieties of Cognition」 SJBS vol.1(1981)

Wijesekera, O. H. de A., 「Vedic Gandharva and Pali Gandhabba」『Ceyron University Review』 vol.3 no.1(April, 1945)

● 사전류

Childers, R. C., 『A Dictionary of the Pali Language』(London : 1875)

Anderson, D., 『A Pāli Reader with Notes and Glossary』 2parts(London & Leipzig : Copenhagen, 1901~1907)

Rhys Davids, T. W. and Stede, W., 『Pali-English Dictionary』 (London : PTS, 1921~1925)

Buddhadatta, A. P., 『Concise Pāli-English Dictionary』(Colombo : 1955)

Malalasekera, G. P., 『Dictionary of Pāli Proper Names』 vol.1, 2 (London : PTS, 1974)

雲井昭善, 『巴和小辭典』(京都 : 法藏館, 1961)

水野弘元, 『パーリ語辭典』(東京 : 春秋社, 1968, 二訂版 1981)

全在星, 『빠알리語辭典』(서울 : 한국빠알리성전협회, 2012)

Bothlingk, O. und Roth, R., 『Sanskrit-Wörterbuch』 7Bande(St. Petersburg : Kaiserischen Akademie der Wissenschaften, 1872~1875)

Monier Williams, M., 『A Sanskrit-English Dictionary』(Oxford, 1899)

Uhlenbeck, C. C., 『Etymologisches Wörterbuch des Alt-Indischen Sprache』(Osnabrück, 1973)

Edgerton, F., 『Buddhist Hybrid Sanskrit Grammar and Dictionary』 2vols(New Haven : Yale Univ., 1953)

V. S. Apte, 『The Practical Sanskrit-English Dictionary』(Poona : Prasad Prakshan, 1957)

鈴木學術財團, 『梵和大辭典』(東京 : 講談社, 1974, 增補改訂版 1979)

織田得能, 『佛教大辭典』(東京 : 大藏出版株式會社, 1953)

耘虛龍夏, 『佛教辭典』(서울 : 東國譯經院, 1961)

中村元, 『佛教語大辭典』(東京 : 東京書籍, 1971)

弘法院 編輯部, 『佛教學大辭典』(서울 : 弘法院, 1988)

Nyanatiloka, 『Buddhistisches Wörterbuch』(Konstanz : Christiani Konstanz, 1989)

『Encyclopadia of Buddhism』 ed. by Malalasekera, G. P.(Ceylon : The Government of Sri Lanka, 1970~)

『Oxford Latin Dictionary』 ed. by Glare(Oxford : The Clarendon Press, 1983)

『Handbuch Philosophischer Grundbegriffe』 herausgegeben von Hermann Krings usw.(München : Kösel Verlag, 1973)

빠알리어 한글표기법

빠알리어는 구전되어 오다가 각 나라 문자로 정착되었으므로 고유한 문자가 없다. 그러므로 일반적으로 빠알리성전협회(Pali Text Society)의 표기에 따라 영어 알파벳을 보완하여 사용한다. 빠알리어의 알파벳은 41개이며, 33개의 자음과 8개의 모음으로 되어 있다. 모음에는 단모음과 장모음이 있다. a, ā, i, ī, u, ū, e, o 모음의 발음은 영어와 같다. 단 단음은 영어나 우리말의 발음보다 짧고, 장음은 영어나 우리말보다 약간 길다. 단음에는 a, i, u가 있고, 장음에는 ā, ī, ū, e, o가 있다. 유의할 점은 e와 o는 장모음이지만 종종 복자음 앞에서 짧게 발음된다 : metta, okkamati.

ka는 '까'에 가깝게 발음되고, kha는 '카'에 가깝게 소리나므로 그대로 표기한다. ga, gha는 하나는 무기음이고 하나는 대기음이지만 우리말에는 구별이 없으므로 모두 '가'으로 표기한다. 발음에서 특히 유의해야 할 것은 aṅ은 '앙'으로, añ은 '얀'으로, aṇ은 '안, 언'으로, an은 '안'으로, aṁ은 그 다음에 오는 소리가 ① ② ③ ④ ⑤일 경우에는 각각 aṅ, añ, aṇ, an, am으로 소리나며, 모음일 경우에는 '암', 그 밖의 다른 소리일 경우에는 '앙'으로 소리난다.

그리고 y와 v일 경우에는 일반적으로 영어처럼 발음되지만 그 앞에 자음이 올 경우와 모음이 올 경우 각각 발음이 달라진다. 예를 들어 aya는 '아야'로 tya는 '띠야'로 ava는 정확히 발음하자면 '아봐'로 표기하고, 일반적으로는 '아바'로 표기하고 tva는 '뜨와'로 소리난다. 또한 añña는 '안냐' 또는 '앙냐'로, yya는 '이야'로 소리난다. 폐모음 ②, ③, ④가 묵음화되어 받침이 될 경우에는 ㅅ, ①은 ㄱ, ⑤는 ㅂ으로 표기한다.

글자의 사전적 순서는 위의 모음과 자음의 왼쪽부터 오른쪽으로의 순서와 일치한다. 단지 ṁ은 항상 모음과 결합하여 비모음에 소속되므로 해당 모음의 뒤에 배치된다.

이 책에서는 빠알리어나 범어를 자주 써왔던 관례에 따라 표기했으며 정확한 발음은 이 음성론을 참고하기 바란다.

자음(子音)	폐쇄음(閉鎖音)				비음(鼻音)
	무성음(無聲音)		유성음(有聲音)		
	무기음	대기음	무기음	대기음	무기음
① 후음(喉音)	ka 까	kha 카	ga 가	gha 가	ṅa 나
② 구개음(口蓋音)	ca 짜	cha 차	ja 자	jha 자	ña 냐
③ 권설음(捲舌音)	ṭa 따	ṭha 타	ḍa 다	ḍha 다	ṇa 나
④ 치음(齒音)	ta 따	tha 타	da 다	dha 다	na 나
⑤ 순음(脣音)	pa 빠	pha 파	ba 바	bha 바	ma 마
⑥ 반모음(半母音)	ya 야, 이야 va 봐, 바, 와				
⑦ 유활음(流滑音)	ra 라 la ㄹ라 ḷa ㄹ라				
⑧ 마찰음(摩擦音)	sa 싸				
⑨ 기식음(氣息音)	ha 하				
⑩ 억제음(抑制音)	ṁ -ㅇ, -ㅁ, -ㄴ				

불교의 세계관

불교의 세계관은 일반적으로 알려진 것처럼 단순히 신화적인 비합리성에 근거하는 것이 아니라 인간의 정신세계인 명상 수행의 차제에 대응하는 방식으로 합리적으로 조직되었다. 물론 고대 인도의 세계관을 반영하는 것은 사실이지만 언어의 한계를 넘어선다면 보편적인 우주의 정신세계를 다루고 있다고 볼 수 있다.

여기서 세계의 존재(有 : bhavo)라고 하는 것은, 엄밀히 말하면 육도윤회하는 무상한 존재를 의미하며, 감각적 쾌락에 대한 욕망의 세계(欲界), 미세한 물질의 세계(色界), 비물질의 세계(無色界)라는 세 가지 세계의 존재가 언급되고 있다. 감각적 쾌락에 대한 욕망의 세계, 즉 감각적 욕망계의 존재(欲有 : kāmabhava)는 지옥, 아귀, 축생, 수라, 인간뿐만 아니라 욕계의 하늘에 사는 거친 신체를 지닌 존재를 의미한다.

미세한 물질의 세계, 즉 색계에 사는 존재(色有 : rūpabhava)는 하느님의 세계의 하느님의 권속인 신들의 하늘(梵衆天)에서 궁극적인 미세한 물질로 이루어진 신들의 하늘(色究竟天=有頂天)에 이르기까지 첫 번째 선정에서 네 번째 선정에 이르기까지 명상의 깊이를 조건으로 화생되는 세계를 말한다. 따라서 이들 세계는 첫 번째 선정의 하느님의 세계의 신들(初禪天)에서부터 청정한 삶을 사는 하늘나라의 신들(Suddhāvāsakāyikā devā : 淨居天은 無煩天, 無熱天, 善現天, 善見天, 色究竟天)까지의 이름으로도 불린다. 초선천부터는 하느님의 세계에 소속된다.

가장 높은 단계의 세계인 비물질의 세계, 즉 무색계에 사는 존재(無色有 : arūpabhava)에는 '무한공간의 하느님의 세계의 신들'(空無邊處天), '무한의식의 하느님의 세계의 신들'(識無邊處天), '아무 것도 없는 하느님의 세계의 신들'(無所有處天), '지각하는 것도 아니고 지각하지 않는 것도 아닌 하느님의 세계의 신들'(非想非非想處天)이 있다. '무한공간의 세계'에서 '지각하는 것도 아니고 지각하지 않는 것도 아닌 세계'에 이르기까지는 첫 번째 비물질계의 선정에서 네 번째의 비물질계의 선정에 이르기까지의 명상의 깊이를 조건으로 화현하는 비물질의 세계이다.

이들 하늘나라(天上界)나 하느님세계(梵天界)에 사는 존재들은 화생, 인간은 태생, 축생은 태생·난생·습생·화생의 발생방식을 택하고 있다. 그것들의 형성조건은 윤리적이고 명상적인 경지를 얼마만큼 성취했는지에 달려있다.

하늘나라의 감각적 쾌락에 대한 욕망의 세계에 태어나려면 믿음과 보시와 지계와 같은 윤리적인 덕목을 지켜야 한다. 인간으로 태어나기 위해서는 오계에 대한 인식이 있어야 한다. 그리고 아수라는 분노에 의해서, 축생은 어리석음과 탐욕에 의해서, 아귀는 인색함과 집착에 의해서, 지옥은 잔인함과 살생을 저지르는 것에 의해서 태어난다.

미세한 물질의 세계에 속해 있는 존재들은 첫 번째 선정[初禪]에서부터 네 번째 선정[四禪]에 이르기까지 명상의 깊이에 따라 차별적으로 하느님의 세계에 태어난다. 미세한 물질의 세계의 최상층에 태어나는 존재들은 돌아오지 않는 님[不還者]의 경지를 조건으로 한다. 물질이 소멸한 비물질적 세계의 존재들은 '무한공간의 세계'에서 '지각하는 것도 아니고 지각하지 않는 것도 아닌 세계'에 이르기까지 비물질적 세계의 선정의 깊이에 따라 차별적으로 각각의 세계에 태어난다.

불교에서 여섯 갈래의 길(六道)은 천상계, 인간, 아수라, 축생, 아귀, 지옥을 말하는데, 이 때 하늘나라(天上界)는 감각적 쾌락의 욕망이 있는 하늘나라(欲界天)와 하느님의 세계(梵天界)로 나뉘며, 하느님의 세계는 다시 미세한 물질의 세계와 비물질의 세계로 나뉜다. 그리고 부처님께서는 이러한 육도윤회의 세계를 뛰어넘어 불생불멸하는 자이다. 여기 소개된 천상의 세계, 즉 하늘의 세계에 대하여 이 책에서는 다음과 같이 번역한다.

1) 감각적 쾌락에 대한 욕망의 세계의 여섯 하늘나라

① 네 위대한 왕들의 하늘나라(Cātummahārājikā devā : 四王天) ② 서른셋 신들의 하늘나라(Tāvatiṁsā devā : 三十三天=忉利天) ③ 축복 받는 신들의 하늘나라(Yāmā devā : 耶摩天) ④ 만족을 아는 신들의 하늘나라(Tusitā devā : 兜率天) ⑤ 창조하고 기뻐하는 신들의 하늘나라(Nimmānaratī devā : 化樂天) ⑥ 다른 신들이 창조한 것을 누리는 신들의 하늘나라(Paranimmitavasavattino devā : 他化自在天),

2) 첫 번째 선정의 세계의 세 하느님의 세계

⑦ 하느님의 권속인 신들의 하느님의 세계(Brahmakāyikā devā : 梵衆天) ⑧ 하느님을 보좌하는 신들의 하느님의 세계(Brahmapurohitā devā : 梵輔天) ⑨ 위대한 신들의 하느님의 세계(Mahābrahmā devā : 大梵天)

3) 두 번째 선정의 세계의 세 하느님의 세계

⑩ 작게 빛나는 신들의 하느님의 세계(Parittābhā devā : 小光天) ⑪ 한량없이 빛나는 신들의 하느님의 세계(Appamāṇābhā devā : 無量光天) ⑫ 빛이 흐르는 신들의 하느님의 세계(Ābhāssarā devā : 極光天, 光音天)

4) 세 번째 선정의 세계의 세 하느님의 세계

⑬ 작은 영광의 신들의 하느님의 세계(Parittasubhā devā : 小淨天) ⑭ 한량없는 영광의 신들의 하느님의 세계(Appamāṇasubhā devā : 無量淨天) ⑮ 영광으로 충만한 신들의 하느님의 세계(Subhakiṇṇā devā : 遍淨天)

5) 네 번째 선정의 세계의 아홉 하느님의 세계

⑯ 번뇌의 구름이 없는 신들의 하느님의 세계(Anabbhakā devā : 無雲天「大乘」) ⑰ 공덕이 생겨나는 신들의 하느님의 세계(Puññappasavā devā : 福生天「大乘」) ⑱ 광대한 경지를 갖춘 신들의 하느님의 세계(Vehapphalā devā : 廣果天) ⑲ 지각을 초월한 신들의 하느님의 세계(Asaññasattā devā : 無想有情天) = 승리하는 신들의 하느님의 세계(Abhibhū devā : 勝者天) ⑳ 성공으로 타락하지 않는 신들의 하느님의 세계(Avihā devā : 無煩天) ㉑ 괴로움이 없는 신들의 하느님의 세계(Atappā devā : 無熱天) ㉒ 선정이 잘 이루어지는 신들의 하느님의 세계(Sudassā devā : 善現天) ㉓ 관찰이 잘 이루어지는 신들의 하느님의 세계(Sudassī devā : 善見天) ㉔ 궁극적인 미세한 물질로 이루어진 신들의 하느님의 세계(Akaniṭṭhā devā : 色究竟天=有頂天) 그리고 이 가운데 ⑳-㉔의 다섯 하느님 세계는 청정한 삶을 사는 신들의 하느님 세계(Suddhāvāsa devā : 淨居天)이라고도 한다.

6) 비물질적 세계에서의 네 하느님의 세계

㉕ 무한공간의 신들의 하느님의 세계(Ākāsānañcāyatanūpagā

한국빠알리성전협회

Korea Pali Text Society

Founded 1997 by Cheon, Jae Seong

한국빠알리성전협회는 빠알리성전협회의 한국대표인 전재성 박사가 빠알리성전, 즉 불교의 근본경전인 빠알리삼장의 대장경을 우리말로 옮겨 널리 알리기 위한 목적으로, 당시 빠알리성전협회 회장인 리챠드 곰브리지 박사의 승인을 맡아 1997년 설립하였습니다. 그 구체적 사업으로써 빠알리성전을 우리말로 옮기는 한편, 부처님께서 사용하신 빠알리어의 이해를 돕기 위하여, 사전, 문법서를 발간하였으며, 기타 연구서, 잡지, 팸플릿, 등을 출판하고 있습니다. 부처님의 가르침을 빠알리어에서 직접 우리말로 옮겨 보급함으로써 부처님의 가르침이 누구에게나 쉽게 다가가고, 명료하게 이해되도록 더욱 노력할 것입니다. 한국빠알리성전협회는 부처님의 가르침으로써, 이 세상이 지혜와 자비가 가득한 사회로 나아가게 되기를 바랍니다.

한국빠알리성전협회

120-090 서울 서대문구 모래내로430 #102-102

TEL : 02-2631-1381, FAX : 02-735-8832

홈페이지 www. kptsoc. org

빠알리성전협회

Pali Text Society

세계빠알리성전협회는 1881년 리스 데이비드 박사가 '빠알리성전의 연구를 촉진시키고 발전시키기 위해' 영국의 옥스퍼드에 만든 협회로 한세기가 넘도록 동남아 각국에 보관되어 있는 빠알리 성전을 로마자로 표기하고, 교열 출판한 뒤에 영어로 옮기고 있습니다. 또한 사전, 색인, 문법서, 연구서, 잡지 등의 보조서적을 출판하여 부처님 말씀의 세계적인 전파에 불멸의 공헌을 하고 있습니다.

President : Dr. R. M. L. Gethinn, Pali Text Society

73 Lime Walk Headington Oxford Ox3 7AD, England

Stn. 149.

어머니가 하나뿐인 아들을
목숨 바쳐 구하듯,
모든 님들을 위하여 자애로운,
한량없는 마음을 닦게 하여지이다.

mātā yathā niyaṃ puttaṃ /
āyusā ekaputtam anurakkhe /
evam pi sabbabhūtesū /
mānasaṃ bhāvaye aparimānaṃ //